普通高等教育工程管理专业规划教材

房地产项目策划

西安建筑科技大学　兰　峰　编著

西安交通大学出版社
XI'AN JIAOTONG UNIVERSITY PRESS

内容提要

本书系统地介绍了房地产项目策划全过程的理论与实践,主要包括房地产项目策划概述、房地产项目选址策划、房地产项目市场调查、房地产项目STP策划、房地产项目产品策划、房地产项目形象策划、房地产项目投融资策划、房地产项目价格策划、房地产项目市场推广策划、房地产项目广告策划等内容。本书注重将理论与实践相结合,配合具有代表性的项目策划案例,注重创新性及实践指导性。

本书既可作为高等院校工程管理、工商管理(房地产经营管理方向)、土木工程、城市规划等相关专业的本科、研究生教材,也可作为房地产开发与经营管理人员的参考用书。

图书在版编目(CIP)数据

房地产项目策划/兰峰编著. —西安:西安交通大学出版社,2009.12
(2022.7重印)
(高等学校工程管理专业系列教材)
ISBN 978 - 7 - 5605 - 3356 - 8

Ⅰ.房… Ⅱ.兰… Ⅲ.房地产-策划-高等学校-教材 Ⅳ. F293.35

中国版本图书馆 CIP 数据核字(2009)第 224352 号

书　　名	房地产项目策划	
编　著	兰　峰	
责任编辑	魏照民　祝翠华	

出版发行 西安交通大学出版社
　　　　　(西安市兴庆南路1号　邮政编码710048)
网　　址 http://www.xjtupress.com
电　　话 (029)82668357　82667874(市场营销中心)
　　　　　(029)82668315(总编办)
传　　真 (029)82668280
印　　刷 西安日报社印务中心

开　　本 727mm×960mm　1/16　　**印张** 21　　**字数** 389千字
版次印次 2009年12月第1版　　2022年7月第8次印刷
书　　号 ISBN 978 - 7 - 5605 - 3356 - 8
定　　价 35.00元

如发现印装质量问题,请与本社市场营销中心联系。
订购热线:(029)82665248　(029)82667874
投稿热线:(029)82664840
读者信箱:jdlgy@yahoo.cn

普通高等教育工程管理专业规划教材

编写委员会

编 委 会 主 任：罗福周

编委会副主任：李　芊

编委会委员（按姓氏笔画排序）：

　　王　莹　　韦海民　　卢　梅　　兰　峰　　刘　桦

　　刘炳南　　张涑贤　　宋　宏　　郭　斌　　徐勇戈

　　唐晓灵　　雷光明　　廖　阳　　撒利伟

策　　　划：魏照民　　祝翠华

总　序

　　高等学校工程管理专业是教育部1998年颁布的《普通高等学校本科专业目录》中设置的专业,是在整合原"建筑管理工程"、"国际工程管理"、"基本建设投资管理"及"房地产经营管理"等专业的基础上形成的,具有很强的综合性和较大的专业覆盖范围,主要研究工程项目建设过程中的计划、组织、指挥、控制、协调与资源配置等管理问题。工程管理专业旨在为国家经济建设和社会发展培养掌握土木工程技术、管理学、经济学及相关法律法规知识,掌握现代工程项目管理的理论、方法与手段,具备综合运用所学知识在国内外工程建设领域从事建设项目全过程的投资、进度、质量控制及合同管理、信息管理和组织协调能力的复合型高级管理人才。

　　随着我国建筑业、房地产业在国民经济中地位和作用的日益突显,工程管理人才需求呈明显增长趋势,同时也对工程管理专业毕业生提出了更高的要求。因此,如何进一步提高人才培养质量成为设置工程管理专业的高等学校面临的重要课题。而高水平的专业教材作为实现人才培养目标的载体,必将对人才培养质量的提高发挥重要作用。

　　西安建筑科技大学是全国最早设立工程管理专业的院校之一,该专业于1999年首批通过了"全国工程管理专业评估委员会"的评估,2004年和2009年分别以全票通过复评;2004年该专业被评为陕西省名牌专业,2008年又被评为国家级特色专业。近年来,西安建筑科技大学工程管理专业在人才培养模式创新方面进行的改革与实践取得了显著效果,得到了社会用人单位和同行的肯定。所以,西安交通大学出版社此次依托西安建筑科技大学工程管理专业的优质办学资源,联合省内外多所兄弟高校,编写出版了这套工程管理专业系列教材。

这套教材以专业必修课程为主,适当考虑专业选修课程。教材的作者都来自工程管理专业教学和科研第一线,对工程管理专业的教育教学与教材建设有切身的体会和感受,并有一些独到的见解。在教材编写过程中,编者结合多年的教学及工程实践经验,经过反复讨论斟酌,不仅从教材内容的准确性和规范性上下功夫,而且从有效培养学生综合运用所学知识解决工程实际问题的能力出发,注重贴近工程管理实践,对教材内容和结构进行大胆创新,力求使其更加适合学生今后从事相关专业工作的学习需要,更有利于应用型高级工程技术与管理人才的培养。同时,这套教材注意吸收工程管理领域的前沿理论与知识。

由于院校之间、编者之间的差异性,教材中难免会出现一些问题和不足,欢迎选用本系列教材的教师、学生提出批评和建议,也希望参加这套教材编写的教师在今后的教学和科研实践中能够不断积累经验,充实教学内容,以使这套教材能够日臻完善。

刘晓君

建设部高等教育工程管理专业指导委员会委员
建设部高等教育工程管理专业评估委员会委员
西安建筑科技大学教授、博导

2010 年 2 月

前　言

　　目前,房地产项目策划已成为房地产开发与经营活动中最具创新性的环节之一,是房地产开发取得成功的重要保障。随着市场竞争的不断加剧,开发商越来越重视并深入开展项目策划工作,与此同时,基于开发实践的房地产项目策划理论也正在得到逐步深化。

　　作为研究者、讲授者以及项目策划的实践者,我想,应当时刻保持对专业领域敏锐的目光,密切追踪房地产市场变化和学科发展进程,这样才能为我们的读者提供具有理论与实践指导意义的专业书籍。从现阶段我国房地产市场发展特征来看,市场、政策、开发理念、消费观念等变化之快,让人目不暇接;从教学、科研与开发实践来看,教材应当紧密结合房地产市场发展情况和工程实践,加强理论联系实际,注重创新性及实践指导性。这一切,使我们应坚持教材的编写以理论联系实际为出发点,注重房地产项目策划理论体系构建,选取具有代表性的策划案例,支持案例教学、实践性教学,以满足房地产项目策划教学改革、课程建设和指导开发实践的迫切需要。

　　本书由兰峰等编著,廖阳、薛小龙担任副主编。书中第一、三、四、五、七章由西安建筑科技大学兰峰编写,第二章由西安建筑科技大学廖阳编写,第六章由哈尔滨工业大学薛小龙编写,第八章由辽宁大学曲赜胜编写,第九章由河北工程大学周书敬编写,第十章由西安建筑科技大学来雨编写。全书由兰峰负责统稿。

西安交通大学出版社以及西安建筑科技大学管理学院硕士研究生焦成才、贺雅庆、闫坤、刘立芳、高春莉、张媛、马晓娜、苏英、边瑞灼、刘姣、王洁林、崔琳琳、屠萌、谷倩、乾松、徐媛、张凡等同学为本书出版做了大量有益的工作。万科地产、保利地产、招商地产、金地集团、中海地产、深鸿基地产、远洋地产、光大地产、世联地产、高科房产（西安）、深圳朗程师地域规划设计有限公司等单位友人也为本书出版提供了热情帮助。深圳鸿基地产有限公司茅巍先生专为本书提供案例支持,深圳朗程师地域规划设计有限公司刘群有先生不辞辛苦专程来到西安提供很多资料并交换意见,令编者感动,在此一并致谢。本书编写过程中也参阅了大量文献资料,在此谨向所有文献的作者表示衷心感谢。

其实,编者深知,房地产项目策划领域还有很多的问题有待于我们做更进一步的研究和探索,编者的水平也有限,难免有不少缺欠之处,所以很诚挚地期待来自各方真诚的意见、批评与指正。但是,心中仍有几多期许,希望本书的出版能如一片绿叶来点缀房地产项目策划这片年轻而又充满活力的沃土。

兰 峰

2009 年 9 月完稿于西安建筑科技大学

目　录

第1章　房地产项目策划概述

本章学习要求

1. 掌握房地产项目策划的基本概念
2. 熟悉房地产策划报告的编制
3. 了解策划的基本含义，房地产项目策划的发展历程，房地产项目策划的地位和作用，房地产项目策划的特征和流程

1.1　房地产项目策划的相关概念

1.1.1　策划的基本含义

在我国，策划一词最早出现在《后汉书·隗嚣传》中"是以功名终申，策画复得"之句。其中"画"与"划"相通互代，"策画"即"策划"，意思是谋划、打算。辞海中解释"策"为计谋，如决策、计策；"划"为计划、打算，如工作计划、筹划、谋划。

在当代，美国哈佛大学企业管理丛书编纂委员会对策划的含义作了如下概括：策划是一种程序，在本质上是一种运用脑力的理性行为，策划是针对未来要发生的事情作当前的策划。美国学者苏珊在其所著的《西方策划学沿革》一书中认为，"策划就是人们事先的筹谋、计划、设计的社会活动过程"。国内学者吴燊所著的《策划学》一书中把策划定义为："对某件事、某个项目、某种活动进行酝酿、统筹、实施，运用新闻、广告、营销、公关、谋略等手段，综合实施运行，使之达到较好效果的过程，称为策划。"

本质上讲，策划就是筹划或谋划，是一项立足现实、面向未来的活动。它是为了实现特定的项目发展目标，在充分获取相关有价值信息的基础上，借助一定的科学思维方法，对项目的未来发展方向进行判断，为项目的决策、执行而构思、设计、制作工作方案的过程。

对策划的理解应当包含以下五个层面：

(1) 策划具有很强的目的性和创造性。

(2) 策划是在充分获取相关有价值信息的现实基础上进行的谋划。

(3) 策划具有多方案比选的特点，提供最佳的项目市场定位。

(4) 策划具有一定的前瞻性和创新性。

(5) 策划应当借助科学的思维方法，并符合科学的工作程序。

▷ 1.1.2 房地产项目策划的含义

房地产项目策划是指根据房地产开发项目的具体目标，以客观的市场调研为基础，优选最佳的项目市场定位，综合运用各种策划手段，按一定的程序对房地产开发项目进行创造性的构思，并以具有可操作性的策划文本作为结果的活动。

对房地产项目策划的理解应当从以下六个方面进行：

(1) 房地产项目策划应具有明确的目标。

(2) 房地产项目策划是在客观真实的市场调研基础上进行的。

(3) 房地产项目策划要优选最佳的项目市场定位。

(4) 房地产项目策划要综合运用各种策划手段以及创新性思维(如主题策划、建筑策划、营销策划等，还可以运用房地产领域外的其他手段，如体育、旅游、教育等概念)。

(5) 房地产项目策划要遵循特定的科学程序。

(6) 房地产项目策划最终要提供具有可操作性的策划文本。

1.2 房地产项目策划的发展历程

▷ 1.2.1 房地产项目策划的发展阶段

房地产项目策划是随着房地产业的发展和营销理论在房地产开发中的深入而逐步发展并不断成熟的。结合营销理论中的经营观念发展阶段，房地产项目策划的发展历程可以划分为以下四个阶段：

1. 标准规划——生产观念阶段

20世纪80年代以前，我国还没有确立"房地产市场"的概念，住宅建设标准多由政府或各企事业单位统一制定。1987年中共十三次代表大会《沿着有中国特色的社会主义道路前进》的报告中，第一次明确提出了建立房地产市场，确立了房地产市场经济的地位，长期以来受到压抑的居住需求逐步得以释放，越来越多的专业化房地产开发商开始涌现出来。

20世纪80年代中后期,受经济发展与人们的生活水平所限,房地产市场上住宅开发占据主流,价格低廉的住房受到消费者欢迎。开发商对产品如总体规划以及户型等方面的认识及视野多停留在解决住房的"温饱"问题上,此时房地产项目的规划设计并没有太多地考虑人们的需求偏好,开发商致力于提高生产效率和广泛的分销覆盖面,在此阶段设计院的规划设计代替了项目策划,该阶段被认为是标准规划阶段。

2. 楼盘策划——产品观念阶段

进入20世纪90年代初期,随着经济的进一步发展,人们对住房的需求也迅速增长,需求层次也逐步提高,此时开发商更加关注楼盘策划,认为消费者喜欢那些质量好、多功能、具有某些特色的房地产产品,此时开发商致力于开发优质楼盘,并不断加以改进。这种观念导致开发商过度关注自己的产品,但忽视了市场发生的变化,往往只在意于新方案的设计等,却没有考虑市场对其产品是否能够接受。

此时房地产策划工作仍然以设计为中心,在销售过程中,策划工作以产品为主线,侧重于挖掘产品卖点或卖点群(如地段优势、配套优势、户型优势等),该阶段被认为是楼盘策划阶段。

3. 销售策划——推销观念阶段

20世纪90年代中后期,越来越多的开发商认识到营销策划对房地产市场推广的作用,认为如果消费者对房地产产品不欢迎,便不会产生购买行为,因此必须进行大量的推销和促销工作,市场上大量的房地产策划机构开始涌现出来。此阶段的策划工作一般在项目销售开始前介入,以产品品质和价格为主线,运用广告策划、人员推广、销售折扣、公关活动等多种营销手段,促进房地产销售。

但是,本阶段的销售策划多缺乏前期深入的市场调研,特别是消费者需求调查,项目开发带有一定程度的主观臆断色彩。待产品开始销售时,才开始注意到消费者的需求,试图通过各种宣传和促销手段满足或引导消费者的市场需求,该阶段的营销策划被认为是围绕推销观念的销售策划阶段。

阅读材料 1-1

广州世界贸易中心大厦销售策划[①]

中国房地产界首先聘请专业中介售楼从何时开始?业内普遍认为是始于1990年珠江实业聘请来自台湾地区的营销专家仇福宪小姐销售广州世界贸易中心大厦。

---

① 根据"广州房产中介领先全国(广东地产史话之十一)"改编,//blog.163.com/yanjs68.

在 20 世纪 90 年代之前，广州房地产开发量并不大，一般都是开发企业自产自销，谈不上专业的销售和策划，但是作为沿海开放城市，广州的房地产开发一直走在全国的前列。1990 年，珠江实业开发的广州世界贸易中心大厦即将推出市场，当时珠江实业的领导层作了一个大胆的尝试，从台湾高薪聘请了楼市营销专业人士仇福宪主管营销。

具备丰富海外楼市营销经验的仇福宪给广州乃至中国大陆楼市带来了许多令当时业界耳目一新的举措：在楼盘开售前，先建立起了中国大陆第一个漂亮的售楼部，对整个售楼过程进行周密的策划，同时还组建了大陆第一批专业的楼盘销售队伍。仇福宪亲自进行十分系统的培训，培训内容不仅包括楼房推销技巧、房产营销策划，还细致到怎样着装、怎样打领带、怎样礼貌用语……这群销售人员经过堪称楼市"黄埔一期"的专业的培训，也成长为当年国内素质最高的楼盘销售队伍，而广州世界贸易中心大厦的销售也因此大获全胜，当时的售价达到了 2000 多美元/平方米，堪称当年广州楼市的"天价"。

4. 全程策划——市场营销观念阶段

20 世纪 90 年代末，更多的开发商逐步意识到市场调研和项目定位的重要性，房地产项目全程策划逐步走上前台。全程策划即从市场调研、土地使用权获取、投资分析、项目定位、规划设计、建筑施工、市场推广以及物业服务等各个方面进行全方位策划，为项目开发和经营提供有力保障。全程策划主要强调两方面的内容：①房地产项目全程策划的各个环节相互连贯，缺一不可；②每一个策划环节均以满足客户需求和提高产品价值为主要目的，强调项目开发价值提升的手段和空间。

该阶段策划一般在"拿地"前后开始介入，着手进行市场调研，以满足客户需求为主线，结合项目周边经济文化环境，进行项目的客户定位、产品定位、形象定位和主题策划，并通过后期的建筑策划和营销策划等，有效地整合房地产资源，增强项目竞争能力。全程策划确立了房地产项目策划在房地产开发中的位置，开始了以客户为核心的房地产开发模式。

 **阅读材料 1-2**

广州中旅商业城全程策划①

广州中旅商业城是由香港中旅集团独家投资开发的综合项目,位于广州市商业中心的中山五路。该项目总建筑面积 12 万平方米,以商业功能为主导。项目地下 2 层到地面 7 层为 5.6 万平方米的大型综合商业、饮食、娱乐中心,10～17 层为 3.7 万平方米的现代化高级写字楼,18～25 层是围合式的,是为都市成功人士量身定做的顶级豪宅,总高度 80 米。

1. 市场调研

从 1997 年看,广州商铺价格持续下跌,商铺空置量不断上升。总体市场的淡季并不排除局部市场的活跃。商铺发展商在淡市里灵活的市场应变能力是商铺走强的主要因素。商铺走强的关键:一是楼盘要有较高的素质,二是发展商应具备灵活的市场应变能力和高超的推广策略。

2. 土地价值挖掘

策划人员从项目的市场诊断入手,进行土地的价值分析。在土地的价值分析中,着重抓住项目土地的潜在价值挖掘。

3. 项目定位

项目的定位策略是:具有原创性与独创性的大型商业物业,可以领导未来商业的潮流。在商业形式上,中旅商业城代表了新兴购物中心的发展趋势,具备了其他百货公司所不具备的多样性;而在商业布局方面,中旅商业城独具匠心,集"通""透"之势,使所有的店铺都极尽便利,独特构思,首层骑楼保留了传统骑楼的商业氛围,而二层则类似香港的城市步行通道相连。

4. 项目规划

从建筑风格看,中旅商业城为欧陆风格,城堡式的复合建筑,糅古典风情与现代韵味于一体,体现了欧洲文艺复兴时期的建筑风范;从建筑造型看,远远看去,仿佛一座空中城堡浮在云端;从商业配套看,集餐饮、娱乐、健身、购物、观光于一体。

---

① 黄福新,等.房地产策划师职业培训教程[M].北京:机械工业出版社,2009.

5.概念设计

建筑概念设计使中旅商业城成为广州商圈中"最可去"的地方,中旅商业城有什么——只要你想到的,它都有。

6.形象设计

在施工现场,用大尺寸的大型电脑喷画将楼盘包装起来,被称为"彩绘楼房"。

7.营销策略

不搞炒作,不搞花样,老老实实的销售手法,以项目的品质来吸引顾客、打动顾客。当人们对它的工期表示怀疑时,它的地下室已经完工,主体框架也以非常快的速度向上延伸;正当人们对它的商铺面积太大,市场能否经受得起说三道四时,其首层许多过千万的大铺却已基本售罄。

广州中旅商业城的全程策划效果,正如专家分析:"据说中旅商业城最初的目标利润是零,即只要保本就算成功。营销策划人员通过科学的市场调研与分析,从项目的市场诊断入手,进行土地的价值分析,并通过投资竞争要素分析,制定严密的投资成本和价格策略,令市场承受准确无误。在专业运作下,中旅商业城成为了淡市中的热盘,发展商投资回报逾十亿。"

▷ 1.2.2　房地产项目策划的发展方向

社会营销观念是房地产项目策划未来的发展方向,也是社会和经济逐步发展对房地产业的要求所产生的必然结果。

社会营销观念要求房地产企业以满足消费者需要与维护社会公众的长远利益,作为企业的根本目的与责任。既要考虑到消费者需要,也要维护与增进消费者利益和社会福利,努力使房地产项目从追求经济效益观念向社会整体效益、生态效益和可持续发展观念转变。

社会营销观念阶段的房地产项目策划技术将围绕项目及周边环境的具体特点,既要体现人性、人文特点,关注社会大众利益,也要配合具有多元化、创新性的策划手段,不断促进房地产项目策划理论的逐步完善与成熟。

1.3　房地产项目策划的地位与作用

▷ 1.3.1　房地产项目策划的地位

1. 房地产项目策划是房地产开发的前置工作

房地产开发项目建设要完成一个项目周期,需要经过市场调研、项目选址、投资研究、规划设计、建筑施工、营销推广、物业服务等一系列过程,这些过程中的任何一个环节出现问题,都会影响到项目的开发进程,甚至影响开发成败。

房地产项目策划在项目开发前即已介入,通过各种策划手段,为项目开发提供指导思想和总纲,是项目开发的前置工作。同时房地产项目策划贯穿于项目开发的全过程,参与项目的每个环节,通过主题策划及各种策划手段,使开发的房地产产品寻找到合适的市场空间,是项目取得成功的有力保障。

2. 房地产项目策划是实现房地产开发价值的工作基础

房地产项目的市场需求、投资方向、设计定位、文化内涵、营销导向和经营理念均需在项目策划阶段完成,没有这一阶段深谋远虑、统筹全局的项目策划,房地产项目是无法正常开展的。

市场策划为房地产项目找到自己的需求空间;投资策划则为开发商提供决策依据和确定利润空间;设计策划为房地产项目获得个性空间;文化策划为房地产项目找到自己的内涵空间;营销策划为房地产项目拓宽市场销售空间;经营策划为房地产项目赢得未来的发展空间;因此,房地产项目策划是实现房地产开发价值的工作基础。

▷ 1.3.2 房地产项目策划的作用

房地产项目策划在房地产企业中充当着智囊团、思想库的角色,是企业决策者的重要助手。如前所述,在项目开发建设的每一个环节,房地产项目策划活动都参与其中,通过概念设计及各种策划手段,提升产品价值,促进市场销售,提升企业品牌,创造经济与社会效益。房地产项目策划的作用主要表现在以下几个方面。

(1)能创造显著的经济效益和社会效益。在新知识经济时代,房地产项目策划属于典型的创意产业,能产生极高的经济附加值,为房地产企业创造显著的经济效益和社会效益。

(2)能为项目决策指明方向。房地产项目策划方案是在对房地产市场的深入调研后形成的,是策划机构不断地深入市场而总结出来的智慧结晶,能够作为房地产企业的参谋,为项目决策指明方向,避免项目运作中出现大的偏差。

(3)能使房地产开发项目增强竞争能力。随着房地产市场竞争越来越激烈,开发模式与产品理念在不断创新,房地产项目策划能够发挥市场研究、项目构思的特长,增强项目的竞争能力,使企业赢得市场主动权。

(4)能有效地整合房地产资源。房地产项目开发是多资源的组合,需要多种资源协调发展,如人力资源、物力资源、社会资源等。这些资源在项目策划开始以前,往往是分散的、凌乱的。通过房地产项目策划能够分析它们特有的功能,梳理各种资源之间的逻辑关系,有助于将它们整合在一起,发挥资源组合的优势从而为项目开发服务。

此外,房地产项目策划还有预测未来市场、满足购房者需求等作用。

1.4　房地产项目策划的特征与流程

▶ 1.4.1　房地产项目策划的特征

1. 地域性

房地产项目策划的地域性特征主要表现在以下几个方面：第一，要考虑房地产开发项目的区域经济情况。在我国，各区域的地理位置、自然环境、经济条件、市场状况等差异较大，要进行房地产项目策划就要对这些情况进行具体分析。第二，要考虑房地产开发项目周围的市场情况。从房地产市场来讲，房地产项目策划要重点把握市场的供求情况、市场的发育情况以及市场的消费倾向等。第三，要考虑房地产项目的区位情况，如房地产项目所在地的自然区位、经济区位。

2. 系统性

房地产项目策划是一个庞大的系统工程，项目开发从开始到完成要经过市场调研、投资研究、规划设计、建筑施工、营销推广、物业服务等几个阶段，每个阶段构成策划的子系统，各个子系统又由更小的子系统组成。各个子系统都有一定的功能，而整个系统的功能并非是各个子系统功能的简单相加。各个子系统的结构与功能之间具有十分密切的联系。

3. 前瞻性

房地产项目策划的理念、创意和手段应具有一定的前瞻性。房地产项目完成的周期少则二三年，多则三五年，甚至更长，未来市场的发展变化是不可阻挡的，因此要求策划人员具有深刻的市场洞察能力、前瞻性的策划理念，以应对未来市场的发展变化。

4. 市场性

房地产项目策划要符合市场的要求，以市场为导向，同时根据市场的变化而变化，房地产市场情况发生变化，策划的思路、项目定位也应及时调整。策划的市场性也体现在引领市场、创造市场、引领房地产开发潮流等方面。

5. 创新性

房地产项目策划要具有创新性，目前房地产市场的"同质化"现象严重，而策划就应当解决"雷同"的问题。房地产项目策划的创新性，应当体现在概念新、主题新、方法新、手段新等方面，通过不断地策划实践，达到体现项目个性的目的。

6. 可操作性

房地产项目策划应当具有较强的可操作性，策划思路与方案不能是"空中楼阁"，不能完全脱离项目自身或市场的客观条件，或超出开发商的实际开发能力，应当可以落到实处。

7. 多样性

房地产项目策划存在多方案比选的过程。在实际项目开发中,一般存在多个开发方案可供选择,房地产项目策划应当对多种方案进行优选,并结合开发商的经济实力、开发经验及规划限制条件、社会人文、市场前景等因素,选择最合理并具有可操作性的那个方案。

同时,房地产项目策划方案应当注意保持"动态的稳定性",根据房地产市场环境的变化,不断对策划方案进行改进和调整,以保证策划方案与现实情况的最佳适应状态。

▷ 1.4.2 房地产项目策划的工作流程和阶段划分

1. 房地产项目策划组织与工作流程

房地产项目策划组织主要有两种形式:开发商内部组建或外聘专业房地产策划机构。随着房地产业内社会化分工越来越精细,越来越多的开发商开始与专业化的房地产策划机构合作,来充分发挥专业策划机构熟悉市场、精于策划的优势。

但是,无论哪种形式,房地产项目策划一般都要经历如下的工作流程,才能形成一个较为深入的项目策划方案。图1-1为房地产项目策划的基本工作流程图。

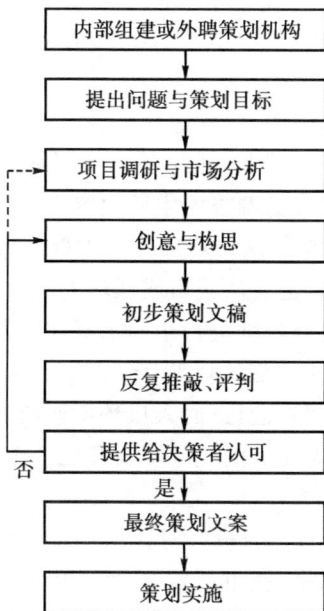

内部组建或外聘策划机构 → 提出问题与策划目标 → 项目调研与市场分析 → 创意与构思 → 初步策划文稿 → 反复推敲、评判 → 提供给决策者认可 → 最终策划文案 → 策划实施

图1-1 房地产项目策划基本工作流程图

2. 房地产项目策划的阶段划分

房地产项目全程策划一般要经历三个阶段,即前期策划阶段、营销执行阶段及策划总结阶段,在不同的策划阶段都有不同的侧重点。

前期策划阶段侧重于项目区位分析、项目定位以及规划设计与物业发展建议、资金运作与经济分析等;营销执行阶段侧重于项目筹备期、项目入市期及持续热销期的主要工作安排;策划总结阶段是对项目全部售完后进行的工作总结,包括项目整个过程的描述,全过程的销售走势及策略分析,并进行效果评估,以及本项目值得借鉴之处。

房地产项目策划三个阶段的工作内容如图 1-2 所示。

1.5　房地产项目策划报告的编制

▷ 1.5.1　房地产项目策划报告的基本结构

房地产项目策划报告由于项目用途、开发阶段及要求不同,其形式多样,内容重点差异较大,但从各种策划报告的结构来看,仍有共性的部分,其基本结构是相同的。下面以房地产项目全程策划为背景介绍策划报告的基本结构。

不同项目策划报告的格式各不相同,但一般都包含以下几方面基本内容:

1. 市场调研

房地产市场的区域性特征明显,各地社会、经济、文化发展情况不同,所形成的房地产市场存在较大的差异。因此,任何项目策划都是从项目所在区域的房地产市场调查入手。房地产项目市场调查的主要内容详见本书第 3 章 3.2 节。

(1) 宏观环境调查与分析。从宏观层面上把握城市或项目所在区域的社会经济发展现状及未来发展趋势,主要从城市或区域的社会、经济、政策、人口、自然、交通、建筑技术、对外开放程度等角度进行全面了解和调研。

其中,城市或区域市场的经济环境调研,主要针对经济总量与经济结构、金融环境、产业结构特征等关键问题进行;而人口环境调研同时涉及社会和经济因素等方方面面,上述调研往往既需要借助统计资料和公开市场资料,同时也需要调研者深入感知市场。

(2) 区域环境(市场)调查与分析。对区域环境(市场)主要调查房地产项目所在城市或区域的经济发展水平、城市规划、房地产市场供需状况、社会文化环境、竞争性房地产企业情况、专业机构与中介商情况、城市区域的交通条件、影响区域发展的其他因素和条件等。

图 1-2 房地产项目策划各阶段工作内容图

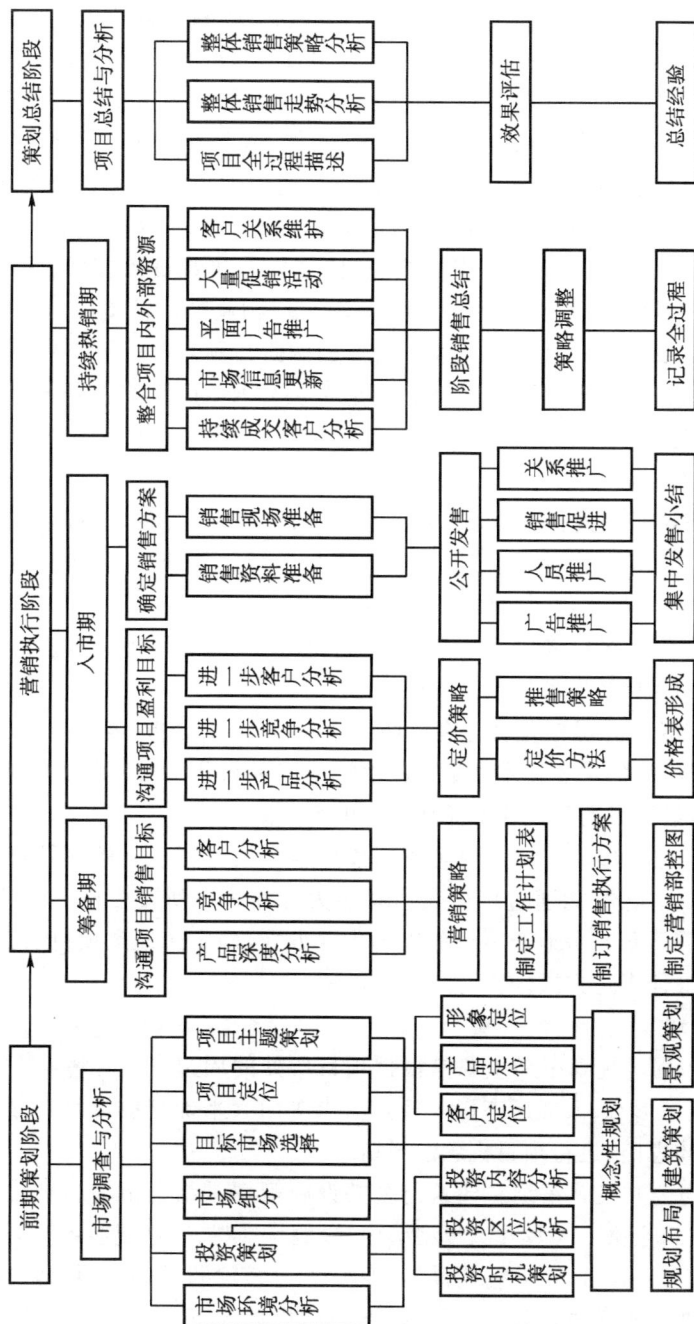

（3）微观环境市场调查——项目开发条件分析。项目微观环境市场调查又称项目开发条件分析,其主要围绕项目地块分析项目自身的开发条件及发展状况,对项目自身价值提升的可能性与途径进行分析,同时为以后的市场定位作准备。具体包括:用地现状调查与分析(地形地貌、地质条件、地上附着物等);项目周边环境调查与分析(水、电、气、道路等市政基础设施;交通便利程度;公园、学校、医院、银行、超市等生活配套设施;环境污染、自然景观等生态环境;人文环境等);竞争性楼盘调查与分析(竞争项目名称、开发规模、总体规划与建筑设计、建筑材料与新技术、客户类别、项目定价、广告宣传与开发销售进度、物业管理以及与本项目的竞争差异等),以及必要的城市规划技术经济指标的调研与预测等;最后要对项目地块开发条件进行综合评价。本环节的工作是至关重要的,详细介绍请参考本书第3章3.2.1节。

2. 项目定位分析

（1）项目 SWOT 分析。SWOT 分析是为项目定位作准备,通过市场调研,将项目从宏观到微观进行全面综合的考虑,对项目进行优势分析、劣势分析、项目机会分析与威胁分析,梳理出项目的基本定位。

（2）客户定位。客户定位就是开发商为自己的项目确定潜在客户的过程,确定房地产项目的目标消费群体及其特征。

（3）产品定位。产品定位就是在市场细分、客户需求分析、客户群确定的基础上,确定房地产项目的主要技术参数、模式等,对产品效用、产品形式、产品功能进行设计与创新,最终目的是反映产品独特的市场形象。

（4）形象定位。形象定位主要是找到该房地产项目所特有的、不同于竞争对手、能进行概念化描述、能通过广告表达并能为目标客户所接受而产生共鸣的特征。形象定位需要研究房地产项目的市场表现方式,确定房地产项目从产品到商品的过程中的最佳表达方式。

3. 产品策划

（1）规划布局。规划布局主要是根据项目所处的周边自然环境状态、地块状态、区域社会经济形态、人文形态以及客户需求等因素来确定项目发展方向,提出规划布局的总体思路,进行项目概念性规划。

（2）建筑与公共设施策划。建筑与公共设施策划是结合市场调研结果,主要从建筑类型、建筑风格、空间动线、户型结构、绿地与景观、道路交通系统、公共设施配套系统(公共服务设施、市政公用设施、停车设施、安全设施、户外场地设施、服务管理设施)、物业管理等方面提出可操作性建议,以指导下一步的规划设计。房地产项目产品策划详见本书第5章5.4节内容。

4. 项目投融资分析

在前期市场调研的基础上,根据当地房地产市场走势作出基本判断,对市场的供求关系、竞争楼盘、价格走势、地块区位条件、周边市场特征、本项目定位等进行深入分析和把握,在此基础上,针对项目进行投融资分析。

(1)技术经济指标分析。其重点是针对项目的主要技术经济指标和控制性规划指标进行分析与预测,以此作为投资分析与评价的基础。

(2)土地价值及开发价值研判。土地价值研判是从项目地理位置、周边景观、环境及污染、市政配套、邻近楼盘状况综合分析判断土地的价值及增值空间。

项目开发价值研判,主要是在对土地价值、规划指标、建筑形式、客户定位、产品定位、形象定位、营销策划和物业管理等多方面分析的基础上,从多途径对项目可提升价值进行研究和评判。

估测项目的总体开发价值,前提是需要对项目销售(出租)价格进行估价,可以把项目定价作为单独一个策划章节安排,也可以放在市场研究或营销策划环节。

(3)投资估算。投资估算是在市场调研的基础上,根据项目所在市场情况,结合规划设计方案、类似项目资料和市场价格对项目投资费用进行估算,估算出项目投资总额。

(4)融资分析。融资分析是对项目所需建设资金来源进行分析。目前,房地产开发项目的资金来源主要集中在资本金、预租售收入及借贷资金(较多的情况下为银行贷款)等。同时,应对项目资金来源的可靠性和时间等进行分析和评估,并根据估测的建设进度编制投资计划与资金筹措计划表来合理安排资金。

(5)财务评价。财务评价是根据规划设计方案、项目工程进度安排、投资总额和预测项目收益状况,对项目进行财务分析与评价,判断项目的财务可行性。

(6)不确定性分析。不确定性分析是依据设计方案,进行项目盈亏平衡分析,选择若干个影响因素,并进行项目敏感性分析,找出最敏感性因素变化时对项目投资的影响,为投资决策提供依据。

5. 形象策划

(1)项目 CIS 系统设计。CIS 系统包括理念识别系统(mind identity)、行为识别系统(behavior identity)和视觉识别系统(visual identity)三个方面。CIS 是企业理念、企业行为和视觉标志三者的有机统一体,三个系统之间相互联系、层层递进,形成了一个完整的形象识别系统。

在项目视觉识别系统中,主要包括项目视觉形象的核心要素设计(标志、标准字体、标准色彩、使用规范),以及项目视觉形象的应用要素设计(办公系统、环境要素系统、广告系统、服饰系统等)。

(2)项目品牌名称设计。对市场中的楼盘名称进行调研和评析,结合区域环境、当地语言习惯与习俗、项目用地条件和本项目特征,对项目品牌名称进行设计。

例如:金地在西安曲江新开发的楼盘案定名为"湖城大境",就是结合项目拥有自然坡地景观,紧密环绕700亩曲江南湖,体现城、湖、生活意境于一体。

(3)工地与销售现场形象策划。工地现场形象策划的主要针对对象是工地围墙、工地主入口、工地主标识性形象等。

售楼部形象策划是对售楼部的形象风格、室外环境、功能分区以及形象墙、看板、灯箱、旗帜等提出具体建议。

样板房的策划也是一个重要环节,在这里主要结合市场调研结果,针对样板房户型以及装修、装饰、家私风格等提出具体策划建议。

项目导视系统设计的主要针对对象是项目内部导视系统、公共设施导视及各类标识等。

6. 市场推广策划

在房地产项目开发前期,开发商要对整个项目进行市场推广策划。市场推广策划的主要内容有:

(1)营销分期安排。营销阶段一般分为预热期(市场引导或培育期)、内部认购期、开盘期、强销期、持续销售期、尾盘期(清盘期)等,策划人员应结合房地产市场状况及项目自身特点,进行合理分期,这是营销阶段的总体时间控制计划,合理的营销阶段分期是非常重要的,需要策划人员具有深厚的市场功底。

在本阶段,应提出各营销期的产品供应量安排计划,同时注意进行阶段供应与市场进程关系分析、阶段供应与市场需求变化关系分析等,以便随时调整各营销阶段供应量计划,甚至根据市场销售态势调整总体开发进度。

(2)推广主题与方式。确定项目推广主题如物业主题、市场主题、广告主题等;深入研究挖掘项目的卖点;确定市场推广的时机,如开盘时机等;比较分析项目的推广方式,提出销售代理商的选择方向。

(3)价格策略。根据房地产市场环境和项目自身特点,提出项目总体定价原则与策略,包括销售各阶段产品价位的确定,如内部认购价、开盘价、均价、调价幅度和时机等。同时提出折扣、个性定价(楼层价差、朝向价差、景观价差、房型价差等)、特价房推出数量与时机、付款方式等建议,制定各阶段房型价目表,全程做好价格控制。

(4)促销策略与活动推广策划。一般而言,楼盘开展必要的公关活动、促销活动是必不可少的,本阶段着重针对以下方面进行策划并提出解决方案:直接性促销活动,如打折、送装修、家电等;间接性促销活动,如组织购房者旅游或外出考察、举办音乐会、演出等公益活动;各种促销渠道的开辟,如聘请专业销售机构等。

此外,还要对项目推广中可能发生的促销活动,进行统筹考虑和策划安排,有些工作需要提前进行,如预约促销活动中的主持人等。

(5)推广预算。推广预算的安排也是一项重要的工作,策划人员应当根据房地产市场环境、市场调研结果、项目特点等进行估算,包括销售人员费用、各阶段广告费用、售楼处装修、公关促销活动推广费用等,而且安排推广预算也要考虑公司以往项目的数据和公司实力。

(6)广告策划。广告策划也属于营销推广活动的一部分,目前房地产项目中的广告工作量和费用比重很大,对项目销售的贡献度也很大。一套完整的广告策划书主要包括广告目标确定、媒体发布计划、广告创意(广告诉求、广告表现等)、广告文案、广告费用预算、广告效果测评等内容。

在广告策划中,要结合项目周边环境、市场细分的客户特征以及项目自身特点等,进行广告创意以及广告文案策划,制定广告核心主题,提炼广告主打语;对广告色彩基调、表现形式、广告意境要提出策划建议;依据项目营销特色和目标客户群的媒体偏好与习性,选择传播媒体;提出广告商的选择方向等。

阅读材料 1 - 3

西安金地·芙蓉世家广告策划①

金地·芙蓉世家,位于西安曲江最核心地段,占地 220 亩,总户数 816 户,分两期来开发,一期包含有联排别墅、叠加别墅、花园洋房三种物业类型,总户数为 276 户,二期主要有电梯洋房。周边被大唐芙蓉园、曲江池遗址公园、唐城墙遗址公园、大慈恩寺遗址公园、植物园、大雁塔"五园一塔"环绕,独享曲江稀缺资源。小区内绿化面积占40%,容积率1.2,是标准的低密度住宅区。

二期"红樾"在宣传中着重突出了以下方面:

据守于区域中央位置,得势于曲江皇脉渊薮,掌控四方之利地,方是传世别墅的大成气候。

绝无仅有的曲江核心地位,五园一塔环绕。零距离唐城墙遗址公园,3分钟可达皇家园林大唐芙蓉园,距离曲江池遗址公园仅需 5 分钟,10 分钟可达大慈恩寺遗址公园或西安植物园,构筑世家专享的私家公园景观层次,推窗即可享受琳琅满目的曲江盛景。

---

① 西安金地置业投资有限公司,2009 - 06.

以百年传承的经典红色建筑构建家族的新秩序。

当家族所有的华美荣耀与赞词都湮没在时间的尘埃中,红色建筑所蕴含的朴质精神与内敛智慧就足以成就一种高贵信仰。红榉洋房与一期皇家台地别墅相同的建筑空间秩序和形式,质朴纯粹、充满手工和时间痕迹的诗意建筑,承载着大家族所着重的精神内容和超越岁月的家族精髓,开启一个家族的传奇故事。

高台曳华礼,天生的建造高起点营造出俯瞰众生的优越感。

▷ 1.5.2 房地产项目策划报告编写的注意事项

房地产项目策划报告包含了房地产开发项目所涉及的每一个方面和每一个环节,通过引入全新的构思与创新,预先做出一个整体规划设计,为项目实施提供保障。策划报告的写作应注意下列几点:

1. 结合项目实际,紧扣项目主题

策划报告主体部分章节的行文紧紧围绕项目需要解决的问题,将思路、方案、方法、计划及分析评价与项目本身紧密结合在一起,切实反映项目实际情况。

2. 简明扼要,突出重点

策划报告中行文要简洁明了,少用眼花缭乱的长篇大段,多用简短的段落、图表加以表达,注重图表与文字的连续性,图文并茂。

在一些重要数据的分析中,可以用下划线、黑体或斜体、特殊注记符号等方式进行细部处理和表示,突出重点,一目了然。

3. 定性分析与定量分析相结合

策划报告中的分析评价,要坚持定性分析与定量分析相结合。在深入定性分析的同时,通过大量调研数据进行定量分析,为定性分析提供数据支撑、提供分析保障,从而保证定性分析的科学性。

4. 准确分析,明确结论

策划报告的目的是将策划方案、计划、结果、战略性建议传递给客户,所以分析的过程及结论必须准确而清晰。每章节结尾最好结合项目做"小结",目的是对各种分析进行综合性系统评价,明确各章节分析的结论。

5. 不偏不倚,客观公正

编写策划报告要保持公正、中立的态度,不要加入个人主观偏好。特别是在项目 SWOT 分析和项目地块分析中,要条理清楚、全面透彻,对项目不利因素分析要准确、不遗漏,没有必要顾及委托方的情绪和偏好,因为无论是有利或不利因素都将对项目决策起重要作用。

6. 理性表达,逻辑思维

策划报告行文少用华丽、具有浓郁感情色彩的文字和词汇,报告是"以理服人",以新颖的构思,创造性的思路、形式、运作方案说明问题,不是"以情动人"。报告中的词汇应该朴实、客观、专业,并应体现出极强的逻辑性、说服力和创造性。

7. 可执行性

策划报告除加强策划书的直观性,配置图表、照片、流程图外,还应注意其可操作性,加强方案、计划的实施步骤和环节之间衔接问题的处理。

本章案例

广州"中海名都"项目主题策划①

一、广州"中海名都"概况

广州"中海名都"由中海发展(广州)有限公司开发,项目位于广州市海珠区珠江河畔,占地近 10 万平方米,总建筑面积 40 多万平方米,由 16 栋围合成三个相互独立且有一定联系的高层住宅组成。由于概念设计的灵活运用,使该楼盘 2001 年成为广州市中心的著名楼盘,取得了较好的经济效益。

二、策划主题的来源和获取

"中海名都"的策划主题(概念设计)雏形来自于对居住郊区化运动的反思和对

---

① 黄福新,等.房地产策划师职业培训教程[M].北京:机械工业出版社,2009.

新加坡设计风格的借鉴。

有一个阶段,居住郊区化曾引起舆论界和业内人士相当的关注,也得到了一些买家的追捧,但是实践证明,过于偏远的楼盘实际上没有大家想象的那么美好,特别是对于那些自用为主的广州买家而言尤为突出。因为现实的情况是我们以广州为居住中心、文化中心、商业中心,特别是工作中心、社交中心依然集中在市中心区域。因此,在看到郊区大盘的环境、景观优势的同时,也要清醒地认识到其在交通、配套、实践及生活的便利等方面存在的不足。

同样,城市中心区域楼盘在享有生活方便、工作快捷的同时,往往在环境营造方面由于规模、密度等限制不能得到淋漓尽致的发挥。

如果有一种项目能够兼顾上述两种类型楼盘的优势而消除其不足,那其生命力一定更强,市场适应性、市场竞争性一定更好。这一点,正是广州"中海名都"发展的基本理念之一。于是,"中海名都"确立了"都市生态圈"这一概念。

另一方面,为了最大限度地营造环境,"中海名都"项目取消了多层与小高层的设计构思,全部采用高层建筑。在设计调研中,新加坡高层住宅的设计理念、空间功能处理、外部造型、色彩搭配、环境营造及细部处理等与中国香港特别行政区及其他地区相比,无论是从建筑技术还是从文化品位、内涵来讲,都有独特的思考与成功的实践。特别是其主题概念会引发人们对现代、整洁、文明、秩序、温馨、优雅的花园城市的美好向往,同时也能够直接构成对整个项目设计手法的引导。因此,"中海名都"主题概念的另一层面定位为"岭南新加坡"。其中"岭南"既是一个区域概念,又是一个文化概念,同时隐喻着源于新加坡、高于新加坡的内涵。

三、策划主题的确定

"中海名都"项目的总的宏观主题概念为:"都市生态园,岭南新加坡"。"都市生态园"通过都市与生态在一般意义上的强烈反差,力图搭建一个既能享受都市繁华、生活方便、交通快捷优势,又能享受到郊区大楼盘所能提供的阳光、空气、绿地、草地等自然感受的理想生活形态。这是项目生命力最基本的支撑点之一。"岭南新加坡"则表达本小区具有像新加坡一样的繁花似锦、绿树成荫的花园感受以及新加坡现代优秀建筑的整体设计风格。

四、策划主题的支撑与体现

"中海名都"的主题概念的支撑与体现主要表现在以下几方面:

1. 建筑风格方面

清新格调、婉约风格、明快色调。以清新的格调、明快的色调构建一幅"婉约风"的画面——清爽的白色主调点缀着柔和的黄色;幽幽的蓝玻璃窗户渗透着清新格调,以"水"为题,临"江"而建的概念;厚重而不失活泼的裙房墙面上衬托着造型现代的清透玻璃橱窗。这一设计构思来源于新加坡的 Hillington Green 公寓。

2．环境布局方面

为了更好地配合营销工作，保证每一期销售中都具有独特的卖点从而将楼盘成功地推向市场，环境布局分别赋予每一期项目不同的微观设计主题："都市"、"生态"与"家园"。

第一期较靠近珠江，因此将第一期的设计主题定为"都市"，即新加坡式的花园城市。第二期地块保留了10棵大树，该区的设计重点引入一些能吸引鸟类的果树和特色植物，减少车流入口对小区环境的影响，营造一个"生态园"。第三期位于空间环境相对较为封闭、尺度较小的小区南部，设计中将引入岭南文化特色元素，营造一个具有文化气息的"家园"。

3．地库设计方面

"中海名都"在地库设计中，因地制宜地借鉴了新加坡住宅地库空间通透宽敞的设计手法，从而突出了其"生态"特色和"新加坡"特色。其中最为突出的是以下两种形式：一是地库空间与住宅大堂相通；二是地库通过高侧窗与花园相连。

4．住宅设计方面

在核心筒的设计中，为了更好地体现家园的气息，营造亲切宜人的居住环境，"中海名都"对设计进行了深入思考，并借鉴新加坡高层住宅的设计手法，加强以下两方面的设计。

走廊栏杆（板）的设计：对走廊栏杆进行细致的设计，并在栏杆外设预制花池，既可提高安全性又能将更多的绿色引入居民生活中。

住宅单元入口空间的设计：从具有半公共性质的开敞交通走廊进入私密性的过渡空间。根据结构设计的需要，对这个空间进行适当的界定与围护，以给住户归属感与领域感，同时避免雨水与强烈阳光对户门的侵蚀。

5．建筑造型方面

为了配合"中海名都"主题概念"都市生态园，岭南新加坡"的设计延伸，项目立面形象简洁现代，比例和谐；色彩明快，多以浅色调为主；细部设计精巧，经久耐看，是一种雅俗共赏的立面风景。

在外立面的设计中，为了体现现代、生态与家园气息的特点，借鉴了新加坡住宅项目 Hillington Green 的立面形式。

在 A1—A4 住宅立面设计中，在三段式构图的基础上，通过基座、塔身与顶部的设计来改善高层住宅的比例，以达到"将高楼变矮"的目的，形成较为亲切的尺度感。基座的三段式构图中最下面的部分，在形象上应适当突出，给人沉稳感。在立面设计中，将转换层与4～9层住宅也作为总体构图的基座来考虑，通过色彩与材质，以及建筑构件与体块的变化来突出基座部分的分量。同时，将基座的视觉高度调整到大约30米的位置，基本上与从北面广场与道路仰望住宅时的舒适尺度吻合,从而增加了住宅与人的亲切感,突出了"家园气息"的含义。

在塔身设计上,通过双层连窗以及阳台的隔层变化来减少重复出现构件的数目,从而避免了不少高层住宅立面单调、尺度失调的问题,改善了整体立面比例关系。在细部设计上,在外立面加防护措施,既增加外立面的细部处理,精巧耐看、亲切怡人,又保证了室内空间的简洁,造价也合理。

在阳台设计上,以黄色飘板为母体,设计了三种不同形式的阳台,为住宅立面增添了生动活泼的设计元素。

🎲 思考与练习

1. 什么是策划? 对策划的理解包含哪几个方面?

2. 房地产项目策划的含义是什么? 应从哪些方面理解房地产项目策划?

3. 简述房地产项目策划的发展历程。

4. 简述房地产项目策划的地位和作用。

5. 房地产项目策划的特征有哪些?

6. 房地产项目全程策划一般要经历几个阶段,各阶段重点内容是什么?

7. 简述房地产项目策划报告的基本结构。

8. 根据本章内容,试分析房地产项目策划与可行性研究有哪些区别和联系。

第 2 章　房地产项目选址策划

本章学习要求

1. 掌握土地使用权的获取方式
2. 熟悉竞标土地的估价方法
3. 了解不同类型项目选址时主要考虑的影响因素和土地投标前的准备工作

2.1　项目选址

项目的选址作为房地产开发的前期工作之一,有着举足轻重的作用,不同类型的投资项目对区位、环境、交通、消费群体等有不同的要求。本章分别以常见的居住项目、商业项目和工业项目等为例介绍项目选址时应注意的因素。

➢ 2.1.1　居住项目选址

居住项目是指供人们生活居住的房地产,包括普通住宅、高档公寓、别墅等。这类物业的购买者大都是以满足自用为目的,也有少量作为投资,出租给租客使用。居住项目主要是为人们提供一个安静舒适的生活休息空间,此类项目的投资区位选择主要应考虑以下因素。

1. 市场状况

房地产企业在进入一个城市或区域进行居住项目开发前,应首先考虑该地区的市场状况,分析该地区的房地产市场需求量和供应量,并对未来市场变化进行科学分析和预测。在此基础上,进一步分析需求市场的层次结构,比如对高、中档住宅的需求比例,自主和投资的需求比例等。对市场状况的调查和分析是房地产项目开发的基础,也是项目开发成败的重要影响因素,因此,应该受到开发商的充分重视。

2. 地块背景及区域规划方向

在选择居住项目开发地块时，需要了解地块背景，有无历史和人文积淀，认真研究区域规划方向，在此基础上分析地块的开发建设条件、地块规划限制条件、区域将来可能出现的各种物业类型和由此带来的潜在客户等，这些可为开发商提供较为详细的决策依据。

3. 自然环境

现在人们越来越重视身体健康状况和生活环境质量，一个拥有优良自然生态环境的项目很容易受到消费者的青睐。开发商要注重用地自身和周边环境的污染影响，避免城市里其他方面的干扰，如工业生产的污染、交通（火车站、铁路专用线、码头等）方面的噪声等，在接近工业区时应该处在工业区的上风向，并保持必要的防护距离。

山水、湖畔、绿地等自然生态景观以及清新的空气等，也是购房者选择居所以及开发商在居住项目选址时要考虑的因素。

4. 交通条件

居住项目所在地应具有较好的交通条件，以方便居民出行。如果项目在市区内，周边一般都会有便捷的公共交通系统，能够满足居民日常出行的要求；如果项目在市郊，则要求项目所在地要有能够便捷到达城市中心或商业、休闲区的交通条件，如地铁、轻轨、公交线路等，以便保持与市区的紧密联系。

5. 生活配套设施

居住项目所在地应具有较好的生活配套设施，比如菜市场、超市、医院、学校和银行等。如果周边缺少这些配套设施，也应具有将来能够建立生活配套设施的条件和资源，如周边将来具有一定量的消费市场，周边还应具有规划的零售百货店或超市等。

6. 市政基础设施

居住项目应尽量依托主城区，以便共享城市中的市政配套设施，如供电、供水、供气、道路、通信线路等，完善的市政配套设施可为项目提供便利的建设条件和资源，有利于项目开发；但高档居住项目或大盘项目一般都处在城市郊区，不具备完善的市政配套设施，开发商在选址时也应注意这方面的影响。

7. 房地产相关政策

居住项目选址应充分考虑相关政策的影响，重视国家鼓励的项目投资方向，开发商在政策导向下可以结合企业自身的资源优势对地块取舍进行权衡。如国家鼓励中低价位普通商品房和经济适用房项目，城市规划要求严格控制低密度、低容积率项目的开发建设，以提高土地利用率，这些对居住项目用地的选址都具有重要影响。

8. 用地成本

在对某地块进行初步了解的基础上,应对地块价格进行粗略估计,结合地块规划限制条件估算项目投资成本和收益,以此衡量地块的经济效益。如果预期地价在控制范围内,则考虑接受;如果预期地价过高,可能使项目收益过少,则考虑放弃。

阅读材料 2-1

中化方兴公司拍得北京广渠路 15 号地[①]

经过 2007 年下半年和 2008 年的调整后,2009 年上半年全国房地产市场开始回暖,期间,北京、上海等地均出现了新的"地王"。2009 年 6 月 30 号中化方兴公司以 40.6 亿元拍得北京广渠路 15 号地。中化方兴是中国中化集团公司在香港注册的全资子公司,成立于 2004 年 6 月,注册资本为 7 亿港元,目前总部位于珠海。中化方兴在北京、上海等地都有房地产投资项目。

据北京市土地整理储备中心提供的资料显示,朝阳区广渠路 15 号地土地面积为 15.59 万平方米,规划建筑面积为 28 万平方米,挂牌交易的起始价为 16.47 亿元。

期间有万科、远洋、中信、保利、首开、SOHO 中国等国内知名地产商参与竞拍,当现场竞价达到 37 亿元之后,竞争主要集中在 SOHO 中国、保利集团和中化方兴之间。虽然保利集团和 SOHO 中国轮番加价,但中化方兴显得志在必得,频频举牌报出新高,最后成交价比起始价高出 24.13 亿元,该项目楼面地价接近 14 500元/平方米。

竞拍结束后,中化方兴的负责人表示,凭借 40.6 亿元的价格拿下广渠路 15 号地是在意料之中,"虽然价格有些高,但是北京房地产市场长远向好的发展趋势仍表明 15 号地物有所值"。据了解,中化方兴计划将该地块打造成精品住宅。

2.1.2 商业项目选址

商业房地产项目也称经营性房地产或收益性房地产,主要包括商业用房、写字楼、酒店、酒店式公寓等类型。本章以零售商业项目和写字楼项目为例进行项目选址介绍。

1. 零售商业项目选址

零售商业项目包括各类商场、购物中心、超级市场、店铺等类型。传统的零售

---

① 中化方兴地产以 40.6 亿拍得北京广渠路 15 号地[EB/OL].[2009-06-03].狙房网,http://bj.sni-fast.com/news/2009-06-30/53997.html.

商业区域主要集中在城市的中心商业区,但随着城市道路交通设施、交通工具的发展和郊区人口的快速增长,位于城市郊区和城郊结合部的大型零售商业设施如大型超市等不断涌现,使传统中心商业区的客流得以分散。

零售商业项目除了考虑市政配套设施、交通条件、房地产相关政策及用地成本等因素外,还应着重考虑以下影响因素。

(1)消费市场。商业中心也是消费中心,从经济效益上讲,商业中心必须满足整个区域或城市消费市场的要求,争取尽可能多的顾客;从成本效益上讲,要争取最大的聚集效益,要求最大限度地利用城市的各种基础设施。所以,研究消费市场对零售商业项目选址十分重要。消费市场研究的主要工作是对区域人口的密度、职业分布、收入状况、年龄、购买能力和消费偏好进行分析,通过消费市场分析可以为商业规模和商业内容提供主要参考依据,供决策者参考。

(2)商业环境。商业环境主要是对拟用地核心商业区进行调查和分析,是零售商业项目选址的重要前置工作。商业氛围包括区域商业类型、商业规模、数量和商圈吸引力等。通过商业环境分析,可以了解区域竞争物业的特征,研究市场饱和程度,以便能够更好地细分市场,寻找最佳市场机会。

(3)商业辐射范围。除了对地块所在地商业氛围的调查分析外,还应对其所能辐射的范围作进一步调查,即对商圈辐射到的次要区域和边界区域的消费者进行调查,包括可能的顾客流量、消费者行为、消费偏好及购买能力分析。

(4)潜在商业价值。潜在商业价值评估是指对地块的未来商业发展潜力的分析与评价。评价商业地产位置优劣时,不应仅仅关注地块的自然地理位置,更要关注该地块未来的经济地理位置。随着城市建设的发展,现时的商业区可能由盛转衰(如火车站的迁移导致周边人流量迅速减少),而过去不受关注的地段也可能会逐步繁华(如住宅区的逐渐发展带来的大量消费人群),从而使区域商业价值得到极大提升。

(5)规划设计条件。零售商业项目的开发受城市规划的影响比较大,选址时也要重点考虑城市规划的限制,如对城市中心项目的建筑高度、容积率、体量、色彩等的限制要求,规划指标对零售商业项目的经济效益影响非常大。

2. 写字楼项目选址

依照写字楼所处的位置、自然或物理状况和收益能力,专业人员通常将写字楼分为甲、乙、丙三个等级。在写字楼项目选址时,除了考虑城市规划的影响、市政基础设施条件、房地产相关政策及用地成本等因素外,还应着重考虑以下影响因素。

(1)周边环境状况。地块周边环境状况是影响写字楼项目选址的重要因素,有时甚至可能关系到项目的成败,因此考察用地周边环境状况是开发商的首要工作。如果地块所在区域内交通便捷,各种企事业单位聚集或者周边有政府、大型公司或金融机构存在,则项目建成后能够吸引大量的租客,市场空间比较广阔;相反如果地块周边环境恶劣(如有很多陈旧的工业厂房)、缺乏商业设施配套等,且近期规划中没有改善周边环境的可能性,那么可以考虑放弃。

(2) 交通便捷程度。写字楼项目选址应重视其交通便捷程度。一般来说,城市商业中心或办公区所在地人口流量较大,各类建筑物比较密集,经常会造成交通拥挤,给人们的工作生活带来极大不便。有没有快捷有效的交通系统到达写字楼,会极大地影响到写字楼物业的市场价值。因此,便捷的交通环境在为人们带来方便的同时,也可能会成为吸引租客的关键因素。另外,是否有足够的停车位也会影响到写字楼对租客的吸引力。

▷ 2.1.3　工业项目选址

工业项目是指为人类生产活动提供入住空间的房地产,常见的类型包括非标准工业厂房、标准工业厂房、仓储用房、研究与发展用房(又称工业写字楼)、工业园区等。

工业项目选址除了考虑房地产相关政策、用地成本以及市政配套设施等因素外,还应着重考虑以下因素。

1. 城市规划

工业项目选址首先应考虑城市规划的限制。城市规划包括:城市的功能分区,用地布局,综合交通体系,禁止、限制和适宜建设的地域范围等内容。一个城市的工业区域一般在城市规划中均有体现,因此,工业项目选址时应在城市规划允许或指导的区域内进行考察。

2. 区域位置

工业性质决定了工业项目的选址方向,如污染性企业应建在远离城市的下风向处;如果是对居民影响不大的工业项目则考虑在城市郊区或开发区内建设,这样可以方便企业员工上下班,减轻交通压力。目前,很多城市都有成规模的开发区、保税区等吸引投资者前来投资,同时还可以享受到土地、税收等政策方面的优惠,工业项目可以优先考虑在上述区域进行投资。

3. 交通条件

工业项目对交通条件的要求比较高,开发商在选址时应予以充分重视。良好的对外交通网络能够有效地解决开发建设所需要的原材料和劳动力等资源的运输问题,保证项目顺利开发;待项目建成投产后,也能便捷地连接原材料供应基地和产品销售市场,同时能为员工往返提供很大便利。

2.2 获取土地使用权

2.2.1 土地使用权出让

土地使用权出让,是指国家将国有土地使用权在一定年限内出让给土地使用者,由土地使用者向国家支付土地使用权出让金的行为,又称"批租",属于房地产一级市场。

土地使用权出让的最高年限为:住宅建设用地 70 年,工业用地(包括仓储用地,但不包括采矿用地)50 年,教育科技文化体育卫生 50 年,商业旅游娱乐 40 年,综合其他用地 50 年。期满可申请续期使用,转让或抵押年限不得超过出让合同确定的有效年限。自 2007 年 10 月 1 日起施行的《物权法》作出规定:"住宅建设用地使用权期间届满的,自动续期。"但是目前,我国法律并没有对续期的土地使用费支付标准和办法作出明确规定。

土地使用权出让的方式主要有招标、拍卖、挂牌、协议出让等方式。2007 年 11 月 1 日开始施行的《中华人民共和国城镇土地使用权出让和转让暂行条例》规定:"工业、商业、旅游、娱乐和商品住宅等经营性用地以及同一宗地有两个以上意向用地者的,应当以招标、拍卖或者挂牌方式出让。"

1. 招标出让

招标出让国有建设用地使用权,是指市、县人民政府国土资源行政主管部门发布招标公告,邀请特定或者不特定的自然人、法人和其他组织参加国有建设用地使用权投标,根据投标结果确定国有建设用地使用权人的行为。

招标出让的基本流程及要求以下:

(1)投标人在投标截止时间前将标书投入标箱。招标公告允许邮寄标书的,投标人可以邮寄,但出让人在投标截止时间前收到的方为有效。标书投入标箱后,不可撤回。投标人应当对标书和有关书面承诺承担责任。

(2)出让人按照招标公告规定的时间、地点开标,邀请所有投标人参加。由投标人或者其推选的代表检查标箱的密封情况,当众开启标箱,点算标书。投标人少于三人的,出让人应当终止招标活动。投标人不少于三人的,应当逐一宣布投标人名称、投标价格和投标文件的主要内容。

(3)评标小组进行评标。评标小组由出让人代表、有关专家组成,成员人数为五人以上的单数。评标小组可以要求投标人对投标文件作出必要的澄清或者说明,但是澄清或者说明不得超出投标文件的范围或者改变投标文件的实质性内容。评标小组应当按照招标文件确定的评标标准和方法,对投标文件进行评审。

（4）招标人根据评标结果,确定中标人。按照价高者得的原则确定中标人的,可以不成立评标小组,由招标主持人根据开标结果,确定中标人。对能够最大限度地满足招标文件中规定的各项综合评价标准,或者能够满足招标文件的实质性要求且价格最高的投标人,应当确定为中标人。

2. 拍卖出让

拍卖出让国有建设用地使用权,是指市、县人民政府国土资源行政主管部门发布拍卖公告,由竞买人在指定时间、地点进行公开竞价,根据出价结果确定国有建设用地使用权人的行为。

拍卖出让的基本流程及要求如下:

（1）主持人点算竞买人。

（2）主持人介绍拍卖宗地的面积、界址、空间范围、现状、用途、使用年期、规划指标要求、开工和竣工时间以及其他有关事项。

（3）主持人宣布起叫价和增价规则及增价幅度。没有底价的,应当明确提示。

（4）主持人报出起叫价。

（5）竞买人举牌应价或者报价。

（6）主持人确认该应价或者报价后继续竞价。

（7）主持人连续三次宣布同一应价或者报价而没有再应价或者报价的,主持人落槌表示拍卖成交。

（8）主持人宣布最高应价或者报价者为竞得人。

竞买人的最高应价或者报价未达到底价时,主持人应当终止拍卖。拍卖主持人在拍卖中可以根据竞买人竞价情况调整拍卖增价幅度。

3. 挂牌出让

挂牌出让国有建设用地使用权,是指市、县人民政府国土资源行政主管部门发布挂牌公告,按公告规定的期限将拟出让宗地的交易条件在指定的土地交易场所挂牌公布,接受竞买人的报价申请并更新挂牌价格,根据挂牌期限截止时的出价结果或者现场竞价结果确定国有建设用地使用权人的行为。

挂牌出让的基本流程及要求如下:

（1）在挂牌公告规定的挂牌起始日,出让人将挂牌宗地的面积、界址、空间范围、现状、用途、使用年期、规划指标要求、开工时间和竣工时间、起始价、增价规则及增价幅度等,在挂牌公告规定的土地交易场所挂牌公布。

（2）符合条件的竞买人填写报价单报价。

（3）挂牌主持人确认该报价后,更新显示挂牌价格。

（4）挂牌主持人在挂牌公告规定的挂牌截止时间确定竞得人。

挂牌时间不得少于10日。挂牌期间可根据竞买人的竞价情况调整增价幅度。

挂牌期限届满,挂牌主持人现场宣布最高报价及其报价者,并询问竞买人是否愿意继续竞价。有竞买人表示愿意继续竞价的,挂牌出让转入现场竞价,通过现场竞价确定竞得人。

挂牌主持人连续三次报出最高挂牌价格,没有竞买人表示愿意继续竞价的,按照下列规定确定是否成交:在挂牌期限内只有一个竞买人报价,且报价不低于底价,并符合其他条件的,挂牌成交;在挂牌期限内有两个或者两个以上的竞买人报价的,出价最高者为竞得人;报价相同的,先提交报价单者为竞得人,但报价低于底价者除外;在挂牌期限内无应价者或者竞买人的报价均低于底价或者均不符合其他条件的,挂牌不成交。

阅读材料 2-2

招标拍卖挂牌公告的主要内容①

（一）出让人的名称和地址;

（二）出让宗地的面积、界址、空间范围、现状、使用年期、用途、规划指标要求;

（三）投标人、竞买人的资格要求以及申请取得投标、竞买资格的办法;

（四）索取招标拍卖挂牌出让文件的时间、地点和方式;

（五）招标拍卖挂牌时间、地点、投标挂牌期限、投标和竞价方式等;

（六）确定中标人、竞得人的标准和方法;

（七）投标、竞买保证金;

（八）其他需要公告的事项。

4. 协议出让

协议出让国有土地使用权,是指国家以协议方式将国有土地使用权在一定年限内出让给土地使用者,由土地使用者向国家支付土地使用权出让金的行为。

出让国有土地使用权,仅当依照法律、法规和规章的规定不适合采用招标、拍卖或者挂牌方式出让时,方可采取协议方式。在公布的地段上,同一地块只有一个意向用地者的,方可采取协议方式出让;但工业、商业、旅游、娱乐和商品住宅等经营性用地除外。同一地块有两个或者两个以上意向用地者的,应当按照《招标拍卖挂牌出让国有土地使用权规定》,采取招标、拍卖或者挂牌方式出让。

协议出让的主要程序包括:申请土地受让方持有效证明文件向政府土地管理部门提出申请,出让方将出让地块的有关资料和文件提供给预期受让方,受让方在规定时间提供土地开发建设方案、出让金额以及付款方式等文件;出让方在规定时间

---

① 中华人民共和国国土资源部令第 39 号,《招标拍卖挂牌出让国有建设用地使用权规定》,2007-09-28.

给予答复,双方协商达成协议,签订合同并由土地受让方支付订金,受让方在支付全部出让金后,向土地管理机关办理土地使用权登记,并领取国有土地使用权证。

2.2.2 土地使用权转让

土地使用权转让是获得国有土地使用权的受让人,在投资开发经营的基础上,对出让土地的再转移,土地使用权的转让是土地使用者之间的横向土地经营行为。

以出让方式取得的土地使用权转让,必须按照合同的约定已经全部支付土地使用权出让金,并取得土地使用权证书,按照合同约定进行投资开发,属于房屋建设的,完成投资总额的25%(不包括土地出让金),属于成片开发的,形成工业用地或者其他建设用地条件。

以划拨方式取得的土地使用权转让,需向政府报批,在获得准予转让的基础上,土地的受让方办理土地使用权出让手续,并缴纳土地出让金,转让方将土地收益上缴国家。这种方式多见于因企业改制和兼并收购行为而导致的土地使用权变更的情况。

2.2.3 土地使用权划拨

土地使用权划拨是指县级以上人民政府依法批准,在土地使用者缴纳补偿、安置等费用之后将该幅土地交付其使用,或者将土地的使用权无偿交付土地使用者使用的行为。

取得划拨土地使用权实际上分为两种情况:一种是土地使用者先缴纳对原土地所有人或使用人的补偿、安置等费用后,国家将土地交付其使用;另一种情况是国家将国有土地使用权无偿交付给土地使用人。

根据《城市房地产管理法》的规定,划拨土地的范围包括:国家机关和军事用地,城市基础设施和公益事业用地,国家重点扶持的能源、交通、水利等项目用地,法律行政法规规定的其他用地。

目前在房地产开发中,对用于经济适用房、廉租房等社会保障性用房的开发建设项目用地,采用行政划拨方式。

2.2.4 土地合作

随着土地出让方式制度的改革,由于资金实力等原因,现在很多中小开发商在一级市场中"拿地"的成功性在逐年下降,从而转向其他的土地获取方式。其中,与拥有土地使用权的机构进行合作开发,可以省去一大笔土地费用,降低投资风险,这是一种目前常见的土地取得方式。土地合作的方式很多,可以以土地作价入股成立项目公司,也可以进行公司之间的并购或资产重组。

2.3 土地投标策划

▷ 2.3.1 土地投标前的准备工作

1. 密切关注土地招标信息

开发商应通过各种途径,尽可能在招标公告发出前获取土地信息,越早获取土地信息就越能做好充分的竞标准备,为市场调研和土地估价留出充足的时间。因此,开拓良好的社会关系资源是开发商应当注重的重要工作。

2. 组建土地竞标小组

开发商在获取土地招标信息后,应尽快组建土地竞标小组,小组可由下列成员组成:经营人员、市场分析人员、房地产估价师、财务人员、工程技术人员(含设计人员)、法律人士等。

3. 进行现场踏勘和项目分析

开发商应组织竞标小组及相关人员进行现场踏勘,对周边市场状况和用地条件等进行调查。对区域的项目开发建设情况、竞争项目分布与特点、市场潜力、潜在客户等进行调查分析,初步完成市场分析、市场预测以及开发项目定位;同时对地块建设条件和周边范围内的道路交通、市政基础设施以及公建配套设施等进行调查,初步确定规划设计方案的技术指标。

4. 搜集竞争者信息

开发商在进行以上工作的同时,还应对信息进行全面的收集整理,包括对区域内近期出让地块的规模、规划类型、成交价等信息的整理。同时应注重竞标单位信息的收集整理,包括竞争者的经济实力、战略发展目标、开发业绩、技术能力、管理水平、信誉等资料。

5. 测算土地成本,制定心理价位

在市场调研的基础上,对竞标地价进行初步定价。一般来说,开发商要进行竞标地块的总投资、总开发价值估算,结合开发商预期盈利目标,测定能够承受的最高地价,竞标土地的估价多采用假设开发法进行。

6. 编制投标文件及各种资料,准备参加竞标

结合招标文件中投标文件的编制要求收集整理投标报价、开发方案和资格审查资料,缴纳投标保证金,参加土地竞标。

▷ 2.3.2 竞标土地的估价

在我国现行情况下,政府开展土地使用权有偿出让的地块,主要是房地产开发

用地,它可能是熟地,也可能是毛地或生地,目前以熟地居多。土地价格测算有市场法、成本法、收益法、假设开发法和长期趋势法等多种方法,这里仅对招标、拍卖、挂牌方式下的土地价格测算中常用的假设开发法进行介绍。

假设开发法,也称为剩余法、预期开发法、开发法,是预测估价对象开发完成后的价值和后续开发建设的必要支出及应得利润,将开发完成后的价值减去后续开发建设的必要支出和应得利润来求取估价对象价值的方法。

1. 假设开发法估价的操作步骤

运用假设开发法估价一般分为以下六个步骤进行:①调查、了解待开发房地产的状况;②选择最佳的开发利用方式,确定开发完成后的房地产状况;③估算后续开发经营期;④预测开发完成后的房地产价值;⑤预测后续开发建设的必要支出和应得利润;⑥进行具体计算,求出待开发房地产的价值。

2. 假设开发法的基本公式

针对不同的土地开发深度和房地产开发的未来形态,在生地、毛地、熟地上进行房地产开发时运用到的假设开发法公式的内涵是有一定差别的,这里介绍假设开发法最基本的公式,具体如下:

待开发房地产价值=开发完成后的房地产价值−后续开发成本−管理费用−销售费用−投资利息−销售税费−开发利润−取得待开发房地产的税费

3. 运用现金流量折现法和传统方法的区别

房地产的开发周期一般较长,其土地取得成本、开发成本、管理费用、销售费用、销售税费、开发完成后的房地产价值等发生的时间不尽相同,特别是大型的房地产开发项目。因此,运用假设开发法估价必须考虑资金的时间价值。但考虑资金的时间价值有以下两种方式:一是采取折现的方式,即现金流量折现法;二是采取计算投资利息的方式,即传统方法。

现金流量折现法和传统方法主要有以下三个方面的区别:

(1)对开发完成后的房地产价值、开发成本、管理费用、销售费用、销售税费等的测算,在传统方法中主要是根据估价时点(通常为现在)的房地产市场状况作出的,即它们基本上是静止在估价时点时的金额;而在现金流量折现法中,是模拟开发过程,预测它们在未来发生时的金额,即要进行现金流量预测。

(2)传统方法不考虑各项支出、收入发生的时间不同,即不是将它们折算到同一时间上的价值,而是直接相加减,但要计算投资利息,计息期通常到开发完成时止,即既不考虑预售,也不考虑延迟销售;而现金流量折现法要考虑各项支出、收入发生的时间不同,即首先要将它们折算到同一时间点上的价值(直接或最终是折算到估价时点上),然后再相加减。

(3)在传统方法中投资利息和开发利润都单独显现出来,在现金流量折现法中这两项都不单独显现出来,而是隐含在折现过程中。所以,现金流量折现法要求折现率既包含安全收益部分(通常的利率),又包含风险收益部分(利润率)。这样处理是为了与投资项目评估中的现金流量分析的口径一致,便于比较。

【例 2-1】　某 2 000 亩的成片荒地,适宜进行"五通一平"的土地开发后分块有偿转让;可转让土地面积的比率为 75%;附近地区与之位置相当的小块"五通一平"熟地的单价为 260 万元/亩;项目开发期为 3 年;将该成片荒地开发成"五通一平"熟地的开发成本、管理费用等费用为 30 万元/亩;贷款年利率为 8%;土地开发的年利润率为 10%;当地土地转让中卖方需要缴纳的营业税等税费为转让价格的 6%,买方需要缴纳的契税等税费为转让价格的 4%。请采用传统方法测算该成片荒地的总价和单价。

【解】　设该成片荒地的总价为 V:

$$开发完成后的熟地总价值 = 260 \times 2\,000 \times 75\%$$
$$= 390\,000(万元)$$

开发成本及管理费用等费用总额 $30 \times 2\,000 = 60\,000(万元)$

$$投资利息总额 = (V + V \times 4\%) \times [(1+8\%)^3 - 1] + 60\,000 \times [(1+8\%)^{1.5} - 1]$$
$$= 0.27V + 7\,342(万元)$$

转让开发完成后的熟地的税费总额 $= 390\,000 \times 6\% = 23\,400(万元)$

$$土地开发利润总额 = (V + V \times 4\%) \times 3 \times 10\% + 60\,000 \times 1.5 \times 10\%$$
$$= 0.312V + 9\,000(万元)$$

购买该成片荒地的税费总额 $= V \times 4\% = 0.04V(万元)$

$$V = 390\,000 - 60\,000 - (0.27V + 7\,342) - 23\,400 - (0.312V + 9\,000) - 0.04V$$
$$V = 178\,951(万元)$$

$$该片荒地总价 = 178\,951(万元)$$
$$该片荒地单价 = 178\,951 \div 2\,000 = 89.48(万元/亩)$$

【例 2-2】　某宗 10 亩的"七通一平"熟地,最佳开发用途为写字楼,容积率为 2.5;土地使用权年限为 50 年,从 2007 年 11 月起计。取得该宗土地后即动工开发,预计开发期为 2 年。各项开发费用为:建筑安装工程费为每平方米建筑面积 2 000 元,勘察设计、前期工程费以及其他工程费按建安工程费的 10% 计算,管理费用为以上费用的 3%。以上费用在第一年需投入 45%,第二年需投入 55%。在第一年末需投入广告宣传等销售费用,销售费用取售价的 2%,假设各年的投入集中在年中。预计项目建成时即可全部售出,售出时的平均价格为每平方米建筑面积 4 500 元。房地产交易中卖方应缴纳的营业税等税费为交易价格的 6%,买方应缴纳的契税等税费为交易价格的 4%。请采用现金流量折现法测算该宗地土地在 2007 年 11 月的总价及单价(折现率为 12%)。

【解】 该写字楼的总建筑面积＝10×666.67×2.5＝16 666.75（平方米）

开发完成后的总价值＝4 500×16 666.75/(1+12％)²＝5 978.98（万元）

建筑安装工程费、勘察设计费、前期工程费、其他工程费和管理费总计为：

2 000×16 666.75×(1+10％)×(1+3％)×[45％/(1+12％)^0.5+55％/(1+12％)^1.5]

＝3 358.34（万元）

销售费用总额＝(4 500×16 666.75×2％)/(1+12％)^1.5＝126.55（万元）

销售税费总额＝5 978.98×6％＝358.74（万元）

设该宗土地的总价为V，则：

购买该宗土地的税费总额＝V×4％＝0.04V（万元）

V＝5 978.98−3 358.33−126.55−358.74−0.04V

V＝2 053.23（万元）

所以该宗土地在2007年11月的价格为：

土地总价＝2 053.23（万元）

土地单价＝2 053.23/10＝205.323（万元/亩）

本章案例

案例1 土地拍卖演绎冰火两重天[①]
——2008年深圳市土地流拍案例

深圳市刚刚结束的一场土地拍卖中，位于宝安区和龙岗区的5块出让土地中，仅有龙岗区宝荷路与沙荷路交叉口南侧的一地块被深振业A在无人竞拍的情况下以6.9亿元的价格获得，其余4块流拍。

此次挂牌出让的5宗居住用地，2块在龙岗，3块在宝安，总建筑面积高达74万平方米，但报名参与竞买的开发商非常稀少。其中，一块位于龙岗区宝荷路南侧的地块有两家开发商报名竞拍，最后因为没有人举牌而流拍，另有三地块因无人报价或报价低于起拍价而流拍。

地价下跌土地频频流拍

据记者了解，此次深振业A拍得的地块，建筑面积为24万多平方米，楼面地价只有2 836.48元/平方米，使用年限70年。仅比2006年9月该地段一块出让地每平方米高出319元，基本上已经回落到2006年的地价水平，甚至比2005年龙光地

---

① 万晶.视点:土地拍卖演绎冰火两重天[N].中国证券报,2008−04−10.

产拿下龙岗中心城的某地块还便宜161元/平方米。

业内分析人士告诉记者，去年底深圳楼市进入低迷期以来，开发商拿地非常谨慎，土地流拍已经不是第一次发生。2007年12月6日，位于龙岗的两宗挂牌出让的11万平方米居住用地未能成交。2007年12月17日，深圳市宝安区的三宗地块因为无人竞买而宣布流拍，这三宗地块合计占地面积近13万平方米，均为居住用地。之后不久，深圳市首次出让两块限价房用地也有一块无人问津。

流拍频频发生，即使勉强出让成功，楼面地价也持续走低。深振业A此次以底价拍得的龙岗地块楼面地价仅2 836.48元/平方米，远远低于几个月前龙岗和宝安相似区域的地块均价。2007年12月17日流拍的三块宝安观澜的地块，起始楼面地价分别达到3 582元/平方米、4 587元/平方米和4 881元/平方米。而2007年11月2日，宝安观澜两宗地块被和记黄埔地产以5.1亿元的价格拿下时，楼面地价分别达到了6 487元/平方米和6 826元/平方米。

深圳本地一家开发商给记者算了一笔账，楼面地价若超过3 000元/平方米，再加上每平方米2 000多元的建筑费用，成本超过5 000元/平方米，目前关外已有楼盘跌到了7 000多元/平方米，开发商没有多少利润空间。加之后市更难预料，开发商不敢轻易拿地。

戴德梁行深圳公司总经理程家龙分析认为，土地流拍，一方面是因为银行收缩房地产贷款和楼市持续低迷，导致开发商资金链紧张，没有能力拿地；另一方面由于楼市持续走低，开发商信心不足，对大势难以把握，拿地十分谨慎。

面粉贵过面包难以持久

自2007年底楼市进入"拐点"以来，土地流拍现象在全国各地屡屡上演。2007年12月21日，厦门市年度最后一场土地拍卖会从开始到结束，全过程不到15分钟，出让的6宗地有4宗"流拍"，被当地媒体称之为"厦门土地拍卖会有史以来最为迅速、最为冷清的一次"。仅仅相隔几天，福州市2007年最后一次土地拍卖会上，包括福州市区及周边的10块地块，仅成交2块，剩下8块地块因竞买人不足而被迫流拍。

土地拍卖的冷清情景同样出现在市场一向炙手可热的京城。2008年1月16日，北京迎来了首次土地集中入市，当天有7块土地招标、挂牌出让，与大家的预期迥异，参与的开发商寥寥无几。就连最为大家看好的来广营乡清河营村1号地，和位于四环以内的广渠路15号地及"鸟巢"附近的黄金地块南沙滩东路3号地也遭到了冷遇，3地块仅有6家开发商参与投标。更让人意外的是，广渠路15号地竟以流拍告终，成为自2002年北京土地实行公开招拍挂以来，四环以内地块首次出现的流拍。

新年伊始，上海市杨浦区新江湾城F地块公开出让，铁狮门房地产基金以底价

67.5亿元、折合楼面价仅7 502元/平方米成交,大大低于人们的预期。而仅仅两个月前,杨浦区新江湾城的D3地块被仁恒地产获得时出让总价为13.01亿元,相当于楼面价2万元/平方米。

同样的情形在广州、南京、天津也多次出现。南京市江宁区某地块2007年底时拍卖价3.86亿元,楼面地价2 618元/平方米,比此前同类型地块4 446元/平方米的楼面价低了近2 000元/平方米,地价下跌近四成。与之形成鲜明对比的是,去年南京全市11个区共拍出113幅地块,总金额达到近350亿元,相当于往年的3倍,每月至少有一个"地王"诞生,最高地块成交价达25.95亿元。从"地王"频出到流拍,地价的持续下跌蔓延全国,这不禁让人想起一位地产界名人说过的话:"面粉贵过面包的现象不可能持久。"

如此冰火两重天的情景暴露出土地拍卖过程中的非理性因素,在采用挂牌拍卖方式出让土地的操作中,一些地方政府片面追求土地市场价值的最大化,加之开发商助推,导致地价飙升,房价上涨。这种非理性表现在楼市火热时,不断催生"地王",楼市遇冷时又马上无人问津,土地的真实价值被严重忽略了。

深圳大学金融学教授国世平认为,这次深振业A拍得的土地价格比较便宜,地价的下跌是个回归理性的过程,土地调控力度的加大,银行信贷的紧缩,楼市的持续冷清,导致开发商资金链出现问题,减少了囤积土地的冲动。另有专家从政策面解读,国家通过对闲置土地的清查整顿、对延期开发土地的增值部分利润征收税费等措施,都给开发商释放出一个明确的信号,盲目炒地将面临极大风险。

宏观调控令开发商谨慎出手

地价的下跌始于宏观调控政策的实施,2007年全年调控新政不断,土地、信贷、税收、金融等手段频出。连续6次加息,10次上调存款准备金率,第二套住房以家庭为单位,企业征收土地增值税,限制开发商圈地等一系列调控政策的出台,让开发商的资金压力大增。加之楼价持续走低,成交萎缩,以深圳为例,关外许多楼盘价格直降30%以上,关内价格也屡创新低,楼盘积压严重,开发商回笼资金困难。

如此一来,现金为"王"成了开发商无奈的选择,以地称"王"的时代一去不复返。恒大地产在为香港上市所公布的招股说明书中显示,恒大的土地储备达到了惊人的4 580万平方米,然而其IPO却遭遇搁浅。碧桂园在其2007年年报中称,土地储备建筑面积由2007年4月上市时的约1 900万平方米增加至年底的约3 840万平方米。富力地产公司也表示,截至2007年年底总土地储备增加至2 620万平方米。

然而在业内,地产行业分析师却不看重这些土地储备。分析师认为,目前投资者判断地产公司的投资价值由土地转移到持有现金量。根据各公司公布的业绩,截至2007年底,恒大的现金及现金等值物只有11.53亿元;而碧桂园的现金只有约 10.13 亿港元；富力稍好，有现金近 23 亿港元。

大开发商尚且如此，中小开发商日子更难过，深圳频传开发商私下借贷融资。深圳大学金融学教授国世平认为，目前楼市低迷，积压严重，开发商回笼资金十分困难，谁都不会轻易拿重金购买土地。

除了资金紧张，土地新政也给了开发商当头棒喝。2007 年 10 月，国土资源部发布《招标拍卖挂牌出让国有建设用地使用权规定》明确规定，受让人必须付清全部土地出让金，方能领取土地使用权证书，未按合同缴清土地全部出让金的，不得按出让金缴纳比例分期发放建设用地使用权证书。土地新政无疑给拿大宗地的开发商造成了很大的融资难度，加之房贷紧缩，土地频遭流拍正是近期市场的正常反应。

业内专家分析认为，地价下跌以及流拍，是土地市场价值重估的过程，正在挤出以前积累的泡沫，地价的走低有利于房价的走低。开发商是在重估相对于未来的地价水平，在房价疯涨时期被一些地方政府和开发商合力推高的地价水平，目前正在回归理性。

对于土地频频流拍，开发商减慢开发速度，会不会造成商品房供不应求，反而对房价形成支撑的问题，国世平教授坦陈，从开发速度和市场供应来看，市场上是供大于求，不会对房价形成支撑，更不用担心房价会上涨。

案例 2　房企 16 亿拿下南京新地王　拍卖师忍不住提醒须谨慎①
——2009 年南京市土地拍卖案例

150 轮举牌鏖战，保利 16 亿拿下河西新地王，金沙江地块楼面地价 7 553 元/平方米创新高，周边楼盘准备搭"顺风车"涨价。

2009 年 9 月 8 日下午，一场名副其实的"土地争夺战"再次在南京市国土局上演，众人关注的焦点——河西金沙江地块（No. 2009G34）拍出了 15.92 亿的"天价"，其楼面地价更是高达每平方米 7 553 元，双双创下 2009 年住宅类用地的新高。据了解，抢下该地块的保利地产是由中国保利集团控股的一家大型国有房地产企业，自 2009 年 7 月份以来已经斥资 63 亿元在全国五座城市拿地，9 月 8 日则是该企业进入南京的"揭幕战"。

9 月 8 日公开拍卖的共有 4 幅地块，最惹人关注的毫无疑问就是位于河西南部中心地带的金沙江地块。这幅占地面积 9.6 万平方米的纯住宅用地容积率为 2.2，底价为 8.5 亿元，与未来地铁二号线中河村站仅有两三百米的距离，无论从项目大

---

① 根据 house. focus. cn，新华报业网-扬子晚报（马祚波）整理而成，2009 - 09 - 09.

小还是交通优势上看,均被不少开发企业视为眼中的"香饽饽",因此共吸引了8家开发商参与竞买,包括保利、融侨、万科等国内知名房企以及金基、朗诗等本土企业。

正式开拍后,举7号牌的金基地产表现最为抢眼。按照拍卖规则,该地块的叫价幅度为500万一轮,这家企业在第12轮一举加价650万,直接叫到了10亿元;随后在第37轮再次加价8000万,从11.2亿叫到12亿;当其将地价抬高到了13亿时,南京市国土局的拍卖师终于忍不住了,说了一句"投资有风险,举牌须谨慎"。

当地价在第97轮被抬高到14.5亿时,手持8号牌的保利地产"出手"了,随后拍卖会便成了保利与金基的对决。双方你来我往,在拍卖进行到150轮时,金基终于放弃,保利成了最后的赢家。此时,地价被定格在15.92亿,当仁不让地成为今年的"地王"。

8日拍卖的除了河西金沙江地块,其余3幅地块也都表现"疯狂"。位于雨花台北窑岗村的一幅纯住宅用地经过40轮竞买,最终被亚东建设以2.84亿元拿下,溢价1.1亿元,楼面地价每平方米6537元,预计今后房价至少在1.2万以上。

另一幅位于玄武区岔路口的老年服务设施用地竟然也吸引了4家企业竞买,经过77轮竞拍,苏宁环球子公司江苏乾阳以4.62亿元收入囊中,溢价2.12亿。还有一幅位于城东龙蟠路的商业用地也经过30轮竞拍,被南京紫金房地产以1.51亿元竞得,溢价4100万元。

现场目击:拍卖师忍不住提醒"举牌须谨慎"

从楼面地价4033元拍到7553元,不但刷新了上个月定淮门大街住宅用地7142元的纪录,而且溢价幅度超过87%。人们最关心的恐怕就是企业究竟如何看待? 拍卖刚结束,刚刚拿地的保利地产就被众多媒体记者团团围住,一位负责人在接受采访时表示,这是他们首次在南京拿地,之所以选择河西,主要是看好河西新城未来的发展。"当然,15.92亿元的价格还是值得的,保利地产不排除今后继续在南京拿地的可能。"

不过,业内人士也表示,拿下"地王"的企业固然高兴,但周边楼盘或许受益更大。这幅金沙江地块的周边只有中北品尚与和府奥园两家楼盘,而且均未正式开盘销售。记者从中北品尚售楼处了解到,该楼盘将在10月份以前推出首批300套房源,均价定在了每平方米9500元到1万元。"涨价几乎是肯定的",南京福舍投资公司负责人表示,旁边地块的成本价都超过7500元了,房价保守估计也要超过1.5万,因此中北品尚的价格极有可能搭"顺风车"。

一位业内人士表示,现在的土地市场已经越来越看不懂了。"地块越推越多,价格却越涨越高,而且这个势头好像还没有消停的迹象",他认为,开发商疯狂拿地的举动无疑增加了成本,造成新一轮的高房价,最受苦的则是广大普通老百姓。

●背景新闻>>保利地产

保利地产是由中国保利集团控股的一家大型国有房地产企业,自2009年7月份以来已经斥资63亿元在全国五座城市拿地,其中包括8月份刚刚以19.9亿元的价格在苏州拿地,一举刷新2009年苏州土地成交价格的新纪录,楼面地价高达7 549元。

●相关新闻>>南京再推出10幅地,创下2009年单次推地量新高

9月8日,南京市国土局一口气挂牌10幅地块,其中有7幅住宅用地,遍布河西、仙林、城南、江北等4大板块。这是2009年以来南京市国土局单次推出地块体量最大的一次。

根据最新公告显示,本次出让的10幅地块中,江北地块占据7幅。其中6幅分布在纬七路过江隧道直接受益的珠江镇板块,包括花卉大道地块、团结村地块、迎宾大道南侧地块等,与珠江镇核心生活圈仅10分钟的距离,周边一手房价格约在每平方米5 000元至5 500元左右。在河西板块,本次公告中虽然只有一幅地块,不过位置相当不错,而且是纯住宅用地,位于苍山路以西、月安街以北,紧邻金基汇锦国际项目。该地块出让面积为4.1万平方米,容积率不大于2.3,挂牌起始价为4.2亿元,出让楼面地价为4 422元。由于9月8日刚拍出了7 553元的河西新"地王",因此这幅地块也将引发争抢。

●历史回顾>>疯狂抢地,河西"地王"频出

2009年7月17日下午,南京河西奥体附近一幅地块经过66轮的"厮杀",最终天正置业以5.26亿元拿下,楼面地价飙升到7 003元/平方米,成为当时河西地区的地价"第一高"。这块住宅用地位于建邺区兴隆大街以南(河西中部49号),总出让面积为35 764.8平方米,规划为二类居住用地,容积率为2.1,起拍价3.08亿元,楼面地价(房价中的地价成本)为4 101元/平方米。拍卖过程中拍卖师两度提醒"拿地有风险",但开发商不为所动,继续加价。

2009年8月11日,南京市国土局推出4幅地块,除一幅商业办公用地流拍外,其他三幅均遭争抢。其中江东北路88号纯住宅地块较为"袖珍",出让面积仅为9 275.7平方米,容积率1.6,起拍底价6 600万元。拍卖过程中,9家开发商都是"快枪手",1分钟内已经交手了16轮。到了19轮竞价,江苏乾阳房地产公司(苏宁环球的全资子公司)举牌:1.06亿元。突然之间无人应价,苏宁再次拿地,"楼板价"从起拍的4 447元/平方米飙升到7 142元/平方米。

思考与练习

1. 居住项目选址主要考虑哪些因素?

2. 商业项目选址主要考虑哪些因素?

3. 工业项目选址主要考虑哪些因素?

4. 什么是土地使用权出让? 土地使用权出让的方式有哪几种?

5. 某开发商甲获得一宗商业用地用于写字楼开发,开发期为 3 年,项目开发完成后进行出租经营,甲公司在经营 30 年后,经过再次装修转让给了乙公司,问乙公司最多可经营多少年?

6. 什么是土地使用权转让? 什么是土地使用权划拨?

7. 土地投标前的准备工作有哪些?

8. 针对 2008 年土地市场的冷清与 2009 年个别城市"地王"的频频出现,你是怎么看待的,试进行分析。

第3章 房地产项目市场调查

本章学习要求

1. 熟悉房地产项目市场调查的主要工作内容、市场调查问卷的设计

2. 了解房地产项目市场调查的含义、特点和作用,市场调查的程序、方法以及资料的整理

3.1 房地产项目市场调查概述

▷ 3.1.1 房地产项目市场调查的含义

房地产项目市场调查,是指为实现房地产项目特定的经营目标,运用科学的理论以及现代化的调查技术方法和手段,以客观的态度,有目的、有计划、系统地通过各种途径收集有关房地产市场的信息资料,通过对资料的整理和分析,来正确地判断和把握房地产市场的现状和发展趋势,从而为开发商预测房地产市场未来发展趋势、制定科学决策提供可靠依据,这是房地产项目策划、规划设计、经济评价和市场营销等工作的前提和基础。

▷ 3.1.2 房地产项目市场调查的特点和作用

1. 房地产项目市场调查的特点

(1) 调查内容的广泛性。房地产项目市场调查贯穿项目策划全过程,内容非常广泛,包括调查对象的收入水平、消费偏好、市场价格水平、竞争楼盘等多方面内容。

(2) 调查内容的针对性。房地产项目市场调查的内容具有广泛性,但市场调查在不同阶段的侧重点又有所不同,决定了调查内容还具有针对性,即具体问题具体分析。例如在项目定位阶段,市场调查侧重于地块现状、项目周边配套、人文景观、客户需求信息、区域租售价格走势等,而在市场推广阶段侧重的是竞争项目信

息、广告媒体等。

（3）调查内容的时效性。房地产项目市场调查中有些信息是随着时间变化而变化的，如需求特征、销售价格，用陈旧信息来作项目策划，结果显然是不够准确的。因此，房地产项目市场调查内容还具有较强的时效性。

（4）调查方法的多样性与专业性。调查方法的多样性体现在调查方案和获取信息途径两方面。首先，针对具体项目，可能有多个调查方案供选择。其次，在获取信息的途径上也可运用多种方法，如实地调查、座谈会、面访和电话访问等。另外，房地产产品的非标准化和调查内容的复杂性，决定了房地产项目市场调查的专业性。房地产项目市场调查除了对项目用地现状、周边环境等基本问题进行调查外，还要对消费者的消费特征、购房偏好、消费趋势等问题进行深层次的分析研究，这些都要求调查人员具有一定的专业知识和技能。

（5）调查结果的局限性。任何的房地产项目市场调查结论都不是完美无缺的，因为不可能把所有的市场因素调查考虑得很完善，因此，市场调查的结果具有一定的局限性。房地产项目调查结果只应被当成是项目开发、策划和营销的基础，在应用上必须结合决策者、策划人员以及营销人员等对市场的定性认识和项目操作经验。房地产项目市场调查的结果是重要的决策参考依据，但并不等于准确地给出了决策答案。

对房地产项目市场调查的结果应当认真思考，同时抱有"健康的怀疑态度"，如感到调查结果不够深入，必要时需作进一步的调查和分析。

2. 房地产项目市场调查的作用

通过房地产项目市场调查能够使决策者对当前以及未来的市场有较为充分的了解，帮助开发商掌握消费者消费意向及消费动态，准确把握产品定位及经营策略，并能够根据市场调查结果进行及时的调整，也可以从中发现新的市场机会和最佳市场切入点，从而不断开拓市场，提高市场占有率，较好地规避市场风险。因此，房地产项目市场调查是房地产项目策划的基础，其主要作用表现在以下几方面：

（1）市场调查是项目策划者认识市场，捕捉新的市场机会的前提。

（2）市场调查是项目策划者感知市场，了解消费者需求的主要手段。

（3）市场调查是项目策划者了解市场、挖掘卖点、形成创意的必要前提。

（4）市场调查是项目投资机会研究、项目定位、项目规划设计、项目营销等一系列活动的基础，贯穿项目全程策划的始终。

▷ 3.1.3 房地产项目市场调查的程序

房地产项目市场调查的程序，是指从调查准备到调查结束全过程工作的先后次序。房地产项目市场调查是一项有组织、有计划的系统活动，在房地产项目市场调查中,建立一套系统的科学程序,有助于提高调查工作的效率和质量,以下是房地产项目市场调查的流程示意图,见图3-1。

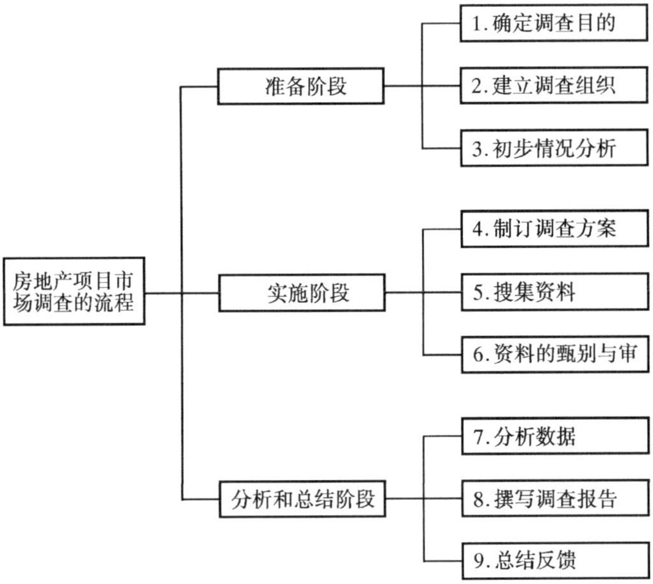

图3-1　房地产项目市场调查流程示意图

1. 准备阶段

(1)确定调查目的。这是进行市场调查时应首先明确的问题。目的确定以后,市场调查就有了方向,不至于出现太大的过失;而且确定的调查目的不能太大,太大往往会抓不住关键问题,不能发现真正需要的信息;也不能太小,太小则不能通过市场调查充分反映市场的状况,起不到市场调查应有的作用。

房地产市场调查的最终任务是为营销决策提供信息,帮助他们发现并解决营销问题。所以调查人员必须牢记调查是为营销服务的,其目的是发现问题并解决问题,任何偏离主题的调研都不能成为有效的调查。因此,在每次起草调查提案之前,调查人员首先要知道自己要干什么,要对调查目的与目标十分明确。

(2)建立调查组织。房地产项目市场调查部门,应当根据调查任务和调查规模的大小,配备好调查人员,建立房地产项目市场调查组织。调查人员确定后,需要集中进行学习。对于临时吸收的调查人员,更需要进行短期培训。学习和培训的内容主要包括以下几方面:①明确房地产项目市场调查方案;②掌握房地产项目市场调查技术;③了解与房地产有关的方针、政策、法令;④学习必要的经济知识和业务技术知识等。

（3）初步情况分析。调查人员针对初步提出来需要调查的问题，可首先收集企业内外部相关的情报资料，作初步分析研究，帮助调查人员发现问题中相互影响的因素，找出各个因素间的联系。必要时还可以组织非正式的探测性调查，以判明问题的症结所在。初步情况调查通常有如下三个过程：

①研究收集的信息材料，包括研究企业外部材料和分析企业内部材料。

②与企业有关领导进行非正式谈话，从领导谈话中寻找对市场的初步判断，因为领导者的经验也是很重要的。

③了解市场情况，分析消费者对本公司所开发经营的房地产的态度等。

在初步情况分析中，如果原来提出的课题涉及面太宽或者不切实际，调查的范围和规模过大、内容过多，无法在限定时间内完成，就应当实事求是地加以调整。初步情况分析的资料收集不需要过分详细，只需要收集对所要分析的问题有参考价值的资料即可。

2. 实施阶段

（1）制订调查方案。对房地产项目市场调查课题经过上述分析研究之后，如果决定要进行正式调查，就应制订调查方案和工作计划，拟定调查计划书。

房地产项目市场调查方案是对某项调查本身的设计，目的是为了使调查有秩序、有目的地进行，它是指导调查实施的依据，对于大型的市场调查显得更为重要。调查方案设计的内容包括以下几个方面：

①为完成调查的课题需要收集哪些信息资料。

②信息资料从哪里取得（例如调查地点、被调查人员类别），用什么方法取得。

③明确获得答案及证实答案的做法。

④怎样运用数据分析问题。

⑤费用支出计划。

⑥评价方案设计的可行性，以及方案进一步实施的准备工作。

房地产市场调研工作计划是指在某项调查之前，对组织领导、人员配备、考核、工程进度、完成时间和费用预算等作出安排，使调查工作能够有计划、有秩序地进行，以保证调查方案的实现。可按表3-1设计调研计划。

总之，市场调研计划书必须具有可操作性，在调查对象、调查范围、调查内容、调查方法、调查经费预算、调查日程等方面都应作出明确的计划和安排。

（2）收集资料。市场调查需要收集大量的信息资料，根据资料来源不同，一般分为一手资料和二手资料。

表 3-1　调研计划表

项　目	内　容
调查目的	为何要做此调查,需要了解些什么,调查结果有何用途等
调查方法	采用询问法、观察法或实验法等
调查区域	被调查者居住地区、居住范围等
调查对象、样本	对象的选定、样本规模等
调查时间、地点	调查所需时间、开始日期、完成日期、地址等
调查项目	访问项目、问卷项目(附问卷表)、分类项目等
分析方法	统计的项目、分析和预测方法等
提交调查报告	报告书的形式、份数、内容、中间报告、最终报告等
调查进度	策划、实施、统计、分析、提交报告书等
调查费用	各项开支数目、总开支额等
调查人员	策划人员、调查人员、负责人姓名和资历等

①收集二手资料。二手资料是指以前已经收集好的,不一定与当前问题有直接关系的信息资料。任何房地产项目市场调查都不可能是完全独一无二的,很可能以前有人做过同样的或类似的调查。另外,相对于一手资料而言,收集二手资料只需花费比一手资料少得多的费用和时间,而且也更为方便。因此,房地产项目市场调查往往也大量采用二手资料。

二手资料一般有两个来源:一是项目内部,二是项目外部。常见的内部资料来自于开发企业的内部数据库,如收集的有关竞争对手的信息、竞争楼盘价格的变化、竞争对手推出的特别广告信息等。外部资料来自公布的信息,如政府的法律法规文件、政府规划、书籍、报纸、期刊、统计年鉴、其他市场调查报告等。房地产项目市场调查通常是以二手资料的收集为起点,因此,收集第二手资料,必须保证资料的时效性、准确性和可靠性。

②收集一手资料。一手资料是指为了解决特定的问题而专门收集的原始资料。经常遇到的情况是,为解决问题所需的资料并不能完全地从内部记录或已出版的外部记录中获得,即不能完全地从二手资料中获得,因此研究必须以第一手资料为基础。这种资料的获取往往来源于项目的实地调查,但采集一手资料所花费的时间、精力和费用通常较高,因此资料的价值相应也较高。市场调查问卷是收集一手资料时普遍采用的手段之一。

(3) 资料的甄别与审查。市场调查所收集数据的价值在于它是否如实地反映了客观事实,任何非正常的偏差对调查结论的形成都会产生不利甚至是错误的影

响,因此资料的甄别与审查是非常重要的。其作用主要表现在以下三方面:

①由于抽样或调查方式本身的局限性,使得市场调查不可避免地存在一定的错误,因此在抽样及调查方式的选择上,合理性的原则更为重要。

②在问卷调查中,被访问者的态度以及调查者的敬业精神都会影响到调查结果,真实的调查和分析以及与项目有着密切联系的资料,显得特别重要。

③调查人员完成调查后,应对调查结果进行必要的事后复核。

3. 分析和总结阶段

(1) 分析数据。数据收集后,市场调查的下一步就是进行数据分析,数据分析的目的是解析所收集的大量数据并提出相应结论。

(2) 撰写调查报告。调查研究报告主要归纳研究结果并得到结论,提交给管理人员决策使用。很多主管人员都十分关心这一报告,并将它作为评价研究成果好坏的标准。

①撰写调查报告的要求如下:

A. 客观真实。调查报告要坚持实事求是原则,如实反映市场情况和问题,对报告中引用的事例和数据资料,要反复核实,必须确凿、可靠。

B. 简明扼要。调查报告的内容必须紧扣调查主题,结构要条理清楚,文字精练,用语中肯,突出重点。

C. 结论明确。调查结论应当明确,切忌模棱两可;要善于发现问题并提出合理建议,以供决策参考。

D. 制作美观。调研报告应内容完整、印刷清楚、装订整齐、制作美观。报告后应附必要的表格和附图,以便阅读和使用。

②撰写调查报告的主要内容如下:

A. 调查目的、方法、步骤、时间等的说明。

B. 调查对象的基本情况介绍。

C. 所调查问题的实际情况与分析说明。

D. 对调查对象的基本认识,给出结论。

E. 提出建设性的意见和建议。

F. 统计资料、图表等必要附件。

(3) 总结反馈。房地产项目市场调查全过程结束后,要认真回顾和检查各个阶段的工作,做好总结和反馈,以便改进今后的调查工作。总结的内容主要有以下几个方面:

①调查方案的制订和调查表的设计是否切合实际。

②调查方式、方法和调查技术的实践结果,有哪些经验可以推广,有哪些教训应当吸取。

③实地调查中还有哪些问题没有真正搞清，需要继续组织追踪调查。

④对参加调查工作的人员作出绩效考核，以促进调查队伍的建设，提高调查水平和工作效率。

事实上，在实际的房地产项目市场调查中，可根据调查内容、环境条件和调查要求的轻重缓急，灵活安排调查步骤及程序，并非一成不变，有的可以省去，有的则可能需要重复进行或进行修改。例如，在采用问卷方式进行市场调查时，发现由于问题设置得过于宽泛，以致调研结果达不到预期的效果，此时可能需要重新设计问卷，加强问卷的针对性；又如，进入收集数据阶段时，发现方案的成本太高，在预算的限制下，就可能需要对调查方案进行修改。因此，在进行资料收集之前，要对调研方案进行仔细的研究论证，以免造成不必要的损失。

3.2 房地产项目市场调查的主要内容

房地产市场调查主要包括房地产市场环境调查、房地产市场需求调查、房地产市场供给调查和房地产营销环境调查四个方面内容。

➤ 3.2.1 房地产市场环境调查

房地产市场环境调查可以分为宏观环境调查、区域环境调查、微观环境调查三个层面。事实上，上述三个方面的调查是基于研究的范围和深度的不同而展开的，并非是简单地按照地理因素而进行的划分。

房地产市场环境调查中，视研究者的经验、日常积累和项目具体情况的不同，每一次的调查工作也并非一定要这三个层面按部就班地展开，例如，如果对宏观环境和区域环境掌握较为深刻的话，可以直接进入微观环境调查层面。但是无论如何，房地产开发都离不开这三个层面问题的影响。

1. 宏观环境调查

(1) 政治法律环境。对政治法律环境的调查，应当关注政府的有关方针政策，如住房制度政策、旧城改造政策，与房地产有关的金融、环保、财政税收政策，以及相关的原材料工业、能源、交通运输业等方面的政策。还要调查有关法律法规是否有新的调整，如土地管理法、城市规划法、城市房地产管理法、建筑法、城镇土地使用权出让和转让暂行条例、城市拆迁条例、外商投资开发经营成片土地暂行管理办法、环境保护法、保险法等。必要时也需要关注政局的变化，如政府人事变动以及社会动荡等情况。

政治法律环境的调查是非常必要的，可以帮助开发商充分了解宏观政策环境，从而为项目开发提供政策和法律的保障。

（2）宏观经济环境。对宏观经济环境调查的内容包括：国民经济生产总值、国民收入总值以及其发展速度；物价水平、CPI 数据（消费者物价指数，也称居民消费价格指数）、通货膨胀率、金融市场环境、进出口税率及股市波动情况；城乡居民家庭收入、个人收入水平；通讯及交通运输、能源与原材料供应、技术协作条件等。上述分析的目的在于判断房地产市场所处的总体经济运行环境，据此对房地产市场的走势作出准确的判断。

一般来说，经济环境对房地产项目的市场营销有着直接影响。经济发展速度快，人民收入水平高，购买力增强，市场需求增大；反之则小。一个国家或地区的基础设施完善，投资环境良好，便有利于吸引投资，发展经济，促进房地产市场的发展。

在经济环境调查中应当意识到，房地产金融状况是影响房地产开发的重要因素之一。作为房地产开发的主要资金来源，金融市场可提供的服务作用是巨大的，房地产市场与金融市场相互结合、紧密联系，银行等机构在金融市场与房地产市场中担任着至关重要的角色。首先，银行贷款在房地产资金结构中的比重通常较高；其次，利率水平与房地产市场变动趋势也有密切关系，对此房地产开发商应当予以充分的重视。

（3）房地产市场总体运行状况。对当前房地产市场总体运行状况的分析判断和预测，是项目前期投资决策工作的重要环节，这是一项战略性的工作，对项目开发有着根本性的影响，应当引起投资者的高度重视。例如近年我国房地产市场高速发展，带来了一些结构性失衡、房价上涨过快、购房者出现了非理性热情等问题；部分地区在 2007 年下半年房价开始出现回调，一线城市的开发资金在逐步向二、三线城市转移，又带来了二、三线城市房地产价格的上涨等，这些房地产市场宏观运行状况，是开发商必须掌握的。

（4）人口环境。人口是构成市场的主要因素之一。一般来说，人口越多，收入越高，市场需求量就越大。人口环境调查的内容包括：人口规模、人口增长率、人口密度、人口迁徙流动情况；人口地理分布、民族分布；出生率、结婚率以及家庭规模等。对这些因素的判断分析，能够帮助开发商做好开发方向的战略性选择。

（5）技术环境。技术环境主要包括有关建筑设计和建筑材料等方面的新技术、新工艺、新材料的技术现状、发展趋势、国内外先进水平、应用前景等。

（6）对外开放程度。对外开放，是我国进行对外房地产交流、房地产合作的重要举措，对外开放的程度对于加速我国房地产业的发展有着深刻的影响。

例如，2007 年 11 月 7 日，国家发改委和商务部联合颁布了《外商投资产业指导目录（2007 年修订）》（下称《目录》），《目录》规定，从 2007 年 12 月 1 日起，不再鼓励外资进入内地普通住宅的开发建设，同时该政策第一次明确提出，外资进入二手房交易市场及房地产中介或经纪公司的途径也将受到全面限制。而在《目录》颁发之前,国际资本在上海楼市所占的比重较大。来自戴德梁行的报告显示,2006年中国内地共发生49宗超过千万美元的整幢物业买卖,其中82%的交易额涉及境外资金。

2. 区域环境调查

区域环境调查有时也被称为中观环境调查,主要调查房地产项目所在城市或区域的经济发展水平、城市发展规划、房地产市场供需状况等内容。

(1)经济发展水平。对经济发展水平的调查内容主要包括城市或区域的经济总体水平、主要产业及分布、居民收入水平、购房消费能力等情况,这有助于做好项目选址,确定开发规模和产品档次。

(2)城市发展规划。对城市发展规划的调查内容主要包括城市发展的战略方向等,这是项目选址着重考虑的问题,它直接关系到项目的潜质和增值的可能性。这方面的信息可以通过到规划部门查询城市总体规划文本,或请城市规划专家来分析情况。

(3)房地产市场供需状况。对城市或区域房地产市场供需状况的调查内容主要包括房地产供应量、需求量、需求特征、价格水平、开发成本等资料,并以此判断市场供给和需求的基本状态,从而为项目定位、开发规模、风险程度等参数提供依据。

在房地产市场供需状况调查中,应注意对各类楼盘的总体价格水平与供求关系进行调查和分析,特别是对区域范围内竞争性楼盘的初步认识,有助于较好地识别区域房地产市场的特征,把握好项目的规模、档次、目标客户人群、价格区间等。

(4)社会文化环境。对社会文化环境的调查内容主要包括人口状况、教育程度、职业构成、文化水平、价值观、审美观、风俗习惯、社会阶层分布、就业率、宗教信仰等。企业营销人员综合分析研究社会文化环境对人们生活方式的影响,便于了解不同消费者行为,以正确细分市场,制定企业的市场营销策略。

(5)房地产企业情况。城市房地产企业情况包括城市房地产企业的数量、类型、企业资质与实力等概括性资料。上述有关内容可以通过房地产企业管理部门及业内人士的介绍取得,从中可以了解竞争对手的基本情况。

(6)专业机构与中介商情况。对专业机构与中介商情况的调查内容主要包括工程咨询公司、规划建筑设计单位、房地产销售代理公司、广告策划公司、物业管理公司的信誉、资质和业绩情况等。从中可以对项目的前期咨询、规划设计、销售代理、广告策划、物业管理等合作单位进行选择。

(7)城市或区域的交通条件研究。对城市或区域的交通条件进行调查和分析,有助于项目选址、交通方案设计、项目定位等工作。

(8)影响区域发展的其他因素和条件。这里主要包括对城市或区域内的历史因素、文化因素、景观因素、价值取向、意识形态、气候条件等方面的调研,对这些内容进行调查有助于做好项目总体战略性定位。

3. 微观环境调查

微观环境调查具体包括以下三方面的内容:

(1)用地现状调查与分析。用地现状调查主要是对项目的地形地貌、地质条件、地上附着物等情况进行现场勘查和分析。上述工作对于项目定位、规划设计、拆迁安置等工作具有重要的参考价值。

(2)项目周边环境调查与分析。房地产位置的固定性决定了周边环境对项目开发具有重要的影响作用。周边环境主要指地块周围的物质和非物质的环境与配套情况,包括:水、电、气、道路等市政基础设施情况,项目的对外联系程度、交通组织等因素,周边的公园、学校、医院、邮局、银行、超市、体育场馆、集贸市场等生活配套情况,以及空气质量、环境污染、自然景观等生态环境状况,还包括由人口数量和素质所折射出来的人文环境等。

项目周边自然环境的优劣对房地产项目定位以及市场营销活动有着直接的影响,例如良好的环境会给房地产产品带来价格的增值,开发商可以选择远离闹市区、远离工业区作为房地产发展的重点方向。

(3)竞争性楼盘调查与分析。在区域环境层面调研中,对区域内的竞争性楼盘有了一个初步的、概括性的认识,进入项目微观环境调查层面,就应当对竞争性楼盘进行重点调研。对竞争性楼盘的调查查与分析主要包括调查竞争性楼盘的项目名称、开发规模、总体规划与建筑设计、建筑材料与新技术、客户类别、项目定价、广告宣传与开发销售进度、物业管理以及与本项目的竞争差异等。有关竞争性楼盘调查的详细介绍参见本书第 3 章 3.2.3 节内容。

▷ 3.2.2 房地产市场需求调查

1. 市场需求容量调查

需求容量,是指对房地产产品有购买欲望且具有购买能力的市场需求总量。进行房地产市场需求容量调查有利于开发商初步认识市场需求总体状况,为项目决策和开展下一步工作提供依据,房地产市场需求容量调查主要包括以下几个方面。

(1)项目所在城市的人口总量、家庭数量及家庭结构。

(2)有购房需求的人口数量(包括现实需求和潜在需求人口)和整体特征。

(3)居民对各类房地产商品的需求总量。

(4)居民的消费结构。

(5)居民的收入水平、储蓄余额和支付能力。

(6)影响房地产市场需求的因素。

市场需求由购买者、购买欲望、购买能力组成。其中,购买者是需求的主体,是需求行为的实施者;购买欲望是需求的动力,是产生需求行为的源泉;购买能力是需求的实施条件,是需求行为的物质保障;三者共同构成了实质性需求。为了促使产品适销对路,开发商必须事先了解消费者特征、购买动机和购买行为特征。在房地产市场消费者调查中,一般需要回答以下七个问题(6W+1H):

第一,购房者是哪些人?(who)

第二,购房者要买什么样的房?(what)

第三,购房者为什么要买这些房子?(why)

第四,购房者在哪里买房?(where)

第五,购房者什么时候买房?(when)

第六,购房者以什么样的方式买房?(how)

第七,谁参与购房者的购买行为?(whom)

通过下面的调查可以回答上述七个问题。

2. 消费者调查

(1) 消费者个人特征。消费者个人特征即消费者的个人基本信息,消费者个人特征调查是客户甄别的重要依据。其内容主要包括:消费者的年龄、文化程度、家庭结构、职业、原居住地、宗教信仰等。

(2) 消费者购买动机。消费动机是引起人们购买房地产产品的愿望和意念,即消费者出于什么目的去购买房地产商品,是产生购买行为的内在原因。常见的房地产消费动机有自用、改善住房条件、为亲人朋友购房、投资或投机等类型。消费者购买动机调查主要包括消费者购买倾向、影响购买动机的因素及购买动机类型等内容。

消费者的购买倾向是指消费者对某类物业及其特性的个人偏好,这种偏好决定了消费者对不同物业的喜厌态度,是决定消费者消费行为的重要原因。消费者的购买倾向主要针对房地产产品类型、配套设施、户型、价格、面积、环境景观、物业管理等。

(3) 消费者购买力水平。消费者购买力水平是指消费者对某类房地产产品的最大支付能力,这是影响房地产消费的最重要因素,它直接决定了消费者的购房承受能力。消费者购买力水平的主要衡量指标是家庭年收入。

一般情况下,在未确定目标客户群之前,可通过收集二手资料对房地产市场的消费群进行粗略的了解;在确定了目标客户群之后,则要通过具体的调查方法,对目标客户群进行有针对性的市场调查。

➤ 3.2.3 房地产市场供给调查

1. 房地产市场供给总体调查

对整个地区房地产市场供给情况的总体调查内容主要包括：房地产市场产品的供给结构、供给总量、供给变化趋势、供给的充足程度、房地产产品价格现状，本地以及外埠房地产企业的生产与经营等方面。

在房地产市场行情调查中，价格调研是重要内容之一。积极开展房地产价格的调研，对企业正确的产品定价具有重要作用。价格调研的内容包括：房地产市场整体价格水平和变化趋势、影响房地产价格变化的因素、价格变化引起的社会反应、有无新的房地产价格政策、市场上采用的主导价格策略和定价方法、竞争项目的价格制定等方面。

2. 竞争楼盘调查

竞争楼盘分为两类，一类是与所在项目处在同一区域的楼盘；另一类是不同区域但定位相似的楼盘。竞争楼盘调研主要指对这些楼盘进行营销策略组合的调查与分析，包括产品、价格、促销手段、销售情况和物业管理等方面。具体说来主要调查以下五方面内容。

（1）竞争楼盘的产品调查。竞争楼盘的产品调查又主要包括竞争楼盘区位调查、产品特征调查、交房时间调查等。

①区位调查。区位调查的内容主要包括：竞争楼盘的具体坐落方位；交通基础设施条件；区域的经济发展水平、产业结构、生活水准、文化教育状况等方面的特征；政府对该区域的城市发展规划；地块周边环境、周围的生活配套情况以及项目周边所折射出来的人文环境和生态环境状况等。

②产品特征调查。产品特征调查的内容主要包括竞争楼盘项目的总建筑面积、总占地面积以及容积率等建筑设计参数；各种户型及使用面积、建筑面积、户型配比等；外立面及室内公用部位的装修，户内居室、厅、厨卫的处理等；生活教育配套设施；绿化率、建筑密度等。

③交房时间调查。对期房楼盘而言，交房日期是影响购房人购买决策的重要因素，也是衡量竞争楼盘项目竞争强度的重要指标。

（2）竞争楼盘的价格调查。价格是房地产营销中最基本、最便于调控的因素之一，但在实际的调查中也是最难取得真实信息的一部分内容。一般从单价、总价和付款方式来描述一个竞争楼盘的价格情况。

①单价。单价是楼盘各种因素的综合反映，可以从起价、均价、主力户型单价、成交价等指标判断一个楼盘的价值。其中，主力户型单价是指占总销售面积比例最高的房屋的标定单价，也是判断楼盘客户定位的重要依据。

②总价。单价反映的是楼盘品质的高低,而总价反映的是目标客户群的选择结果。通过对楼盘总价的调研,能够正确掌握楼盘的产品定位和目标市场。

③付款方式。通过付款方式的设计也可以做到价格调整和促销的目的,可以缓解购房人的付款压力,扩大目标客户群的范围,提高销售率。常见的付款方式主要有以下类型:一次性付款,分期付款(参照工程形象进度付款),按照约定时间付款,利用商业贷款或公积金贷款等。

(3)竞争楼盘的促销手段调查。竞争楼盘的促销手段是房地产项目市场调查的重要方面之一,主要包括广告促销调查、活动促销调查、人员促销调查、客户关系促销调查等内容。

①广告促销调查。广告是房地产促销的重要手段,对竞争楼盘的广告调查是市场调研的重要组成部分,主要对竞争项目的广告目标、采用的广告媒体、广告投放费用与时间、广告创意和诉求点、广告合作单位、广告效果等进行调查分析。其中对售楼部的调研是必要的,售楼部是进行楼盘促销的主要场所,其地点选择、装修设计、形象展示是整个广告策略的综合体现。另外从报纸广告的刊登次数和篇幅、户外媒体的块数和大小,也可以判断出一个楼盘的广告强度。

②活动促销调查。通过开展一系列促销活动的安排,可以营造楼盘的销售氛围,促进销售。在竞争楼盘的促销手段调查中,应当注意收集竞争楼盘活动促销的方式、内容、时间安排以及创新性,从而判断竞争楼盘的竞争强度,为待开发项目的活动促销创新提供参考。

③人员促销调查。与客户面对面的人员促销是传统的促销手段,也是目前开发商的主要促销形式之一。这里需要调查竞争楼盘销售人员的综合业务素质和创新手段,以便将对手的优点运用到本项目销售中,同时也可以为待开发项目销售人员贮备打下基础。

④客户关系促销调查。目前,房地产促销的竞争已经从单纯的交易营销上升到客户关系营销的层面,这是一种企业与客户共同创造价值的营销理念。客户关系营销理念主张以消费者为导向,强调企业与消费者进行双向沟通,从而建立长久的、稳定的、互赢关系。因此,竞争楼盘客户关系管理的创新方式、内容以及核心价值点应当成为调查的重点。

(4)竞争楼盘的销售情况调查。销售情况是判断一个楼盘开发成功与否的最终指标,但也是最难获得准确信息的部分,主要包括以下几方面。

①销售率。这是一个最基本的指标,它反映了一个楼盘被市场的接纳程度。

②销售次序。这是指不同房屋的成交先后次序,可以按照总价成交的顺序,也可以按户型或面积成交的次序来排列。从中可分析出不同价位、不同面积、不同户型的单元被市场接纳的程度,它反映了市场需求结构和强度。

③客户群分析。通过对竞争楼盘客户群的职业、年龄、家庭结构、收入的调查和分析,可以反映出购房人的信息,从中分析其购买动机,从而找出本楼盘影响客户购买行为的因素,以及各因素影响力的大小。

通过对竞争楼盘的调研,可以分析竞争对手产品规划的特点、价格策略、广告策略和销售的组织、实施情况,以此为基础可制定出本项目的营销策略和相应的对策。

(5)竞争楼盘的物业管理调查。物业管理调查的内容包括物业管理的内容、管理情况、物业管理费以及物业管理公司的背景、实力以及所操作过的项目等。

下面给出竞争楼盘的相关调查表以供学习参考,如表 3-2 所示。

表 3-2　竞争楼盘调查表[①]

项目名称			项目地址:	
开发商/投资商	开发商名称:投资商名称:		联系电话:	
建筑及景观设计机构:			策划代理机构:	
项目占地面积(亩)		绿化率(%)	均价	
建筑面积(平方米)		容积率	最高价	
规划用途		规划幢数	车位数量价格	
土地年限		公摊率	朝向差	
规划户数		销售率	层差	
建筑结构		交付日期	商铺价格(元/平方米)	
工程进度		物业管理费	付款方式及优惠	
户型区间(平方米)				
主力户型	主力户型1		开盘及入住日期	开盘日期:
	主力户型2			入住日期:
楼盘特点:				

对竞争楼盘的调研,应特别注意保证楼盘基本数据的准确性。最后还应对竞争楼盘进行综合对比分析。

3.竞争对手调查

与其他消费品不同,房地产产品价值大、寿命长、交易复杂,从而导致房地产产品

---

① 兰峰,等.西安高科房产有限公司8号府邸项目可行性研究报告,2007.

的买卖不是经常性的行为,加之竞争对手的存在是客户分流的主要动因之一,因此对竞争对手的调研显得尤为重要。对竞争对手的调查可从以下几个方面进行考察。

（1）专业化程度。专业化程度指竞争对手将其力量集中于某一产品、目标客户群或所服务的区域的程度。

（2）品牌知名度。品牌知名度指竞争对手主要依靠品牌知名度进行竞争,而不是依靠价格或其他因素进行竞争的程度。目前,我国房地产企业已经越来越重视品牌知名度。

（3）推动度或拉动度。推动度指竞争对手在销售楼盘时,是直接在最终用户中建立品牌知名度来拉动销售,还是依赖分销渠道来推动销售的程度。

（4）开发经营方式。开发经营方式指竞争对手对所开发的楼盘是出售、出租还是自行经营。如果出售,是自己销售还是通过代理商销售等。

（5）楼盘质量。楼盘质量指竞争对手所开发楼盘的质量,包括设计、户型、材料、耐用性、安全性等各项外在质量与内在质量标准。

（6）纵向整合度。纵向整合度指竞争对手采取向前(贴近消费者)或向后(贴近供应商)进行整合所能产生的增值效果的程度,包括企业是否控制了分销渠道,是否能对建筑承包商、材料供应商施加影响,是否有自己的物业管理部门等。

（7）成本状况。成本状况指竞争对手的成本结构是否合理,企业开发的楼盘是否具有成本优势等。

（8）价格策略。价格策略指竞争对手的产品定价策略,是否会影响到项目的目标客户分流以及市场推广工作等,开发商必须认真组织调研,并提出相应对策。

（9）与当地政府部门的关系。与当地政府部门的关系指竞争对手与当地城市建设规划部门、土地管理部门等政府职能部门的关系。这一点对房地产企业经营而言也是十分重要的。

（10）项目开发情况。对项目开发情况的调查主要是了解竞争对手历来的项目开发情况、土地储备情况、未来的开发方向等。

在上述针对竞争对手的调查研究的基础上进行对比分析,可以评价竞争对手的优势与劣势。

3.2.4 房地产市场营销环境调查

1. 房地产广告环境调查

广告是促进房地产商品市场销售的一种重要手段,房地产广告环境调查主要包括广告表现形式的调查和广告代理商的调查。

广告表现形式的调查,主要是调查该区域广告的主流形式以及公众所认可的、能接受的广告形式。广告的主要表现形式有以下几种。

（1）公共传播形式，包括：报纸、杂志广告、互联网、电视与广播等。

（2）印刷品传播形式，包括：售楼海报、邮寄派发海报、售楼书、平面图册等。

（3）户外传播形式，包括：看板、旗帜、空中飞行物、指示牌和售点广告等。

广告代理商的调查，主要是调查该区域的主要广告代理商、这些公司的知名度、技术能力以及这些公司的社会关联度。

2. 房地产营销中介机构调查

房地产营销中介机构是指协助房地产企业将产品销售给最终购买者的中介机构，包括代理中间商和辅助中间商。

代理中间商简称代理商，是指代理人、经纪人等，他们为房地产开发企业专门介绍客户或代表房地产开发企业与客户磋商交易合同，但并不拥有产品所有权。代理商对房地产产品从生产领域到消费领域具有极其重要的作用。在与代理商建立合作关系后，要随时了解和掌握其经营活动，并可采取一些激励性合作措施，推动其以后业务活动的开展。但是，一旦代理商不能履行其职责或市场环境发生变化，房地产开发企业应及时解除与代理商的关系。

辅助中间商不直接经营房地产商品，但对房地产商品的经营起促进和服务作用，主要包括房地产价格评估事务所、公证处、广告代理商、市场营销研究机构、市场营销咨询企业、律师事务所等。房地产企业在辅助中间商的协助下能够有效地开展市场营销活动。

3. 房地产营销媒体调查

房地产营销媒体是指那些刊登或播放房地产新闻、专栏的媒体机构，主要是指报纸、杂志、广播电台、电视台和网站等。对当地房地产营销媒体调查有助于正确选择该地区最有影响力的媒体，做好市场推广，从而提高营销的效果。一般开发商都希望和当地的主流媒体保持一种良好的关系。

3.3　房地产项目市场调查的方法

房地产项目市场调查需要了解大量可靠、真实和全面的资料，而资料的收集和分析是一项艰巨的工程。确定调查计划中资料的来源主要是收集二手资料和一手资料，二手资料是为其他目的或其他项目已经收集到的资料，而一手资料则是为当前的项目或特定的目的而收集的原始信息。

房地产市场调查人员开始时总是要收集二手资料，例如所在城市以及项目微观区域市场的社会经济、城市规划、土地出让、销售价格、消费能力、购房者需求等方面的资料，从而来判断所关心的问题是否部分或全部解决了。二手资料是研究房地产市场的起点,其优点是成本低,可以立即使用;但是,二手资料往往由于时间跨度长、针对性不强等原因,使得所收集的信息不够准确、不可靠、不完整或已经过时,甚至会存在一些错误,这时市场调查人员就需要花费时间和精力去收集准确性更高、更加具有针对性的一手资料。

为了提高收集一手资料的调查效率,必须找到适当的调查方法才能达到事半功倍的效果。一手资料的收集方法主要包括访问法、观察法、定性研究法和实验法,如图 3 - 2 所示。

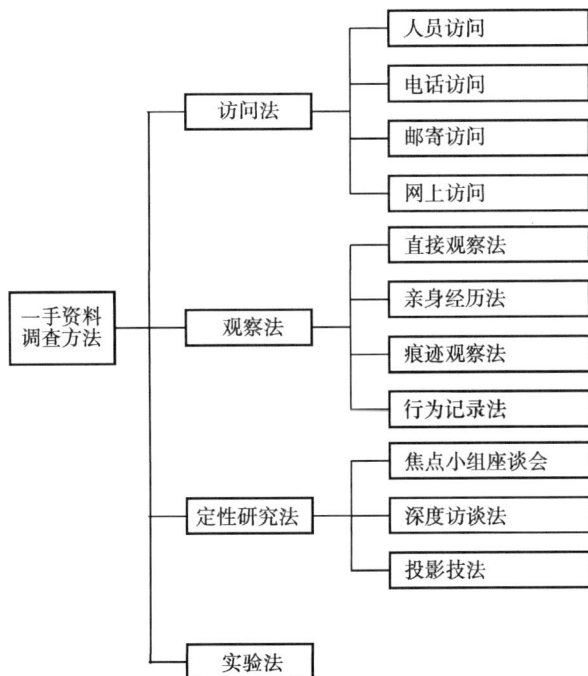

图 3 - 2　房地产市场一手资料的收集方法图

> ## 3. 3. 1　房地产项目市场调查的常用方法

1. 访问法

访问法是通过直接询问被调查者的方式了解市场情况和客户需求的一种方法。采用访问法进行调查时,通常要将需要了解的信息做成问题的形式列在表中,按照表格的顺序和要求询问被调查者,所以通常又被称为调查表法。根据调查人员与被调查者的接触方式,访问法又可以分为人员访问、电话访问、邮寄访问和网上访问四种类型。

（1）人员访问。人员访问是指房地产调查人员直接与被调查者面对面交谈以收集资料的一种调查方法，又称面谈调查，是市场调查中较为灵活和通用的一种调查方法。这种调查方法又可分为两种方式：

一种是入户面谈，是指调查人员根据调查方案，依照事先拟定好的问卷或调查提纲顺序，到被调查者家中或单位与被调查者进行面对面的直接访问。但是在被调查者家中进行访谈存在一定的难度。

另一种是拦截式面谈调查，指调查人员根据调查方案，在指定的地点，按照指定的调查程序在路人中选取访问对象，进行较为简短的调查。这种方法经常采用问卷式调查，目前问卷式调查是房地产市场调查中经常采用的调查手段之一。

人员访问由于采用与客户面对面交谈的方式进行调查，所以需要调查者具有一定的技巧，使被调查者能够较为真实地表达他对调查问题的看法。这就需要房地产市场调查人员在面谈调查之前进行统一培训，研究客户心理，妥善处理调查时出现的各种情况。

人员访问的方法有很多优点。首先，它非常灵活，交谈时的主题和时间安排都可以根据具体的客户情况进行改变。调查人员可以采取灵活委婉的方式，层层深入，以保证资料的顺利收集。其次，人员访问法一般拒答率较低，面对面地访问往往会对被访问者产生一定的压力，使他们较为认真地回答问题。同时，面对面地调查气氛比较轻松，适于进行深度调查，并且随意联想，会收集到意想不到的信息。

人员访问也会有一定的缺点。首先，人员访问需要调查人员准备大量的访问材料，而且往往需要对调查人员进行事前培训，另外还需要一定的交通费和其他费用，成本较高。其次，它对调查者的素质要求较高，调查人员的访问技巧和应变能力是制约调查质量的两个重要因素。再次，由于人员访问往往是一对一进行的，因此需要大量的时间，调查周期长。另外，人员访问匿名性差，对于一些较为敏感性或者涉及隐私的问题，面对面调查不易获得较为翔实的信息。最后，人员访问的管理比较困难，调查者的主观因素易影响到调查的结果。

（2）电话访问。电话访问是通过在电话中与选定的被调查用户交谈以获得市场信息的一种方法，它是一种间接的方法。电话访问前，需要对调查人员进行培训，力求口齿清楚、语气亲切、语调随和，可在不长的时间（一般 15 分钟左右）内完成调查。电话调查人员还需要在电话调查前设计好问卷调查表，由于受到通话时间和记忆规律的限制，大多采用是非选择法向被调查者询问。这样可以保证调查的顺利进行。

（3）邮寄访问。邮寄访问是房地产市场调查中一个比较特殊的收集资料的方法。它是将调查者事先准备好的调查问卷邮寄给被调查者,再由被调查者根据要求填写好后寄回的一种调查方法。它的特点是调查范围广、成本低。它在能够通邮的地区都可以实施。它给被调查者充分的考虑时间,避免受到时间限制,也不受调查人员的倾向影响。它可以节省调查人员的数量,不需要对调查人员进行专门的培训。

(4) 网上访问。网上访问是随着互联网兴起而出现的一种新型的访问形式。它有很多形式,调查人员可以发邮件给被调查者或者将问题答卷放在网上供被调查者填写。然而,由于目前网络诚信存在一定的缺失,网络信息的真实性和准确性得不到有效保证,目前房地产调查人员对其结果还只能用于参考。

2. 观察法

观察法是指调查者凭借自己的眼睛或摄像、录音等器材,在调查现场进行实地考察,记录正在发生的市场行为或状况,以获取各种原始资料的一种非介入式调查方法。观察法主要有以下四种形式:

(1) 直接观察法。直接观察法就是调查人员去现场直接察看市场情况。例如,派调查人员去现场了解楼盘的销售情况等。

(2) 亲身经历法。亲身经历法就是调查人员亲自参与某项活动,来收集有关资料。如调查人员佯装顾客,到代理商处去咨询、买楼等,如通常所说的"踩盘"。通过亲身经历法收集的资料,通常信息都是真实的。

(3) 痕迹观察法。调查人员不是直接观察被调查对象的行为,而是观察被调查对象留下的一些实际痕迹。例如,想了解一个商场的销售情况,调查人员可以观察从商场门口出来的客户手中购物多少情况来判断;还有比如在房展会上,调查人员可以观察参观人员手中哪家楼盘的手提袋最多。

(4) 行为记录法。有些情况下,为了降低调查者的记录负担,可以通过录音机、摄像机、照相机以及其他一些监听、监视设备记录客户的行为。如可以用录音机和摄像机将客户问的问题和参观楼盘时的行为记录下来,分析客户购房的心态,有针对性地进行楼盘营销的策划。

3. 定性研究法

定性研究法是对研究对象质的规定性进行科学抽象和理论分析的方法。这种方法一般选定较小的样本对象进行深度、非正规性的访谈,发掘问题的内涵,为随后的正规调查作准备。目前国内常用的定性研究法有焦点小组座谈会、深度访谈法、投影技法。

(1) 焦点小组座谈会。焦点小组座谈会就是以会议的形式,就某个或几个特定的主题进行集体讨论,集思广益的一种资料收集方法。一般由主持人引导对某个主题进行深入的讨论,例如现在很多媒体上(电视、网络、报纸等)邀请几个房地产资深人士对市场或项目开发等特定主题进行讨论。

(2) 深度访谈法。深度访谈法是一种直接的、一对一的访问,在访问过程中,由掌握高级访谈技巧的调查员对调查对象进行深入的访谈,用以揭示被调查者对某一问题的潜在动机、态度和情感等。在对机构投资者的购楼行为或高档楼盘的销售调查中常采用这种方法。

(3) 投影技法。前面讲到的焦点小组座谈会和深度访谈法都是直接法,即在调查中明显地向被调查者表露调查目的,但这些方法在某些场合却不太适合,比如对某些动机和原因的直接提问、对较为敏感问题的提问等。此时,研究者主要采取在很大程度上不依赖于研究对象自我意识和情感的新方法,其中,最有效的方法之一就是投影技法,又称为投影法。

投影技法是一种无结构的、非直接的询问方式,可以激励被调查者将他们所关心话题的潜在动机、态度和情感反映出来。例如,欲了解调查对象对某个新推出的楼盘的态度,调查者可以这样问他:"如果您的朋友有意购房,你认为他会对这个楼盘感兴趣吗?"研究者可以从被调查者如何把他自己投影到这个第三者身上,来揭示出被调查者的真实想法。因为有时因一些深层次的真实原因,单靠信息的收集和直接的访问是不能发现的。

4. 实验法

实验法是将调查范围缩小到一个比较小的规模上,进行实验后得出一定结果,然后再推断出样本总体可能的结果。它是一种特别的调查与观察活动,在过程中,调查者可以控制实验环境,使其得到一个理想的调查结果。

实验包括三个基本部分:实验对象称为"实验体",实际上引入的变化称为"处理","处理"发生在实验对象上的效果称为"结果"。例如,在调查房地产广告效果时,可选定一些消费者作为调查对象,即"实验体";对他们进行广告宣传,广告宣传对消费者产生的影响,即"处理";然后根据消费者对广告的接受的效果来看楼盘销售量的变化,即"结果";研究房地产广告投放量变化和广告用词、语气对楼盘销售的影响,并将它与未投放广告区域进行比较,指导广告营销。

当然,由于市场情况受多种因素的影响,在实验期间消费者的偏好、竞争者的策略都可能有所改变,从而影响实验的结果。即使如此,实验法在研究因果关系时仍能提供访问法和观察法所无法得到的材料,它具有独特的使用价值和应用范围。特别值得一提的是,"试销"是一种重要的实验方法,一项新产品或服务在推向扩大的市场之前,先在局部区域推广或测试。在投入大笔资金之前,局部区域的推广将有助于消除可能出现的问题。

▷ 3.3.2 房地产项目市场调查的创新方法

近些年,随着房地产开发活动的不断成熟与发展,房地产市场调查方法也在不断创新中,一些开发商和市场调查机构对传统方法进行了一定程度的创新,并进行了有益的尝试。

1. 主题式调查

精心设计调查有导向性主题,通过公开有奖征询、征集(征文)公众的意见,来获取需求信息。如重庆百年世家房地产公司通过征文主题"我理想中的家"来展开调查,同时也是颇有成效的营销策划活动。

2. 论坛式调查

通过举办论坛,吸引消费者与社会各界的目光,借助公众的看法评述来达到市场调查的目的。如有的房地产公司通过广告开展良心定价,让大众通过信件、网络、邮件等方式参与拟售项目定价,最终达到项目定价目的。

3. 记者式调查

由企业赞助,组织媒体记者联盟,有针对性地设计调查内容,借助记者采访,宣传新闻的权利,达到调查的目的。记者式调查较适用于对竞争项目的调查。

3.4 房地产项目市场调查的问卷设计及资料整理

▷ 3.4.1 房地产项目市场调查问卷的设计

1. 市场调查问卷的分类

调查问卷是迄今为止用于收集房地产市场第一手资料的最普遍工具,也是房地产项目市场调查中最常用、最主要的调查技术之一。从形式上看,调查问卷可分为三种类型:

(1)结构式问卷。结构式问卷又称标准式问卷,是按照调查目的和内容精心设计的具有严密组织结构的问卷,问卷中的问题是按一定的提问方式和顺序进行安排的。结构式问卷又可分为封闭式问卷、开放式问卷和半封闭式问卷三种。

封闭式问卷在设计中,针对每一个问题一般设置尽可能全面的答案,供被调查者从中选择,以此统计调查结果并进行分析;开放式问卷一般只提问题,不提供答案,由被访者作答;半封闭问卷即封闭问卷与开放式问卷的结合。

(2)非结构式问卷。非结构式问卷中所提到的问题没有在组织结构中加以严格的设计与安排,只是围绕研究目的来提一些问题,调查者在实施调查时,可根据实际情况适当变动问题和顺序,适合于深层次的访问,如深度访谈等。

（3）半结构式问卷,即上述两种形式的结合。

2．市场调查问卷的结构

一份完整的调查问卷通常包括问卷编号、问卷标题、问卷说明、甄别问卷、主体问卷、背景资料和作业记载等部分。

（1）问卷编号与问卷标题。问卷标题用于概括说明调查研究的主题,可使被调查者对将要回答哪方面的问题有一个方向性的了解。问卷的标题应简明扼要,使被调查者容易辨识,比如"××区域房地产市场消费习惯调研问卷""××区域房地产市场需求调查问卷"等。

此外,在问卷标题上方,一般还有问卷编号,以方便调研结束后的统计工作。

（2）问卷说明。问卷说明是调查问卷不可缺少的部分,应在问卷首页体现,其包含的内容主要有:调查员身份、调查目的、调查单位名称、调查信息的保密承诺以及致谢等内容。问卷说明应语言精练,直接点题,使被访者在短时间内消除顾虑的同时,又有兴趣并配合调查员完成访问工作。如【示例 3－1】所示。

【示例 3－1】

> 先生/女士:
>
> 　　您好! 我是××市场策略顾问有限公司的访问员。我们公司正在进行一项有关居民购物、休闲方面的市场研究,想听听您的宝贵意见和建议。可以耽误您一点时间和您谈谈吗? 我们将保证本次访问信息严格保密,非常感谢您对我们工作的支持和帮助!
>
> 　　谢谢!

（3）甄别问卷。甄别问卷的主要目的是对调查对象进行筛选,而是否对被调查者进行筛选(如继续访问和终止访问)是由调研目的和市场环境等所决定的。

通常在房地产市场的消费习惯调查中,需要排除以下一些人员:①当地居住时间较短的人员,一般他们对当地房地产市场的了解程度不深,问卷调查结果容易产生偏离;②短期内没有购房意愿的人,这样的对象访问结果存在失真的可能;③并非家庭购买决策者或决策影响者,比如家里的年老者或不能自食其力的年幼者;④行业从业人员,比如业内的市场研究、项目策划、规划设计、建筑施工、监理以及营销人员等,这些人员对行业、市场和项目的判断及消费心理有时不能与普通消费者等同;⑤最近一段时间内接受过同类主题的访问或参与过同类主题座谈的,该类人员的意见有可能会受到前次调查的影响而产生偏见。除此之外,根据调查的目的,有时还需要对被访者的其他信息进行筛选,这些问题都会在甄别问卷里出现。

如【示例 3 - 2】所示。

【示例 3 - 2】

		甄别问卷

Z01. 请问您在××市居住的时间有_____年？

1 年以下 ································	1	➡【终止】
1 年以上 ································	2	➡【继续】

Z02. 请问您(家)未来 3 年内在××市购买商品住宅的可能性有多大？

肯定不会买 ·····························	1	➡【终止】
可能性比较小 ···························	2	➡【终止】
可能性比较大 ···························	3	➡【继续】
肯定会买 ·······························	4	➡【继续】

Z03. 如果您家要购买商品住宅,请问您是不是主要决策者或者重要参与人呢？

是 ·····································	1	➡【继续】
否 ·····································	2	➡【终止】

Z04. 请问您是否有在下列机构工作？

广告设计公司/策划公司/调查公司 ········	1	➡【终止】
房地产开发/建筑/监理/物业管理公司 ·····	2	➡【终止】
以上都没有 ·····························	3	➡【继续】

Z05. 请问最近 3 个月内您是否接受过关于房地产的市场调查？

是 ·····································	1	➡【终止】
否 ·····································	2	➡【续问主体问卷】

　　(4) 主体问卷。主体问卷是使调查者所要了解的核心内容,因此,主体问卷的设计质量直接决定着调查工作的成败。如在消费者习惯调研中,主体问卷一般包括被访者的消费区域、消费场所、消费频率、消费偏好、消费能力、消费方式以及各种意见或建议等内容。如【示例 3 - 3】所示。

【示例 3 - 3】

Q01. 请问您目前的居住地在哪个区域？		
城东一环路内 ·········· 1	城东二环路内 ·········· 5	城东二环路外 ·········· 9
城西一环路内 ·········· 2	城西二环路内 ·········· 6	城西二环路外 ·········· 10
城南一环路内 ·········· 3	城南二环路内 ·········· 7	城南二环路外 ·········· 11
城北一环路内 ·········· 4	城北二环路内 ·········· 8	城北二环路外 ·········· 12

Q02. 请问您最常在哪些区域内购物或消费？

钟楼商圈片区 ············· 1	含光路片区 ············· 7
土门商圈片区 ············· 2	吉祥村片区 ············· 8
小寨片区 ············· 3	科技路片区 ············· 9
高新路片区 ············· 4	其他(请注明：)
咸宁路东段片区 ············· 5	
康复路片区 ············· 6	

Q03. 请问您最常在哪些类型的场所购物或消费？

大中型超市 ············· 1	批发市场 ············· 4
商场、百货大楼 ············· 2	其他(请注明：)
品牌专卖店 ············· 3	

Q04. 请问您通常的消费频率是怎样的？

每天一次 ············· 1	每月一次 ············· 5
2～3 天一次 ············· 2	每月二次 ············· 6
4～5 天一次 ············· 3	每月三次 ············· 7
每周一次 ············· 4	其他(请注明：)

Q05. 在您选择商店/商场/超市购物时,对重视因素的比较用 1～5 分来表示,1 分＝非常不重视,5 分＝非常重视,分值越高,代表您的重视程度越高。

	非常 不重视	不太 重视	一般	比较 重视	非常 重视
1. 商品价格低	1	2	3	4	5
2. 商品质量好	1	2	3	4	5
3. 商品品种齐全	1	2	3	4	5
4. 商家服务、信誉好	1	2	3	4	5
5. 交通便利	1	2	3	4	5
6. 购物环境好	1	2	3	4	5
7. 购物同时能满足餐饮娱乐需求	1	2	3	4	5
8. 周围商场多,购物方便	1	2	3	4	5
9. 个人喜好	1	2	3	4	5

Q06. 您觉得到以上(Q02 题所提区域)区域内购物有哪些不方便或是让人不满意的方面吗？

_____

（5）背景资料。背景资料主要调查被访问者的基本情况，从中可以侧面观测问卷调查的质量，以及是否可以成为潜在客户等。比如在消费者研究中，背景资料主要包括被访者的性别、年龄、职业、文化程度、收入、婚姻状况等信息。背景资料的问题设置应根据调查目的和要求而设定。如【示例 3-4】所示。

【示例 3-4】

S01. 记录被访者性别：____			
男 ……………………	1	女 ……………………	2
S02. 请问您的学历是：____（单选）			
初中及以下 …………	1	本科 …………………	4
高中/中专/技校 ……	2	硕士 …………………	5
大专 …………………	3	其他 …………………	6
S03. 请问您的职位/岗位是：____（单选）			
机关/事业单位管理人员 …………	1	服务业一般职员/职工 ……	8
机关/事业单位一般人员 …………	2	自由职业者 ………………	9
企业管理人员 ………………………	3	个体户/商人 ……………	10
企业一般职员/职工 ………………	4	退休/离休 ………………	11
专业技术人员/教师/医生 ………	5	家庭主妇 …………………	12
服务业管理职员 ……………………	6	下岗/待业人员 …………	13
出租车司机 …………………………	7	其他（请注明）_____	
S04. 请问您家庭的月均收入是：____（单选）			
5 000 元/月以下 ……	1	8 000～8 999 元/月 …	5
5 000～5 999 元/月 …	2	9 000～9 999 元/月 …	6
6 000～6 999 元/月 …	3	10 000 元/月以上 ……	7
7 000～7 999 元/月 …	4		
S05. 请问您目前的住宅权属于：____（单选）			
租赁 …………………	1	自购商品房 ……………	2
他人赠与 ……………	3	政府还建房 ……………	4
单位分配房/福利房 …	5	其他 ……………………	6

（6）作业记载。作业记载一般放在首页，也可以放在最末页。作业记载主要包括两部分，第一部分是访问员填写的相关资料，主要包括被访者姓名、联系电话、被访者住址，以及访问员姓名、访问日期、访问时长、访问地点等基本资料；第二部分是审核和复核记录，由公司审核人员填写，主要是对问卷进行质量控制。如【示例 3-5】所示。

【示例 3－5】

以下内容在访问结束后填写	
被访者姓名：＿＿＿＿＿＿＿＿	联系电话：＿＿＿＿＿＿＿＿
住址：＿＿＿＿＿＿＿＿＿＿＿＿＿＿＿＿＿＿＿＿＿＿	
访问员姓名：＿＿＿＿＿＿＿＿	访问日期：＿＿＿＿＿＿＿＿
访问开始时间：＿＿＿＿时＿＿＿＿分	访问结束时间：＿＿＿＿时＿＿＿＿分
访问长度：＿＿＿＿＿＿＿＿分钟	访问地点：＿＿＿＿＿＿＿＿

以下由公司人员填写

一审审卷结果：□ 合格　□ 补问　□ 作废　□ 作弊	一审签名：＿＿＿＿＿＿
二审审卷结果：□ 合格　□ 作废　□ 作弊	二审签名：＿＿＿＿＿＿
质控复核结果：□ 合格　□ 作废　□ 作弊	复核(F、T)：＿＿＿＿＿＿

3．调查问卷的问题形式

以结构式调查问卷为例，调查问卷的问题形式可以是封闭式问题、开放式问题或半封闭式问题，在实际的问卷设计中，通常是三种形式的组合。在封闭式问题中又可设置成单选题和多选题的形式，这应根据调查目的和问题内容进行设置。

（1）封闭式问题。封闭式问题的答案是标准化选项，回答方便，易于进行各种统计分析，但是回答者只能在规定的范围内被动回答，无法反映其他意见或想法，这样有可能丢失一些有价值的市场信息。因此，问题以及答案的设置显得尤为重要。如【示例 3－6】所示。

【示例 3－6】

Q01. 您倾向于购买哪种类型的住宅呢？＿＿＿＿＿＿（单选）	
小高层电梯公寓(12 层以下) …… 1	高层电梯公寓(18 层以上) …… 4
多层公寓…………………… 2	独栋别墅…………………… 5
花园洋房…………………… 3	联排别墅…………………… 6
Q02. 请问您计划购置的住房面积为以下哪类？＿＿＿＿＿＿（单选）	
50 平方米及以下 ………… 1	111～130 平方米 ………… 5
51～70 平方米 …………… 2	131～150 平方米 ………… 6
71～90 平方米 …………… 3	151 平方米以上 …………… 7
91～110 平方米 …………… 4	
Q03. 请问您希望开发商在交房时，住房的室内装修标准是＿＿＿＿＿＿（单选）	
毛坯房…………………… 1	全装修…………………… 4
厨卫简装………………… 2	全精装修………………… 5
厨卫精装………………… 3	菜单式装修……………… 6

Q04. 您能够承受最高价格在多少钱范围内的住房呢？_____（单选）

3 000 元以下 ………………	1	4 501～5 000 元 ………………	5
3 001～3 500 元 …………	2	5 001～5 500 元 ………………	6
3 501～4 000 元 …………	3	5 501～6 000 元 ………………	7
4 001～4 500 元 …………	4	6 000 元以上 …………………	8

（2）开放式问题。开放式问题是指仅提出所想了解的问题，但并不列出答案，而是由被访问者自由作答。这种提问方式可以让被访者自由陈述自己的真实想法。

正因如此，开放式问题得到的答案信息比较杂，因此这种提问方式多适合询问那些研究人员尚不清楚答案、潜在答案太多或答案比较复杂的问题。由于被访者提供答案的想法和角度不同，因此不利于研究人员的整理和定量分析，还可能由于被访者的表达能力差异形成调查偏差。

开放式问题在深度访谈等定性研究时被大量采用，在进行消费者习性的定量研究时出现不多，并且会被研究人员有意识地控制[1]。如【示例 3 - 7】所示。

【示例 3 - 7】

1. 如果您购买住宅，您希望住宅小区应具备哪些配套设施？
2. 您对西三环北段区域印象如何？为什么？
3. 您认为住宅小区的人文环境应该如何去体现？

（3）半封式问题。半封式问题列出绝大多数答案，但留有开放性的接口，如果被访问者还有其他答案，可以填入。半封闭式问题一定是列出绝大多数答案，否则等同开放式问题。如【示例 3 - 8】所示。

【示例 3 - 8】

Q01. 请问您计划购置住房的户内空间形式_____（单选）

平层 ……………………	1	复式 ……………………	3
错层 ……………………	2	跃层 ……………………	4
其他（请注明）_____			

Q02. 请问您希望购买的住房内都有哪些功能间呢？_____（复选）

储藏室 …………………	1	洗衣房 …………………	2
入户花园 ………………	3	空中花园 ………………	4
保姆劳作间 ……………	5	其他（请注明）_____	

Q03. 请问您计划购置住房的目的是_____（单选）

投资（出租/炒卖/保值）……	1	投资兼居住 ……………	3
居住 ……………………	2	其他（请注明）_____	

---

[1] 凌志华.房地产市场研究模式解构［M］.北京:中国建筑工业出版社,2007.

4．问卷设计中应注意的问题

（1）避免一般性的问题。一般性问题因缺乏针对性，所以对实际调查工作并无指导意义。例如"您对××市的房地产价格有什么看法？"这道题让被访者不知如何回答，究竟是谈××市的过去？还是现在？还是未来？还是全部都谈？因此很难达到预期的调查效果。可具体提问："您对××市现在的房价有何看法？对其在两年来的走势您如何判断？"等。

（2）避免过于专业的术语。过于专业的术语容易造成被访者理解上的困难，比如"您认为××项目的建筑密度应在什么范围内？"部分被调查者可能没听过"建筑密度"，即使听过也不知道其代表什么含义，如果没有访问者的专业解答，可能会造成调查结果的失败，因此，问题设计应尽量避免使用过于专业的术语，如果使用，也宜加上注释或调查员做必要的解释。

（3）避免含义不确切的用词。一些用词，如经常、普通、很少、最近等，个人对此理解往往不同，得到的结果也是不确切的，因此应避免使用或少用。如"您是否经常到商场购物？"被访者很难回答，可改为"您多久去一次商场购物？"这样得到的结果就比较确切。

（4）避免导向性的提问。导向性问题往往暗示出调查者的观点和见解，比如"大部分人认为××片区较长时间内没有开发潜力，您对此有何看法？"这种导向性的提问会导致两个不良后果：一是被调查者不假思索就同意问题中暗示的结论，直接应付了事；二是导向性提问大多是引用权威或多数人的态度，被调查者容易产生从众心理。导向性提问常常会影响到被调查者的想法，进而影响调查结果的准确性。

（5）避免敏感性问题。问卷设计中应尽量避免提问被调查者敏感的问题，如民族风俗中忌讳的问题、个人隐私或关系个人利害关系的问题等，如一般人不愿透露个人收入的实际水平等。如遇此类问题应注明对此信息的绝对保密，或通过转移话题从侧面进行了解。

（6）注意问题设置的顺序。在设计问卷时，要讲究问题的排列顺序，加强问卷的条理性，对相关联的内容应进行系统的整理，使被调查者不断增加兴趣，从而提高回答效率。

提问的问题应从简单向复杂逐步深化，容易回答的问题放在前面，专业性强的问题宜放在后面；封闭性问题放在前面，开放性问题宜放在后面；在调查的核心重要问题前面宜有相应问题作导引等。当然这也并非是一成不变的，应结合调查目的和市场状况等作具体设计。

3.4.2 房地产项目市场调查资料的整理

市场调查资料的整理工作一般包括编辑、编号和统计分析等内容。

1. 编辑

调查资料收集以后,首先要进行编辑整理,将零碎的、杂乱的、分散的资料加以筛选,去粗取精、去伪存真,以保证资料的系统性、完整性和可靠性。

2. 编码

编码是把原始资料转化为符号或数字的资料标准化过程。通过对资料的编码,可以方便对数据的统计工作,为分析研究工作作准备。在很多情况下,问卷中的问题本身就已经对答案进行了分类,如【示例3-9】所示。

【示例3-9】

> 您的年龄(　　)
>
> 　22岁及以下 ……………………………………………… 1
>
> 　23～30岁 ………………………………………………… 2
>
> 　31～40岁 ………………………………………………… 3
>
> 　41～50岁 ………………………………………………… 4
>
> 　50岁以上 ………………………………………………… 5

这五个答案等级就可用在编码分类中。但如果问题是开放式的"请问您的年龄为(　　)",其回答是具体数值,如32岁,就有必要依据回答的规律进行分类。

3. 统计分析

对数据编号以后就可以进行数据的统计分析工作,常用的统计分析工具有制表分析和制图分析。

(1)制表分析。对于房地产项目市场调查问卷所获取的数据,通常进行频数分布分析,即计算该问题的各个取值被回答的次数及其所占的比例,这是研究者向决策者提供的最基础的结果之一。常用统计表包括简单频数表和交叉列联表等。

①简单频数表:针对单一的问题可以使用简单频数表进行统计,即计算出每一个选项出现的次数,并计算出该选项频数所占总频数的百分比,以此可用以分析数据的集中趋势、离散性的分布形状。如【示例3-10】所示。

【示例3-10】 某项目对目标客户进行房地产需求调查,收回有效问卷1322份,其中被调查者年龄出现的频数分析如表3-3所示。

表3-3　被调查者的年龄频数分析

年龄阶段	频数	百分比(%)	累计百分比(%)
22岁及以下	87	6.6	6.6
23～30岁	356	26.9	33.5
31～40岁	442	33.4	66.9
41～50岁	387	29.3	96.2
50岁以上	50	3.8	100

②交叉列联表:交叉列联表是用以描述两个或两个以上变量的联合分布状况的统计表,常被用来进行调查问卷的数据处理。交叉列联表分析概念清晰,易于操作,在房地产项目市场调查中被广泛应用。如【示例3－11】所示。

【示例3－11】欲研究某区域居民在某地居住时间与其对当地综合性商厦的熟悉程度之间的关系,现对"居住时间"和"熟悉程度"两个变量进行交叉列联分析。有效调查问卷626份。具体分析见表3－4所示。

表3－4 "居住时间"和"熟悉程度"交叉列联分析结果

熟悉程度	居住时间						小计
	5年以下		5～10年		10年以上		
	频数	%	频数	%	频数	%	频数
不熟悉	106	46.5	80	39.0	129	66.8	315
熟悉	122	53.5	125	61.0	64	33.2	311
合计	228	100.0	205	100.0	193	100.0	626

从表中可见居住时间低于10年的居民比居住时间在10年以上的居民更熟悉综合商厦。

(2)制图分析。常用的统计图有直方图、饼形图、态度对比图、轮廓图或形象图等,在此不一一举例,仅以饼形图为例进行介绍。如【示例3－12】所示。

【示例3－12】某项目对购房者了解房地产信息的渠道进行调查,调查数据以饼形图进行整理,得到的结果如图3－3所示。

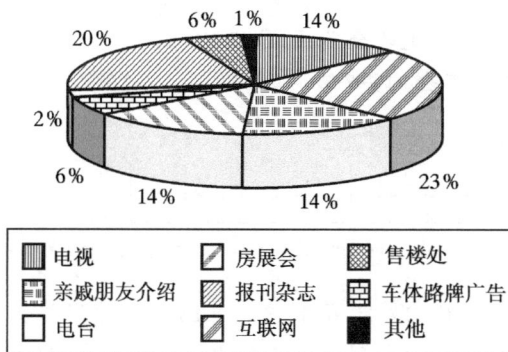

图3－3 购房者获取房地产信息渠道调查图

由图3－3可以直观地看出,被调查者了解房地产信息的主要渠道是互联网和报刊杂志,而电视、房展会和亲戚朋友介绍也成为人们了解房地产信息的重要途径。

📚 **本章案例**

××市商品房市场研究主体问卷①②

商品房购买意向调查

Q01. （出示卡片4）您家之所以在3年之内考虑购房是因为（最主要的原因）：

本地拆迁 ·················1

改善居住条件 ·············2

投资升值 ·················3

结婚用房 ·················4

地位身份的象征 ···········5

其他 ···················6（请注明）_____

Q02. 您上面提到的这次买房是属于：

(1)第一次买房　　(2)二次买房　　(3)多次买房

Q03. （出示卡片5）您家最可能购房的地区是：

市中心 ·········1　　　城东 ···············2

城西 ···········3　　　城南 ···············4

城北 ···········5　　　开发区 ·············6

郊县 ···········7　　　其他 ···············8（请注明）_____

Q04. （出示卡片6）您最可能购买的房价为多少元/平方米（确定B、C点）？高于哪个价位您认为您家肯定不会购买（D点）？低于什么价位（A点），您认为质量得不到保证，您也不会购买？

（单位：元/平方米）

2 000　2 500　3 000　3 500　4 000　4 500　5 000　5 500　6 000　6 500　7 000　7 500　8 000　8 500　9 000　9 500　10 000

Q05. （出示卡片7）您家在购房上花费的最可能的总费用为多少（确定B、C点）？高于多少（D点）您认为您家肯定不会购买？低于多少（A点），您认为质量得不到保证，您也不会购买？

---

① 廖志宇.房地产调研执行手册［M］.北京:中国电力出版社,2008.

② 兰峰.西安"高科尚都"项目调查问卷,2009.（经整理改写而成）

（单位：万元）

20　25　30　35　40　45　50　55　60　65　70　75　80　85　90　95　100

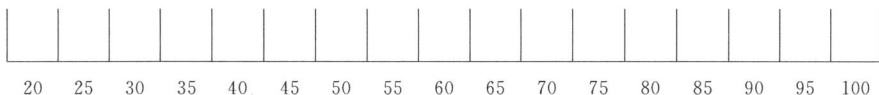

Q06. (1)（出示卡片 8）您家购房的总面积约为多少平方米？

80 平方米以下・・・・・・・・・・・・・・・1　　80～100 平方米・・・・・・・・・・・・・・・ 2

101～120 平方米・・・・・・・・・・・・・3　　121～140 平方米・・・・・・・・・・・・・・・4

141～180 平方米・・・・・・・・・・・・・5　　161～180 平方米・・・・・・・・・・・・・・・6

180 平方米以上・・・・・・・・・・・・・・ 7

(2)（出示卡片 9）您家最可能购房的面积大约为多少平方米（确定 B、C 点）？高于多少平方米（D 点）您认为您家肯定不会购买？低于多少（A 点），您也不会购买？

（单位：平方米）

80　90　100　110　120　130　140　150　160　170　180　190　200　210　220　230　240　250

Q07.（出示卡片 10）您期望的楼型是：

(1)高层　(2)小高层　(3)多层　(4)别墅　(5)其他（请注明）_____

Q08.（出示卡片 11）您期望的户型是：

(1)平层　(2)错层　(3)跃层　(4)复式　(5)其他（请注明）_____

Q09.（出示卡片 12）您期望的户型结构是什么？每一间的面积分别是多少？

名称　　　　数量	第 1 间	第 2 间	第 3 间	第 4 间	第 5 间
卧室					
厅					
卫生间					
阳台					

注：面积为每一间的面积，单位为平方米。

Q10.（出示卡片 13）以下区内公共设施，您最希望有哪些（不超过三项）？

(1)中心花园　(2)会所　(3)体育健康设施　(4)文化娱乐设施

(5)医疗保健设施　(6)购物场所　(7)金融邮政设施　(8)餐饮

(9)超级市场　(10)幼儿园　(11)车库　(12)　公交站点　(13)小学

Q11. (出示卡片13)您最希望有的物业管理基本服务有哪些(不超过三项)?

(1)家政服务　(2)小孩上学接送服务　(3)设立小区会所

(4)智能化互联网管理　(5)24 小时安保　(6)楼宇可视对讲系统

(7)绿化清洁服务　(8)其他(请注明) ＿＿＿＿＿＿

Q12. (出示卡片13)您对以下景观设计最感兴趣的有哪些?(限选三项)

(1)活动器械　(2)小区雕塑　(3)围墙　(4)喷泉　(5)瀑布　(6)水池

(7)花坛　(8)坐椅　(9)地面铺装　(10)凉亭　(11)草地　(12)树木

(13)路灯　(14)背景音乐　(15)儿童乐园　(16)其他(请注明) ＿＿＿＿＿

Q13. (出示卡片14)您期望的房屋交付标准:

毛坯房……………………1　　厨卫装修………………………2

全装修……………………3　　菜单式装修……………………4

其他………………………5(请注明) ＿＿＿＿＿

Q14. 您购房时希望采取的付款方式:

一次性……………………1(如果回答为1,请跳问至 Q17)

分期付款…………………2

按揭………………………3

其他………………………4 (请注明) ＿＿＿＿＿＿

Q15. (出示卡片15)您购房时能够承担首付的额度是:

(1) 5 万以下　(2) 5 万～7 万　(3) 8 万～10 万　(4) 11 万～15 万

(5) 16 万～20 万　(6) 21 万～25 万　(7) 26 万～30 万　(8) 30 万以上

Q16. (出示卡片16)您能够承担的最大月供金额是多少?

(1) 500～1 000 元　(2) 1 001～1 500 元　(3) 1 501～2 000 元

(4) 2 001～2 500 元　(5) 2 500 元以上

Q17. (出示卡片17)以下是人们购房时通常考虑的因素,您认为这些因素中哪些是比较重要的?

(1)楼盘区位　(2)交通状况　(3)周边购物环境　(4)周边教育医疗设施

(5)开发商品牌　(6)小区环境　(7)建筑风格　(8)户型面积

(9)工程质量　(10)物业管理　(11)其他(请注明) ＿＿＿＿＿

Q18. 在未来 3 年内,您认为××市房产价格将会怎样?

(1)上涨　(2)保持现状　(3)下跌　(4)不清楚

Q19. (出示卡片18)如果您购买房产用于投资,您会购买哪个区域的房产?

(1)市中心　(2)城东　(3)城西　(4)城南

(5)城北　(6)开发区　(7)郊县　(8)其他(请注明) ＿＿＿＿＿

Q20. 您对目前住房最为满意的是什么？（开放题,追问）

    (1)物业管理   (2)交通状况   (3)购物环境   (4)内部装修   (5)户型

    (6)小区环境   (7)居住地点   (8)通风采光   (9)居住面积   (10)教育医疗

    (11)其他(请注明) _____

Q21. 您对目前住房不满意的是什么？（开放题,追问）

    (1)物业管理   (2)交通状况   (3)购物环境   (4)内部装修   (5)户型

    (6)小区环境   (7)居住地点   (8)通风采光   (9)居住面积

    (10)教育医疗   (11)其他(请注明) _____

区位及楼盘形象

Q22. 您知道××开发区吗?

    (1)了解   (2)较了解   (3)一般   (4)不太了解   (5)不了解

Q23. 提及"××开发区",您第一感觉是什么?（限选三项）

    (1)发展潜力大   (2)朝气蓬勃之地   (3)创新力强   (4)承续文化之地

    (5)希望之城   (6)环境优雅的地方   (7)干净整洁的地方   (8)未来新市区

    (9)人气不旺   (10)交通不便   (11)缺乏生活配套

Q24. 提及"小康住宅",您第一感觉是什么?（限选三项）

    (1)高尚体面的物业   (2)舒服的住宅   (3)社区生态景观

    (4)人文化物业服务   (5)智能化信息化   (6)新都市情结   (7)物有所值

休闲活动和生活形态

媒体接触

Q25. (出示卡片21)您主要通过哪些渠道了解房地产信息及广告?（限选两项）

    (1)报纸广告   (2)电视广告   (3)户外广告   (4)相关网站

    (5)电台广告   (6)中介机构   (7)房展会   (8)他人介绍

    (9)其他(请注明) _____

Q26. (出示卡片22)您常在哪些媒介中收看房产信息及广告?（限选两项）

    (1)《××日报》   (2)《××晚报》   (3)《××广播电视报》

    (4)××电视台   (5)××广播电台   (6)其他(请注明) _____

餐饮消费

Q27. 请问过去的四个星期里面,您有没有去过快餐店买东西或买外卖呢?

    (1)有   (2)没有

Q28. 请问过去的四个星期里面您有没有到过餐厅、餐馆等地方吃饭呢?

    (1)有   (2)没有

信用消费

Q29.(出示卡片23)请问您购买了以下哪种保险呢?(多选)

　　(1)没有购买　(2)汽车保险　(3)人寿保险　(4)医疗保险

　　(5)养老保险　(6)房屋保险　(7)其他保险(请列出)＿＿＿＿＿＿

Q30.(出示卡片24)您在以下哪些银行有账户呢?(多选)

　　(1)中国银行　(2)交通银行　(3)中国工商银行　(4)中国农业银行

　　(5)中国建设银行　(6)招商银行　(7)其他(请列出)＿＿＿＿

Q31.您是否拥有信用卡呢?(单选)

　　(1)有　(2)没有(如果回答为2,请跳问至Q34)

Q32.(出示卡片25)如果有,您的信用卡属于以下哪一种呢?(多选)

　　(1)金穗卡　(2)龙卡　(3)长城卡　(4)牡丹卡　(5)维萨卡

　　(6)太平洋卡　(7)招行一卡通　(8)其他(请列出)＿＿＿＿

Q33.(出示卡片26)您通常多久会使用一次信用卡,用卡购物或其他服务呢?(单选)

　　(1)每周1次或以下　(2)每月2~3次　(3)每月1次　(4)每年2~3次

　　(5)很少　(6)没有

投资活动

Q34.(出示卡片27)在今后一两年,你准备在以下哪些方面投资?

　　(1)股票　(2)债券　(3)外币　(4)房地产　(5)彩票　(6)无投资计划

体育活动

Q35.(出示卡片28)请问您通常会参加或喜欢参加以下哪些运动/活动呢?(多选)

　　(1)游泳　(2)骑自行车　(3)健身/健美操　(4)跳舞　(5)溜冰

　　(6)篮球　(7)羽毛球　(8)足球　(9)网球　(10)乒乓球

　　(11)高尔夫球　(12)台球　(13)钓鱼　(14)跑步

　　(15)登山　(16)保龄球　(17)其他(请列出)＿＿＿＿

Q36.(出示卡片29)通常情况下您会参加以下哪些休闲活动呢?(多选)

　　(1)玩游戏/玩电子游戏　(2)打麻将　(3)下棋　(4)打扑克　(5)游乐场

　　(6)去公园　(7)逛街/购物　(8)看电影　(9)看歌舞剧/戏剧/话剧

　　(10)看电视/看录像/影碟　(11)唱卡拉OK　(12)听音乐　(13)玩乐器

　　(14)去咖啡厅/酒吧　(15)走访朋友　(16)饲养宠物　(17)种植花草

　　(18)阅读　(19)集邮/集币/收藏　(20)其他(请列出)＿＿＿＿

旅行活动

Q37. 最近一两年,您有没有外出旅游的计划呢?(至少在外住宿一晚,包括探亲和出差)

    (1)有 (2)没有(如果回答为2,请跳问至40)

Q38. (出示卡片30)您最近一次外出是到哪里呢?(单选)

    (1)省内 (2)省外 (3)香港/澳门/台湾 (4)亚洲的其他地方 (5)美国

    (6)欧洲 (7)其他国家(请注明) _____

Q39. (出示卡片31)这次您外出旅游的原因是什么?(单选)

    (1)探亲/探朋友 (2)公差/公干 (3)度假 (4)专门旅游 (5)学习

生活形态

Q40. (出示卡片32)以下各个选项是测试您对生活的态度和行为,对于左边的描述,您有不同的同意程度:"很同意"、"有点同意"、"不同意也不反对"、"有点不同意"、"很不同意"五个级别的,您对每个描述都要作回答(每项单选)。

    (1表示很不同意,2表示有点不同意,3表示不同意也不反对,4表示有点同意,5表示很同意)

    (1)我对我现在从事的工作比较满意 ………………………………… (　)

    (2)我的个人爱好很多 ……………………………………………… (　)

    (3)我经常参加各种社会公益活动 ………………………………… (　)

    (4)我经常外出旅游、度假 ………………………………………… (　)

    (5)我经常参加各种文娱活动 ……………………………………… (　)

    (6)我总是同很多朋友保持联系 …………………………………… (　)

    (7)我经常结识新朋友,与朋友聊天 ……………………………… (　)

    (8)我常去逛商店,购物 …………………………………………… (　)

    (9)我经常进行体育锻炼 …………………………………………… (　)

    (10)我对家庭生活很看重 ………………………………………… (　)

    (11)我喜欢住的房间舒适一些 …………………………………… (　)

    (12)我喜欢繁忙充实的生活 ……………………………………… (　)

    (13)我喜欢买一些新产品来试试 ………………………………… (　)

    (14)我喜欢做家务 ………………………………………………… (　)

    (15)我喜欢看电视、听广播或读书读报 ………………………… (　)

    (16)事业上的成就感对我很重要 ………………………………… (　)

    (17)我认为自己的能力比多数人强 ……………………………… (　)

    (18)我比较关注政治形势和社会舆论热点 ……………………… (　)

    (19)我认为参加社会公益活动很有必要 ………………………… (　)

(20)我喜欢钻研业务,提高自身素质 …………………………………… (　　)

(21)我认为发展经济是最为重要的 …………………………………… (　　)

(22)我认为应该更加注重教育 ………………………………………… (　　)

(23)我希望有不断推陈出新的设计 …………………………………… (　　)

(24)我对未来满怀信心 ………………………………………………… (　　)

(25)我欣赏富有文化性、艺术性的东西 ……………………………… (　　)

(26)我试用过认为好的牌子,我会经常使用它 ……………………… (　　)

(27)我宁愿买国产产品 ………………………………………………… (　　)

(28)使用名牌可以显示我的身份 ……………………………………… (　　)

(29)购物时,我不太注重品牌 ………………………………………… (　　)

(30)我喜欢尝试新品牌 ………………………………………………… (　　)

(31)进口品牌让我买得放心 …………………………………………… (　　)

(32)我极少注意报纸/杂志上的广告 ………………………………… (　　)

(33)电视上的广告及节目我同样喜欢 ………………………………… (　　)

(34)我只喜欢收听广播 ………………………………………………… (　　)

(35)电视广告的可信程度较高 ………………………………………… (　　)

(36)我会尝试购买曾经在广告上见过的品牌 ……………………… (　　)

(37)我喜欢参加各种媒体(电视、报纸和电台等)主办的游戏及抽奖节目……
　　……………………………………………………………………… (　　)

(38)购物时,我通常会比较几家商店同类产品的价格 ……………… (　　)

(39)我不能抗拒昂贵的化妆品 ………………………………………… (　　)

(40)对于质量好的产品,稍贵一点也值得 …………………………… (　　)

(41)我认为合资产品的质量不及原装进口的好 …………………… (　　)

(42)每次遇到喜欢的商品,我会因为价格问题而犹豫不决 ………… (　　)

(43)我赞同便宜无好货的观点 ………………………………………… (　　)

(44)商店的大减价对我非常吸引 ……………………………………… (　　)

(45)我对电视中有关国外生活节目很感兴趣 ……………………… (　　)

(46)我不介意花钱购买能使生活更方便的东西 …………………… (　　)

思考与练习

1. 房地产市场调查的含义是什么?

2. 房地产市场调查的特点和作用是什么?

3. 简述房地产市场调查的程序。

4. 房地产市场环境调查的主要内容有哪些?

5. 房地产市场需求调查的主要内容有哪些?

6. 房地产市场供给调查的主要内容有哪些?

7. 房地产市场营销环境调查的主要内容有哪些?

8. 房地产市场调查的主要方法有哪些?

9. 试以当地房地产需求市场调查为主题,设计一份市场调查问卷。

10. 市场调查资料的整理工作一般包括哪些内容?

第 4 章　房地产项目 STP 策划

本章学习要求

1. 掌握房地产项目市场定位的含义和主要内容

2. 熟悉房地产项目市场细分的概念和方法,目标市场选择的含义和主要模式,主题策划的内涵

3. 了解目标市场选择应考虑的因素,房地产项目市场定位的逻辑过程,主题策划的作用与原则,主题策划的方法与实践

4.1　房地产项目市场细分

在通常情况下,任何企业都无法为该市场内所有的消费者提供最佳的服务。分布广泛的众多消费者的需求差异很大,同时竞争者也会服务于特定的细分市场,因此,企业要识别能够有效服务的最具吸引力的细分市场,而不是到处参与竞争。

▶4.1.1　市场细分的概念

市场细分是指营销者在市场调研的基础上,从消费者需求的差别出发,以消费者的需求为立足点,根据消费者购买行为的差异性,把消费者市场划分为具有类似性的若干不同的购买群体——子市场,使企业可以从中认定目标市场的过程和策略。

市场细分这一概念最初是 20 世纪 50 年代中期美国市场学温瑞尔·史密斯提出的。作为现代市场营销思想的一个突破,这一概念一经提出,很快受到学术界的重视,并在企业界得到广泛应用。目前,市场细分已成为现代市场营销学的重要理论之一。

20 世纪 90 年代,美国著名营销学教授菲利浦·科特勒(Philip Kotler),在他畅销全球 30 多年的《营销管理》一书第九版中系统地提出了 STP 战略,S——segmentation(市场细分),T——targeting(目标市场选择),P——positioning(市场定

位)。这一概念的提出是现代市场营销思想的一个重大突破,并在世界上得到广泛应用。

▷ 4.1.2 房地产市场细分的概念

所谓房地产市场细分,就是指营销者通过市场调研,按照一定的标准,把房地产整体市场划分成为若干个消费者群的市场分类过程。其中,每个消费者群就是一个细分市场,也称"子市场",市场细分的结果也就形成房地产项目的目标市场。

分属于同一细分市场的消费者,他们具有相似的偏好和需求;分属于不同细分市场的消费者则对同一产品的偏好和需求存在着明显的差别。例如,有的消费者购房是改变自身的居住条件,有的消费者是用来做投资,有的消费者是用来度假,有的消费者是为父母购买,有的消费者是为了子女购买等。据此,从购买动机上可以把房地产市场细分为五个子市场。当然,对同一产品细分市场的依据很多,细分的结果也不同。值得注意的是,房地产市场细分不是对房地产产品进行分类,而是对同种房地产产品需求各异的消费者进行分类,是识别具有不同需求和欲望的消费者群的活动。

对于复杂多变的房地产市场,任何一个规模巨大的开发企业、资金实力雄厚的大开发公司,都不可能满足市场上全部顾客的所有需求。又由于企业其特征、项目(土地)的特殊性、技术等方面的限制,也不可能满足全部顾客的不同需要。企业只能根据自身的优势条件,从事某一方面的生产、营销活动,选择力所能及的、适合自己经营的目标市场。例如,万科企业是中国房地产的知名企业,其跨地域的品牌复制,"万科城市花园"、"万科金色家园"在房地产市场获得了相当大的成功,其市场细分是通过在城市中开发有文化、有品位的社区吸引白领阶层、私营企业主。这部分客户就是万科企业市场细分后的一个子市场。"SOHO"仅针对可在家办公的(如软件工程师、广告策划师等)年轻白领一族。

这里必须指出的是,细分市场不是根据产品品种、产品系列来进行的,而是从消费者的角度进行划分的,市场细分的理论基础即根据消费者的需求、动机、购买行为的多元性和差异性。市场细分对开发企业的生产、营销起着极其重要的作用。

▷ 4.1.3 房地产市场细分的方法

按照房地产功能的不同,房地产市场细分主要可分为住宅类房地产、商业类房地产和工业类房地产以及特殊用途房地产。这几种房地产中的需求不尽相同,因而市场细分的标准是不同的。下面主要对市场中常见的住宅物业类型的市场细分方法进行介绍。

住宅类房地产市场细分的标准,即是导致客户需求出现异质性、多元化的细分。这些细分主要有以下四大类:地理细分、人口细分、心理细分和行为细分。

1. 地理细分

地理细分作为住宅市场细分变量主要是指潜在消费者的地理分布状况,如地区和地域特征(市区、郊区、远郊区、农村等)、人口密度,以及地区自然环境、生活环境、交通环境等。潜在的消费者原来所在的地理环境因素或多或少地影响着消费者的生活方式,也影响着他们对新购住房的需求偏好。地理因素还是预测市场规模的重要因素。

另外,房地产的区位环境具有三重性质:第一是自然地理环境,如地形、地貌以及气候条件等;第二是经济地理环境,如距离市中心的远近、交通便利程度等;第三是人文环境,如居民素质、社会风气、文化教育设施等。人们对房地产的需求爱好,实际上是对房地产及周围环境进行综合评价和选择的结果。因此,在细分房地产市场时,还应充分考虑到人们对房地产需求的环境评价与偏好。

2. 人口细分

人口细分主要有年龄、性别、职业、收入、教育、家庭人口、家庭生命周期、国籍、社会阶层、种族、民族、宗教等。显然,这些人口因素将是决定消费者住宅需求差异性的重要因素。不同年龄、不同性别、不同收入、不同教育背景、不同家庭人口、处于不同家庭生命周期的消费者,对住宅产品有不同的消费需求。依据人口因素来细分住宅类房地产是房地产企业最常用的方法。

(1)家庭人口。家庭人口的数量直接影响消费者对住房面积的需求量。

(2)家庭生命周期。家庭生命周期分为单身期、新婚期、满巢期、空巢期和鳏寡期等几个阶段。处于不同家庭生命周期阶段的消费者对住房的需求不同。

(3)家庭代际数。家庭代际数是指家庭成员由几代人构成。按照家庭代际数可以把家庭划分为一代家庭(包括单身家庭和夫妻家庭)、二代家庭(核心家庭)和多代家庭(三代及三代以上家庭)。两个家庭如果人口数量相同,但家庭代际数不同,其对住房的需求也有较大的差异。

用人口因素来细分住宅类房地产,可以是单因素细分,如香港钧濠集团以收入作为细分变量,将深圳的房地产市场细分为高收入、中等收入和低收入三个子市场,通过大量的市场调研、科学分析并结合企业所拥有的资源优势,该集团选择了面广量大的低收入群体作为自己的目标市场。房地产市场细分也可用多因素细分,即用两个或两个以上的人口因素来细分住宅类房地产。例如,小户型的房地产开发商以年龄、家庭生命周期、收入、阶层作为细分变量,并选择了单身白领或新婚夫妇作为目标市场,为其度身打造了小户型公寓,并在产品设计、价格制定、物业管理等方面都迎合目标市场消费者的需求,结果一经推出,即被这一处于旺盛需求状态的目标市场消费者抢购一空。

3. 心理细分

人们经常发现,利用地理细分及人口细分进行房地产市场细分后,同一细分市场的消费者对于同类住宅产品的需求并不相同,这其中的奥妙就在于人的心理影响。心理细分主要有:

(1) 生活方式。来自不同文化背景、社会阶层的人们可能各有不同的生活方式,生活方式不同的消费者,对住宅会有不同的需求。如有些人喜欢交际,就可能需要客厅大的住宅;有些人喜欢悠闲的生活,就可能需要环境幽雅的住宅。生活方式是个体所表现出来的其对待生活的基本态度与基本看法。它与个体的教育、文化、职业、生存环境、收入等有关。但来自相同的亚文化群、社会阶层,甚至来自相同职业的人们,也可能具有不同的生活方式。

企业可以用以下三个尺度来测量消费者的生活方式:

①活动(activities)——消费者的工作、业余消遣、休假、购物、体育、款待客人等;

②兴趣(interests)——消费者对家居、服饰的流行式样、食品、娱乐等的兴趣;

③意见(opinions)——消费者对社会、政治、经济、产品、文化教育、环境保护等问题的意见。

这种尺度又叫 AIO 尺度。企业可详细调查和研究消费者的各种活动、兴趣、意见,从中区分生活方式不同的消费者群体。

(2) 个性。个性是指消费者个人的性格特征。不同的人往往有不同的个性,如外向、内向、开放、保守、独立、依赖、激进、孤僻、乐观、悲观等。一位美国学者发现,购买汽车的顾客中,有活动车篷汽车的买主与无活动车篷的买主之间,存在一些差别:前者表现较为主动、激进和喜欢社交。不同个性的消费者对住宅的建筑风格、色彩、房屋结构、社区环境等方面有不同的要求。如有些消费者喜欢欧陆风格的建筑,有些则喜欢具有中国传统建筑风格的建筑。

(3) 购买动机。不同的消费者购买住宅的动机不同,因而对住宅的需求也不同。有些人购房是为了改善自身的居住条件,则注重住宅的实用性和性价比;有些人购房是作为投资,则注重住宅的增值性;有些人购房是为了显示自身的成就、地位或经济实力,则注重住宅的豪华性。

4. 行为细分

房地产消费者市场细分的标准,统而言之可分为两大类:一类依据的是消费者的特征,如地理细分、人口细分和心理细分;一类依据的是消费者的反应,如各种行

为细分。许多学者和企业认为,行为因素是市场细分重要的出发点。行为细分主要有:

(1)追求利益。不同的消费者在购买住宅时的动机不同,所追求的利益也不同。有的注重小区及周边的环境;有的注重配套设施,特别是住宅区附近的重点中小学;有的注重建筑的风格;有的注重升值潜力;有的注重物业管理;有的买房子是作为改善居住条件的第一居所,有的是作为休闲度假的第二居所等。因此,企业可以按照消费者在购买住宅所追求利益的不同来细分住宅市场,这是一个重要的细分变量。

(2)品牌忠实度。企业可以按消费者对品牌的忠诚度来细分住宅市场。所谓品牌忠诚,是指由于价格、质量、性能、信誉等因素综合作用,使消费者对某一品牌情有独钟,形成偏好并长期地购买这一品牌产品的行为。例如很多业主重复购买万科公司的产品,就体现了对万科品牌的忠诚度。

阅读材料 4-1

深圳某住宅细分定位①

1. 片区分级

分级前提:滨河大道和华强北路为界。以北以西,主要为北方移民置业选择区域,带有浓厚的北方文化文脉;以南以东,主要为广东客户,多数置业居民具有广东亲缘。

可按八个片区进行分级,分出的八个区域内有置业互换性。八个片区为香蜜湖、车公庙、梅林、景田、莲花、中心区、黄木岗、华强。其中,一级居住区:中心区、香蜜湖(车公庙),片区价格8 000元/平方米以上;二级居住区:景田、莲花,片区价格6 000~7 000元/平方米;三级居住区:梅林,片区价格5 000~6 000元/平方米。

八个片区中的开发量,第一级:香蜜湖、中心区、景田;第二级:梅林、莲花;第三级:车公庙、华强、黄木岗。

2. 客户分级

第一类:二次以上置业者,能承受100万元以上的物业,所需面积140平方米以上。居住选择首选考虑大片区环境,高尚居住区是置业的基础条件;对产品品质尤为关注,如小区环境、户型设计、物业管理等是置业首选要素;对价格不敏感,首期和月供能力极强;来深圳10年左右,家庭年收入35万元以上,已有1套以上100

平方米的物业,年龄30～45岁,有较高社会地位,多为核心家庭和双核心家庭,有车,居住讲究身份感。

第二类:能承受60～80万元的物业,所需面积100～140平方米。居住讲求实用性,同时重视产品户型设计、小区环境、生活教育配套、交通等方面因素;对价格有一定敏感性,有一定首期和月供能力;来深圳5年左右,家庭年收入20万元左右,已有1套80平方米以下的物业,或一直未置业,年龄30～40岁,多为核心家庭,有入托或入学小孩,部分有车,收入较高公司中层人员或小私营业主。

第三类:能承受30～50万元的物业,所需面积80平方米以下。对价格敏感,讲求居住的便捷,对公共交通依赖程度高,置业选择地铁和主要交通枢纽附近,生活要求周边配套齐全;产品要求户型方正实用、实用率高,但对具体设计、朝向、小区环境、物业管理等在意程度不高;来深圳2年左右,家庭年收入12万元以下,年龄30岁以下,多为丁克家庭或单身,极少有车。

第四类:投资物业大部分在60平方米以下,总价40万元以下;对设计、环境、朝向等没有过多需求;投资物业讲求地理位置和升值前瞻;一般选择靠近中心商务区和中心商业区物业;区域内租赁市场旺盛。

3. 细分客户结论

第一类客户主要流向中心区、香蜜湖区、景田部分片区;第二类客户主要流向景田、莲花、中心区部分;第三类客户主要流向景田、莲花、梅林;第四类客户同样主要流向景田、莲花、梅林。

4. 片区定位结论

景田片区是第二类和第三类客户首选的区域,也是第四类客户选择的区域。

4.2 房地产项目目标市场选择

➤ 4.2.1 目标市场选择的含义

前面提到,市场细分的结果也就形成房地产项目的目标市场,这是企业准备进入的细分市场,以满足具有某一类需求特征的顾客群体。选择目标市场是企业制定并实施目标市场战略的基础,通常要基于市场细分评价。

➤ 4.2.2 目标市场选择应考虑的因素

影响房地产目标市场选择的主要因素有:市场规模、资源条件、环境条件、政策性因素、盈利性因素及风险性因素等。

1. 市场规模

市场规模因素是指细分市场的规模大小及其发展潜力。具有足够发展空间的市场,即使当前的市场规模不够大,仍然具备吸引力。对房地产项目而言,市场规模的大小往往成了目标市场决策的首要因素。

2. 资源条件

房地产项目开发所涉及的主要资源条件有:资金、土地、技术和人力资源。资金是房地产项目开发所必需的首要条件,只有筹集到足够的资金或具有筹集资金的渠道,项目决策才能够进行;土地是房地产项目开发的基础,只有找到了合适的开发用地,才能进行目标市场的选择工作;技术是指公司从事该类房地产项目投资经营、开发建设的技术力量,它也是影响目标市场选择的原因之一,如某项目拟选择追求健康舒适的人群为目标市场,但开发具有环保节能功能的住宅则需要较高的技术条件,如果开发商很难具备,则应考虑放弃该目标;人力资源是指公司所拥有的具备同类项目开发建设、经营管理的人才以及社会关系等。

3. 环境条件

环境条件是指项目所在区域的环境是否与目标市场的要求相适应。房地产项目目标市场关注的环境条件主要有自然环境、社会环境和配套设施环境等几方面内容。自然环境是影响目标市场选择的重要原因,主要包括项目所在地的地质、地貌、地形、植被、气候等。不同的消费群体对自然环境的要求也不尽相同,比如高收入人群对自然环境条件的要求较高;社会环境主要包括项目所在地的社区文化、风俗、社区管理机构、社区治安及社区服务环境等;配套设施环境主要包括交通、商业、生活、医疗、卫生、保健、文化、娱乐、教育等配套设施条件。

4. 政策性因素

政策性因素是指国家和地方政府所颁布的房地产相关法律、法规、产业政策,如城市规划限制、利率上调、控制大户型比例等,相关政策的颁布实施也会对开发商选择目标市场产生一定的影响。

5. 盈利性因素

用来反映房地产项目投资盈利性的主要指标有财务投资回收期、内部收益率和财务净现值等,只有这些指标满足一定要求时,项目才有可行性,也就是在选择目标市场后,因进一步分析项目可能产生的收入和成本,并计算各项指标,以此作为选择目标市场的依据之一。

6. 风险性因素

风险是指由于意外因素影响,使项目收益偏离预期投资收益的程度。目标市场选择的是否正确、准确,直接关系到项目的销售工作,进而影响到项目的成败,由此带来的风险是不可估量的,因此,在进行目标市场选择时,应对未来市场状况进行充分的预测和分析。

▷ 4.2.3　目标市场选择的主要模式

1. 单一目标市场化

单一目标市场化是指房地产开发商只选择一个细分市场作为目标市场。选择一个细分市场,能够集中公司的优势资源,通过集中营销,企业能更清楚地了解细分市场的需求,在细分市场上建立巩固的市场地位。

单一目标市场的选择可细分为单一目标市场、产品单一化模式和单一目标市场、产品多元化模式。

其中,单一目标市场、产品单一化模式具有较大的市场风险,如单一的市场、单一的户型等,一旦消费者在该细分市场上的消费意愿下降或其他竞争对手进入该细分市场,那么企业将面临很大的风险。对于单一目标市场选择,开发商应进行非常深入的市场调研,以确定客户的需求意愿与特征,进而规避市场风险。此时,产品的适度多元化则成为关键,如针对高端客户进行豪宅开发时,也应根据市场具备适度多元化的户型配比。

为了规避上述风险,一些开发商在单一目标市场、产品单一化模式中,选择具有较大潜力的、市场可持续的项目进行开发从而把风险降到最低,如选择国家鼓励的、具有较大市场需求的经济适用房项目进行开发建设等。

阅读材料 4-2

万科俊园的单一目标市场选择①

深圳万科股份公司在 1998 年 4 月开发建设了万科俊园,该项目位于深圳市文锦路与爱国路交汇处的北侧,它占地5 466平方米,总建筑面积 78 000 平方米,建筑总层数45 层,高 161 米。在该项目的前期阶段,开发商通过市场细分后锁定了深圳市及周边地区拥有千万资产人士的目标市场,虽然这一目标市场十分狭窄,客户群体容量也十分有限,但由于这部分群体存在着有效需求,开发商把握了他们的需求信息,及时开发出他们所需求的物业产品——高层豪宅,结果市场反响强烈。

① 叶剑平,梁兴安.房地产经纪实务[M].北京:中国建筑工业出版社,2007.

2. 多目标市场化

多目标市场化是指房地产开发企业选择若干细分市场作为目标市场,其中每个目标市场对企业都具有一定的吸引力,且符合企业的目标和资源能力。这些目标市场之间无联系或很少发生联系,但在每个目标市场上都可以盈利,这样可以在较大程度上分散企业的市场风险,因为即使某一个目标市场失去了吸引力,企业还可以在其他细分市场上盈利。

多目标市场的选择又可以细分为多目标市场、产品单一化模式和多目标市场、产品多元化模式。

(1) 多目标市场、产品单一化模式。多目标市场、产品单一化模式是指房地产开发企业只开发一种类型的物业产品,并向多个目标市场的客户群体销售这种产品。

阅读材料 4-3

北京天缘公寓的多目标市场选择①

北京市天创房地产开发企业精心打造天缘公寓(高层住宅项目),该项目位于北京市宣武区白纸坊和西二环交汇处,项目总建筑面积 7 万平方米,公寓的户型面积从 75 平方米到 193 平方米,涵盖了二室二厅、三室二厅、四室二厅等多种规格,开发商力图通过该物业的开发建设来满足不同目标市场(小康型住宅需求群体、富裕型住宅需求群体、豪华享受型住宅需求群体)的需求。

(2) 多目标市场、产品多元化模式。多目标市场、产品多元化模式是指房地产开发企业通过投资开发各种类型的物业来满足各种目标市场的需求。一般只有大型或实力较强的房地产企业采取这种投资战略。

---

① 叶剑平,梁兴安.房地产经纪实务[M].北京:中国建筑工业出版社,2007.

阅读材料 4-4

南京天安国际大厦的多目标市场选择[①]

位于南京新街口中央商务区的标志性建筑天安国际大厦。其目标客户群体定位是在南京 CBD 办公的白领阶层,该项目 1~8 层为大洋百货公司,9~13 层为高档写字楼,14~42 层是公寓,开发商通过在一个楼盘中开发不同类型的物业,较好地满足了南京新街口 CBD 区域的白领人士购物、餐饮娱乐、办公、居住等各种需求。

4.3 房地产项目市场定位

➤ 4.3.1 房地产项目市场定位的含义

房地产开发项目市场定位,是指在房地产市场调研和分析的基础上,根据市场环境、企业资源及项目自身条件特征,选定目标市场,确定消费群体,明确项目档次、功能和设计建造标准。房地产开发过程中的市场定位,是围绕开发项目进行的,又称项目定位,是房地产开发的重要工作内容。

房地产项目定位是在市场调研和细分的基础上研究和分析潜在消费者的客户定位,是对消费者使用方式和使用心理进行分析研究基础上的产品定位,是将产品按消费者的理解和偏好方式传达出去的形象定位。房地产项目定位的核心是客户定位;房地产项目定位的目的是通过准确定位形成项目的市场竞争优势。

➤ 4.3.2 房地产项目市场定位的主要内容

房地产开发项目的类型千差万别,潜在客户居住和生活的多元化、个性化和情感化的倾向越来越明显,因此每一个开发项目的市场定位工作内容都不相同,但一般都应具有以下内容。

1. 客户定位

客户定位,即主要解决产品卖给谁、目标客户有哪些消费习惯的问题。由于客

---

① 叶剑平,梁兴安.房地产经纪实务[M].北京:中国建筑工业出版社,2007.

户对象在年龄、收入、职业、教育程度及兴趣等方面差异很大,其消费需求也是复杂多变。因此,必须依照项目自身品质及特点,正确分析项目的客户群体组成及其消费特征,不能明确客户特征的项目,其销售也是盲目的。

客户定位需要研究消费者的消费行为、消费动机以及消费方式,同时研究消费者自身的人格、观念、所处的阶层、环境、文化背景、偏好和生活方式等。在这部分研究中要回答的问题有:房地产项目针对哪些不同的消费群体,产品的差异对消费行为的影响程度和影响方式如何,消费者对房地产项目的消费习惯是什么,等等。

房地产开发商应当结合项目自身特点展开目标客户群的研究,主要包括:①客户群年龄结构;②客户群职业特征;③客户群区域结构;④客户群的商品房消费能力、消费方式;⑤客户群对商品房特征的需求;⑥客户群对环境及配套的需求;⑦客户群对物业管理的需求;⑧客户群购买商品房的目的。

阅读材料 4-5

客户需求分析的主要内容——以住宅产品为例[①]

区域方面	位置需求	处于市区,还是近郊区、远郊区等
		希望购买的住宅方位(城市的东、西、南、北、中等方向)
		处于传统居住区、文化教育旅游区、体育健身区、金融商业区等
	配套需求	生活配套需要(购物、餐饮、娱乐、银行、医疗、健身等)
		交通配套需要(公交站点、出租车站点、地铁、轻轨等)
		教育方面的配套需要(大学、中学、小学、幼儿园等)
		公园、绿地等环境方面的配套需要
小区方面	规划设计需求	规划设计风格方面的需求
		交通组织、是否人车分流方面的要求
		对绿地率的要求
	配套设施需求	小区内配套服务设施需要(会所、商业、健身、停车位等)
		安全、监控等安防设施需要
	物业管理方面	需要的物业管理水平
		需要的物业管理内容
		能承受的物业管理收费水平

① 兰峰,等.房地产开发与经营[M].北京:中国建筑工业出版社,2008.

建筑方面	建筑物	需要的建筑风格、建筑朝向、建筑色彩等
		需要的住宅层数(低层、多层、小高层、高层)
		需要的结构形式(砖混、剪力墙、框架)
	户型	需要的户内空间布局(平层、错层、复式、跃层等)
		需要的户型可调整性
	科技含量	建筑节能,生态环保等新技术、新材料
	室内状况	需要的室内总面积,各功能室内面积
		需要的户型(一室一厅、两室一厅、三室二厅等)
		需要的采光、通风条件等
		装修程度,装修档次等
		需要的给水、中水、排水、燃气、采暖、通讯、智能化等条件
消费方面	消费能力	能承受的住房单价和总价水平
		信贷能力、偿还能力等(受职业、收入水平、信用等影响)
	消费目的	自用
		他用(如给父母、朋友或孩子购房)
		投资或投机
	消费方式	一次性支付
		分期付款
		按揭
人文方面	生活态度	对先进生活方式的需求
		参与公众活动的需求
	社会感知	居住优越感的需求
		社会归属感的需求

2. 产品定位

确定开发什么样式的产品,找出拟开发产品限制条件,制定具体的产品定位方案和定位策略。在产品定位中,要对开发内容和规模进行分析,在符合城市规划的限定条件下,按照最高最佳使用原则,选择最佳用途和最合适的开发规模,包括总建筑面积、楼盘档次、建筑风格、空间形态、户型配比、平面布局、交通组织、景观方案等。关于产品定位详见本书第5章5.3节内容。

3. 形象定位

形象定位主要研究房地产项目的市场表现方式,确定房地产项目从产品到商品的过程中的最佳表达方式。关于形象定位详见本书第6章6.2节内容。

阅读材料 4-6

万科大梅沙项目定位①

一、项目背景

大梅沙项目是万科地产在深圳的重要项目之一。项目地处大梅沙西北侧,介于盐坝高速公路北侧的坡地间,东南侧为度假村用地,西侧、北侧为郊野公园。项目总占地面积 268 483.5 平方米,容积率≤0.8,覆盖率≤15%,总建筑面积 214 800 平方米,项目地块依山面海,拥有独特的山海自然景观资源。地势较高,在海拔 17 米至 65 米之间,部分用地低于盐坝高速公路路面。距离大梅沙海滩约 2 000 米。万科地产希望以此项目开拓中国房地产开发的崭新模式,并要求运用全新的方法对项目进行定位。

二、服务目标

(1)寻找大梅沙项目的目标消费者,并描述目标消费者特征;

(2)明确大梅沙项目的目标市场组合、产品组合定位;

(3)提出针对大梅沙项目各目标市场的产品设计要点;

(4)提出大梅沙项目各目标市场价格定位建议。

三、服务内容与方法

(1)深圳市宏观经济分析及预测;

(2)深圳市房地产市场现状及预测、深圳市度假型物业研究;

(3)龙岗区东部和盐田区产业及城市规划研究;

(4)大梅沙典型楼盘研究;

(5)消费者定量调查;

(6)潜在客户座谈会定性分析;

---

① 根据深圳尺度市场策略顾问有限公司的内容资料整理而成。

（7）大型企业行政副总深度访谈。

四、主要结论

通过严谨的市场调研，提出了《深圳市宏观经济分析报告》、《深圳市房地产走势分析报告》、《滨海沿线在售楼盘分析》、《市场研究细分》、《产品概念定位》等报告。

在市场细分方面，研究人员提出以生活方式为细分市场变量，建议主攻享受生活型（康体型）中产阶级群体、娱乐休闲型中产阶级群体、奋斗憧憬型中产阶级群体、运动好动型中产阶级群体、投资型中产阶级和香港消费者，另外还有大中型外资企业、国内大中型企事业单位以及省外或市外企业驻深机构代表处这样的团体消费群体。

产品概念定位：建议大梅沙项目的设计主题应通过建筑产品及其形成的生活空间，表达对目标人群"崇尚自然、追求健康、休闲的生活方式，喜欢在郊区或海边居住，向往世外桃源的生活环境，尽情拓展自我空间，强烈追求个人品位"的精神共性的尊重。

规划设计建议则提出两种建筑风格，一是表现海洋文化的海滨建筑风格，二是特色鲜明的异域风格，建筑形象则统一于"亲海、亲自然、高贵、独特"的风格。同时研究人员也向发展商提供了多样化的营销策略建议。

▷ 4.3.3　房地产项目市场定位的逻辑过程

房地产项目的市场定位涉及不同的层面和不同的内容，定位过程应当按照科学有效的步骤进行。然而，在实际的项目策划过程中，会发现许多定位内容是相互交错、相互影响的，如客户特征分析与产品理念确定及项目形象设计，就存在很大的相互影响之处，而地块特征与客户定位之间又存在"谁先谁后、谁决定谁"的问题，目标市场选择一般也要结合地块特征进行。因此应将整个项目的市场研究、地块分析、客户需求以及产品方案和形象设计作为一个整体通盘考虑，按系统工程的观点进行研究与分析。

对于一个具体的开发项目，一般来说，市场定位具有如下的逻辑过程，如图4-1。

市场定位

市场属性定位(客户定位)
- 一般投资机会分析
- 市场细分
- 目标市场选择
- 消费群体定位
- 消费偏好研究
- 承受能力分析

项目功能属性定位
- 市场研究
- 具体投资机会分析
- 项目选址选择
- 项目使用性质定位
- 项目用地环境分析
- 项目主要功能定位

项目产品属性定位
- 市场研究
- 环境分析
- 目标市场分析
- 消费偏好分析
- 项目规划布局
- 项目建筑策划
- 项目价格定位

形象定位
- 目标市场分析
- 项目特征分析
- 楼盘形象包装定位
- 楼盘形象推广定位

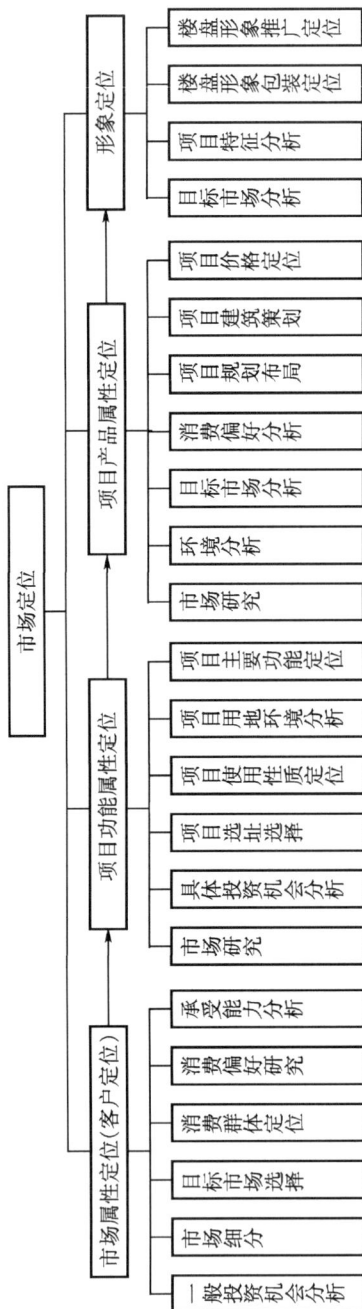

图 4 – 1 房地产项目市场定位的逻辑过程图

4.4　房地产项目主题策划

▷ 4.4.1　房地产项目主题策划的内涵

房地产开发项目的主题策划是指开发商(或策划者)对拟建项目提出的一种开发概念与意图,是一种可以为人们切实感知到的生活方式和居住理念,体现了项目开发的总体指导思想。

主题策划可以为房地产项目带来一种所倡导的生活态度,引导人们的居住哲学,促进房地产市场的繁荣、健康发展。

例如,广州光大花园的"大榕树下,健康人家"的生态概念,奥林匹克花园"运动就在家门口"的健康概念,碧桂园"给你一个五星级的家"的身份概念和先办学校再建住宅的教育概念,以及北京SOHO现代城的"居家办公"概念等都是房地产项目主题策划中的成功案例。

▷ 4.4.2　房地产项目主题策划的作用与原则

1. 房地产项目主题策划的作用

(1) 主题策划是项目开发运作的总体指导思想。房地产项目的主题策划,是整个项目开发运作的指导思想,无论规划设计、建筑材料、营销策划、物业管理等均应从各个不同角度对其进行表达、与之相呼应,并诠释这一主题。围绕项目主题这一核心,能够大大丰富房地产项目的精神内涵。

例如,在奥林匹克花园"全民健身＋家居生活"这一主题策划中,要求设计者在规划设计中就考虑小区的体育健身设施布局,体现"运动就在家门口"的方便之处;在市场推广中,可以有针对性地选择向往"全民健身＋家居生活"住宅的使用者(年轻人、脑力工作者等),向他们进行广告宣传、促销等。

(2) 主题策划能体现出项目产品的价值。项目主题是一种资源,是一种可以为人们切实感知到的生活方式和居住理念。新颖、独特的主题概念的引入能显著提升房地产产品的附加值。

(3) 主题策划能使项目具有独特的个性。项目的主题具有区别于其他项目而展现出来的独特个性,无论在内容、气质上,还是在形式、手段上独具一格,其他项目难于模仿。这种独特性的存在,就形成了项目的竞争优势。

2. 房地产项目主题策划的原则

(1) 创新性原则。主题策划要取得较好的效果,离不开创新的策划思想的指导。房地产项目开发理念日新月异,各种新思想、新观念、新理念层出不穷,策划者要深刻领会这些理念的精髓,把握它们的实质,灵活地运用到策划实践中去。运用这些新理念的同时,还要注重创新,引导主题策划理念的新发展,同时注意将结合项目特色以及自身对建筑和居住文化的理解融入项目策划中,形成风格独特、个性鲜明的"明星楼盘"。

(2)领先性原则。项目主题策划应当站在市场的最前沿,努力引导市场,引领消费者的需求。在引领消费者需求的同时,项目主题策划还要注重体现项目独特的功能要求,增加量身定做的空间和相应的设施,在开发理念和设计细节等各方面更深层次地体现"以人为本"的思想。

(3)整合性原则。有了独特、富于个性的策划主题后,就应当在整个开发全过程中对其加以整合和贯彻。主题概念就是一个中心,在项目开发的各个环节均围绕这一中心完成,如项目定位、规划设计、材料选用、广告宣传、推广计划、整体形象包装等工作都应当配合项目主题,从不同的角度诠释其内涵。

4.4.3 房地产项目主题策划的方法与实践①

房地产项目主题策划的方法并不固定,主要是结合市场与项目特色,从实践中不断总结并加以运用,而且各个方法之间也会相互渗透。

房地产项目的主题策划基本遵循四个导向,即文化科技导向、自身优势导向、客户需求导向、创造概念导向,分别体现在以下方法的运用中。

1. 结合文化内涵挖掘项目主题

在房地产策划中,结合文化科技内涵挖掘项目主题是一个常见的方法。房地产项目不仅仅意味着钢筋加混凝土,其背后承载的更是文化,通过文化概念的引入,把房地产开发与经营提升为一个系统的文化工程,可以取得较好的效果。例如,碧桂园项目在初建时就是引入了北京景山学校的教育概念,从而打造了碧桂园品牌。

一些项目巧妙地运用了区域特有的文化概念,例如:成都的"浣花别墅区"、"杜甫花园"项目,地处杜甫草堂公园附近,以诗句、雕塑、水景等方式,大力弘扬杜甫文化的内涵,收到了非常好的效果;西安曲江文化旅游开发区一些旅游地产项目也是大力发扬唐文化概念,如大唐芙蓉园、大唐不夜城等。

① 兰峰,等.房地产开发与经营[M].北京:中国建筑工业出版社,2008.

阅读材料 4-7

西安"大唐不夜城"项目主题策划①

大唐不夜城位于西安曲江新区举世闻名的大雁塔脚下,项目以大雁塔为依托,北起玄奘广场、南至唐城墙遗址公园、东起慈恩东路、西至慈恩西路,贯穿玄奘广场、贞观文化广场、开元庆典广场三个主题广场,六个仿唐街区,南北长 1 500 米,东西宽 480 米,总占地面积 967 亩,总建筑面积 65 万平方米,计划总投资约 30 亿元。

大唐不夜城项目以盛唐文化为背景,以唐风元素为主题,以体验消费为特征,着力打造集购物、餐饮、娱乐、休闲、旅游、商务为一体的一站式消费天堂——中国第一文化 MALL。建成后将成为亚洲规模最大、街景最长的旅游景观步行街和文化商业街区。

此外,还可以结合中国传统居住文化挖掘项目主题,如近年来兴起的新中式建筑等。策划人要善于挖掘项目的文化内涵,使项目的文化精髓和生活理念融为一体。

阅读材料 4-8

万科第五园②

一、项目概况

万科第五园项目是 2005 年万科地产在深圳坂雪岗区域规划开发的又一大规模居住社区。第五园总建筑面积约 63 万平方米,占地约 50 万平方米,计划共分九期开发完毕,这是一个纯粹的中式小镇,依山依水渐成规模。在这一片方竹丛掩映、院落相连的别墅、叠院、多层及高层的复合社区内:

---

① 根据西安曲江文化产业投资(集团)有限公司的项目资料整理而成.
② 根据深圳市万科房地产有限公司项目资料整理而成.

五园书院,宁静致远。书院占地1 500平方米,文化定位秉承中国四大书院,纵横古典与现代,打造深圳及全国第一家情景式社区图书馆。

古色古香,徽州老屋。"老房子"是万科为发掘和保护中国传统民居的一种尝试。

中式特色,文化商业街。商业街占地6 000平方米,基本功能完备,汇聚了餐饮、华润万家超市、中国银行、便利店、药店等商户。极大地满足社区日常生活,形成现代中式特色文化的商业街。

葱茏覆盖,园林泳池。在社区中已建成的大型游泳池是你夏天娱乐的好去处。

便利为上,健身娱乐。在社区中各个架空层错落着各种健身娱乐设施,让饭后的家人拥有自由休闲的空间。

成长乐趣,幼儿中心。高档幼儿园,幼龄教育机构,能给孩子带来童年最大的乐趣。

二、项目特色

项目主打特色是现代中式建筑风格,吸纳了岭南四大名园、北京四合院等众多中式建筑的精华,辅以现代的建筑文化及特色,形成了其独具特色的现代新中式建筑特色。

三、策划源泉

万科第五园的设计秉承"骨子里的中国"的设计理念,力图在中国民居文化建设上有所突破,依寻"岭南四园"的思路,以现代中式的建筑语言探索中式人文生活的态度。建造了崭新的住宅小区——万科第五园,其意是想在"岭南四园"的基础上探索一种新型的、南方的中国式的现代生活模式,园林层叠,出入有致,空间交错,明亮通透,湖光山色,饶有新意。特别是中国民居中内敛和赋予涵养的气质深受文化人士和知识

分子的喜爱。中国式的现代建筑，是一个新的提法。虽然有人喜欢传统的建筑格局，建造了新的古典住宅庭院，但现代空间感缺乏，更有些人仅仅拿了传统建筑的符号贴在现代建筑上，那并不算中国式的住宅，充其量是中国传统建筑符号化而已。

万科从中国人的生活习惯开始着手，从中国传统居住的内涵着手，设计万科第五园这个作品，是一次非常有意义的探索。第五园的设计注意到了地方气候特色，在空间处理，在建筑开合上，都能够吸收岭南民居的优点；突出院落的优点，院落是中国民居的江南风格的共性，讲究邻里关系，第五园就是传承了江南民居院落中的精粹，把开放空间与现代建筑的私密空间有效沟通。其实岭南民居与徽州、江西一带的民居一样在某种意义上都可以称之为江南民居范畴。

四、产品策划

第五园融合了现代时尚元素与传统建筑风格，把中国的传统建筑文化发挥得淋漓尽致，白墙黑瓦的简洁外观和色彩表达出有意境的和谐美，营造出典型的江南水乡风格，既表现出了传统的古典雅韵，又体现出后现代主义的简练，为我们在中国传统园林艺术在现代景观中的塑造提供了一个很好的范例。

小区在设计理念上大胆创新，尝试将中式传统居住理念的精华，糅合现代建筑的简约，原创现代中式建筑的诗情画韵。中式建筑的精髓"墙""院""村""素""冷""幽"六字箴言在这里被演绎得最为淋漓尽致和最具生活意境。通过瓦屋面、石材墙面、村落空间的运用，创造乡村田园风格，人车分流更彻底，极力倡导对中式居住生活方式的理性回归。

1. 原创·现代中式村落

村落式规划、一个大村由四个小村构成。整个社区，是由边界清晰的、不同形式的住宅所组成的一个大的"村落"。联排住宅形成了两个方向略有不同的主要村落。情景洋房和多层住宅分别形成了不同的村落。

2. 原创·现代中式院落

中国小院,是中国风水上所追求的"藏风聚气"之地。它与中国人内敛含蓄的民族性格相协调,是风格鲜明的中式居住,是中国民居的基本形态和重要胎记。

3. 原创·现代中式园林

万科第五园原创·现代中式园林景园,以"起、承、转、合"的谋篇布局手法为蓝本……

• 景园之起,乃中式街区、万科书院。

• 景园之承,乃老房子、荷花池、下沉桥。

• 景园之转,乃儿童游乐园:沙坛、攀岩、中式绿篱小迷宫。

• 景园之合,乃豁然开朗的泳池,另兼假山穿插其间。

☆村

——在"第五园"的规划处理上,建筑师突出表达了"村"的形态。整个社区的规划是边界清晰的由不同形式的住宅组成的一个大村落。联排别墅组成了两个方向略有不同的主要村落,相邻的由情景花园洋房和多层住宅以及小高层区又分别形成了不同的小村落,通过一条半环形的主路连接起来。各"村"内部都有深幽的街巷或步行小路以及大小不同的院落组合而成,宜人的尺度构成了富有人情味的居住空间。

☆巷

——"第五园"在设计上吸取了富有广东地区特色的竹筒屋和冷巷的传统做法,通过小院、廊架、挑檐、高墙、花窗、孔洞以及缝隙,试图给阳光一把梳子,给微风一个通道,使房屋在梳理阳光的同时呼吸微风,让居住者时刻能享受到一片荫凉,提高了住宅的舒适度,有效地降低了能耗。

4. 景观园林设计

在景观设计上,以层次分明的多重"庭院空间"为精髓,简约洗练的现代设计语言,充分利用中国传统造园的隔、抑、曲手法,创造出一个有"起、承、转、合"的完整而富有变化的空间序列。灰色系为基调的硬质铺装为第五园提供最宁静、幽雅的底图,别具一格的园林小品及建筑物本身,将中国的人文精神与

现代人的生活需求有机结合,全方位塑造社区文化和人居环境,达到了自然景观与
人文景观的融合,体现了人与自然的和谐与对话。

5. 关于第五园老房子

经过重建的清朝前期徽派老房子格外
醒目。老房子是万科秉着"异地保护"的初
衷,移到第五园原样重建的。老房子占地面
积有 300 平方米,建筑面积 400 平方米,上
下两层。这座老房子不只是万科保护文物
的一种做法,还将成为第五园的一个文化精
神代言品,是第五园的文化地标,是希望中
国民居文化的精髓在第五园得到延续。

2. 结合科技进步挖掘项目主题

随着科技的进步,特别是建筑科技与人们的关系越来越密切,人们开始认识到
科技为生活带来的便捷和生活质量的提高。房地产项目策划中,运用各种科技概
念也渐渐成为时尚,主要体现在建筑设计技术的创新和新材料的应用上,如生态环
保材料、天棚柔和辐射采暖制冷系统技术等,让人们享受到科技进步带来的益处,
例如北京锋尚国际公寓、无锡朗诗国际公寓、西安高科·8号府邸等项目。

阅读材料 4-9

无锡朗诗·未来之家①

朗诗·未来之家位于无锡市金匮桥
堍,距市中心约 15 分钟车程。随着沿太湖
广场一带的商业环境改善,未来之家的配
套设施也日渐成熟,购物、餐饮、娱乐、休
闲、金融、大型超市等设施一应俱全,其地
理区位十分适合人居。

朗诗·未来之家以"科技住宅"为主
题,产品具有"恒温、恒湿、恒氧、低噪、适
光"的优势,不仅能使室内气温 24 小时保持

① 朗诗·未来之家[EB/OL].[2011-6-29]无锡房地产信息市场网,http://newhouse.wuxi.sofun.com/nouse/1821270262.html

在宜人的 20℃—26℃,而且能在梅雨天使室内湿度保持在 30%—70%。居住在这样的科技住宅,没有阴冷潮湿烦恼,也不会因温差大而引起感冒。绿色科技住宅,以欧洲成熟的十大建筑科技系统为支撑,主要包括地缘热泵系统、混凝土顶棚辐射制冷制热系统、智能新风系统、外墙系统等成熟住宅科技系统。这些国际成熟的住宅技术,给朗诗·未来之家的业主带来了舒适健康的生活。

3. 结合自然环境优势挖掘项目主题

可以在项目 SWOT 分析的基础上,从项目自身最具代表性的优势角度去挖掘和创造主题概念,不仅有利于开发商进行准确的项目定位,而且能够巧妙地转移购房者视线,忽视项目劣势,使其更多地关注项目自身优势,有利于项目的市场推广。这也是房地产开发项目主题策划中常采用的方法之一。

如深圳蔚蓝海岸社区位于南山区后海片区,紧临深圳湾,主要由填海而成,滨海环境优势明显,项目主题策划中构思了成功的环境主题——"滨海"概念,以及与之相呼应的营销主题——"安静、休闲"概念,规划设计也体现"滨海、安静、休闲"等主题概念。蔚蓝海岸已不仅是深圳的名盘,也成为全国各地开发商竞相观摩和学习的房地产项目。

阅读材料 4 - 10

深圳"蔚蓝海岸"项目主题策划①

蔚蓝海岸社区位于南山半岛后海深圳湾西部,毗邻深圳湾填海区,占地 30 万平方米,总建筑面积约 80 万平方米,总户数约 5 000 户,为特区内典型的滨海、低密度、高绿化纯住宅社区,拥有千米滨海观景线,小区以 2 万多平方米的棕榈滩漫步广场为核心,规划建设有 10 个主题式花园,三座后现代主义会所,两条法国风情商业街。

蔚蓝海岸在主题策划中,充分利用项目滨海景观特色,努力为住户营造出一个滨海、现代、文化、友好、和谐的生活圈,项目以大海为背景演绎出高品位的现代生活,表达了建筑和环境、人与人、人与自然和谐共生的理想。

4. 结合顾客需求挖掘项目主题

可以根据市场调查中发现的客户需求特征来进行项目的主题策划。例如,广

---

① 根据深圳市卓越物业管理有限公司资料整理,2009 - 06.

州"光大花园"在楼盘策划之初,主要进行了两方面的工作:一是通过问卷调查,探求市民在目前的生活环境下最需要的是什么,反馈回来最多的回答是"身体健康"。二是根据项目现状最具有价值方面的分析,认为项目地块最有价值、可以大做文章的是几十棵50多年树龄的大榕树。策划人通过思想碰撞,找出"身体健康"与"生态环境"之间存在的逻辑关系。于是,项目主题——"大榕树下,健康人家"——应运而生,大榕树下的一幅健康人家的风景画呈现在人们面前,让人们想到了在大榕树下纳凉,清新的空气、寂静的环境,这一切都无不让人为之一动,激起人们强烈的购买欲望。

阅读材料 4-11

广州"光大花园"项目主题策划①

占地43万平方米的广州光大花园是由光大集团旗下中国光大房地产开发有限公司在广州投资兴建的市区超大型健康概念住宅社区,总建面积超过100万平方米,容积率仅为2.32,绿化率高达33.5%,是广州市区少有的高绿化、低密度住宅项目。

光大花园把"大榕树下·健康人家"作为项目首要的开发理念,正是为了满足人们对健康生活的环境、设施、配套等具体要求,实现人们的理想追求。为了成功开发和建设以人为本的"健康住宅"产品,光大花园从项目规划到环境设计,无论是建筑技术还是物业管理都遵循"健康住宅"的理念,创造出一个不同于广州以往,但又是确确实实为广州市民建造的精品住宅区。

光大花园是广州市内少有的大型江景社区,亦是广州市区中绿化基础最好的社区,得天独厚的天然林木有同区楼盘所不能及的优势。社区内四、五十年的大榕树比比皆是,清脆的虫鸣鸟叫混着风中的花叶清香,使光大花园成为繁喧闹市中难得的一片清静居所。

光大花园的绿化建设,改变了以往楼盘先建楼后绿化的特点,先进行环境绿化的规划,"舍楼保树",引发了社会对光大花园"为了两棵树,少建两栋楼"的讨论。高达33.5%的绿化率,使人均绿地面积达3.78平方米,高于国家规定的一类小区人均绿地面积2.10平方米的

---

① 根据广州光大花园有限公司资料整理,2009-05.

要求。

对自然的改造采用因地制宜、因形就势的处理方式,利用地形高差布置底层架空,漏透方式互相借景等手段,使区内满目皆绿;并通过江轴与绿轴二条视觉走廊把珠江江景和生态园林引入社区。通过有效的平面与空间规划,尽量使住户都有景可观,故在第一期的楼宇设计中以工字型的一梯四户和一梯两户为主。同时,楼宇建筑采用屋顶花园、退台、复式及外墙材料的变化,使光大花园的整体景观更丰富、更有层次,也更为和谐。光大花园在淡雅温馨、轻巧明快的主色调和一片翠绿映衬下,营造出清爽宁静的健康家园。

5. 通过营造新观念挖掘项目主题

通过主动营造某种主题氛围,激发人们对特定生活意向的联想,使居住的物质环境变得人性化、亲情化。如在深圳"波托菲诺·纯水岸"项目主题策划中,就引入了一种意大利旅游小镇的休闲生活概念,营造项目的"波托菲诺生活格调",来激发人们的生活向往。

阅读材料 4-12

深圳"波托菲诺·纯水岸"项目主题策划[①]

深圳华侨城房地产有限公司开发的"波托菲诺·纯水岸"项目,位于深圳华侨城社区中部,南临欢乐谷,北临桥香路。项目主要由 86 套 250～290 平方米的 Townhouse、12 栋 180～335 平方米的多层和高层豪宅组成,由世联地产顾问有限公司策划代理。

项目策划启动时,深圳房地产市场出现了明显的豪宅供应比例的结构性失衡。为了能够更好地对项目豪宅进行营销,策划机构进行了认真的项目优势分析,认为项目最大的优势在于华侨城地区的旅游概念,并提出如下项目主题策划思路:依托华侨城旅游地产背景,打造旅游主题地产社区,在项目上成功地引进一个意大利旅游小镇(波托菲诺)的休闲生活概念,将华侨城旅游环境与意大利旅游小镇波托菲诺小镇生活方式有机地结合在一起,主打广告语为"波托菲诺生活格调",为中产阶层的生活方式定格。这一创新性主题概念的提出,在深圳房地产市场中引起了较大的反响,也收到了明显的营销效果。

波托菲诺项目包括了波托菲诺·天鹅堡、波托菲诺·纯水岸、波托菲诺·湖畔

---

① 根据深圳世联策划经典案例整理并改写.

山居等三期工程,是利用华侨城西部地形地貌,谛诺山、天鹅湖和燕栖湖等自然环境,再现意大利千年古镇波托菲诺独特海域风光,项目占地80万平方米,总建筑面积108万平方米,总规划为4 500户,项目建成后有15 000人居住在这里。设计有别墅、Townhouse、多层和高层等多种类型建筑,无论是从高处还是社区里某一个住户窗户,都可以获得源自波托菲诺浪漫格调的独特体验。华侨城地产通过波托菲诺项目的实践,已经成功将旅游体验与地产开发相结合,从而形成华侨城独具特色的旅游主题地产模式。

6. 结合建筑设计创新理念挖掘项目主题

建筑设计对产品定位的实现起到决定性的作用,项目的规划布局、建筑形式等,都在很大程度上影响着产品的个性化和差异化,从而为项目的主题策划奠定基础,如户内花园、阳光早餐厅等生活概念以及叠拼别墅、LOFT住宅等居住概念。因此,结合建筑设计的创新理念挖掘项目主题是很有必要、也是很实用的方法。

阅读材料 4-13

重庆"隆鑫国际"的规划设计创新主题①

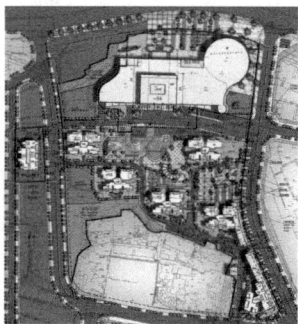

隆鑫国际位于重庆市九龙坡区中心区域,隆鑫控股公司及隆鑫地产集团总部所在地,与奥林匹克体育中心南北相望。本项目为不规则用地,南北向最长径约为300米,东西径约260米,被一条规划市政路分为一大一小两块用地。地块北部有保留建筑一栋(现隆鑫控股公司及隆鑫地产集团总部所在地),已建五层地下室、五层裙房及两层主楼办公楼。

项目规划设计理念:将小区作为城市空间的一部分,使个体与城市之间形成和谐统一的形体关系。充分利用地形高差、北部奥体景观,结合保留建筑,采用"收一放三、大珠小珠落玉盘"格局,尽量扩大及完整地块中部腹地的范围。建筑群体以点式塔楼的形态充分融入环境,保证户户景观的均好性。七栋塔楼蜿蜒低回,修长明朗,以北斗七星的

① 中国房地产交易服务网站,2009-02-20.

形态,烘托出原隆鑫控股办公主楼的稳重雄壮。

隆鑫国际的景观设计遵循"当代特色+
自然风格"的主要设计理念,配合建筑特色
力求营造出高档、温馨的住宅环境。在材料
的选择上尽量使用本土市场上的植物、石材
与照明材料等,并通过对其进行恰当的设计
组合传达出项目主题,同时融入新颖的色彩
及纹理。

隆鑫国际 40～90 平方米专属格调空
间,户型布局精致紧凑,各功能空间相互独立,南北通透,户户采光通风,视野开阔。
半面积赠送超大入户花园和院馆,让藤蔓与花草的气息从室外延伸入户。功能分
区合理,厨房和入口,餐厅结合,卫生间和卧室划分一处,避免动线交叉。入口处设
玄关或入户花园作为室内外过渡空间,厨房带生活阳台,客厅与景观阳台相接,引
领健康时尚居住潮流。创造合理的步入式凸窗,增加高层建筑的亲地性。部分可
变户型,每个季节都 DIY 出 N 种实际功用。

本章案例

深圳观澜豪园 Golf Building 项目客户定位①

观澜豪园始建于 1998 年,其开发理念是发展最高档次的豪华住宅及度假物
业,旨在以高尔夫为龙头产业带动房地产业发展,建造一个以高尔夫为主体的集居
住、休闲、娱乐、商务为一体的 Golf Town。

---

① 周晓华.城界消失·旅游地产[M].北京:机械工业出版社,2007.

　　1992 年底,在深圳与东莞交界的观澜镇 10 平方公里的土地上,由香港骏豪集团总投资二十多亿港元,创建了深圳观澜湖高尔夫球会。1995 年 11 月正式开业,现在已经发展成为世界一流、亚洲最大、设施最齐全的高尔夫球会,拥有 5 个 18 洞国际冠军级球场、51 片网球场的乡村俱乐部、高尔夫学院、豪华会所和五星级骏豪酒店等项目。作为目前世界唯一汇聚五大洲巨星设计的球场高尔夫度假胜地曾入选世界最优秀高尔夫俱乐部,举办过世界杯高尔夫球赛,获得了诸多荣誉并蜚声国际,同时也是中国高尔夫行业唯一获得国家最高级(AAAA)的旅游度假胜地。

　　观澜湖球会在观澜镇的地位是至高无上的,它对促进观澜镇的建设功不可没。正是因为有这样一个闻名世界的顶级球会,政府才铺设了一条从球会直达梅林关口的梅观高速公路,并由梅林直达深圳市区和皇岗口岸。球会特设了直通巴士,香港客户(会员)由香港的市中心经落马洲至球会的车行时间控制在 1 个小时之内。通过一个设施完备的高尔夫球场和球场物业,使得观澜镇处于一个极其畅达的现代化城市交通网络之中,并因此提高了观澜镇的综合信誉,形成了以高尔夫为主体的休闲度假的整体形象。

　　宏观背景

　　深港一体化趋势中的市场脉络

　　深圳成为了中国最成功的开放特区,其最大优势来源于深圳毗邻香港,并强烈地依附于这个号称"亚洲国际都会"的城市,深圳依靠这种地缘优势蓬勃发展。随着之前的各项特区政策优势的逐渐弱化,深圳市政府更致力于加强深港的全方位联系,口岸的来往愈加密切,24 小时通关在即,从罗湖打造深港自由贸易区,到福田皇岗口岸的深港地铁接驳,再到南山西部跨海大桥的宏伟蓝图,深圳打出了一面"深港一体化"的鲜明旗帜,形成了一个大范围的区域共同体,在共同利益的基础上寻求资源整合与竞争优势。

　　就深圳的房地产市场而言,城界消失的现象早已存在,港人在深圳置业平均每年都保持在 10% 左右的份额,这种异地置业已成为一个越来越不容忽视的现象。当然由于香港的地域特殊性,深港之间的异地置业显现出港人在深置业的单向性。

　　目前,深圳房地产的港销市场正在步入一个多元化的进程,大体上可分为两类:一类是依托口岸的交通便利而形成的港人置业,他们绝大多数与深圳具有非血缘即亲缘、地缘或工作缘的"三缘"关系,深圳对他们的最大吸引力来自于便利且相对廉价的生活成本和娱乐成本,这一类至今仍然是港人在深置业的绝对主流;另一类港销的主诉求点是分享稀缺的区域资源,比如深圳湾的海景资源(仍然建立在低成本之上)、华侨城的旅游资源等。

　　根据城界消失的理论,进行区域合作可以使那些在整个区域内稀缺的资源服务于更多的人。对香港来说,设施完善的高尔夫场地就是一种典型的稀缺资源。

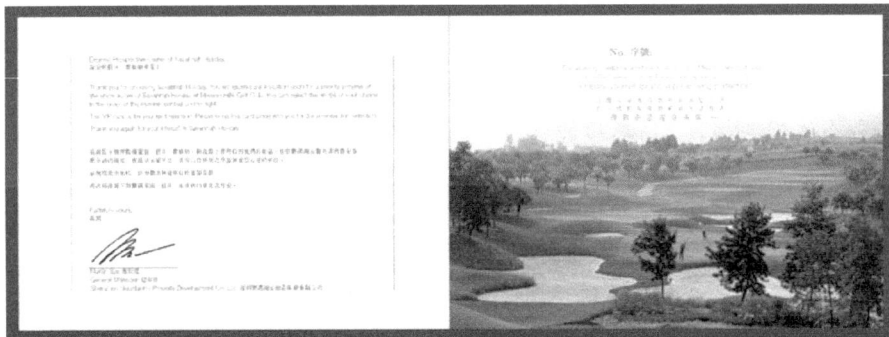

观澜豪园地处亚洲最大的高尔夫球会——观澜湖高尔夫球会内,业主中港人的比例高达65％,与口岸港销的主体是香港中低收入人士完全不同的是,这里汇聚的都是香港的中上层人士。从某种意义上说,这种高端客户的主动性异地置业,才是我们这里需要探讨的地产城界消失现象。

Golf 潮流发展大势

应该看到的是,美国是高尔夫发展最成熟的国家,其高尔夫人口占全民的15％。目前全球共有3.5万个高尔夫球场,其中美国有1.5万个高尔夫球场。

近20年来,在欧美发达国家,高尔夫热潮已逐渐淡化,高尔夫运动已经走向平民化,高尔夫球场已经成为住宅小区配套的和主要的运动休闲场所。

而在亚洲,高尔夫运动正在形成一个新的潮流趋势。在日本,拥有高尔夫会籍和高尔夫住宅是一种尊贵和高贵的象征。这已得到了亚洲越来越多的国家和地区的广泛认同。

高尔夫在1985年进入中国,首先是在珠江三角洲,之后再在沿海地区(包括上海)、北京等地迅速蔓延,目前已有约150个高尔夫球场(含在建),珠江三角洲有约50个球场。1995年观澜湖高尔夫球场成功举办了世界杯高尔夫球总决赛,从此掀起了中国的高尔夫热浪。

因高尔夫球引出的物业开发

当今世界三大体育产业之一的高尔夫运动(另外还包括 NBA、世界各地的足球联赛),全球每年的总产值约为6000亿美元,这包括球场的建造、经营、会籍的销售和房地产的开发等。高尔夫是将体育产业、旅游业、房地产业结合的最好的一项综合性产业。

相对于物业开发来说主要可以达到两个目的:

(1) 增加物业产值。一个有高尔夫球场的开发区域大多是利用朝向高尔夫球场的土地开发物业使土地增值,以此分期偿还高尔夫的前期开发费用。

(2) 建立营销优势。一个较为成熟的高尔夫球场(包括其他休闲设施,如观澜湖球会内的乡村俱乐部和51片网球中心)有利于提升区域的整体形象,这对于交通不便的偏远地区尤为有效。

此外,高尔夫球场还可能逐渐成为当地的集聚中心(比如观澜湖球会内的会所、骏豪酒店和海港大酒楼等),并创造其他长期性的开发机会。所有这些都说明,现代的高尔夫球场和不动产之间的关系越来越密切(见表4-1)。

表4-1 高尔夫球场和不动产之间的关系

区分阶段	代表楼盘
20世纪50年代	美国高尔夫需求剧增,高尔夫球场和不动产之间的供需关系资本化
20世纪60年代	高尔夫球场成为普通的休闲场所,为美国休闲小区或度假区的必备配套
20世纪70年代	通货膨胀使高尔夫球场的前期开发经费暴涨,造成巨大的财务负担
现在	致力于寻找高尔夫球场与不动产关系的方法,尽可能降低维护费用

在中国,早期的高尔夫开发没有地产概念,之后才逐渐形成的。

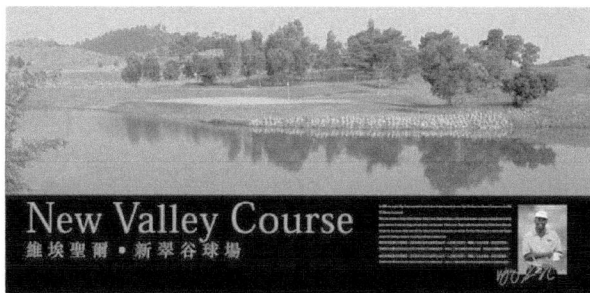

旅游地产的理论认为,凡是以"创造不动产价值"为目的高尔夫球场开发,大多在球道前规划大片的不动产基地。而能够看到越来越多高尔夫球场的不动产基地,其价值也越高,因而开发商最关心的就是如何利用高尔夫球场的视野规划建筑基地。高尔夫球场的集水区往往在设计上扮演最突出的角色,它不只是高尔夫球的障碍区,同时也可以当做优美的景观区。

客户分析

观澜湖高尔夫球在获得了球会经营的空前成功之后,将以房地产为开发重点,建造一个以高尔夫为主体的大社区,一个具有无可替代倡导潮流的Golf Town。整个开发顺序以市场需求的检验为主要依据。通过对三期B期产品组合的测试求证出的及时市场需求,将在很大程度上指引开发的方向。塑造起一个鲜明的地产形象,在短期内将观澜湖高尔夫的高尚品牌通过成功的物业开发而转换成一个顶级地产品牌。

三期 B 期产品的开发建议成为了本项目策划的重中之重。我们先从已有客户着手分析(见表 4-2)。

表 4-2　观澜豪园一、二期的客户特征

产品类型	客户类型	购买目的	属性	比例
100～250 平方米的多层洋房 196～260 平方米的别墅	私营业主(周边、台商)	自住	第一居所	30%
	香港会员	个人/家庭度假	第二居所	60%
	深圳会员	个人度假	第二居所	5%
	企业团体	商务接待、商务度假	商务	5%
	投资客户	出租、转让	投资	0

总体上,表 4-2 的客户需求较能反映出旅游地产项目在空间上的分布规律(见图 4-2)。

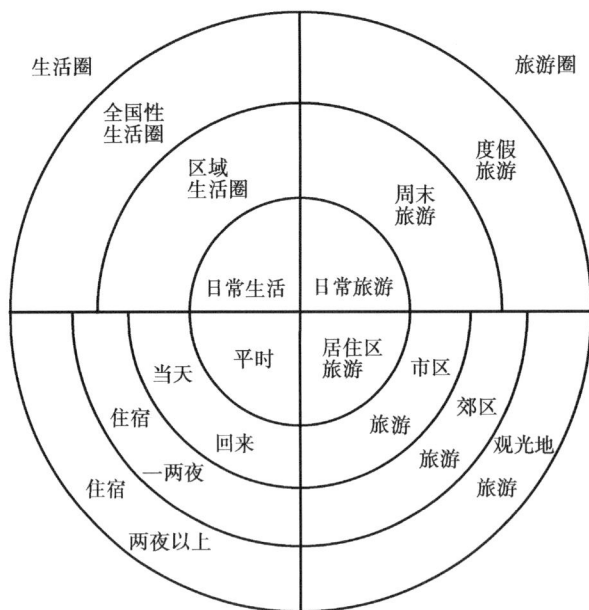

图 4-2　旅游时空系与生活圈的对照图

从表 4-2 看出,周边东莞、惠州等地的私营企业主,包括本地业主和台商,受到了环境的强烈吸引,自然成为了观澜豪园最直接的客户源。除此之外多数为会员的购买行为。

表4-3为观澜豪园潜在客户结构化分析表。

在周一至周四,客户以深圳和本地的台商为主。假日以港人为主,经常来打球(一周两次左右)的会员有1 000人以上。

其中深圳会员购买比例较低,他们基本上是当天来打球当天回去,三十多分钟的车程不会形成交通问题。随着汽车的普及,观澜湖高尔夫对深圳人来说已经成为可当日来回的市区旅游地。

表4-3 观澜豪园潜在客户结构化分析表

是否为会员	客户类别	功能需求	购置障碍	激发其购买的措施
会员	深圳会员	休憩,身份象征,保值,第二居所	度假置业尚未形成热潮	以低总价降低置业门槛,引导消费
	香港会员	休憩,个人/家庭置业	物业过于居家化	减少物业的居家功能,推出小面积单位
非会员	企业团体	商务接待,举办会议,商务度假,员工福利	物业缺乏商务气息,营销未作针对性推广	增加物业的商务配套,针对企业团体进行直销式营销
	酒店住客	长期办公,提升形象,商务交流	缺少商务功能与会所,交通距离远	设置类似于酒店客房的户型单元,强化酒店式管理,利用球会设施解决球会内交通
	投资客	转手,出租	尚未形成人气	设计商务租赁中心推出有吸引力的投资置业计划,降低置业门槛

由于二线关口形成的心理距离,深圳市民对于旅游地居住的选择,习惯上只将华侨城、蛇口这样市内具有地理优势、人文环境优势和综合配套优势的旅游地作为了第一居所的首选地。观澜豪园由于总和配套的严重不足,多数只能作为第二居所而存在。

目前深圳房地产市场上的豪宅热仍然是在满足中高端客户对第一居所的购置热情,第二居所尚未真正启动。

香港会员的行为习惯为:周五来球会打夜场,或周六来住骏豪酒店,订不到骏豪酒店就分流在观澜镇内的酒店。

在深圳一体化形成一个大范围的区域后,观澜对于香港人而言便成了郊区旅游地,香港会员的特征为周末旅游和住宿一至两晚。

对于个体而言,在旅游地中购置的第二场所的主要用途是:一个落脚处,具备休憩的功能。会员们打球和休憩的主要行为在球场和乡村俱乐部里发生。

经常使用酒店客房的有两类客户:一种是打球频率很高的会员,他们宁愿住在酒店的主要原因是依赖酒店式服务和看重酒店与会所的关系,包括交通距离。另一种是商务人士,可能是准会员或团体购买者,他们构成了酒店客房入住者的主流。据统计,每年的入住情况为:会员入住量/非会员入住量=1:2.5,他们即使不买,也可能是经常租用者。

由此,在目前没有配套设施的状况下无法继续支撑居家的住宅概念,三期B区的定位必然要转向度假概念,并加以细分:

(1) 依托于高尔夫运动本身的休闲度假公寓。针对于现有会员,尤其是经常打球的会员(1000人以上)的度假屋。

(2) 依托于高尔夫景观环境的商务度假公寓。针对于大量讲究企业文化和氛围的企业团体(尤其在加入WTO后跨国公司的涌入)的度假居所或高级商务接待场所。

思考与练习

1. 什么是市场细分和房地产市场细分?

2. 房地产市场细分的方法有哪些?

3. 什么是目标市场选择?

4. 目标市场选择要考虑哪些因素?

5. 目标市场选择的主要模式有哪几种?

6. 房地产市场定位的含义是什么?主要内容有哪些?

7. 主题策划的内涵是什么?

8. 主题策划的作用是什么?

9. 主题策划的方法有哪些?结合实践,试举出身边某房地产项目的主题。

10. 香港嘉华集团本着"在最好的地方建最好的房子"的原则,选择了广州市得天独厚的流花湖畔开发高档房地产物业——嘉和苑。他们了解到:随着香港与内地经贸往来的不断加强,越来越多的香港公司和香港市民会到广州市置业。于是,其首期的目标便定位于这一群购买者,并从他们的需求角度进行物业的规划、设计、建设。结果,其商业中心很快便整栋卖给了香港汇丰银行作为地区总部。其首期推出的高档豪宅也迅即售罄,其中的80%以上卖给了香港客户。这一案例印证了房地产目标市场选择的哪种模式?简要分析这种模式的风险。

第5章　房地产项目产品策划

1. 掌握房地产项目产品定位的基本概念
2. 熟悉房地产产品的概念和类型,房地产项目产品定位的方法,房地产项目的规划布局和建筑选型
3. 了解房地产项目产品差异化策略和组合策略,房地产项目产品定位的限制条件,房地产项目住宅户型、绿地与景观、小区道路和配套设施的建筑设计策划

5.1　房地产产品的概念和类型

▷ 5.1.1　房地产产品的概念

现代市场营销理论认为,产品是人们通过交换而获得需求的满足,是消费者或用户期求的实际利益。房地产产品的概念可以归结为:凡是提供给市场的能够满足消费者或用户某种需求或欲望的任何有形建筑物、土地和各种无形服务均为房地产产品。前者主要包括物业实体及其质量、特色、类型、品牌等;后者则主要包括可以给消费者带来附加利益和心理上的满足感及信任感的服务、保证、物业形象、房地产开发商和房地产销售代理商声誉等。

从房地产整体产品概念出发,房地产＝有形实体＋无形的服务。所以,房地产整体产品有三个层次的内容:房地产核心产品、有形产品及延伸产品,见图5-1所示。

核心产品是产品需求的核心层次,即满足客户的基本需求或利益。从本质上说,客户需求所关注的并不是房屋本身,而是房屋所能提供的安全、舒适的居住条件,同时关注房地产产品能够给客户带来的家庭温暖感、亲情感、成就感等心理需求,以及房地产产品所具有的保值、增值功能等。

有形产品是产品需求的物质层次,即产品的物质表现形式,是房地产核心产品

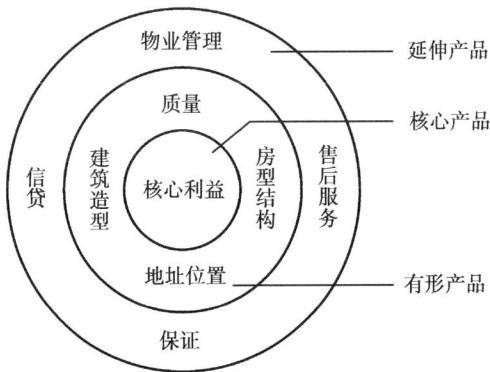

图 5-1 房地产整体产品图

的载体,它是消费者可直接观察和感觉到的内容。实际上,消费者是通过有形产品来考察房地产是否能够满足其需求的,所以,有形产品是消费者选购房地产的直接依据。房地产有形产品包括:项目的区位、建筑风格、房屋户型、楼层、朝向、质量、建筑设备、配套设施、品牌等。

延伸产品是产品需求的外延部分,即顾客购买房地产商品过程中可以得到的各种附加服务或利益的总和。房地产延伸产品是附着在有形产品之上的,是实质产品的需要和体现,包括销售、信贷、物业管理、产品的社会形象等。延伸产品能给购房者带来更多的利益和更大的满足感,在日益激烈的市场竞争中,延伸产品已成为房地产开发经营者市场营销中重要的竞争手段。房地产的客户关系管理也正是对延伸产品的深度开发。

房地产产品的三个层次构成了房地产产品的整体,三者是密不可分、相互支撑、相互促进的。真正意义上的房地产市场营销应该重视房地产产品的整体概念。以往企业的注意力主要集中在有形产品上,认为只要房屋的位置好、设计好、质量好就可以卖得好,而随着房地产市场竞争日渐激烈,企业渐渐注意到产品的三个层次,特别关注核心产品和延伸产品,竞争在多个层次上进行,通过在不同的层次上创造差异性来获得竞争优势。

阅读材料 5-1

招商地产——半山海景·兰溪谷①

兰溪谷位于深圳最具国际风情的蛇口海上世界片区,紧依郁郁葱葱的大南山,

——————————

① 半山海景·兰溪谷项目网站.

与半山海景别墅为邻,小区占地近 6 万平方米,住宅建筑面积 10 万平方米,整个小区以 145 平米以上的大户型为主力户型。

整个兰溪谷项目分三期开发,现在发售的一期小区位于大南山畔,与深圳顶级别墅半山海景别墅为邻,可谓背山面海。其中一期小区占地近 6 万平方米,住宅建筑面积 9 万 3 千平方米,整个小区以 145 平方米以上的大户型为主。屋苑由 17 栋物业围合而成,分别是 3 栋 Townhouse 及 14 栋 17～18 层高的小高层。其中 3 栋的 Townhouse 位于屋苑中间偏北,提供 72 个面积介于 195 平方米至 320 平方米的复式单位,这些复式单位楼高两层;而其余的小高层单位的住户层数最高为 16 楼(顶楼为天面花园),提供共 467 个面积由 124 平方米至 208 平方米的 3 房和 4 房单位。

中间是园林小区,小区绿化面积约 6 万多平方米(包括中心花园、架空层、边坡),东面是由类型丰富的建筑围合而成,其中 Townhouse 共有 18 户,小高层 521 户,主要有 16 种户型,每户均有入户花园,每户均送超大阳台,总户数 539 户。

每栋物业顶层的天面花园属于该栋物业顶层业主拥有,业主可将其作为私家花园,如何布置业主可根据个人喜好进行。3 栋 Townhouse 均可从层苑直通屋苑的地下停车场,但并没有专用车位提供给 3 栋 Townhouse,用户停车场共提供 709 个车位。

▶ 5.1.2 房地产产品的类型

这里主要从使用功能的角度,来分析房地产项产品的主要类型。在传统划分方式上,房地产产品类型主要包括居住房地产项目、商业房地产项目、工业房地产项目、特殊用途房地产项目。

事实上,一些类型的项目具有多功能的交叉和融合的特征,例如近年来逐渐兴起的旅游房地产项目,同时兼具旅游和其他物业类型的功能。为了使房地产产品类型的分类边界更加清晰,在这里对此不进行单独的划分。例如旅游风景区或边缘地区中的度假别墅等,兼具了居住和旅游度假功能,但是更多地体现居住功能,在这里将其列入居住房地产项目;而常见的旅游度假酒店、主题公园等项目同时兼具商业和旅游的功能,但是项目自身特点更多地体现追求收益性,在这里将其列入商业房地产项目进行分析。

1. 居住房地产项目

居住房地产项目是指供人们生活居住的房地产,包括普通住宅、高档公寓、别墅等。这类物业的购买者大都是以满足自用为目的,也有少量作为投资,出租给租客使用。由于人们置业需求以及置业能力的不断增强,居住房地产项目已成为最具潜力的市场,投资风险也相对较小。此外,这类物业以居民个人的购买行为为主,单宗交易规模相对较小,市场交易量较大,因此适合于市场比较法进行价格评估。

市场中的居住房地产项目可以细分如下:

(1)普通商品住房。普通商品房是指户型最大面积不超过140平方米,住房容积率在1.0以上,房屋销售价格在同地段平均交易价格的1.2倍以内的商品房。根据2006年5月建设部、发展改革委、国土资源部等九部委颁发的《关于调整住房供应结构稳定住房价格的意见》,在"十一五"时期,要重点发展满足当地居民自住需求的中低价位、中小套型普通商品住房。

(2)限价商品房。限价商品房是指政府通过组织监管、市场化运作,以直接定价招标方式出让国有土地使用权,并限定房屋销售价格、建设标准和销售对象的普通商品房。限价商品房就是"四限两竞"商品房,"四限"是指限地价、限房价、限套型、限对象;"两竞"是指竞地价、竞房价。

限价商品房属政策性商品住房性质,截至目前并没有将其纳入保障性住房范畴,但其在一定程度上起到了保障作用。通过限定房价,以房价定地价,能够解决中等收入市民的居住问题,有利于保持房价平稳发展,抑制房价过快上扬,构架合理的房地产价格体系。

(3)经济适用住房。经济适用住房是指政府提供政策优惠,限定套型面积和销售价格,按照合理标准建设,面向城市低收入住房困难家庭供应,具有保障性质的政策性住房,经济适用住房制度是解决城市低收入家庭住房困难政策体系的组成部分。

根据《经济适用住房管理办法》(建住房〔2007〕258号)规定,经济适用住房建设用地以划拨方式供应,免交土地使用权出让金,免收城市基础设施配套费等各种行政事业性收费和政府性基金,经济适用住房项目外基础设施建设费用,由政府负担。房地产开发企业实施的经济适用住房项目利润率按不高于3%核定。经济适用住房管理还有着严格的准入和退出机制,由市、县人民政府按限定的价格,统一组织向符合购房条件的低收入家庭出售。

(4)廉租房。廉租房是指政府以货币补贴或实物配租的方式,向符合城镇居民最低生活保障标准且住房困难的家庭提供的具有社会保障性质的住房。廉租房制度将住房体系和社会保障体系很好地结合起来,只有真正的、确实存在住房困难的最低收入居民才能享有。结合各地的经验来看,有效利用存量住房,运用货币补贴方式将是廉租房长远的发展方向。我国的廉租房只租不售,不许转租,无继承权。

(5)高档商品住房。目前,各地在高档商品住房的界定方面尚无一个统一的标准,但是无论如何,高档商品住房在套型结构和销售价位上均超过普通商品住房的标准。从目前各地的房地产开发实践来看,高档商品住房的开发建设仍然很活跃。在高档商品住房开发建设中很大一部分是别墅类型项目的开发,下面单独进行介绍。

(6)别墅①。传统意义上的别墅是指建于城郊或风景区内的功能较为齐全、带有前后花园或院落的单层或两至三层房屋,通常作为第二居所住宅或度假休息的场所。

按别墅所处的地理位置和功能的不同,可分为山地别墅(包括森林别墅)、临水(江、湖、海)别墅、牧场(草原)别墅、庄园式别墅等;从建筑形态上又可以分为独栋别墅、联排别墅、双拼别墅、叠拼别墅等类型,关于别墅在建筑形态上的详细分析,参见本书第 5 章 5.4.2 节的内容。

随着经济的发展和生活理念的转变,人们开始更加追求别墅所带来的纯朴自然的居住格调与高品质生活,然而由于传统别墅远离城市、生活成本高、配套薄弱,一般只作为第二居所周末度假之用,其使用率一直不高。随着别墅开发理念和人们居住理念的成熟,集居家度日和休闲度假于一体的城市别墅悄然兴起,相比郊区别墅,城市别墅能享受更多的城市便利,目前城市别墅多见于联排别墅、双拼别墅、叠拼别墅等类型。

2. 商业房地产项目

商业房地产项目也称经营性房地产或收益性房地产,主要包括商业用房(店铺、超市、商场、购物中心等)、写字楼、酒店、酒店式公寓等类型。此类项目经营可以带来经常性的现金流入,具有较高的投资收益,所以受到人们的青睐。现在市场中也出现了很多投资商业物业(以商业店铺投资多为常见)的个人,他们以此为投资渠道,获得出租收益并实现个人资产的保值增值,同时也可为后人留下一笔财富。

(1)商业用房。商业用房包括各类商场、购物中心、超级市场、店铺等类型,业主可以从长期的运营中获得长期的回报。由于商业用房可带来高额的经营收益,所以备受投资者的青睐,近年来地理位置好的商业房地产项目的争夺日益激烈。

(2)写字楼。按照功能划分,写字楼可以分为单纯型写字楼、商住型写字楼和

---

① 国土资源部当前对别墅的定义是:"独门独户独院,占地面积又相当大,容积率非常低的那种"。

综合型写字楼;按照现代化程度划分,可以分为智能型写字楼、非智能型写字楼;按照国际惯例划分,可以分为甲级写字楼、乙级写字楼、丙级写字楼。

(3) 酒店。酒店或饭店通过出售客房、餐饮及综合服务设施向客人提供服务,从而获得经济收益。按照国际惯例,酒店的等级共分五等,即五星、四星、三星、二星、一星酒店。传统的酒店多见于城市开发的成熟区域,以便吸引客源。随着房地产市场的发展、国外有关概念的引入以及营销理念的创新,我国也出现了一些新型的酒店项目。

①旅游度假酒店。旅游度假酒店是依托旅游资源而兴建的酒店或类酒店项目,例如风景区周围的酒店、旅游度假中心酒店等,多位于城市边缘或风景名胜地区,主要目的是为客户提供旅游、休闲、度假时的住宿、餐饮、会议、培训以及其他服务功能。

②产权式酒店。产权式酒店是开发商将酒店的每个单位的产权分别出售给投资者,投资者一般不在酒店居住,而是将客房委托酒店管理公司或分时度假网络出租经营,并获取年度客房利润分红,同时获得酒店管理公司赠送的一定期限免费入住权。从国际产权式酒店的发展趋势来看,其可分为以下几类:

A.时权酒店。时权酒店是将酒店的每个单位分为一定的时间份(如一年产值51周,共51个时间份),出售每一个时间份的使用权。消费者拥有一定年限内在该酒店每年一定时间(如一周)的居住权。时权酒店主要是依靠契约和信用机制保障投资者的权益,而由于目前中国的物权和信用机制不完善,开发商携款潜逃的事件屡有所闻,因此单凭契约保障很难取得投资者的信任,这就需要表明产权关系,产生了赋予投资者酒店所有权的必要性。

B.纯产权酒店。纯产权酒店是指将酒店的每一个单位分别出售给投资人,同时投资人委托酒店管理公司或分时度假网络管理,获取一定的管理回报。纯产权酒店又分为商务型酒店及度假型酒店。

C.养老型酒店。养老型酒店是指投资人(往往是最终消费者),在退休前投资养老度假村的某一个单位,委托管理公司经营管理直至退休后自用。委托管理期间,投资人可获取一定的投资回报。一般情况下该物业在产权人去世后由管理公司回购,再出售,收益归指定受益人所有。

D.时值度假型酒店。时值度假型酒店是指消费者购买一定数量的"分数",这些"分数"就成为他们选购产品的货币。他们可以使用这些"分数"在不同时间、地点、档次的度假村灵活选择其分数所负担的住宿设施,消费者不拥有使用权或产权。时值度假型酒店只是为消费者休闲消费提供便利、优惠和更多选择,"分数"消费可以获取更大的折扣和免费居住时间。

(4) 酒店式公寓。酒店式公寓是指住宅公寓开发建设完成后,采用酒店式物业管理模式,除了提供传统酒店的各项服务外,更重要的是向住客提供家庭式的居住布局、家居式的服务,其最大的特点是要比传统的酒店增加了家的味道,因此受到市场承租者的欢迎。它和酒店的区别在于户型和空间的设计上,酒店式公寓的户型,从几十平方米到几百平方米不等,有独立的卧室、客厅、卫浴间、衣帽间等,可以满足使用者的个性化需求,备受商务人士的青睐。由于酒店式服务公寓主要集中在市中心的高档住宅区内,集住宅、酒店、会所多功能于一体,因此出租价格一般都不低。

(5) 主题公园。主题公园是一种以游乐为目标的模拟景观的呈现,它的最大特点就是赋予游乐形式以某种主题,围绕既定主题来营造游乐的内容与形式。园内所有的建筑色彩、造型、植被、游乐项目等都为主题服务,共同构成游客容易辨认的特质和游园的线索。主题公园是一种人造旅游资源,围绕着一个或几个主题创造一系列有特别环境和气氛的项目吸引游客。例如,闻名于世界各地的迪斯尼乐园、派拉蒙主题公园,深圳的世界之窗、锦绣中华等主题公园。

3. **工业房地产项目**

工业房地产项目是指为人类生产活动提供入住空间的房地产,常见的包括非标准工业厂房、标准工业厂房、仓储用房、研究与发展用房(又称工业写字楼)、工业园区等。工业房地产项目既有出售的市场,也有出租的市场。需要指出的是,在我国,工业厂房受到生产工艺要求的限制和需求量的制约,相对住宅而言,目前其市场份额还较小。

(1) 工业厂房。其主要类别有非标准工业厂房和标准工业厂房等。传统的建设方式是,工业厂房必须在生产规模、产品型号等确定后,才开始厂房建设,这主要是指非标准工业厂房的建设。非标准工业厂房由于其建筑物的设计需要符合特定工艺流程的需求和设备安装的需要,通常只适合特定用户使用,因此不容易转手交易。

随着经济的快速发展,在 20 世纪 80 年代初出现了为投资者提供的标准工业厂房,投资者购买或租用厂房后可立即投入生产,缩短了投资回收期并可早日实现经济效益。随后,在国内很多开发区都推出了各类标准工业厂房,供投资者购买和租赁。

(2) 研究与发展用房。研究与发展用房又称工业写字楼,兼具了办公、管理和技术研发的功能,多作为工业园区的配套项目进行建设。一般来说,标准工业厂房和研究与发展用房相对于非标准工业厂房具有较大的市场发展空间。

(3) 仓储用房。仓储用房主要做产品和原材料的存放、保管之用。随着物流行业的发展,传统的、以自用为主的仓储用房越来越多地用于出租经营,也成为工业房地产项目的重要组成部分。

(4) 工业园区。工业园区的开发建设,是目前中国各级地方政府最常使用的工业地产开发模式。工业园区开发不属于简单意义上的工业房地产开发，而更多的是城市政府基于区域经济建设、社会发展、百姓就业等各种综合因素考虑下而进行的。

工业园区开发的特征主要表现为：一般都是在政府主导下进行基础设施建设和配套服务项目建设，例如"七通一平"基础设施、行政中心与循环经济中心等项目建设。通过创造相关产业政策支持、税收优惠条件等来营造园区与其他工业地产项目所具备的独特优势，然后通过招商引资、土地出让等方式引进符合相关条件的工业发展项目。

4. 特殊用途房地产项目

特殊用途房地产项目指项目的经营活动需要得到政府特殊许可的房地产，包括高尔夫球场、飞机场、汽车加油站、车站、码头等。这类项目多属长期投资，投资者靠日常经营活动的收益来回收投资、赚取投资收益。特殊用途房地产项目的市场交易很少，因此难以采用市场比较法进行估价。

5.2 房地产项目产品策略

5.2.1 房地产项目产品差异化策略

房地产项目产品差异化策略即在目标市场确定后，开发商根据目标市场需求特点，努力挖掘出自身产品的特色，用以区别其他竞争项目，以期在市场中实现竞争优势，更大程度地满足消费者需求。

在实施产品差异化策略中，除了项目区位具备明显的差异性外，开发商还应从规划设计、新技术、新材料、产品价格和营销服务等方面来实现房地产产品的差异化策略，做到产品领先、服务领先、品位领先。

1. 规划设计

产品的规划设计是实现产品差异化的重要突破点，如何能够在规划设计上更加满足消费者需求，从而区别于其他竞争项目，这是开发商应着重考虑的内容。在符合城市规划的要求基础上，在规划设计的理念构建方面还应注意以下几点：

(1) 规划设计与自然生态相和谐。规划设计应当以积极的态度，把人与建筑、人与自然环境间的关系建立在和谐共生的基础上，以"配合应用"环境资源取代"消费"环境资源，与自然环境维持共生共存关系。与自然和谐共生的设计理念要体现在节地、节能、节材上；体现在结合地理环境、气候条件来优化设计方案上；体现在改善生态环境、亲近自然上，例如很多住宅项目都寻求亲近山水、亲近自然的生态环境。

阅读材料 5 - 2

合肥"琥珀山庄"的产品创新①

合肥琥珀山庄住宅小区,利用自然地形地貌特点,富有徽派特色的统一坡屋面、马头墙、歇山顶、吊脚楼建筑群傍水依坡,将住宅外观特色与优美的自然环境特色融为一体,小区内疏密有致的几十种树木上,常年栖息着各种鸟类,空气质量达到一级水平。高质量的环境品位、浓厚的文化气息,使人与自然、人与空间、人与人关系和谐统一。

(2) 规划设计与社会发展相和谐。建筑及其环境不仅具有庇护的功能,还应是一个物质生活与精神生活的符合体,是体现人们思想、感情及价值观念的有形工具。如果中断了人与人、人与社会之间的良好互动关系,就容易造成道德上的漠不关心及麻木心理,邻里及家庭中的人际关系也会愈来愈疏远,往常的守望相助就会变成了老死不相往来。

我们所定居的环境是一个充满良性互动的社会生态体系,因此在住宅及其环境的构思中,必须将个人、家庭的需求与社会的存在紧密联系起来。住宅建筑设计必须为这种社会的群体化活动提供条件,才能给居民提供一个健康、安全、方便的居住环境。

例如,目前房地产市场中出现的很多中式住宅如北京的观唐和运河岸上的院子、天津的唐郡、苏州的天一墅、成都的清华坊、深圳万科第五园等项目均体现了中国传统居住文化的回归。住宅小区的规划设计中注重小区广场等公共空间的设计也是给住户提供一个互相往来的空间,目的都是构建人与人、人与社会之间的良好互动关系。

阅读材料 5 - 3

易郡——北京新四合院②

易郡位于北京市顺义区李遂镇顺平东路,潮白河畔,顺鑫绿色度假村旁。周边

---

① 搜房网,2009 - 07.
② 易郡项目网站,2009 - 05.

近千亩的平原森林环绕、松杨叠翠、浓荫蔽日、青草连连,潮白河穿流而过,林水相映、水沙交融,构成了一幅独特的田园画卷。易郡占地418亩,总建筑面积达86 621平方米,共330户住户,容积率0.3,绿化率达40%。易郡南为潮白河交汇河口,北望青山蓝天,整个社区规划顺应地块天然文理,曲线式自然设计,南部入口处规划大面积湖面,一条旱水溪贯通社区南北、北高南低、负阴抱阳,内外相应、天人合一。易郡追求的是北京四合院深邃的灵魂,结合现代的生活方式,只保留纯粹之京味。让住宅均巧妙融入院落,从而创新出全新院落住宅形态,使居住回归本质。

(3) 规划设计与用户需求变化相和谐。规划设计应当与用户需求和谐适应。以住宅设计为例,家庭是成长的,随着时间的推移,家庭成员的结构(年龄、数量、性别比例等)都会改变。随着社会的发展、生活观念的变化,住户的居住模式也在发生变化。因此在住宅外壳的静止与居住生活的动态之间存在着矛盾,我们称之为住宅的物理不变性与生活内容可变性之间的矛盾。住宅设计应当解决这个矛盾,要能适应家庭的成长过程,适应居住模式和用户需求的变化,应当采用动态空间的设计方法,提高住宅使用的灵活性。

实现住宅内部可变性的关键条件是采用自由分隔结构的可能性和分隔技术手段,这类可自由分隔的结构一般采用大开间、大空间或采用非承重墙的设计概念进行设计。

规划设计与用户需求和谐适应还体现在适应市场上。由于居住者的家庭构成、生活习惯、职业类型等的不同,因此提供给市场的住宅类型也应多样。同一个楼盘的多房型配合,以适应不同经济收入、不同类型、不同生活模式居民的不同购房目的的选择需要。对于老龄人、残疾人的生理和心理需要也要给予重视,做好无障碍设计和方便行动的支持辅助设施,同时尽可能考虑社会交往和互助的因素。

阅读材料 5 - 4

北京"SOHO 现代城"项目的产品创新[①]

北京的"现代城"项目创造了总销售额 40 多亿的商业神话,所有现房抢购一

---

① SOHO 现代城官方网站.

空,甚至为周边楼盘带来了商机,使这些楼盘在 6 个月内销售额达到了 11.3 亿,营造出了一种"现代城"效应。

第一,所有的房屋进行精装修。当时现代城属于内销房,不同于现在的内、外销合并,完全国际化运作。将现代城所有的内销房进行精装修并附送家具的做法当时在国内尚属首例。

第二,选用森德暖气。当时国内的暖气片都是铸铁的,装修时需要用木头外包,虽然经济但不美观。而现代城每套房间都采用森德散热器,其价格是铸铁暖气片的八倍,显然物有所值。

第三,使用落地玻璃窗。在建筑设计规范中,限定窗台高度为 0.9~1.0 米,而落地式玻璃等于将窗台的高度降为零。虽然这在国外很普通,但在当时的北京还没有,3 年后,北京很多数楼盘使用了落地玻璃窗。

第四,使用立面色彩。以往北京的楼房大多立面色彩较为陈旧,而现代城的外墙创新,采用了彩色立面,市场效果有很好的突破。

2. 新技术与新材料

现在建筑技术和建筑材料的创新与突破是房地产开发项目产品创新中的重要一环,也是实现人居环境本质提升的有效手段,如天棚柔和辐射采暖制冷系统技术、卫生间同层排水技术等,建筑节能与环保理念越来越得到开发商的重视,并将成为房地产项目未来发展的一个重要方向。

阅读材料 5-5
产品创新——西安"高科·8 号府邸"项目[①]

西安高科·8 号府邸项目总规划用地 39 亩,总建筑面积 74 844.5 平方米,容积率 2.07,绿化面积 43%,可售套数 200 套左右,全部精装修。

8 号府邸项目采用天棚柔和辐射采暖制冷系统,是一种以柔和低温辐射方式传热的采暖制冷系统,也是目前最先进的室内温度调节系统之一。该系统在建造过程中,在楼板内覆设优质的 PB 管,以水作为冷热媒,夏天供水温度 20℃,回水温度 22℃,通过冷辐射向房间提供冷量,使室温下降;冬天供水温度 28℃,回水温度

① 西安高科集团高科房产有限责任公司,2009-08.

26℃,主要靠热辐射提供热量,使室温上升。通过天棚辐射采暖制冷系统,即可维持住宅冬夏室温在20至26℃之间,提高居住舒适度。另外,屋面采用聚苯保温板,确保屋面的保温隔热效果,住在这样的房子里,四季如春将不是梦想。

8号府邸在安全方面极尽高科技智能化。首先8号府邸有严谨的围护结构,在有效隔绝室内外热传导的同时,也阻隔了室外噪音入侵;楼板中的轻集料混凝土层,还起到隔音层作用,让楼下楼上的生活互不干扰。其次,8号府邸在许多生活细节方面的智能化更显示出其独到的人性关怀。小区内采用红外线对射的电子围墙;汽车出入管理运用先进的蓝牙系统;小区公共部分采用红外感应开关;电梯采用授权控制,没有得到授权的人不能随便进入楼宇;楼内采用彩色可视对讲系统,高层入户有指纹锁、密码等方式,回家再也不用带钥匙;IP电视、无线上网、户内主卧室灯光自控、户内电源控制等,太多的高科技智能化的应用,让生活变得更加简单化和便利化。

8号府邸还有一大亮点,就是外窗外遮阳系统。传统生活中,人们习惯在室内挂窗帘或百叶窗遮阳,其实等阳光进了房间再采取遮阳措施必将事倍功半。8号府邸则科学收集、运用阳光,外窗采用内充氩气的Low—E中空玻璃,阻挡远红外线的辐射,良好的隔热保温性、密闭性,远远超过普通中空玻璃。配合高科技制造的断桥铝合金窗框,断桥式铝合金窗框两面为铝材,中间用塑料型材腔体做断桥材料,彻底解决了铝合金传导散热快、不符合节能要求的致命问题,兼顾了塑料盒铝合金两种材料的优势,可以满足装饰效果和门窗强度及耐老性能的多种要求。

外窗外遮阳系统,采用操控灵活的遥控电动卷帘。夏季关闭外遮阳,把强光辐射直接阻挡在室外,保持室内清凉;冬季打开外遮阳,让阳光洒进房间,全家人尽享温暖。外窗材料运用及外窗外遮阳系统,不仅打破了常规操作,而且还大大降低了采暖制冷能耗,人们也不用担心外遮阳系统会阻挡室内采光,因为通过外遮阳卷帘叶片之间的角度调整,在成功阻挡阳光和紫外线的同时,室内还可以正常采光,极大地提升了居住的舒适度。

另外,8号府邸还使用了同层后排水系统设计。一般普通住宅卫生间经常能听见轰隆隆的排水噪音,而且经常

会有难闻的异味,这让很多人忍受不了,但8号府邸却成功地消除了这些隐患。其卫生间采用同层后排水系统,减少了地漏的使用,消除了洁具的排水噪声和异味,有效控制了声音污染,让人犹如置身于大森林深处。

3. 产品价格和营销服务

价格是市场的晴雨表,开发商在市场营销中应特别注重价格的运用,特别是基价与各项价差(楼层差、朝向差、景观差等)的制定,以及调价策略的运用等,应结合充分的市场状况和产品特征进行价格制定与调整。

房地产市场买涨不买跌的现象非常明显,在2006—2007上半年全国房地产市场价格上涨加剧的格局下,一些城市的开发项目价格上涨令人瞠目,甚至出现了某城市的一楼盘4个小时内上调价格1 000元/平方米的案例,这样的价格上涨看似顺应市场,但是非常浮躁的,缺乏基本的内在动力支持。

房地产营销服务主要有售前咨询服务、售中代办手续服务和售后物业管理服务等,这些都属于房地产延伸产品的内容。良好的产品服务质量可以显著提升企业与楼盘品牌,为产品赢得良好市场声誉,为企业争取更多的潜在客户,促使企业在市场竞争中占据更多的优势。

阅读材料 5-6

百仕达花园8号,包机送你日本游①

百仕达地产一则地产广告引起业界的踊跃关注,《深圳特区报》经济版的头版,刊登了一则竖半版广告,在飞机穿云渡雾的背景上,几个大字十分醒目——谁,包飞机? 封底则以同样的形式回答了这个问题——百仕达8号专机直航日本。

楼市在经历过此起彼伏、眼花缭乱的出位营销后,人们对广告多少显得麻木。百仕达此番大手笔的包机送8号业主直飞日本,则十足地吊起了人们的胃口。

作为本次包机策划的倡导人之一,百仕达销售部陈红经理后来谈及包机直飞日本时笑言,"这是一次偶然的机缘"。

说道百仕达8号的"包机事件",不得不提到百仕达的另一个项目——君逸华府。在百仕达8号全力攻坚时候,百仕达三期君逸华府基本上大局已定。项目进入尾声,为加速销售,百仕达在君逸华府尝试开展"大手买卖"行动。

"大手买卖行动其实是百仕达地产整合手中资源,厚积薄发的过程",大手买卖不仅是通常意义上的一次团购,还是一种集约式购买,而且这种集约式购买是经过认真筛选的,购买行为之后,双方将结成战略联盟。购买行为之后才是双方更深更

① 叶剑平,梁兴安.房地产经纪实务[M].北京:中国建筑工业出版社,2007.

广范围合作的开始。据了解,进入 2003 年以来,百仕达与包括银行、证券公司以及中国联通等重点客户签订了"大手买卖协议"。正是 8 月份的《深圳特区报》上一篇有关"大手买卖"的新闻报道,引起了南方航空公司王维杰的注意。

据王经理介绍,南方航空公司当时也在尝试开拓类似的服务。同样是资源整合,两家能否实现合作呢?于是,百仕达与南方航空公司走到了一起。陈红坦言,百仕达最初是希望南方航空公司能和联通一样,成为百仕达君逸华府"大手买卖"的对象。不过在双方沟通的过程中,并没有出现意想中的结局,倒是在会议结束之后的闲话中,透露出包机旅游的思路。

在这一过程中,深圳国旅起到了很大的作用。国旅作为深圳最大的品牌旅行社之一,常年经营日本九州地区的观光旅游。恰逢当时日本九州地区政府有意加大投入,吸引更多的中国广东游客前往日本观光旅游。有了日本政府的部分赞助,加上百仕达企业赞助,南航、国旅、百仕达三方便坐在了一起,一个三赢乃至多赢的方案逐渐浮出水面。这在现在看来颇有歪打正着的意味。成功运作本次包机之后,南航方面相关负责人谈及本次事件仍对百仕达方面"决策体系的高效"印象很深——在得知这一信息之后,百仕达高层第二天就作出决定——令南航和国旅都很吃惊。

▷ 5.2.2 房地产项目产品组合策略

一个房地产项目产品结构中往往包含多个因定位、功能、规格、档次等存在差异的产品品种,一些大型综合性的房地产项目如城市综合体项目的产品结构更为复杂,其中存在产品组合如何优化的问题,这也就要求房地产策划人员认真研究市场,结合开发商经验和优势等进行产品组合策划,使企业既能较好地控制风险,又能取得满意的利润。

1. 不同物业类型组合

不同物业类型组合是指在城市规划许可的范围内,开发商根据市场中各类物业的景气状况、政府的配套要求及项目的总体定位,按风险与利润最优匹配原则,决定各类物业开发比例。

(1)组合目标:分散风险,创造项目满意利润。

(2)组合限制条件:①所在区域的经济发展状况、产业结构状况、交通等基础设施条件;②地块自身条件(区位、规划用途、面积、容积率、地价水平等);③各类物业市场景气状况及利润水平;④周边业态、竞争产品组合和价格;⑤产品定位。

(3)组合风险提示:项目产品类型组合的形式可以有多种,例如可以是相互独立的,也可以相互组合在一起。在各种形式的组合中,要注意发挥物业间的协同效应,避免产生消极影响。如苏州某大厦,由于把公寓和写字楼组合在一幢楼里,而且是同一出入口,结果公寓长期无人问津,同时对写字楼的租赁也产生一定的影响。

阅读材料 5-7

西安万达广场①

大连万达集团,以"国际万达,百年企业"为发展理念,经过19年发展,已成为中国开发规模最大的房地产企业之一。该企业率先提出城市综合体与"订单地产"相结合的发展模式,形成商业地产、住宅地产、文化产业和高级酒店的四大支柱产业体系。在全国26座城市投资开发了万达广场。

西安万达广场是大连万达集团在西安的1号作品,总建筑面积约35万平方米,坐落于雁塔路北段8号,是一座集合了大型百货、超级市场、国际影院、电玩城、康乐设施、近3万平方米的商业步行街、高档城市公寓和写字楼等诸多业态的万达第三代作品——城市综合体。万达城市综合体,能使多种业态互利组合,形成整体板块优势,共同吸聚都市消费资源,从而形成良性循环的都市经济链,为物业提供广阔的升值空间。

2. 相同物业类型、不同产品品目组合

在每一大类物业中,又有很多不同的产品品目。例如在住宅大类产品里有别墅、多层、小高层、高层等产品品目,而别墅从建筑形态上又可以分为独栋别墅、联排别墅、双拼别墅、叠拼别墅等类型。

(1) 组合目标:分散风险,扩大销售,创造项目满意的利润。

(2) 组合限制:①地块自身条件(区位、面积、规模、容积率、交通、配套、景观等);②产品定位;③周边竞争项目的产品组合;④各产品品目的市场接受度、供求关系、各市场价格及利润水平等。

(3) 组合风险提示:档次相差较大的两个品目物业不宜直接相邻,且应有相对立独立的区域。

阅读材料 5-8

中海国际社区②

中海国际社区项目位于西安市东南部国家级文化产业示范区曲江新区的北

---

① 搜房网,2008-11-12.
② 中海地产(西安)有限公司,2008-12.

部、大唐芙蓉园的北面以及曲江海洋世界东面和
北面,西距著名旅游景观大雁塔约 1 公里。该项
目占地面积近 1 000 亩,综合容积率 2.25,总建
筑面积 135 万平方米。

中海国际社区项目为居住类物业,产品品目
类型较为丰富,涵盖了别墅、多层洋房、小高层、
小高层纯复式楼、高层等多种住宅物业类型;中
海国际社区还配套建设了沿街式商铺、大型集中
商业等多种商业业态,满足了中高端消费者的自住、投资等多种需求。

此外,还有产品户型组合如各单元户型的合理配比,以及产品面积组合如主力
户型与其他户型的面积组合等。这里也存着组合风险问题,如住宅产品面积组合
中,同一个单元户型的面积种数不能太多,且面积不应相差太大,目的是为了不影
响同质客户的需求。

5.3 房地产项目产品定位

▶ 5.3.1 房地产项目产品定位的内涵与原则

1. 房地产项目产品定位的内涵

从产品形象上看,房地产项目的产品定位是在市场细分、客户需求分析、客户
群确定的基础上,对房地产项目的主要技术参数、模式等的确定,对产品效用、产品
形式、产品功能的设计与创新,最终目的是反映产品独特的市场形象。

从客户需求上看,房地产项目产品定位是建立在客户需求的基础之上,以客户
为先导,以"需求为导向"的定位;是开发商针对一个或几个目标市场的需求并结合
企业差异化优势,在目标客户群体的心目中占有特定位置的过程。

从策划过程上看,房地产产品定位是一项科学的策划过程,通过这种策划确定
土地的用途和产品规划的方向。以往的开发商往往凭直觉或主观判断来进行产品
定位,这种方式风险较大,也无法真正体会到科学的产品定位带来的益处。

2. 房地产项目产品定位的原则

房地产产品定位应该遵循以下四个方面的原则:

(1) 市场化原则。任何房地产产品,要期望获得市场的、消费者的认同,就应
该是符合市场需求的,因此,市场化的原则是定位的基础。定位的市场化要求开发
商,一方面应着重分析目前市场上存在的产品、对手,以及即将出现在市场上的潜
在的竞争项目。另一方面,需要分析购房者的特点、购房者的购买力和购买欲望是

决定产品营销顺畅与否的关键。

开发商所做的产品定位,是在高度竞争的市场中建立自身的位置,去挖掘并满足客户尚存的或还没有释放的购买力和购买欲望。因此,这就要求房地产开发不能脱离市场、不能脱离客户需求,也就是所谓"以客户为圆心"。

(2)差异化原则。当商品都一样的时候,客户很难去决定他的选择。现在房地产产品的同质化现象很严重,这便要求开发商在充分分析市场的基础上,需要选择自己的产品定位,在产品主题、概念、规划设计等方面有所不同,在环境、配套、外立面、色彩、户型结构等方面有其特色。

(3)前瞻性原则。房地产项目定位,实质上是在现在一个静止的时点,去把握以后某一年度的特定时点的市场,是对未来生活的预测,是在考验开发商对未来市场的推理和预测能力,需要用前瞻性的思维方式进行项目定位。

事实上,每一位开发商都想开发出世界上独一无二的、最先进的产品,但是在实际的项目开发中,必须考虑项目的市场接受能力,考虑客户的经济承受能力。因此,产品的前瞻性不可能是全方位的,应该是有重点地突出。

(4)产品之间的不可替代性原则。产品之间的不可替代性,指房地产项目内部的各类产品如各类户型、楼型的不可替代性。如果产品的可替代性强,那么客户可能会因为选择某一户型或楼型而使其他户型或楼型滞销。比如小区内如果 150 平方米的三室和四室住宅同时存在,而且独栋别墅与联排别墅面积及价格区间相仿,那么会致使销售过程中出现障碍:三室和四室住宅的可替代性较强,独栋别墅与联排别墅的可替代性较强,消费者在购买中一般只选其一,导致另一产品难以消化。

▷ 5.3.2 房地产项目产品定位的限制条件

房地产产品定位要求在各种限制条件(地形地貌、户型配比、容积率、绿地率、限高、朝向、楼间距、日照间距、单套面积等)下寻求最佳方案,还要求考虑产品是否满足市场和客户需求,因此房地产项目的产品定位存在很多的限制因素。

房地产产品定位的限制条件是指对产品的性质、档次、价格等起到决定作用的客观和主观条件,主要包括以下几个方面。

1. 土地

土地方面主要考虑:①土地的自然条件,如地块的面积,以及周边的自然景观等。通常面积越大、形状越方正完整,产品定位的空间越大;②土地的使用条件,如土地的规划要求、地理位置和其他限制条件;③土地周围的使用现状和发展趋势;④土地开发的条件,例如自主开发可以使产品定位有更大的空间,合建可以减轻房地产项目的资金压力。

2. 城市规划

城市规划方面主要考虑相关城市规划的限制,例如容积率、覆盖率、建筑物高度、用途及环境等。城市中心地块的规划要求一般比较严格,在用地范围、容积率、建筑物高度甚至是建筑物的外观、外墙颜色和装饰材料等方面的限制条件较为苛刻,使得房地产产品的定位受到较大限制。

3. 顾客需求

顾客需求方面主要考虑客户需求的地理位置、价格区间和产品种类,例如别墅一般考虑建在离城市较远的地方,定位于开敞的空间,优美和恬静的田园环境,满足高收入、自己配备汽车的家庭。

4. 资金供应

资金供应方面主要考虑是自有资金还是借贷资金,采用何种融资方式,即是采用独资、招商、集资还是贷款等手段,不同资金来源会影响到房地产产品成本的不同,会造成产品定位空间的不同。

5. 市场条件

市场条件方面主要考虑房地产市场的发展阶段、发展水平和发展趋势。例如:市场是处于一个供方市场还是需方市场,市场是一个良性市场还是一个不正常的市场,不同的市场条件会影响房地产产品定位。

6. 开发商思维

房地产产品定位很容易受到开发商思维的限制,开发商对市场的把握、创新性或对项目的理解深度的不同,会在很大程度上影响到房地产项目的产品定位,特别是在项目的创新性等方面。目前在户型创新等方面,很多开发商都进行了一些有益的尝试,并取得了成功,但是个别地区的项目在规划和户型设计上还过于陈旧,体现不出时代感和创新性。

➤ 5.3.3　房地产项目产品定位的方法

1. 房地产市场分析方法

(1)房地产市场分析方法的概念。房地产市场分析方法是指运用市场调查方法,对房地产项目市场环境进行数据搜集、归纳和整理,形成项目可能的产品定位方向,然后对数据进行竞争分析,利用普通逻辑的排除、类比、补缺等方法形成项目的产品定位的方法。

(2)房地产市场分析方法的流程。市场分析方法的流程见图 5-2 所示。

(3)房地产项目市场环境研究的内容。

①外部市场环境。外部市场环境是指经济环境、政策环境等。例如在经济环境中,不同人群的收入对产品定位有直接的影响,银行个人住房抵押贷制度的变革

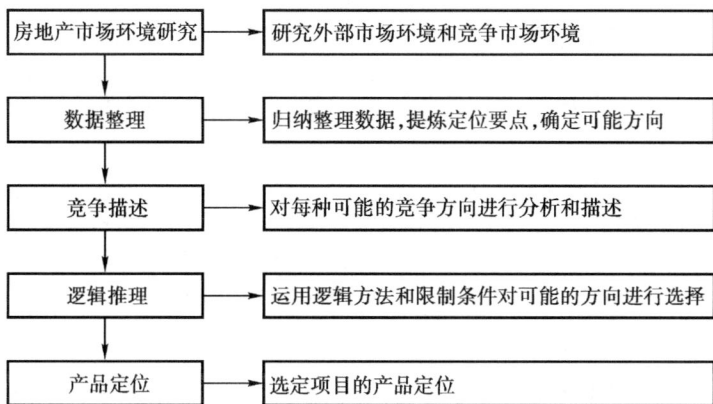

图 5-2 房地产项目市场分析方法的流程图

对住宅房地产产品定位和开发也有重要影响。在政策环境中,有关政策的出台和变化也是房地产产品定位的重要依据,例如政府的土地政策、城市规划的调整等。

②竞争市场环境。竞争市场环境主要指同类项目的开发结构、市场供应量、潜在需求量、开发规模、城市及区域价格分布规律、产品级别指数、客户来源和客户资源情况。竞争市场环境分析是在外部市场环境的基础上进行的市场状况研究,它的主要目的是明确项目的直接竞争市场,确定产品定位的策略。

2. SWOT 分析方法

SWOT 是优势(strength)、劣势(weakness)、机会(opportunity)和威胁(threats)的合称。SWOT 分析方法即对项目面临的内、外部各方面条件进行概括和总结,分析项目自身具备的优势和劣势因素、面临的外部发展机会和存在威胁等因素,将调查得出的各种因素根据轻重缓急或影响程度等用排序方式,构造SWOT 矩阵,以此为基础,从而提出项目解决方案。

阅读材料 5-9

西安"泊澜地"项目 SWOT 分析案例[①]

1. SWOT 分析

对于西安泊澜地的 SWOT 分析见表 5-1。

2. 制定行动对策

(1)利用项目成熟的地理位置和周边完善的商业配套优势,着力打造都市中档住宅社区。

---

① 兰峰,等.西安"泊澜地"项目可行性研究报告.2006.

表 5 - 1　SWOT 分析表

S(优势)	W(劣势)
地段:项目位于城市成熟地段,居住成熟度较好。 交通:临近两条主干道交叉口,交通便利。 生活配套:附近餐饮、购物方便,就医近便。 教育:附近有三所大学,多所中学和小学,教育氛围良好。	环境:临近立交桥和主干道,来往车流量密集、噪声较大。 规模:项目规模较小,绿化不足。 开发商品牌:开发商在西安市知名度较低,缺乏品牌优势。 治安:项目紧邻城中村,人员较杂,存在一定的安全问题。
O(机会)	T(威胁)
政策:城中村改造受到政府的大力支持。 曲江开发:曲江文化旅游开发区的开发建设带动项目升值,为其提供了很好的发展机遇。 消费能力:周边高校人群消费能力较强,具有一定的购房意向。	竞争:临近地区特别是曲江片区的开发,形成众多竞争楼盘,对本项目构成了较大的竞争压力。 市政施工:周边道路正在进行市政施工,交通不畅,在一定程度上影响了项目形象。

(2)通过对该片区教育和文化卖点的宣传,增加客户层面,以规避其他不利的社会环境因素。

(3)加强建筑外立面和小区内部庭院空间设计,规避规模因素对其形象带来的不利影响。

(4)结合前期市场调研结果,从客户需求角度出发,强化住宅户型设计,体现人性化,例如考虑户内花园等,弥补项目自身绿化不足。

(5)对销售中心(小区将来的商业配套)进行精心设计和装修,改善项目周围绿化环境,以期形成较好的项目形象。

(6)注重外墙环保材料的使用,达到降噪、节能目的。

(7)加强小区的治安管理,建立现代化智能安保体系。

(8)实施楼盘品牌与企业品牌联动策略,适时开展公益型活动,以获得公众的好感,逐步提升开发商和项目知名度。

3. 建筑策划方法

房地产项目产品核心集中体现在建筑环节,同时也是产品差异化竞争优势的产生方式。房地产项目产品定位中的建筑策划不等同于建筑设计本身,它是在建筑设计之前,在市场调研的基础上提出的建筑设计内容,是房地产项目产品构思、概念和形象设计的重要基础,是产品定位的重要组成部分。

（1）建筑策划方法的概念。建筑策划是指根据总体规划的目标，从建筑学的角度出发，依据相关经验和规范，以实态调查为基础，经过客观分析，最终得出实现既定目标所应遵循的方法和程序。建筑策划中，人在建筑环境中的活动及使用的实态调查和分析是关键。

（2）建筑策划方法的研究领域。根据研究对象不同，建筑策划方法的研究领域分为第一领域和第二领域，如图 5 - 3 所示[①]。

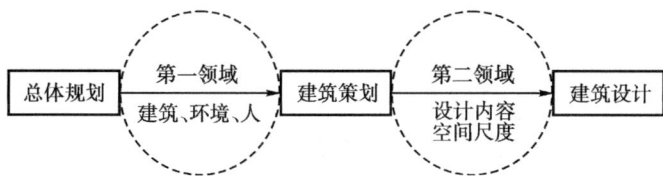

图 5 - 3　建筑策划方法的研究领域图

①第一领域。第一领域研究建筑、环境、人的课题。它受制于总体规划，在总体规划限定的范围内，依据总体规划确定的目标，对社会环境、人文环境和物质环境进行实态调查，对其经济效益进行分析，根据用地区域的功能性质划分，确定项目的性质、品质和级别。

②第二领域。第二领域研究建筑功能和空间的组合方法。在建筑设计进行空间、功能、形式、体形等内容的图面研究前，对设计内容、规模、朝向、空间尺寸的可行性进行调查研究和数理分析，科学地制定设计任务书。

（3）建筑策划方法流程。

①目标规模设定。目标规模的设定必须以满足使用为前提，同时避免不切合实际的浪费与虚设。目标规模的内容主要包括建筑的空间尺度和体量、面积、建筑物与街道的距离、建筑与环境的影响方式等方面的静态研究；以及使用者活动流线、轨迹，使用者由内到外对目标空间的使用方式，空间组合比例及环境空间使用量上的分配比等。

②外部条件调查。建筑策划部分的外部条件主要包括地理条件、地域条件、社会条件、人文景观条件、技术条件、经济条件、工业化标准条件以及一些总体规划中的控制性条件。

③内部条件调查。内部条件主要指建设项目本身条件，如建设者的功能要求、使用方式、管理条件等。

---

①　叶剑平，梁兴安.房地产经纪实务[M].北京：中国建筑工业出版社，2007.

④方案构想。方案构想是建筑策划中最具创新性的环节,要求策划人员具有较强的城市规划、建筑学等知识,方案构想中,应当坚持规划控制、建筑技术和经济协调发展的原则,结合项目自身特征以及开发商的要求等因素,开展方案构想工作。

建筑方案策划必须满足建筑的空间功能条件、空间心理感观条件、空间文化条件等因素。因此,方案策划需要在建筑的内部和外部空间中把握使用者的活动特征。

4. 目标客户需求定位法

目标客户需求定位法是指房地产开发商在物业产品定位时,根据所选定的目标市场的实际需求,开发建设出能满足他们个性化需求的产品。其具体步骤如下:

(1)确定目标市场。市场细分后,开发商要对选择进入哪些目标市场或为多少个目标市场服务作出决策。

(2)目标客户特征分析。根据目标市场,分析目标群体所处的目标角色状态和追求的核心价值,确定主要目标客户的特征,包含目标客户的购买动机、欲望、需求等特征,从而提出相应的产品定位。

(3)产品定位。在充分掌握目标顾客的需求特征之后,需要对产品效用、产品形式、产品功能等进行定位与创新,来反映产品独特的市场形象。

5. 头脑风暴法

在房地产产品定位中,头脑风暴法是实践中经常采用的一个方法。头脑风暴法又可以分为直接头脑风暴法(通常简称为头脑风暴法)和质疑头脑风暴法(也称反头脑风暴法)。直接头脑风暴法是指房地产专家群体决策尽可能激发创造性,产生尽可能多的设想的方法;质疑头脑风暴法是对直接头脑风暴法提出的设想、方案逐一质疑,分析其现实可能性的方法。房地产产品定位使用头脑风暴法,就是针对产品定位这一主题,发动集体集中注意力与思想进行创造性沟通,从而确定产品定位。

5.4　房地产项目产品策划

▷ 5.4.1　规划布局

1. 规划布局遵循的原则

规划设计包含着很多内容,例如建筑的布局、间距、朝向、绿化和道路的布置等。这些内容直接关系着居民的生活环境质量乃至人身、财产安全。在规划设计中,建筑的规划布局要考虑到室内外噪音、有无污染及交通方面的因素,创造便利、安全、舒适的居民生活环境。建筑的间距应满足防火间距和日照采光的要求,如果建筑间距留得不够,就不能为火灾的防范、扑救创造条件。同时建筑的朝向也是一个非常重要的因素,特别是在北方地区,应考虑到人们的居住习惯,例如在北方住宅多为南北朝向。在规划设计中,绿化、道路交通、户外工程的设计也同样重要且不可或缺,这些都影响着小区的档次和居住品质等。图 5-4 为某住宅项目的规划布局。

图 5-4　某住宅项目规划布局图

(1) 居住区的规划布局,应综合考虑路网结构、公建与住宅布局、群体组合、绿地系统及空间环境等的内在联系,构成一个完善的、相对独立的有机整体,并应遵循下列原则:

①方便居民生活,有利于组织管理。

②组织与居住人口规模相对应的公共活动中心,方便经营、使用和社会化服务。

③合理组织人流、车流,有利于安全防卫。

④构思新颖,体现地方特色。

(2) 居住区的空间与环境设计,应遵循下列原则:

①建筑应体现地方风格、突出个性,群体建筑与空间层次应在协调中求变化。

②合理设置公共服务设施,避免烟、气(味)、尘及噪声对居民的污染和干扰。

③精心设置建筑小品,丰富与美化环境。

④注重景观和空间的完整性,市政公用站点、停车库等小建筑宜与住宅或公建结合安排,供电、电信、路灯等管线宜地下埋设。

⑤公共活动空间的环境设计,应处理好建筑、道路、广场、院落、绿地和建筑小品之间及其与人的活动之间的相互关系。

阅读材料 5-10

金地"曲江·尚林苑"项目案例①

在西安大雁塔南侧 1 公里的金地"曲江·尚林苑"项目,利用台地的高差错落,将社区提高到高于市政道路上的另一平面,有效规避了道路的噪音、灰尘影响,使社区环境更加纯粹。坡地建筑天然形成了丰富而流动的错落空间与随处可见的层

①　根据西安金地置业投资有限公司提供的资料整理改写而成,2007.

层迭水等情趣空间,为每天回家的路增加趣味。层层退台式规划,形成社区大气的建筑形态。

项目使用"街"与"巷"作为小区的主轴线,将众多的院落如珍珠一般串联起来。睦邻可以在绿树掩映、叠水潺潺的木栈道与小桥上轻松而亲切地交谈。这正是小区的主景观轴"珞溪九叠",它并不追求宽敞,而取幽雅静谧。而主轴上的景观结点,巧妙的转折,使得巷中的人们不能够一眼望穿,这正是中国传统园林营造中所追求的"不透"。

"尚林苑"项目地块方正,规划采用了里仿院落的格局,并将回家的路设计为"街·巷·院·宅"四级空间序列:主入口有商业街,联排别墅与叠加别墅之间的景观带为巷,其间均有私家小院,最后才进入自家的住宅。

2. 常见的规划布局形式

在居住区的规划设计过程中,应当充分考虑采光、通风以及项目所在的地形、位置等多种因素,合理规划建筑群体布局。常见的规划布局形式有行列式、周边式、混合式、自由式等,如表 5 - 2 所示。

表 5 - 2 常见的规划布局形式

	常见形式	概　　念
建筑布局	1. 行列式	按一定的房屋朝向和间距成排布置,大部分是南北向重复排列,其优点是每户都有好的朝向,而且施工方便,但形式的空间较为单调。
	2. 周边式	沿街坊或院落周围布置,其优点是内部环境比较安静,土地利用率高,但其中部分住宅的通风和朝向均较差。
	3. 混合式	采取行列式和周边式相结合的方法进行布置,可以采纳上述两种形式之长,形成半敞开式的住宅院落。
	4. 自由式	结合地形、地貌、周围条件,不拘泥于某种固定的形式,灵活布置以取得良好的日照通风效果。

➤ 5.4.2 建筑类型

在房地产开发中,有大量的建筑是住宅,住宅规划设计的优劣不仅关系到楼盘开发的品质,而且在体现城市面貌方面起着重要的作用。因此,住宅建筑选型是规划的重要内容之一,它直接影响到土地的经济利用、住宅需求、建筑造价、景观效果以及施

工的难易程度。住宅建筑类型有多种分类方式,常见的分类方式有以下几种:

1. 按建筑层数划分

(1)低层住宅。低层住宅是指层数在 1～3 层的住宅。就我国目前的情况而言,城市低层商品住宅尚属于高档住宅,常见的有单层住宅、独栋别墅和联排别墅等,近年还出现了类别墅的建筑形式,如叠拼别墅等。

①单层住宅。单层住宅指层数为 1 层的住宅,单层住宅往往设有私用的庭院,具有自然的亲和性,便于房屋中各部分人流或物品和室外直接联系等优点,适合儿童或老人的生活。这种住宅虽然为居民所喜爱,但受到土地价格与利用效率、市政及配套设施、规模、位置等客观条件的制约,在供应总量上有限。例如北京出现的新四合院住宅,南方地区出现的江南水乡居住院落等。

②独栋别墅。独栋别墅一般为 2～3 层的独栋住宅,拥有较大的基地,限制少,平面布局有极大的灵活性,住宅四周均可直接采光。建筑周围均可布置院落,住户之间干扰最小。每户设有前院和后院,前院多为景观性花园,通常面向景观较好的方向,并和生活步行道相连;后院多为生活性或服务性院落,出口通常与通车道路连接。每户均可设置车库。

③联排别墅。联排别墅也称为 Townhouse,于 19 世纪四五十年代发源于英国新城镇时期。在欧洲,传统的 Townhouse 住宅均是沿街的,是指每栋住宅相互连接建造的市民城区住宅,一般是由几幢低层的住宅并联组成的联排住宅,几个单元共用外墙,有独立的门户。由于沿街面的限制,所以都在基地上表现为大进深、小面宽。

联排别墅在一个垂直层面只有一户,多为 2～4 层,是介于公寓和别墅之间的一种新型住宅,主要位于城市边缘地区。这种产品最明显的特点是适中性、均好性,具有个性和设计新意;并且占地规模相对单体别墅小,节约土地和工程管线,有利于降低总造价,从而其价格也较单体别墅低。但联排别墅住宅在设计上的灵活性较独栋别墅小。

由于联排别墅避免了独栋别墅区的常住居民比较少、整个小区比较空旷和缺乏生活气息的弊端,所以住户可以享受到更多的舒适性和邻里亲情。联排别墅现在在很多国家和地区已非常普及,成为城市发展过程中不可逾越的阶段——住宅郊区化的一种代表形态。

别墅方面,房地产市场中也出现了一些创新类型,例如双拼别墅、叠拼别墅、空中别墅等。双拼别墅是指联排别墅与独栋别墅之间的中间产品,由两个单元的别墅拼联组成的单栋别墅。在美国,双拼别墅被称为"Two family house",直译为"两个家庭的别墅"。这种相对独立的双拼别墅,在保证拥有私家花园的基础上,既加强户外空间的交流,也改变了 Townhouse 排列布局上的呆板。

叠拼别墅也称叠加别墅,是 Townhouse 的叠拼式的一种延伸,是在综合跃层住宅与联排别墅特点的基础上产生的,一般 4～7 层,由每单元 2～3 层的别墅式复式住宅上下叠加在一起组合而成,底层有花园,上层有屋顶花园,这种建筑类型与联排别墅相比,独立面造型可丰富一些,相比联排别墅更为灵动而宜人,同时一定程度上克服了联排别墅窄面宽、大进深的缺点。

(2)多层住宅。多层住宅一般指层数在 4～6 层的不设电梯的住宅。采用若干户作水平组合,形成标准层,层与层之间用公共楼梯作垂直组合。多层住宅造价较低,价格适中,易于被普通消费者所接受,是我国住宅建设中主要的住宅类型之一。但是随着城市土地资源的稀缺性,在大城市多层住宅开发比例逐渐减少。

(3)高层住宅。国家标准《住宅设计规范》中规定 7～9 层为中高层住宅;10 层及 10 层以上住宅为高层建筑;总高度超过 100 米的为超高层住宅。《住宅设计规范》规定住宅层数 7 层以上应设电梯,12 层及以上的单元式和通廊式住宅应设消防电梯。

随着我国住宅产业的迅速发展以及城市可利用土地的减少,高层住宅的开发建设越来越普及,目前在一些地区的商品住宅开发建设中,也有开发商将 7～16 层的住宅称为"小高层",而将 16 层以上的住宅称为高层住宅。

2. **按平面特点划分**

(1)点式住宅。宽度和长度比较接近的住宅称点式住宅,又称塔式住宅。点式住宅能适应不同尺寸和平面形状的用地,其本身所形成的阴影区小,对邻近建筑物日照时间的影响小,在群体中对周围建筑物的通风、视野遮挡也少,再加上其挺拔的体型,往往成为住宅群中富于个性的建筑类型。一梯可以安排 4～6 户,充分发挥电梯和楼梯的服务效率;整体抗震性能好。

(2)条式住宅。由两个或两个以上的居住单元按直线邻接的住宅称条式住宅,又称板式住宅。条式住宅具有朝向好,通风向阳,造价相对点式住宅低以及施工方便等优点,其不足之处是布置不够灵活立面造型不如点式住宅生动,体型大,容易对周围建筑物的日照、通风、视野造成影响,抗震性能较点式住宅差等。

3. **按结构类型划分**

(1)砖混结构。砖混结构是指主要有砖、石和钢筋混凝土等作为承重材料的建筑物。其构造是采用砖墙、砖柱为竖向构件来承受竖向荷载,钢筋混凝土做楼板、大梁、过梁、屋架等横向构件,搁置在墙、柱上,承受并传递上部传下来的荷载。这种结构的房屋造价较低,是我国目前建造量较大的房屋建筑。但是,这种房屋的抗震性能较差,开间和进深的尺寸都受到一定的限制,其层高也受到限制,多层住宅多采用这种结构。

(2)框架结构。框架结构是由钢筋混凝土梁、柱组成的承受竖向荷载和水平荷载的结构体系。墙体只起维护和割断作用。框架结构具有使用平面灵活、室内空间大等优点,但施工周期较长。由于梁、柱截面有限,侧向刚度小,在水平荷载作用下侧移大,故框架结构一般又称为柔性结构。其建造住宅的高度不宜超过 15～20 层,地震区不宜超过 7 层。

(3)框架剪力墙结构。框架剪力墙结构也称框剪结构,此种结构为在框架结构的适当部位设置一定数量的钢筋混凝土墙体所组成的结构体系。剪力墙主要承受水平地震作用或风荷载所产生的剪力,框架主要承受竖向荷载和少部分剪力。这种结构抗侧移能力提高很多,建筑结构更加稳固,一般称为半刚性结构体系。其适合层数较多的居住建筑。

4. **按户内空间布局划分**

(1)平层式住宅。平层式住宅是指一套住宅的厅、卧、卫、厨、阳台等不同功能的所有空间都处于同一层面的住宅。平层布局紧凑,功能合理,交通路线简捷,但空间层次感不强,平层住宅是目前最为普遍的住宅户型。

(2)错层式住宅。错层式住宅主要指的是一套住宅的各功能区不处于同一平面,即房内的厅、卧、卫、厨、阳台处于几个高度不同的平面上。错层住宅在居住功能上具有较大的合理性,不同的功能区域完全是一个独立的空间,能够动静分区,干湿分离,居住的私密性大大加强,又使室内空间具有层次感,富有流动感,活跃了室内环境。错层式住宅还具有类似别墅的感觉,使居住的档次和品位得到提升,在居住舒适度上有着一般住宅无法比拟的超前性和实用性,能够满足不同人群的心理需求。但错层式住宅由于室内公共空间和私密空间的地坪楼板不在同一个高度上,使得结构复杂,增加了建筑成本,造价较高,且不利于结构抗震。

(3)复式住宅。复式住宅在概念上是一层,并不具备完整的两层空间,但层高(如层高4.5米)较普通住宅(通常层高2.8米)高,可在局部掏出夹层,安排卧室或书房等,用室内楼梯联系上下空间,其目的是在有限空间里增加使用面积,提高住宅的空间利用率。复式住宅平面利用率高,可使住宅使用面积提高50%～70%,同时也比较经济,并且打破了原有普通单元式住宅单调的平面形式,把室内居住环境空间化、层次化,能满足人们对空间变化的追求,更适合年轻人居住。

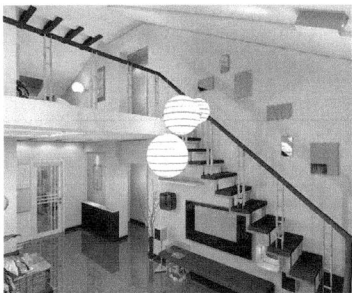

此外,很多开发商又进行了一些创新和有益的尝试,房地产市场中也出现了一些由此而派生的居住概念,例如LOFT住宅等。

阅读材料 5-11

LOFT住宅——自由个性新理念住宅

LOFT在英语中的原意是指工厂或仓库的楼层,现在其内涵已经远远超出了这个词汇的最初涵义,逐渐演化成为一种时尚的居住与生活方式。

LOFT住宅是一种与以往常见的平层、复式、跃层等居室结构有很大差别的户型,其最显著的特征是高大而开敞的空间,LOFT住宅除了卫生间和厨房因管线的关系不可改动外,单元内所有的分室隔墙和不承重的轻质墙体,全部可以拆除,所有空间都可以进行重组。同时 LOFT 又十分开放透明，以大落地玻璃窗为主，买家对户型装修设计有较大的空间余地，比如说可以根据自己的需要设计挑高的会客厅，或者为了获得更充裕的使用面积而完全隔成两层。

LOFT 住宅的出现是市场细分的结果，从目前的市场反馈来看，这类住宅比较受年轻人喜爱，吸引了从事 IT、广告、艺术、设计、自由职业者等众多人士的青睐，也包含一些比较看好 LOFT 未来潜力的投资者。

（4）跃层式住宅。跃层式住宅是在住宅的竖向交通联系上进行变化的住宅类型，多见于多层或高层建筑。所谓跃层式住宅，是同楼层的一套住宅单位在内部的结构设计上表现为相对独立的两层居住空间，也有人称为"楼中楼"。跃层住宅内部设计有上下两层楼面，卧室、起居室、客厅、卫生间、厨房及其他辅助用房可以分层布置，上下层之间的交通不通过公共楼梯而采用户内楼梯连接。跃层式住宅的优点是动静分区明确，互不干扰；每户都有二层或二层合一的采光面，即使朝向不好，也可通过增大采光面积来弥补；通风较好；户内居住面积和辅助面积较大；布局紧凑，功能明确，相互干扰较小。根据其跃层的空间设计，跃层住宅可分为"上跃型住宅"和"下跃型住宅"两种类型，但是以"上跃型住宅"最为常见。

▷ 5.4.3　住宅户型

1. 住宅功能分区的原则

住宅的面积和空间是有限的，而住宅的使用功能相互间会有很多的关联，经济能力、设备配置等客观因素对功能分区也会产生一定的制约。因此，住宅设计时必须抓住主要矛盾，住宅设计应强调空间组合的层次清晰、布局合理。功能分区原则如下：

（1）内外分区原则。内外分区是住宅内部按照使用空间的私密性程度所进行的功能分区的划分，即家庭内部活动（对内）与接待客人活动（对外）分区。在住宅内部，对家庭使用空间的公共性和私密性有严格的区分，按照私密性由低到高的顺序对住宅空间进行排列，依次是过厅（前室）、客厅、公用卫生间、起居室、餐厅、厨房、家务室、洗衣房、健身房、储藏室、工作室（书房）、客房、次卧室、主卧室及主人卫生间。在普通住宅设计中,往往将客厅和起居室合并考虑。

在进行住宅内部空间组合设计时,要根据居住的私密性要求,对空间进行适当的划分,将私密性低的空间布置在入口的附近,把私密性最高的空间布置在住宅的最里面,即要遵循"内外有别,严格划分,互不干扰"的原则。

（2）动静分区原则。动静分区是按照空间的使用是否需要安静,以及需要安静的程度来进行划分的。在住宅内部,最需要安静的房间是卧室和书房,它们属于静区。相对来说,起居室、客厅、餐厅、厨房、家务室等空间一般有活动的时间较多,而且人们在从事相应的活动时并不一定要求非常的安静,这些空间属于动区。

在住宅内部空间组合设计时,要对家庭房间进行使用行为的分析,将空间的动、静进行合理的分区。一般可以把动区的房间设置在住宅的入口附近,把静区的房间安排在较为靠里的区域。这样,在使用的时候,可以减少动静两区的干扰,提高居住的舒适程度。

（3）洁污分区原则。住宅的洁污分区,是指住宅的房间在正常使用的过程中会产生油烟、污水、臭气、垃圾等污染源,将有污染源和没有污染源的房间按清洁程度进行功能分区。洁污分区主要指住宅的厨房、卫生间与起居室、卧室之间的分区。住宅中易产生污染源的房间主要有厨房、卫生间。它们也是住宅内需要用水的房间,体现在用水与非用水之间的分区上,也可理解为干湿分区。

住宅的使用是以功能合理、使用方便、舒适、安全为主要目的。一方面,一般的住宅只有一个出入口,厨房因为购买食品原料、清理生活垃圾等使用功能,需要离住宅入口较近,而且通行要便捷。在内部空间组织设计时,常把厨房设置在住宅出入口附近,为居家生活提供便利条件。另一方面,考虑到厨房和卫生间都需要用水,而且有许多管网,通常把厨房和卫生间进行集中布置,将管网集中处理,这样较为经济合理。同时,可在卫生间采用合理的设备和设施,使其不再是家庭的污染源空间,以保证居室清洁卫生的要求。

2. 住宅功能分区

居住水平的提高,反映在居住功能上就是功能空间专用程度的提高。功能空间的专用程度越高,功能的使用质量亦相对越高。功能空间的逐步分离过程,也就是功能质量不断提高的过程。

根据居住行为模式,把家庭生活行为空间分为私人行为空间、公共行为空间、家务行为空间、卫生行为空间、交通空间、室外过渡空间等。按功能分区原则进行生活行为单元组合设计。功能分区愈明确,居住质量就愈高。

（1）私人行为空间。私人行为空间包括主卧室、单人次卧室、客房、保姆室等。

①主卧室一般指的是家庭主人夫妻卧室，年轻夫妻可以考虑放置婴儿床的空间。主卧室是住宅内最为稳定的空间，使用年限最长，私密性最强，有良好的家庭归属感。一般要求具有理想的朝向和较为开阔的观景视角。

②单人次卧室为家庭某一成员使用，应根据使用人不同的年龄阶段考虑其适用性。

③客房和保姆室的居住标准和面积要求相对较低，以满足亲戚、朋友、保姆等短期居住需求即可。

（2）公共行为空间。公共行为空间包括起居室、客厅、餐厅、过厅、工作室、健身房等。

①起居室是家庭成员团聚、交流、活动的空间，要有较为良好的视线和观景条件。

②客厅是家庭成员接待来访、社交、会客行为的场所，与家庭成员活动应分开设置。

③餐厅是家庭成员就餐的地方，应与厨房就近布置。

④工作室既可以是个人学习的空间，也能成为多人共同学习、交流的场所。

⑤健身房要根据家庭成员的爱好来布置，一般家庭会选择占用空间不大的器械。

⑥过厅是进入住宅的第一个区域，在入口处设置玄关，玄关设置微型衣帽间，既可以满足私密性要求，又使空间过渡更为合理。

（3）家庭行为空间、卫生行为空间。家庭行为空间、卫生行为空间包括厨房、洗衣房、家务室和卫生间。

①厨房是住宅设计的核心组成部分，是家庭服务的中心，是专门处理家务、膳食的公共场所，其位置和空间大小的布置必须便于生活。

②洗衣房和家务室通常合并设在一起，以提高家务工作时间的综合使用效率。

③卫生间是供住户家庭卫生和个人生理卫生的专用空间，其通风、采光、景观以及卫生洁具布局的设计越来越受到重视。实践中，对于较大户型可以分别设置公用卫生间和主人卫生间。

（4）交通空间、室外过渡空间。交通空间、室外过渡空间主要包括过道、走廊、户内楼梯、阳台、露台等。

①住宅的过道和走廊是户内平面的主要交通联系。大多数情况下，住宅的过道、走廊会与其他的空间结合设置，增加住宅内空间转化的灵活性；但是设计中，应

避免交通面积过大而影响住宅使用功能的优化。

②住宅的户内楼梯常见于复式、跃层或别墅户型内,多采用单跑直梯、弧形、螺旋形等形式,较大面积的独栋别墅也可以设置双跑直梯。户内楼梯也可以与住宅的公共空间结合在一起,如与起居室、餐厅等空间相结合,户内楼梯可以起到美观、装饰、储藏等作用。

③阳台是住宅中住户的专用室外空间,是住宅内部与自然沟通的场所。阳台按功能可以分为生活阳台和服务阳台。生活阳台是供生活起居用的,一般位于起居室和卧室的外部,多设置在南侧向阳处;服务阳台是为居住的杂务活动服务的,一般位于厨房的外部,多设置在住房的北侧。

④露台是利用住宅其他房间的顶部,进行专门的处理,达到可上人的使用要求。并且可在露台上面覆土,种植、绿化,改善环境小气候。露台常见与顶部住宅以及退台式住宅中。

3. 住宅功能分区的技术要点

功能分区设计要为住户提供最佳的功能空间,要以我国城市住宅建设基本原则为指导,并与一定的技术经济条件相适应。

(1)每套住宅具有良好的通风、采光、日照、隔热、保温、隔声等性能。根据功能和使用要求,要综合考虑各个房间的大小、日照、采光、通风等。

(2)套内功能空间应具有一定的适应性、可变性,以适应不同家庭居住和生活模式变化的需求,且功能空间还应满足适用、安全、卫生、舒适、经济、美观、长效的要求。

(3)卧室设计应该避开来自户内其他房间或周围邻居的视线干扰,以保证卧室的私密性。

(4)必须设置户内的室外空间——阳台。合理设置阳台,把自然环境引入室内,可促进室内外环境交融,发挥多功能作用。

▷ 5.4.4 绿地规划与景观规划

1. 绿地规划

(1)绿地率。居住区绿地率是指居住区用地范围内各类绿化用地总面积占居住区用地总面积的比率,包括公共绿地、宅旁绿地、配套公建所属绿地、道路绿地,但不包括不能满足植树绿化覆土 3 米深度要求的屋顶、晒台的人工绿地,以及距建筑外墙 1.5 米和道路边线 1 米以内的用地。绿地率是衡量居住区生态质量、环境质量的重要指标。

目前,根据我国《城市居住区规划设计规范》的相关规定,新建居住区绿地率不小于30%、旧城改建区绿地率不小于25%。

在房地产开发营销活动中,一些开发商在售楼书上印制出"绿化率"一词,其实这是不准确、不规范的用词,规范用词应为绿化覆盖率,绿地率不等同于绿化覆盖率。绿化覆盖率是指建设用地范围内全部绿化种植物水平投影面积之和与建设用地面积的比率。在小区规划设计中,绿化覆盖率有时能达到60%以上,往往高于绿地率指标,如地下车库、化粪池等,这些设施的地表覆土一般达不到3米的深度,在上面种植大型乔木,成活率较低,所以计算绿地率时不能计入"居住区用地范围内各类绿化"中,但可以计入绿化覆盖率指标,树的影子、露天停车场可以中间种草的方砖也都可算入绿化覆盖率。

(2)绿地规划的要求。按照集中与分散相结合、点线面相结合的原则,公共绿地系统的布局必须设置一定的中心公共绿地,其目的在于方便居民日常的游憩活动需要,同时也有利于创造层次丰富的公共活动空间,达到较好的空间环境效果。小区级小游园的用地规模,不小于4 000平方米,组团绿地不小于400平方米。中心绿地应道路相邻,并开设出入口,以便于居民使用。

居住区各级公共绿地是居住区空间环境的重要组成部分,公共绿地应采用"开敞式"布局方式,以方便居民游憩活动并直接为居民使用,并在空间上与建筑及周边环境协调。

组团绿地(包括其他块状、带状绿地)要满足日照环境的基本要求,即应由不少于1/3的绿地面积在当地标准的建筑日照阴影线范围之外;要满足功能要求,即要便于设置儿童游戏设施和适于成人游憩活动而不干扰居民生活;要考虑影响空间环境的因素,即绿地四邻建筑物的高度及绿地空间的形式。

绿地规划中,应坚持"一切

可绿化的用地均应绿化,并宜发展垂直绿化"的原则和"宜保留和利用规划或改造范围内的已有树木和绿地"的原则,这是提升小区绿化设计品位的关键环节。对规划区域内具有历史或人文价值的古树,更应特别注意保留和保护,例如北京菊儿胡同项目,就保留了原有的古树。在建筑高密度地区,还应特别注意垂直绿化和庭院绿化,做好宅前与屋顶绿化,同时也可以增强公益活动意识,密切邻里关系交往。

2. 景观规划

（1）步行环境。步行环境的规划与设计应该同时考虑功能与景观问题。就功能而言,包括提供一个不易磨损的路面和场地系统,使人能安全、有效、舒适地从起点到达目的地或开展活动;就景观而言,要求能吸引人,并提供一个使人产生丰富感受的景观环境。

步行环境景观的物质要素包括地坪竖向、地面铺装、边缘、台地、踏步与坡道、护坡与堤岸、围栏与栏杆等。

（2）铺地环境。铺地设计主要从满足使用要求（感觉与触觉）和景观要求（视觉）两方面出发,考虑舒适、自然、协调。对地坪的铺装应考虑材料、色彩、组合等因素:①要考虑地面的坚固、耐磨和防滑,即行走、活动和安全的要求;第②利用地面材料、色彩和组合图案引导行走方向和限定场地界限;③要通过一种能表现和强化特定场地特性的组合（包括材料、色彩和图案）创造地面景观;④应该与周围建筑物形成良好的结合关系。

（3）水体环境。水具有灵动之美,水体的运用往往能为小区环境创造出清新宜人的效果,水也是我国古代造园艺术的精髓之一,由古至今,没有讨论居住环境而不涉及水的。《城市居住区规划设计规范》中将水体面积并入绿地面积来计算绿化率,可见水体对于环境影响的重要性。

水体的运用手法很多,其中最重要的原则,是利用水体的"活"性,顺应自然,利

用自然,因势利导,创造生气活泼而又不矫揉造作的水环境。

例如金地"曲江·尚林苑"项目结合坡地天然形成的丰富而流动的错落空间,创造出层层迭水等情趣空间,为住户每天回家的路增加很多趣味。

(4)户外设施环境。在住宅小区规划中,营造良好的户外设施环境是必不可少的工作,户外设施主要包括:

①独立的小型公建,如门房、警卫室、居委会、小型存车房等。

②公用工程设施中的小型土建,如水泵房、开闭所、加压站、小型热力站(锅炉房)、煤气站等。

③环卫设施及消防设施。

④照明灯、指示牌、标志物、公益广告牌、公用电话亭等。

⑤其他建筑小品、围墙、园林建筑与雕塑等。

这些零散的建筑物和构筑物,是小区功能设施的重要组成部分,需要纳入统一的规划设计与管理。其建筑风格、环境风格、建筑色彩等需要与小区整体风格相一致、相协调,使之成为小区环境的亮点。

例如许多小区中,充满时代气息的路灯、庭院灯、标示灯等,以及各类赏心悦目的区位指示牌、地形平面图、公益广告牌等,都向人们展示出高质量的物业服务和小区文化,对小区环境也是一种美的点缀。再如通过生动富有活力的建筑小品的点缀、透景围墙的设计,也可以为小区创造出优雅宜人的人居环境。

5.4.5　小区道路

1. 交通组织方式

居住区交通组织的方式有人车分行、人车混行结合局部分行两种主要方式。

(1)人车分行。建立人车分行的交通组织体系的目的在于保证住宅区内部居住生活环境的安静与安全,使住宅区内各项生活活动能正常舒适地进行,避免区内大量私人机动车交通对居住生活质量的影响,如交通安全、噪声、空气污染等。基于这样的一种交通组织目标,在住宅区的路网布局上应该遵循以下的原则:

①进入住宅区后步行通路与汽车通路在空间上分开,设置步行路与车行路两

个独立的路网系统。

②车行路应分级明确，可采取围绕住宅区或住宅群落布置的方式，并以枝状尽端路或环状尽端路的形式伸入到各住户或住宅单元背面的入口。

③在车行路周围或尽端应设置适当数量的住户停车位，在尽端型车行路的尽端应设回车场地。

④步行路应该贯穿于住宅区内部，将绿地、户外活动场地、公共服务设施串联起来，并伸入到各住户或住宅单元正面的入口，起到连接住宅院落、住家私院和住户起居室的作用。

人车分行的路网布局一般要求步行路网与车行路网在空间上不能重叠，在无法避免时可以采用局部立交的工程措施。在有条件的情况下（如财力或地形），可采取车行路网整体下挖并覆土，营造人工地形，建立完全分离、相互完全没有干扰的交通路网系统；也可以采用步行路网整体高架建立两层以上的步行路网系统的方法来达到人车分行的目的。

虽然人车分行路网布局要求避免步行路网与车行路网的重叠，但允许二者在局部位置的交叉，此时条件许可应该采用立交，特别是在行人量大的重要地段。

（2）人车混行结合局部分行。人车分行的交通组织与路网布局在居住环境的保障方面有明显的效果，但在采用时必须充分考虑经济性和它的适用条件，因为它是一种针对住宅区内存在较大量的私人机动车交通量的情况而采取的规划措施。在许多情况下，特别是结合我国国情，人车混行与局部分行的交通组织方式与路网布局有其独特的生存发展空间。

人车混行的交通组织方式是指机动车交通和人行交通共同使用一套路网，具体地说就是机动车和行人在同一道路段面中通行。这种交通组织方式在私人汽车不多的国家和地区，既方便又经济，也是一种传统的、常见的住宅区交通组织方式。人车混行交通组织方式下的住宅区路网布局要求道路分级明确，并应贯穿于住宅区内部，主要路网一般采用互通型的布局形式。人车混行交通组织方式在特殊区域应注重结合局部分行的设计原则,例如在小孩或老人出入频繁的区域。

2. 路网规划原则

居住区道路系统是居住的骨架,有分割地块及联系不同功能用地的作用,对整个居住区的合理布局起决定性作用。居住区交通组织考虑的因素包括合理处理人与车、机动车与非机动车、快车与慢车、内部交通与外部交通、静态交通与动态交通之间的关系,应使居民日常出行安全、便捷,使居民日常生活安静、舒适。

在具体的规划中,如何处理这些关系应综合考虑居住区规模、居民的交通结构,兼顾建设资金、居住环境、楼盘档次等因素。随着居民生活水平和对居住环境要求的提高,完全的人车混行方式已不能满足居住需求,应逐步向人车分行、人车混行结合局部分行方式发展。居住区路网布局规划应在居住区交通组织规划的基础上,采用适合于相应交通组织方式的路网形式,并遵循以下原则:

(1)顺而不穿,保持居住区内居民生活的完整和舒适。居住区内的路网布局包括居住区出入口的位置、数量、居住区道路布局等,应该符合居民通勤交通的主要流向,避免产生逆向交通流;应该防止不必要的交通穿行或进入住宅区,如目的地不在居住区之内的交通穿行和误行;应该使居民的出行能安全、便捷地到达目的地,避免在住宅区内穿行。为确保居住区环境的安全、宁静,居住区内的道路不宜四通八达,而是要做到"顺而不穿,通而不畅"。

(2)分级布置,逐级衔接,保证居住区交通安全、环境安静以及居住空间领域的完整。居住区与小区入口位置应符合人流的主导方向和小区的安全管理。为确保小区的交通安全,小区内车辆必须限速。应根据道路所在的位置、空间性质和服务人口,确定其性质、等级、宽度和断面形式,不同等级的通路,特别是机动车道路,应该尽可能地做到逐级衔接。

(3)因地制宜,使居住区的路网布局合理、建设经济。应该根据居住区不同的基地形状、基地地形、人口规模、居民需求和居民的行为轨迹来合理地规划路网的布局、道路用地的比例和各类通路的宽度和断面形式。

（4）功能复合化，营造人性化的街道空间。居住区的通路应该属于生活性的街道，并同时具备居民日常生活活动包括交往活动的功能，居住区内街道生活的营造是居住区适居性的重要方面，也是营造社区文明的重要组成部分。道路转折线型要缓和，不宜有生硬的转弯。

（5）构筑方便、系统、丰富、整体的居住区交通、空间和景观网络。各类各级居住区的通路是建构住宅区功能与形态的骨架，住宅区的路网应该将住宅、服务设施、绿地等区内外的设施联系为一个整体，并使其成为属于其所在地区或城市的有机组成部分。居住区内的道路不仅是从一处至另一处的交通通道，还应是一条充满情趣的视觉走廊。

（6）避免影响城市交通。应该考虑居住区居民产生的交通对周边城市交通可能产生的不利影响，避免在城市的主要交通干道上设出入口或控制出入口的数量和位置，并避免居住区的出入口靠近道路交叉口设置。

3．道路交通规划要求

按照居住区规划设计的理论，结合相应的人口规模和用地规模，将居住区道路进行分级（主要针对车行道路）是必要的。居住区道路的宽度则是按照其等级来确定的。

居住区的道路通常可分为四级，即居住区级、居住小区级、居住组团级和宅间小路。

（1）居住区道路宽度的要求。

①居住区级道路。居住区级道路为居住区内外联系的主要道路，道路红线宽度一般为 20～30 米，山地居住区不小于 15 米。车行道一般需要 9 米，如考虑通行公交时应增加至 10～14 米，人行道宽度一般在 2～4 米左右。

②居住小区级道路。居住小区级道路是居住小区内外联系的主要道路，道路红线宽度一般为 10～14 米，车行道宽度一般为 5～8 米。在道路红线宽于 12 米时可以考虑设人行道，其宽度在 1.5～2 米左右。

③居住组团级道路。居住组团级道路为居住小区内部的主要道路，它起着联系居住小区范围内各个住宅群落的作用，有时也伸入住宅院落中。其道路红线宽度一般在 8～10 米之间，车行道要求为 5～7 米，大部分情况下居住组团级道路不需要设专门的人行道。

④宅间小路。宅间小路是指直接通到住宅单元入口或住户的通路，它起着连接住宅单元与单元、连接住宅单元与居住组团级道路或其他等级道路的作用。其路幅宽度不宜小于 2.5 米，连接高层住宅时其宽度不宜小于 3.5 米。

（2）居住区道路规划的其他要求。

①居住区道路线型有方格型、曲折型、风车型、S 型、Y 型、弧型等。住宅的支路应为尽端式，使车辆不能任意穿行，使之真正成为半私密空间，有利于组团的安

全管理。

②一个较大规模的居住区一般至少需要两个对外联系的道路出入口。居住区内主要道路至少有两个不同方向与外围道路相连。机动车道入口间距不小于 150 米,并征得当地交通管理部门的同意。

③居住区内主要道路与城市道路相接处,而且还应考虑通视条件,其交角不宜小于 75°。当居住区内道路坡度较大时,应设缓冲段与城市道路连接。

④居住区公建中心,应专门考虑为残疾人设置的无障碍通道。轮椅车通道宽度不小于 2.5 米,纵坡不大于 2.5%。

⑤居住区内尽端式道路不应长于 120 米,并在端头设大于 120 米×120 米的回车场地。居住区内道路纵坡控制在 0.3%～0.5%。

⑥居住区内道路设计与施工,小区管线综合设计与施工必须同时进行,避免不必要的返工。

▷5.4.6　配套设施

1. 公共服务设施规划

一般而言,住宅区的公共服务设施可分为公益性设施和盈利性设施两大类;按其服务的内容,又可分为商业设施、教育设施、文化运动设施、医疗设施、社区管理设施五类,如表 5-3 所示。

表 5-3　公共服务设施类型表

类型	主要设施
商业设施	小型超市、菜市场、综合百货商场、旅店、饭馆、银行、邮电局、储蓄所
教育设施	托儿所、幼儿园、小学、中学
文化运动设施	文化活动中心、居民运动场所
医疗设施	门诊所、卫生站、小型医院等
社区管理设施	社区活动(服务)中心、物业管理公司、街道办事处

上述设施在布局中应考虑在平面上和空间上的结合,其中公共服务设施、交通设施、教育设施和户外活动设施的布局对住宅区规划布局结构的影响较大。各类公共服务设施宜根据其设置规模、服务对象、服务时间和服务内容等方面的服务性在平面上或空间上组合布置。例如,商业设施和服务设施宜相对集中布置在住宅区的出入口处。各类教育设施宜安排在住宅区内部,与住宅区的步行和绿地系统相联系;中小学的位置应考虑噪声影响、服务范围以及出入口位置等因素,避免给住宅区内居民的日常生活和正常通行带来干扰。文化娱乐设施宜分散布置或集中

布置在住宅区的中心。

2. 市政公用设施规划

住宅区的市政公用设施包括为住宅区自身供应服务的各类水、电、气、冷热、通信以及环卫的地面、地下工程设施。住宅区市政公用设施的规划应遵循有利于整体协调、管理维护和可持续发展的原则，力求节地、节能、节水、减污，改善居住地域的生态环境，满足现代生活的需求。

(1) 供水系统。住宅区的供水包括居民生活用水、各类公共服务设施用水、绿化用水、环境清洁用水和消防用水。

(2) 排水系统。排水系统包括污水排水系统和雨水排水系统。

(3) 供电系统。住宅区的供电有建筑用电和户外照明用电两大部分，其中建筑用电中住宅用的电量最大。住宅区的电力设施有变(配)电所、开闭所和电缆分支箱，宜设在负荷中心附近。高层住宅一般以高压引入，配电所设在高层建筑内，低压线路采用户外电缆分支箱。

(4) 通信系统。现代化的通信除包括传统的电话、电视和邮政外，还包括话音、数据、图像和视频通信合一的综合业务数字网和有线电视。

住宅区内的通信设施一般包括用户光纤终端机房，约 500～1000 户预留一处(15～20 平方米)；公用电话亭服务半径为 200 米；邮政局(所)服务半径不小于 500 米；每个住宅单元应设住户信报箱，也可以设由物业管理公司管理的集中收发室。

(5) 燃气系统。住宅区应实现管道燃气进户。住宅区的燃气设施有气化站或调压站，二者均要求单独设置并与其他建筑物保持一定的安全距离，调压站的服务半径一般在 500～1000 米。

(6) 冷热供应系统。住宅区的冷热供应一般有三种：①以城市热电厂或工业余热区域锅炉房为冷热源的区域集中供应系统；②以住宅区或单栋住宅为单位建立独立的分散型集中供应系统；③以用户为单位的住户独立供应系统。

住宅区冷热供应设施有住宅区锅炉房、热换站或太阳能集热装置等。锅炉房应该设在负荷中心并与住宅保持一定的隔离。

(7) 环卫系统。住宅区环卫的主要工作是生活垃圾的收运。不同的垃圾收集方式影响着不同环卫系统设施的配置，一般采用在住宅区内布置垃圾收集点(如垃圾箱、垃圾站)的方式。垃圾收集点的服务半径不宜超过 100 米，占地为 6～10 平方米。

(8) 工程管线综合。住宅区的工程管线主要有给水管、排水管、电力管、电信管、燃气管、热力管(蒸气、热水)等。

住宅区的工程管线综合应该遵循以下原则：①各类管线布置应整体规划，近远结合，并预留今后可能建设的工程管线的管位。②各类管线应采用地下敷设的方式，走向应沿道路或平行主体建筑布置，并力求短捷，减少交叉。③各类管线应满足相互间水平、竖向间距和各自埋深的要求。④当综合布置地下管线发生矛盾时，应采取的避让原则为：压力管让重力管、小管径让大管径、易弯管让不易弯管、临时管让永久管、小工程量让大工程量、新建管让已建管、检修少而方便的管让检修多而不易修的管。

3. 停车设施

住宅区机动车和非机动车的停车设施均有停车场和停车库（房）两种，同时还设有机动车停车位和非机动车停车点两种复合用途的场地。

住宅区的集中停车一般采用建设单层或多层停车库（包括地下）的方式，往往设在住宅区和若干住宅群落的主要车行出入口或服务中心周围，以方便购物、限制外来车辆进入住宅区，并有利于减少住宅区内汽车通行量、减少空气和噪声污染，保证区内或住宅群落内的安静和安全。

一般居民的自行车停车设施应该以分散为主，最多不大于以住宅群落（居住组团）为单位来安排集中的自行车停车房（棚）。

对非居民车辆的停放问题应该与居民车辆的停放采取不同的处理原则。一般情况下，非居民车辆的停放应该集中，其停车设施的布局应该尽可能地独立于居民的居住生活空间，一般布置在住宅区外围。对一些临时的、短时间的外来车辆的停放可以借用居民晚间车辆停放的空间。

住宅区停车设施建设可以根据条件和规划要求采用多种形式，例如：可与住宅结合，设于住宅底层的架空层内或设于住宅的地下层内；可与配套公共设施（建筑）相结合设于地下层等；也可通过路面放宽将停车位设在路边；还可与绿化地和场地结合，设于绿地和场地的地下或半地下空间，在其上覆土绿化或作为活动场地。

4. 安全设施

居住区的安全设施根据所采用的安全系统一般较为常用的有对讲系统（包括可视对讲系统）设施和视频监视系统设施。对讲系统是指住户与来访者之间通过对讲机（包括可视对讲机）进行单元门或院落门门锁开启的安全系统；视频监视系统是指在居住区内（可包括住宅内的公共部位）和外围设置能够监视居住区全部通道出入的摄像装置并由居住区保安管理监控室负责监控和处理。这两种保安系统均由居住区的专用线或数据通信线传送信息，需要设置居住区的中央保安监控设施。

5. 户外场地设施

住宅区的户外场地设施包括户外活动场地、住宅院落以及其中的各类活动设施和配套设施。在住宅区中，户外活动场地有幼儿游戏场地、儿童游戏场地、青少年活动与运动场地、老年人健身与消闲场地和包括老年人健身与消闲场地在内的社会性活动场地。各类活动设施包括幼儿和儿童的游戏器具、青少年运动的运动器械和为老年人健身与消闲使用的设施。配套设施包括各类场地中必要的桌凳、亭廊、构架、废物箱、照明灯、矮墙和景观性小品如雕塑、喷水等。

　　幼儿游戏场地的位置应该尽可能地接近住户或住宅单元,以便家长能够及时、方便甚至在户内进行监护,一般有一个相对围合的空间,而住宅院落是一个理想的位置,但要保证基本没有交通——特别是机动车交通的穿越。它的服务半径不宜大于 50 米,或每 20~30 个幼儿(或每 30~60 户)设一处。儿童游戏场地宜设在住宅群落空间中,可设在住宅院落的出入口附近,有可能时宜设在相对独立的空间中。若干个住宅院落组成的住宅群落(约 150 户,或 100 个儿童)设一处儿童游戏场地,服务半径不宜大于 150 米,相当于居住区中的一个居住组团。青少年活动与运动场地应设在住宅区内相对独立的地段,约 200 户设一处,服务半径不大于 200 米。

　　老年人的健身与消闲场所具有多样性、综合性的特点,在不同的时间段往往会有不同的使用内容和使用对象。早晨是老年人晨练的主要时间,下午主要是老年人碰面和交流的时间,其他时间可能作为青少年或家庭户外活动(如游玩、散步、读书等)的空间,而假日更多的是住宅区居民家庭户外活动的场所,有时也会是社区活动的地点。因此,老年人的健身与消闲场所应该考虑多样化的用途,位置布局宜结合在住宅区各种形式的集中绿地内,服务半径一般在 200~300 米左右。

6. 服务管理设施

　　住宅区的管理设施包括社区管理机构和物业管理机构。社区管理机构是一种由行政管理与居民业主委员会管理共同构成的综合性管理机构(如居委会等),主要承担对关系到住宅区的各项建设与发展和住户利益事务的居民意愿、意见的征求以及讨论决策。物业管理部门则受居民业主委员会委托负责住宅区内部所有建筑物、市政工程设施、绿地绿化、户外场地的维护、养护和维修,负责住宅区内环境清洁、保安以及其他服务,如日常收费等。规划设计中,可以将社区管理机构和物业管理部门办公场所合并考虑。

　　物业管理机构与居民日常生活关系紧密,许多物业管理公司已经发展了许多为业主(住户)服务的新项目,如家政家教、购物订票、物业租售代理、家庭装潢等,部分代替了社区的一些服务设施的功能。因此,在布局上宜与社区(活动)中心结合,便于联系与运作,一般服务半径不宜超过 500 米。

📚 本章案例

有境界则自成高格——西安"鸿基·紫韵"项目产品策划剖析[①]

　　"曲江千顷秋波净,平铺红云盖明镜",仅从鸿基·紫韵所处的地段就足以说明

　　① 茅巍.有境界则自成高格——西安鸿基·紫韵项目产品策划剖析,2009.

其优越的资源禀赋，但仅仅拥有好的区域价值是不够的，如果无视其所在区域的历史文脉和建筑语汇，那样建造的建筑必然是苍白的、缺乏生命力的。为了更好体现鸿基·紫韵新古典原筑的原创特色，鸿基·紫韵从立项之初就把建筑风格的研究和理念的创新作为首要的任务，历经一年多的精工淬炼，使其建筑从诞生之初起就已经具有了代表西安这个城市顶级豪宅的血统和基因。

鸿基·紫韵项目从最初土地踏勘到现在芳华初绽已经历时两年多，跨过了三个年头。开发过程中经历了初期的市场定位、产品定位和数次规划的调整和细化修正，以及后续精益求精的产品设计和无数次现场施工的选材把握。值得欣慰的是，伴随着多层的落架、高层的主体封顶，这一极具本土文化韵味的产品也逐渐为西安民众所接受和欣赏，而这也是项目定位之初的理想追求。这得益于鸿基·紫韵从设计方案到建设施工的各阶段中层层落实及施工过程中的执著坚持，终于守得云开见月明，于依旧狂噪一片的地中海风情、托斯卡纳、英式生活之外有所突破，有所收获。

一、鸿基·紫韵建筑布局及风格的确立

1. 对于文化渊源的探究

西安是中国历史上独具魅力的文化名城，建城三千多年，先后有十三朝建都于此，累计长达 1200 余年，在中国也是绝无仅有的。西安的每一寸土地都刻着历史和文化的印记，这里曾孕育出了璀璨的汉唐文明，以及不胜枚举的文人骚客，姜太公、周公旦、老子、韩非子、董仲舒、司马迁、李白、杜甫、白居易、颜真卿、柳公权、唐玄奘……等历史文化名人。这是一个神奇的城市，每个居民都为这座城市厚重的历史和文化而骄傲，执著地坚守着这一份传统人文精神。鸿基·紫韵就坐落在闻名中外的曲江大雁塔和曲江皇家园林遗址附近，与西安其他区域相比，曲江更能凸显的是西安人的文化优越感。

将西安璀璨的历史文化与我们的产品结合起来，这成为我们最初的设计灵感和最终的设计目标——创作有地域文化底蕴且又符合现代生活及审美要求、现代施工技术要求的居住建筑的群体，让我们的建筑与这座城市的文化产生密切的关联。

超脱于建筑物质属性的是建筑的空间精神，而要分析传统建筑或城市规划依旧要回归到中国人的传统人文理念。

中国的传统人文观念中，常常隐藏着道家感性的自由超脱和儒家理性的伦理纲常，两种秩序的力量共同构成了文人性格和人文精神。从表面上看，儒道是离异和对立的，一个入世一个出世、一个乐观进取一个消极退避，但实际上它们又刚好互相补充和协调。达则兼济天下、穷则独善其身是传统士大夫的互补人生路途，不同条件下的人生追求，也成为中国历代知识分子的价值标准，而这种相互依赖又相互矛盾的价值标准又演绎成为了双重的传统人文审美标准。中国的传统城市，如汉长安城，严谨的秩序中又并置着生动的变化，中国的传统园林，在文人们的洒脱

飘逸之下又恪守着道德伦理的等级制度。把握传统中国人文之美，与儒道互补的传统人文理念线索是脱离不开的。

2. 对于群体空间结构的研究

鸿基·紫韵的整体规划格局是建立于西安城市文脉之上的，同西安老城规矩四方的大格局相一致，以突出秩序的十字轴明确地划分出传统城市的街巷布局。入口对称置景暗示着尊崇的等级秩序，是儒家礼制和儒学伦理的具体表现。

在体验了颇具仪式感的对称秩序之后，进入到生活气息浓郁街巷之中。传统城镇之中，街巷是其骨架，纵横其中的街与街围成了街坊，巷便是街坊中建筑之间的空隙或空间，再连接至每一个居民的院落，而街巷交接的节点则往往扩展为街区中心和小广场，或是景观化的台阶、铺地、树池，再加上石椅等小品元素，构成邻里交往场所即常说的"街头巷尾"，是街巷活力的核心。

鸿基·紫韵的街巷体系中也包含着街头巷尾，放大的邻里交往空间，或规整，或自由亲水，成为严整空间中的兴奋点。

游历街巷之后，则进入了高层、多层之间的集中绿化区，水体收放自如，绿化高低掩映,完全在模拟大自然的造化,成就了道家自由洒脱的精神归属。中国文人怀有的隐居梦想,这似乎是矛盾的却又奇妙融合在一起,于乡野之中尚思仕平天下,而一旦坐拥华堂,却又想做"采菊东篱下,悠然见南山"的隐者了。

3.将历史文化和自然资源完美融合

曲江池遗址公园鸟瞰图

鸿基·紫韵所在的曲江新区拥有丰富的人文、生态资源,辖区内有唐城墙遗址、大慈恩寺、大雁塔、曲江寒窑、秦二世陵、汉宣帝杜陵等驰名中外的文化古迹,近年来建成开放的大雁塔北广场、大唐芙蓉园、曲江海洋馆、大唐不夜城等大型商娱馆场鳞次栉比,不仅如此,与鸿基·紫韵地块比邻而立的是碧波荡漾、垂柳依依、鹭鸟成行、亭台水榭的千亩南湖,如此大面积的生态水景资源不仅西安少见,即是放眼全国也屈指可数。区域内更辟有唐城墙遗址公园等六大主题公园,以及南北双湖优美的生态环境,自然资源可谓得天独厚。身处这样一个具有丰富人文、生态资源的区域,鸿基·紫韵的建筑风格也必定要融入这个区域所独有的人文生态的理念。

如何将历史与现代相结合,如何将城市特色与区域特点进行和谐统一。这成为鸿基·紫韵项目开发团队在确定建筑风格时必须研究的课题。

华裔建筑师贝聿铭先生认为"要想让一个建筑一直存活到未来的话,它就必须扎根于过去的源泉之中。"在方案设计之初,我们就对西安已落成和在建的项目进行较为系统的考察,并对西安的名胜古迹和传统建筑做了一定程度的研究,鉴于西安是一座有着十三朝历史的千年古都,汉唐文化底蕴深厚,因此我们认为,鸿基·紫韵应该去传承西安的本土文脉,而不是去克隆一个"星河湾"之类的项目,这样的建筑才会有生命力,就像贝聿铭所说的"事物的精髓和本质是唯一可以长久存在的东西,否则就是暂时的,只是时尚"。传承本土建筑文脉的原创建筑成为我们建设鸿基·紫韵的基本构想。在这个基本设计原则的指导下,我们确立了风格取向——新古典主义亲水建筑群。

二、鸿基·紫韵的规划设计原则和方案的演变

鸿基·紫韵从最初的方案的概念设计,到中途设计方案的方向确立,再到后期方案的不断优化微调,历经了多轮磨砺,应该说在项目规划初期的原则把控是项目成败的关键所在。

1.重要设计原则的确定

在最初的设计方案中,我们首先要考虑项目的整体布局,主要的问题集中在三个方面:①项目主入口的开口方向;②高层区如何排布;③商业面积如何确定。

第一,关于主入口的开口方向。从看地时市政完善程度来看,西侧的芙蓉西路和南侧的雁南5路,都是已经通车的成熟道路,但西面的车流量较大,作为小区的主入口,人员的安全性较差。而东面上林苑路和北面的雁南4路虽然还在建设之中,但已经在铺设管线,道路基本雏形已经完成,鉴于这种条件,设计师建议主入口放到东面的上林苑路,一方面作为豪宅区都是开车一族,多绕一些路问题不大,而东侧临近曲江池公园形象较好。另外主入口放到东面,早晨的阳光都是从东面过来的,人们可以迎着阳光出行,也符合人的行为习惯。

第二,早期有另一家设计院提出把高层区放到东侧的设想,在后来与设计师的不断沟通中,设计师还是建议放到西侧和北侧,这主要基于两个方面:首先,东面如果放高层区,使得早晨的阳光都会被高层阻挡住,而影响到西面别墅区的品质,而如果把高层区放到西侧,则早晨高层的投影就会照射到路上,而不影响到东面别墅区的品质。其次,西侧和北侧距离城市较近,车流量较大,相比较这个区域的居住品质相对较差一些,把品质相对较低的高层放到西侧也符合地块价值使用的合理性,这样高层区排布到西侧和北侧的想法就确立了。

第三,政府的土地出让合同没有明确的指示商业面积究竟要做多少,而是让开发商根据自己的需要来定,这虽然给开发商更大的发挥空间,但商业地产历来被称为是双刃剑,不做或少做会影响到项目的利润,而做多了就会影响到豪宅区的品质。根据策划公司最初的调研和我们对周边环境的考量,我们判断做一定体量的商业不会对项目的整体品质有太多的影响。此外,作为20万平方米体量的小区,也需要一定的商业配套。考虑到整个地块商业布局可实施条件,也只有在西北角和北侧高层区下面有排布商业的可能性。最后研究决定,局部做集中商业加一条商业街,商业面积需控制10 000平方米左右,这样才不会影响到整个小区的品质。

这三个重要的原则,为后来的整体规划,打下了良好基础,以至于我们的整体规划没有在这几个方面动摇。

2.概念设计的演变和深化

所谓概念设计是在正式方案之前的更前期的概念化的方案,这样便于我们来确定产品未来的方向,产品策划一方面需要依靠设计院的专业力量,但良好的工作

和沟通模式实际是产品策划重要的环节,其中在概念方案阶段的互动则更为重要,有了这个阶段的铺垫,方案才能更好地向前推进。

在与设计师共同考察现场之后,就约定在概念方案没有出来之前进行一次中途交流,这次中途互动重要的成果明确了三个方向:其一,确立了高层区所处的方位;其二,从营销角度考虑,明确了要设计一个独立的会所作为营销中心,同时项目启动要以多层别墅开始,围绕会所的展示区要能够快速启动;其三,西侧高层区确立为点式,而北侧的高层区则以板式为主。概念方案前的互动为接下来的概念方案起到了重要的引导作用。

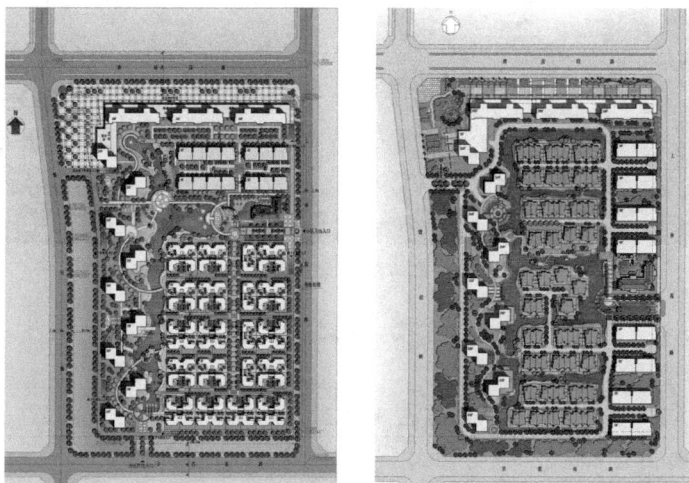

第一轮方案成果

在启动项目规划设计的 20 天左右,设计师就为我们提供了两套概念性的规划方案,并就两个方案的优劣势做了比较分析,我们也针对两套方案进行了专题研究。在概念方案阶段,我们取得了如下几个方面重要的成果:

第一,确定了高层区和多层区的基本排布方式,高层区主要集中在西侧和北侧。别墅区集中东南方向。

第二,确定了商业区的分布区域,主要集中在西北角和北侧。

第三,项目的主入口和次入口的排列方式基本确定,主入口确定在东侧,其余两个次入口集中在南侧和西侧。

比较两个概念方案,方案一的设计思路比较超前,别墅区和高层区全部采取地下停车,从造价来说比较昂贵,并且工期会较长。方案二比较传统和灵活一些,但创新点不多,水景面积过大也影响到造价。经过两个方案的比较之后,我们建议以方案一作为基本的方案蓝本再结合方案二优点,重新确立项目的方案走向。

设计师将我们提交的设计意见消化之后,经过一周的修改,2007 年的 12 月 5 日,提交第二轮设计方案。

第二轮方案成果

第二轮方案还是概念性的方案,但比第一轮方案在如下几个方面进行了深化:

第一,由于有限高的要求,高层区确立为高度控制在 60 米,楼层不超过 18 层,高层住宅区西侧为点式、北侧为板式的布局基本确立。

第二,确立主入口和两个次入口的位置,明确了集中商业的体量,约在 7 000 平方米左右,控制在三层,会所的位置和主景观轴线确定,用于营销的展示区的范围确定。

第三,明确了别墅区的主要产品形态,并且叠加的产品确定为五层的格局,能够较好地消化容积率,同时沿景观资源较好的区域布置双拼产品,并保留了几栋楼王级的合院产品。

第四,小区主要产品形态确定,包括商业(集中商业和商业街)、独立会所、高层住宅(板式和点式)、别墅(叠加、合院、联排、双拼等)。

应该说第二轮方案重要意义在于明确了规划的基本走向和确立了产品的基本形态,包括各个出入口的确立、主要景观展示区的范围也明确了,为下一步的总图定案打下了良好基础。

3. 户型设计以及与建筑规划的互动

在确定了基本的规划方向之后,如果单纯从总图规划及加快推进总图报建的进度,不考虑户型设计的话,将会给今后的总体方案的报建带来很多问题,因此在这个阶段不只单纯研究总图,更重要的是如何把单体户型和总体规划有机地结合起来,这样总体规划才更具有可操作性。为此在第二轮方案之后,我们与设计师召开了专题的户型研讨会,把所有的户型产品进行了系统的梳理。这次户型讨论取得了如下几个方面的成果。

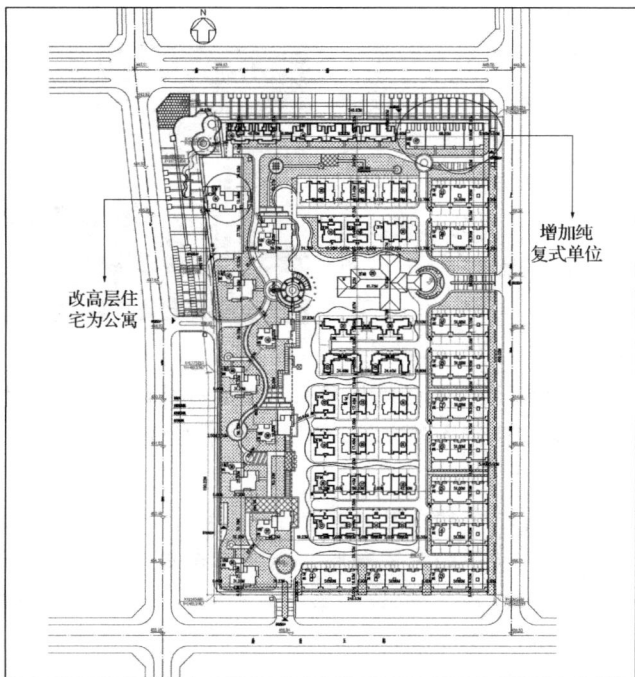

第三轮方案成果

第一,将之前研发的叠加别墅重新进行优化,加大面宽,增加了叠加别墅内的采光井。使得叠加别墅的采光和通风效果更佳,并且增加了上户的私家电梯,这类叠加别墅也是国内首创的产品形态。

第二,将商场上部的高层住宅改为高级公寓,不但丰富了产品形态,也提升了产品的均好性,避免这栋住宅受商业的影响而缺少卖点。

第三,将北侧板式高层,从原先的"3—2—3"单元排布方式,改为"2—3—2"排布方式,减少了一个单元,北侧天际线的效果更佳。

第四,考虑到项目分为两期销售,而二期的别墅数量较少,设计师建议将东北侧两个单元的高层住宅改为纯复式的空中别墅的产品,以避免和其他大户型冲突。

在规划设计中研发户型,会给整个项目方案推进带来很重要的效果,具体体现在如下几个方面。

第一,避免规划完成之后,而户型的缺陷较多,再来修改户型,而修改后的户型影响到规划,给规划的报批带来不利的影响,因此这个阶段的规划必须和户型研发同步进行。

第二,规划离不开项目的定位,而产品定位的重要体现在于户型的面积分配。在规划过程中确立户型面积,可以有效地在规划的每栋楼中确立户数的配置情况,对各栋楼户型进行调配之后,能够基本掌握未来的户型走向。

第三,规划中研发户型还有一个重要的目的,就是要结合本土消费习惯来作出规划,比如西安地域特征表现在,受风沙影响较大,注重南向采光,并且户型面积普遍比较大。诸如此类的地域特征和消费习惯都必须在规划阶段给予消化。

第四,这个阶段的户型研发,同时会给规划带来更多的设计灵感,促进规划的优化,如北侧板式高层区增加全复式单位,就是在考虑面宽有限的条件下,而该区域的景观资源能够充分利用,而想到的一种新的产品形态。

总之,经过在规划阶段中对户型重新进行梳理之后,我们基本确定了产品类型和每种户型面积指标,包括叠加别墅和联排别墅都考虑了边套景观价值更大的优势,因此这些户型的面积适当放大,经过第三轮设计成果之后,已经基本确认了总图报批之前的基本方向。

4. 方案报批之前总图的进一步深化

经过两个多月规划设计,总图方案基本成型,就在即将报总图的前几天,我们与设计院又进行了两轮的沟通,包括景观设计公司对总图也提出了相关意见。主要的意见集中在如下几个方面:

第一,项目西侧高层区距离别墅太近,最近的距离不足 20 米,高层区必定会给别墅区的整体品质有一定的影响。

第二,会所的设计方案有问题,会所采取的是十字造型,两翼凸出,对两侧的别墅会造成一定的压迫感。

第三,南侧别墅区排布较密,并且是行列式布局,缺少变化,不利于将来的景观规划。

针对上述意见,我公司又与设计院进行了再次探讨,针对上述几点意见,设计师对总图进行了再次优化。这是在报建之前,我们内部自身可控范围内的规划优化和取舍问题。

第四轮方案对整体规划进一步的优化,主要的成果体现在如下几个方面。

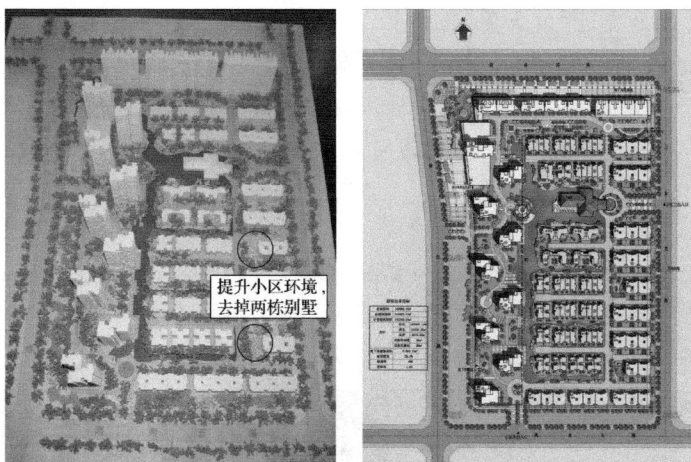

第四轮方案成果

第一,高层区和别墅之间的间距拉大了,最近的距离也超过了 22 米,加之这排高层区首层采取了架空处理,使得别墅的压迫感明显减小。

第二,去掉了两栋叠加别墅,虽然别墅总的体量受到了一些影响,但叠加别墅的楼王单位增加了几户,别墅区的南侧有两个透气的空间,同时内部的联排区域的四个组团没有一个组团的形式是重复的,丰富了组团空间。

第三,会所方案重新考虑,收拢了两翼,同时为了降低会所的高度,利用地形的变化,做了错层处理,正面入口是一层,背后是两层,避免了对两侧别墅的视线干扰。

总之,在方案报审之前,整体方案经过进一步修改后,无论从建筑的排布序列的合理性和实用型,还是景观的利用都做到了价值最大化的处理。

5. 总图报审中的变奏曲

总图经过反复修改之后,总算可以到规划部门进行审批了,事情并不是一帆风顺的,规

修改后的会所效果图

划部门对总图方案评审之后,给出了如下几个方面的意见。

第一,北侧板式高层过于规整,缺少变化,希望我们采取局部降低楼层的处理方式,并将局部栋数错开,使得北侧天际线更为丰富。

第二,北侧高层之间的楼间距给的不够,按规范要求要留足 13 米的楼间距,并要留有两个消防出入口。

第三,公寓的面积要控制在 90 平方米以下,以便于在没有国家 90/70 控制范

围内的产品，能更接近"国六条"的要求。

规划局的三个整改要求，影响比较大的就是降楼层和留够楼间距，这样势必造成北侧高层区要重新排布，同时也会造成有些面积无法在该区域消化，这多出来的面积要加到哪里是我们要尽快考虑的问题。

经过与设计院的反复沟通之后，形成了如下几个方面的应对规划局要求的整改措施：

第一，考虑多出来的面积分配到哪里都不太合适，最后还是考虑增加公寓的面积，将之前的一字形排布，改为厂形排布，这样能较多的消化面积。

第二，将北侧中间的三个单元的大户型单位，改为两个单元，以此来增加楼间距；降低该栋的楼层，从18 层降低到 16 层，并和左右两侧的板楼错开，使得天际线更加丰富。

北侧高层采取了降低楼层的处理

第三，将原先西北角两个单元改为三个单元，这样北侧板式高层排布从之前的"2—3—2"变成"3—2—2"，并将这三个单元的户型重新研发，以便于满足楼间距的要求。

经过 10 多天的整改之后，终于形成了最终的总图方案，而在这次整改过程中，我们也重新检讨了一下北侧高层区的户型结构，把之前有缺陷的地方一并整改了过来。

经过 4 个多月的总图规划和报审后不断地整改，终于确定了总图方案，同时在修改总图的过程中还不断进行着其他设计内容和户型优化和立面的设计，方案基本成型。

三、鸿基·紫韵单体空间布局和户型设计

1.鸿基·紫韵单体空间布局

在单体空间布局方面，我们贯穿了传

最终成果模型

统的文人阶层的审美观，最具体的体现便是不同形式、尺度的院落构成。

在传统建筑中，建筑及其布局与围合的院落体系互为图底，互为因借，儒家的秩序呈一种理性规范的态势，限定了院落体系的基本实体框架（建筑及其布局），那么道家追求心灵自由的无为而生，还是这种框架内冲撞不息的浪漫解脱。院落之中,天地有大美而不言,自然与美存在于这个框架之中而又独立其外,建筑细节与景观园林是道的载体,而对美的审视则更源于载体与心灵的碰撞。

在每一个静寂独处的时刻,每一个乌鹊南飞的月夜,院墙隔喧嚣于其外,可坐观庭前花开花落,仰见天外云卷云舒,在此时,院落成为心灵旷达的庇护所。儒家是白昼,是高大的堂屋,是秩序严整的屋宇格局,是高悬牌匾的"礼义廉耻",道家是黑夜,是通幽的曲径,是堂前屋后的几丛芭蕉,是一曲缭绕于梁间余音袅袅的《平湖秋月》。

2. 户型设计

鸿基·紫韵的建筑单体设计,是将传统的院落体系结合现代生活方式以及现代的生活空间并进行了再创造,广泛应用于多层与高层的关系之中。在多层设计之中,院落往往成为了布局的核心,使建筑空间的灵魂与建筑之间的构成关系可大致分为以下几类:

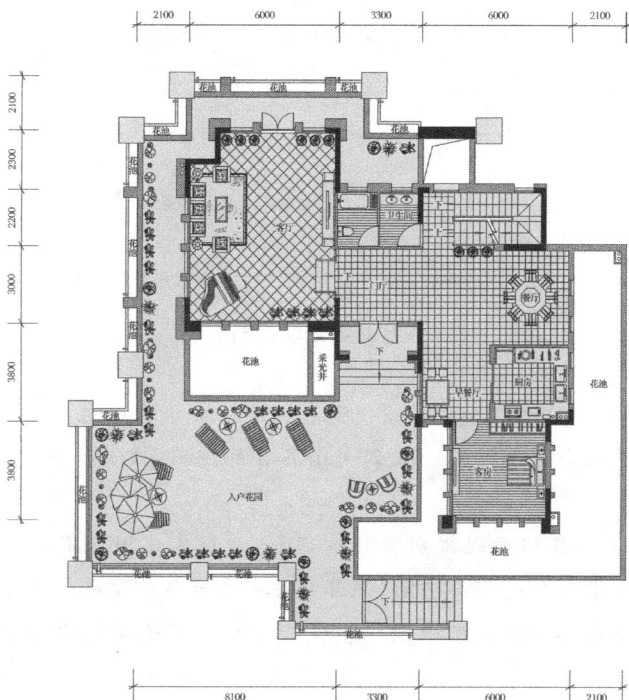

合院别墅 A 户型首层平面图

(1)内向中心。合院别墅即是典型的建筑围绕院落的布局方式,院落成为单体建筑体量的中心焦点,建筑实体对庭院开门开窗,营造出传统的庭院意向,建筑室内流线所陈述的故事也与院落若即若离,忽隐忽现,院落成为室内的关注聚集点。

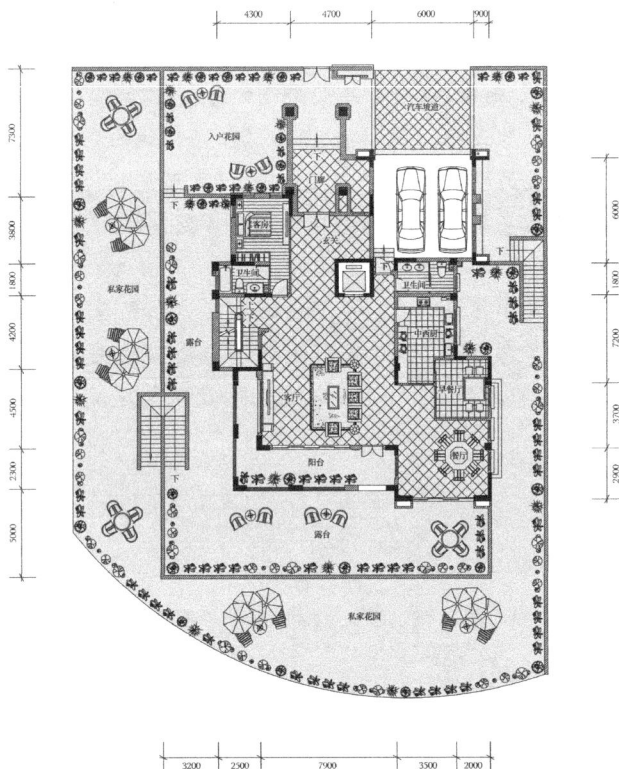

独栋别墅首层平面图

（2）外部环绕。独栋别墅形成由院落包围建筑实体的意向，院落伴随着建筑的凹凸院墙的形态而形成连续的一系列大小各异的院落，成为了建筑与外在联系的过渡空间。

（3）相互穿插。类似于联排别墅的院落，与建筑实体围墙有机穿插设计，院落以景观对景方式渗入到大部分房间，一部分院落成为与外界的过渡空间（前院），另一部分则成为家庭共享的私密空间（侧院、后院），在继承传统院落的同时，空间具有很强的趣味性。

功能方面使单体建筑室内通风、采光更符合现代功能需要，通过与院落的界面有机穿插设计，在单体面积有限的情况下，做到传统院落意向与现代生活需要及土地合理利用之间的平衡。

（4）内置天井。叠加别墅中，院落被压缩成为了天井，天井成为室内空间的辅助部分，做采光通风之用的同时，也丰富了室内空间层次，围绕天井的建筑部分成

叠加别墅户型中植入天井

高层 K-1 户型可开合的观景阳台

为了建筑单体空间内在的亮点。

传统院落体系用于高层的功能空间是另一个有趣的话题,与室内功能相结合的小而精致的"院落"(或为阳台)成为了高层单体平面设计的亮点,可分为三类:①入户花园,在公共电梯与私人领地之间设置空间,提高了居住的隐私感使主人回家的感受更为亲切;②空中合院,通过部分房厅的围合,形成半开放半封闭的院落,是室内空间布局的焦点;③景观阳台,向景观面外挑的大阳台形成了住户向外欣赏景观的院落,"居庙堂之高而察江湖之远"是户型空间的一个集中兴奋点,而高层建筑的这些院落,并非独立于建筑之外,而是更为有机地融入进了单体功能体系,与各个住宅功能部分紧密合理联系,相互作用是终成为住宅功能之中不可或缺的一部分。

四、鸿基·紫韵地方性体现及细节表现

1.结合西安本土化特色的设计原则

在确定项目风格的基础上,充分利用土地自身资源,并结合西安本地民众的生活习惯,同时引进深圳优秀的建筑设计理念,研发出了具有西安本土特色的设计原则:

第一,鉴于西安古都特色和特有的文化背景,加之本案地处曲江新区,周围的六个遗址公园都是唐风建筑,因此项目的产品风格也有与之匹配,产品风格要设法延续西安的本土文脉,但并不是简单的复古,而要根据现代人的审美取向和生活模式来考虑其风格。

第二,西安属于中纬度大陆腹地的大陆性气候,四季分明。在大陆性气候条件下,太阳辐射和地面辐射都很大。所以夏季温度很高,气压很低,非常炎热。冬季受冷高压控制,温度很低,也很干燥。一天内的变化也很大,气温年、日较差都比海洋性气候大。受黄土高原的影响,西安的风沙大,灰尘多。要在这样的环境中去考虑户型设计,必须结合西安本地的气候情况来处理。

第三,西安人有着西北人的豪爽和耿直,但由于远离沿海,信息相对闭塞,其观念要明显落后于沿海城市,固步自封的观念根深蒂固,因此过于时尚的东西在这种环境难以消化。本地人喜欢大客厅、大卧室,整体居住单位都比深圳要大,其单价水平也较低,要根据这样的消费习惯来安排户型。

第四,由于西安冬季较冷,最低温度可以到零下8度,因此对朝向要求较高,而南向采光显得尤为重要。冬季北向的房间较冷,因此要尽量考虑将较多的卧室安排在向阳的方位。

2.结合当地生活习惯的设计原则

根据我们之前的市场调研,和在西安生活一段时间后的生活经验,我们在与设计师的不断沟通中,确立几个结合本土文化和消费特点的设计原则。

第一,建筑主体风格趋于现代,在局部的符号表现上有中国汉唐建筑的神韵,中式元素只是取其意境,用现代白话文去诠释汉唐建筑的神韵,正如万科第五园所追求的"不怕不中式,就怕不现代"。

第二,规划布局上充分考虑西安本地对南向采光较为注重的特点,同时兼顾东侧南湖景观。主要客厅和卧室都以南向和东向为主,尽量减少北向卧室的数量。

第三,由于西北地区风沙较大,在户型设计上没有刻意运用大露台等创新手法,取而代之的是阳台和内庭院的设计,这些空间业主都可以按需自行二次改造。

第四,户型设计以实用和满足功能为目的,有效利用户内每一寸空间,注重朝向和景观的利用,做到大户型舒适,小户型实用,别墅阔绰而不浪费。

第五,考虑西安本地人喜好大客厅和大主卧的消费习惯,每个户型的设计都加大了客厅和主卧的面宽,主力的大户型都做到阔绰而舒适。

第六,在产品的组合上突出豪宅特点的同时,并根据每栋楼所处的位置不同而采取了因地制宜的规划方法,开辟了多种类型的物业形态,每种户型都依据景观资源而考虑其户型的大小和格局。

3.高层住宅兼顾日照和景观

考虑到西安地区对日照的要求,同时考虑到项目东侧比邻曲江南湖的景观资源,两梯两户的点式高层均做到了三间卧室超南,而客厅向南或朝东,兼顾南向和东向的景观。而两梯三户的点式高层,最西侧的户型也同样实现了客厅朝东,三间卧室朝南,而南面的小面积单位也保障至少有两个卧室朝南。

高层 K-1、K-2、K-3 户型　　　　　高层 J-1、J-2 户型

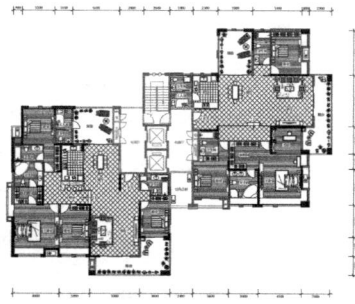

4.利用景观资源的细节创造

内地的许多设计院在做建筑设计方案时,不太在意景观在小区内如何布置,而深圳的许多设计院在做总规的同时非常注意景观价值的利用,通常在规划初期就考虑了景观的内容。

我们在方案规划初期就已经考虑到景观如何来摆布、水系如何分布的问题,所以在第三轮方案时就考虑沿水系边布置面积较大,品质相对较好的双拼别墅,这样使得这里的景观价值能够很好地利用。但在会所西北角这个景观价值最好的地方布置一座普通的双拼还是很难体现出该处景观价值,因此在第四轮方案就考虑增加一栋独栋别墅。我们以为,一个高档社区中是需要这种画龙点睛的产品来提升整个社区的档次,虽然为数不多,但在项目的整体档次上创造了一个价值标杆。

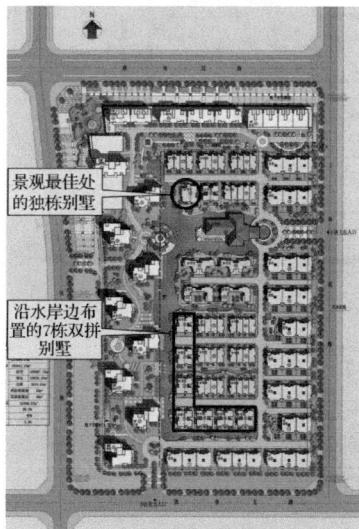

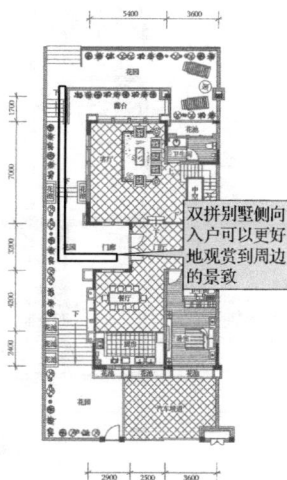

沿水岸布置双拼别墅,不单是考虑本身的户型体量和景观价值利用问题,更

考虑了如何利用其水岸的特点创造回家的路线也充满情趣和观景的效果,因此我们要求在沿水岸的这四栋别墅的入户方式不是传统意义的南北入户形式,而是侧向入户,这样在回家的过程中能够充分体验到周边的水景氛围。

5. 通透电梯间和智能刷卡细节化设置

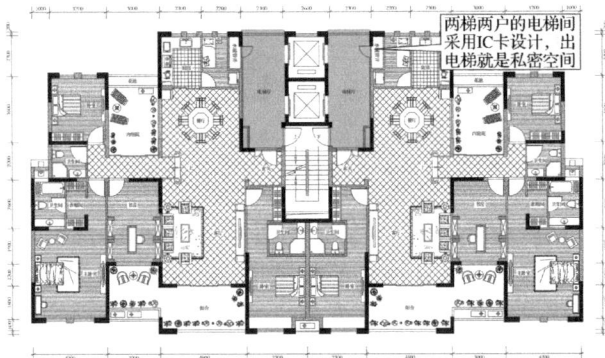

高层46♯标准层N—1户型

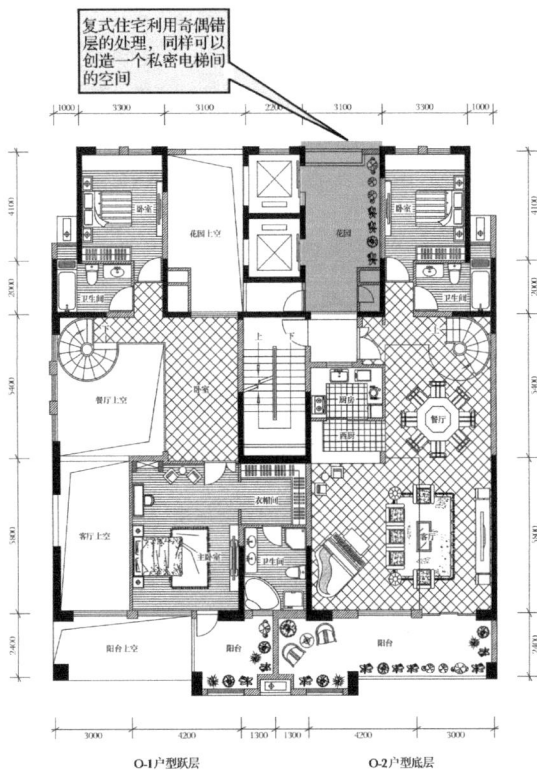

O-1户型跃层　　　　　O-2户型底层

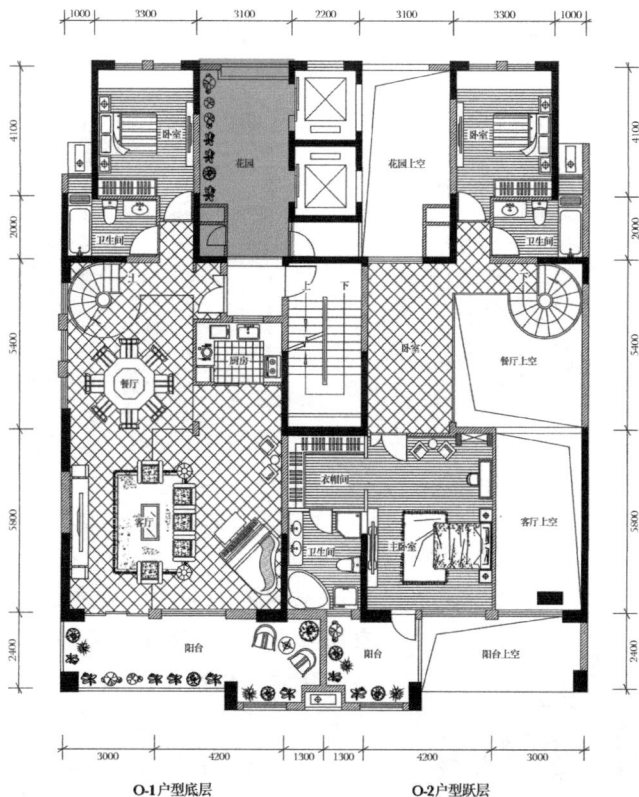

O-1户型底层   O-2户型跃层

　　作为一个高档社区,对电梯的选择和电梯间的设计尤为重要,深圳目前电梯间敞亮通透已经是必须具备的条件,但在内地黑暗电梯间仍大量存在,除了把电梯间设计的通透敞亮之外,利用一梯两户的设计,将电梯间设计得私密性更好一些,也是高档住宅项目很重要的亮点。

　　我们以为,高档社区住户对社区的品质要求较高,特别对安全和私密性的要求,这是许多豪宅客户共同关心的问题,这一点在本案的电梯间设计中我们予以充分考虑,凡是高层住宅,除了公寓和一梯三户的单位无法实现私密性较好的电梯间之外,其余所有的一梯两户的板式和点式单位均做到了一出电梯间就是业主的私密空间。并且所有的电梯设计均考虑了IC智能刷卡的设计,给客户更安全、更隐秘的半私密的生活空间。

　　6. 高层住宅阳台可以二次改造成阳光房的设计

　　西安地区受风沙影响较大,开敞的阳台非常容易落灰尘,许多住宅都将前后阳台封闭起来,这种传统的设计方式在北方城市非常多见,但我们以为将阳台完全封闭,每个住户就失去了与大自然直接交流的机会,从这一点考虑,我们没有在阳台上采取完全封闭的做法,而考虑将阳台设置成半开半合状,业主可以进行二次改造开辟出一间阳光房,这样既拓展了室内空间,同时也增加了室内的功能。

可以进行二次改造的阳光房和阳台

7.结合西安文化的造型元素与色彩

传统人文的共性建立于具有人文情怀的空间之上,具体的造型元素和立面色彩表达则更强调地域特点。在现代施工工艺和材料工业化生产的前提条件下将古典北方建筑元素进行简化,抽象表达传统建筑的轮廓和神韵,而非具象的模仿其造型。在具有地域特征的部位,如屋顶、屋脊、门窗分格、檐口等,通过现代材料表达与传统建筑风格的相似性,将传统建筑符号抽象提炼后运用到建筑焦点部位,反映了真实的材料与技术,即具有了强烈的现代感、厚重感又体现出了传统建筑的神韵。

建筑立面色彩尊重西北地方传统的灰色调,以灰色、褚石色劈开砖结合浅灰色石材为立面主材。褚石色劈开砖暗含传统唐风建筑的古朴雄厚,灰色劈开砖则与西安传统唐风建筑一脉相承。而石材则与建筑底层部分的台阶、踏步、柱础形成和谐的对话关系。当然,三者在立面上的构成方式是完全以现代的审美来实现的,根据现代审美的构成要求,

以自由块面的方式呈现开来,窗框色彩为深咖啡色的铝合金型材,与传统唐汉建筑

竖向的红色窗棂如出一辙。窗与墙在立面上的比例基本尊重传统北方气候特点，只是在景观面会加大窗的比例，同时又会增加窗周边墙体的凹凸感，令大面积的窗仍然能够与整体沉稳的风格相协调。坡屋面是对传统建筑最为直接的呼应，灰色瓦屋面配置仿木色深檐口，用色彩和材质将大片住区各式独立的产品统一成一个整体。

鸿基·紫韵是基于传统人文精神的地域化建筑的再创作，不去刻意追求建筑外在形式的具象复古，而将传统人文中对人生、自然的精神追求，贯穿在整体建筑的感受之中，表达出对传统精神的尊重与追求；表达中国文人在浩然正气与自然内敛地平衡艺术，这或许就是一种建筑的人文境界。

近代著名学者、国学大师王国维在他的名作《人间词话》指出："词以境界为最上。有境界，则自成高格。"并认为古今那些成就大事业、大学问的人，都必须经历三种境界：第一境界"昨夜西风凋碧树。独上高楼，望尽天涯路。"第二境界"衣带渐宽终不悔，为伊消得人憔悴。"第三境界"众里寻他千百度，蓦然回首，那人却在灯火阑珊处。"王国维所谓三种境界，第一种即入门前茫无头绪，求索无门的疑惑与痛苦。第二种是叩门时以苦作舟、以勤为径、上下求索的执著与忍耐。第三种则是功夫到处，灵犀一点、参透真谛、已入门中的喜悦与释然。

王国维的境界之说，对于我们做产品策划和建筑优化有着很深远的借鉴意义，面对着一块没有任何雕琢的地块，如何设计出最适合、最美的产品，都要历经王国维所说的三种境界，这境界就是开发商的不断探索和设计师追求完美的精神，有境界，才能历练出高规格的产品。

思考与练习

1. 房地产产品的概念是什么？房地产整体产品有哪几个层次的内容？
2. 房地产产品有哪几种类型？
3. 居住类房地产项目可以细分为哪几类？
4. 试总结限价房、经济适用房和廉租房之间的特点和区别。
5. 商业房地产项目可以分为哪几种类型？
6. 工业房地产项目可以分为哪几种类型？
7. 什么是房地产项目产品差异化策略？可以从哪些方面来实现房地产项目的差异化？
8. 在理解房地产项目产品组合策略的基础上，试分别就"不同物业类型组合"、"相同物业类型、不同产品品目组合"两种方式各寻找开发实例进行分析。
9. 房地产项目产品定位的内涵是什么？产品定位有哪些原则？
10. 房地产项目产品定位的限制条件有哪些？

11. 房地产项目产品定位的方法有哪些？

12. 常见的规划布局有哪些形式？

13. 按建筑层数、平面特点、结构类型和户内空间布局进行分类,住宅建筑类型各有哪些？

14. 试总结错层、复式和跃层之间的特点和区别。

15. 住宅功能分区应注意哪些原则？

16. 区分绿地率与绿化率之间的区别？找一份项目折页或楼盘广告,分析其绿地率如何表述,是否符合规范。

第6章 房地产项目形象策划

本章学习要求

1. 掌握房地产项目形象定位的概念和策划要点

2. 熟悉房地产项目形象策划的主要内容,理念识别系统,行为识别系统,视觉识别系统,房地产项目案名设计

3. 了解房地产项目形象策划的含义和目的,房地产项目形象定位的原则,形象识别系统概述,房地产项目工地现场形象包装、售楼部形象包装和样板房现场包装

6.1 房地产项目形象策划概述

▷6.1.1 房地产项目形象策划的含义

楼盘形象来自于人们对项目固有的建筑形态,是人们心目中形成的、对该楼盘的总体印象和评价;但更深层面上楼盘形象是从楼盘物质形态中所折射出来的文化表征,如建筑文化、居住文化等,是建筑学和社会学、艺术学等学科交织后所体现出来的建筑美感和公众心理感受。因此,这也就不难理解形象策划对提升楼盘市场竞争力具有很大的影响。

项目形象策划是对楼盘的形象定位、开发理念、企业行为、视觉标志等各要素的规范与整合的过程,开发理念、企业行为、视觉标志等工作通过项目识别系统——CIS(corporate identity system)来完成。

CIS是企业理念、企业行为和视觉标志三者的有机统一体。CIS的出现,解决了企业形象或项目形象的传达难题,它通过对构成形象的各要素进行系统化、统一化处理,使复杂抽象的形象具体化、符号化,再借助全方位的信息传达将其清晰、准确地展示出来,从而形成符合CIS设计的、具有企业或项目个性的形象。CIS可以

帮助树立企业形象、楼盘形象,提升项目在公众中的知名度,提高消费者对项目的认知程度,实质是帮助项目实施个性化、差异化发展战略。

6.1.2　房地产项目形象策划的目的

形象策划旨在塑造项目整体形象的个别性,展示与竞争楼盘的差异性,激发消费者对项目产生一致的认同感,并赢得消费者的信赖和肯定,以达到促进房地产营销的目的。良好的项目形象对吸引顾客、扩大市场份额有极大的促进作用。

6.1.3　房地产项目形象策划的主要内容

1. 房地产项目形象定位

形象定位是在产品定位和客户定位的基础上,通过研究房地产项目的市场表现方式,以确定房地产项目在市场上的表达形式。一个房地产项目形象定位形成后一般要通过广告、活动等方式进行宣传表现。

2. 房地产项目形象识别

房地产项目形象识别一般通过企业形象识别系统来完成,主要包括理念识别系统(mind identity,简称 MI)、行为识别系统(behavior identity,简称 BI)和视觉识别系统(visual identity,简称 VI)三个有机统一的组成部分构成,详见本书第 6 章6.3 节内容。

3. 房地产项目形象包装

形象包装主要包括案名设计、工地现场、售楼部以及样板房的形象包装等,其主要是为了提升项目形象,促进市场销售。

6.2　房地产项目形象定位

6.2.1　房地产项目形象定位的概念与原则

1. 形象定位的概念

形象定位主要是找到该房地产项目所特有的、不同于竞争对手、能进行概念化描述、能通过广告表达并能为目标客户所接受而产生共鸣的特征。

形象定位需要研究房地产项目的市场表现方式,确定房地产项目从产品到商品的过程中的最佳表达方式。该部分研究中要回答的问题有:如何让消费者理解产品的内涵,如何对产品的特点进行描述和提升,如何让消费者对项目产生认同感而发生购买行为,等等。形象定位一般通过统一的广告、包装、模型与样板房等形式来表达。

在产品定位和客户定位的基础上,就可以确定项目的形象定位。形象定位诉求点源自产品和客户诉求。在产品定位和客户定位后,房地产经纪人和广告人一起罗列项目产品定位和目标客户特征,内容包括一些易于展示的主题概念和卖场包装,其中包括楼盘名称、主打广告语等表现项目特点的内容。一般采用头脑风暴法共同确定项目形象定位。

2. 形象定位的原则

(1) 项目形象易于展示和传播。例如项目命名和广告主题,应有丰富的内涵和优美的表现,应该有利于该项目的展示和传播。

(2) 项目形象定位应与项目产品特征符合。一个好的形象定位可以传递产品品质特征,引发消费者的联想。与产品特征毫无联系的形象定位,或牵强附会的形象定位,对项目销售绝无益处。

(3) 项目形象定位与项目周边的资源条件相符合。例如项目定位于国际化社区必须与周边的资源条件如国际学校、国际俱乐部等匹配。

(4) 项目形象与目标客户群的需求特征符合。项目定位应呼应目标客户的需求,向客户传递产品信息,在客户心目中引发"这就是我所要的"触动和共鸣。

(5) 项目形象定位应充分考虑市场竞争的因素,与其他楼盘有明显的差异和区别。

▷ 6.2.2 房地产项目形象定位的策划要点

1. 形象定位要结合项目优势和客户需求进行分析

房地产项目定位应当通过项目的 SWOT 分析。聚焦项目优势并提炼升华使之成为消费者关注的热点,激发和创造需求,说服顾客认同项目所提出的生活理念,促发购买动机。

在形象定位时,应当特别注重项目卖点的提炼与设计,同时深入分析客户需求点,迎合消费者利益,达到物质文化和精神文化相结合。

2. 形象定位要与项目内在品质相符合

项目形象定位切勿夸大其词,所提炼和表达的项目形象应当和产品内在品质相吻合,因为只有内在的物质形态和文化形态才能真正支撑起所表达的项目形象。青山、绿水、湖畔、大树、草地等物态都可以作为形象定位的基础,但是形象定位不能是无稽之谈;同时,形象定位也存在挖掘文化内涵的必要,要求策划人员对城市和项目周边文化积淀进行深入调查。

3. 形象定位要具有高度的创意性和审美意境

项目形象定位并不是对建筑本体的简要说明,要求策划人员具备较为全面的知识结构如建筑学、美学等,以及科学的思维方式、艺术修养和丰富的联想力,结合项目特征开展恰如其分的形象表达和内涵提升。

　　以住宅项目为例,人类把住宅作为栖息之地,但其更是人们情感、精神、个性的寄托和聚集。一个优秀的项目形象定位,应具有大众的审美意境,发掘和引导市场需求、消费观念、时尚潮流,促进社会文化的发展,体现建筑以人为本的设计思想,营造一种诗意的人居境界,彰显家园对人生的价值,实现居住归宿感。如广州广大花园"大榕树下,健康人家"的绿色人居形象、深圳蔚蓝海岸项目的"海滨、惬意、休闲、生活"形象等都给人们留下了深刻的印象。同时良好的形象定位也可以增加楼盘的附加值和无形资产。

　　4. 形象定位要尊重历史、传承文化

　　目前旧城改造已成为城市房地产开发中一个重要区域,在很多具有历史积淀的城市如北京、西安、上海等,其传统历史街区的价值非常高,如北京的胡同及四合院、上海的石库门、天津的旧租界、青岛的里弄等都具有较高的历史与建筑艺术价值。

　　对旧城区的更新改造,应克服盲目性和片面性,避免简单粗暴的做法,防止大拆大建,坚持保护和开发相结合的旧城"有机更新"理念。现代"有机更新"理论主张"按照城市内在的发展规律,顺应城市之肌理,在可持续发展的基础上,探求城市的更新和发展"。并且认为一个城市总是需要新陈代谢的,但是,这种代谢应当像新老细胞更新一样,是一种"有机"的更新,而不是生硬的替换,只有这样,才能维护好古城的整体风格与肌理①。

　　在现代"有机更新"理论的指导下,旧城改造特别是历史街区项目的形象策划就要尊重历史文脉,体现富有历史色彩的形象定位,留下能引起"记忆"的城市片段,丰富城市内涵。

阅读材料 6-1

天津意大利风情街②

　　意大利风情街位于天津市河北区海河沿岸,南至博爱道,北至建国道,东至五经路,西至胜利路,占地28.45公顷,始建于1902年,是目前意大利在亚洲保存最大的、最完好的风貌建筑群落,区域内共计意式建筑风格的小洋楼137栋,包括历史上的剧场、学校、教堂、市政办公厅等,也包括近代历史上一批历史文化名人故居,如曹禺、梁启超、李叔同等。

　　天津市政府正将意大利风情旅游区打造成为代表天津城市形象的、小洋楼文化突出的时尚商业街区。作为唯一的投资方天津市海河建设发展投资有限公司已

---

①　吴良镛.北京旧城与菊儿胡同[M].北京:中国建筑工业出版社,1994.
②　中国日报网,2009-06.

投入 20 余亿元,修复意式风情区小洋楼 13 万平方米用于商业开发。

2003 年海河综合开发改造工程实施以来,整个街区已整修完毕,成为海河岸畔的重要景点和游览目的地,见证了海河沿岸最璀璨的明珠——意大利风情街的沧桑过往和辉煌新颜。目前,意大利风情街已逐渐成为极富文化底蕴的、气质动人的旅游胜地,是国内外游客来天津休闲观光的绝佳去处。

6.3 房地产项目形象识别系统

▶ 6.3.1 形象识别系统概述

楼盘形象设计是房地产形象策划的核心部分,它帮助房地产项目把楼盘开发理念、楼盘形象、文化内涵以及楼盘的整个优势传递给公众,让消费者对楼盘产生良好的印象。

企业形象识别系统(CIS)包括的三个系统之间相互联系、层层递进,形成一个完整的形象识别系统,系统之间的逻辑关系如下:

1. MI(理念识别系统)

MI(理念识别系统)是 CIS 的核心和原动力,房地产项目开发理念特指具有特色的楼盘经营活动的思想和观念,是项目主题策划思想的体现,尽管其没有实体形态,但却是影响项目成败的重要因素,是其他子系统建立的必要基础,其内涵和实质通过企业行为和视觉标志显现出来。

2. BI(行为识别系统)

BI(行为识别系统),在确定开发理念以后,重要的是把项目理念化作具体的、可操作的行为。它以 MI 作为核心和基础,通过一整套的特有模式,向外展示企业的开发理念和项目独特魅力,以获得社会大众的认同和好评。

如前面所讲到的深圳"波托菲诺·纯水岸"项目,策划人员通过深入分析项目特征,引入了一种意大利旅游小镇的休闲生活概念,然后开展了一系列的公关活动,通过主流媒体介绍和营造项目的"波托菲诺生活格调",来激发人们的生活向往,这是开发理念转化为企业行为的典型案例。

3. VI(视觉识别系统)

VI(视觉识别系统),是在完成以上设计后,对 MI(理念识别)和 BI(行为识别)中的视觉因素进行全面、统一的设计,包括项目案名标志、文案用语、办公用品(信纸、标签、礼品盒、手提袋等)、销售工地现场、售楼部等场所的色彩、风格、字体设计等。

很显然,CIS 三个子系统之间存在很强的逻辑关系,三者构成一个有机统一体。只有通过对三个子系统的统筹策划和设计,制定系统化的形象战略,才能有效地塑造企业或项目的良好形象。

▶ 6.3.2 理念识别系统

理念识别系统的形成通常是房地产企业所处的行业地位、经济实力的反映,也是房地产企业发展方向、运行轨迹的体现。理念识别系统(MI)是 CIS 的基本精神所在,也是 CIS 策划的核心部分、CIS 创作的原动力。

房地产项目开发理念特指楼盘经营活动的个性思想或观念,其设计体现了房地产企业独特的价值观,也是形成楼盘个性化、差异化的基础。虽然开发理念是无形的,但足以影响项目的成败。理念识别系统由基本要素和应用要素两个主要部分构成。

1. 理念识别系统的要素

基本要素:经营理念、组织结构、企业精神、发展目标、道德风尚、经营策略等。
应用要素:信念、信条、警语、口号、座右铭、标语、训示、守则、企业歌等。

2. 知名房地产开发企业的企业或项目(楼盘)经营理念示例

万科地产——"以客户为导向,以产品为中心"。
中海集团——"中国品质地产探索者"。
招商地产——"以人为本,以客为先"。
富力地产——"奉献社会,服务大众"。
珠江地产——"以客户为中心"。

3. 经营理念与主题策划的关系

事实上,经营理念与本书第 4 章 4.4 节所讲到的项目主题策划之间存在必然的逻辑关系。一方面,当企业经营理念形成后,会显著影响所开发项目的定位及项目的主题策划思想。如广州"南国澳园"的企业经营理念是"新生活的领跑者",也是该楼盘的总主题;广东宏宇集团的企业理念是"舍得、用心、创新",也指导着星河湾项目的主题策划。另一方面,这些楼盘的主题策划和形象塑造,都是对企业经营理念的具体诠释与实践。

6.3.3 行为识别系统

然而,单有理念是远远不够的,重要的是把项目理念化作具体的可操作行为,这就需要导入行为识别系统(BI)。行为系统的内容极其广泛,房地产企业或项目的行为识别系统可分为对内应用和对外应用两部分。

表 6-1 房地产项目行为识别系统

对内应用	1.通过企业内部各种渠道关心员工 2.强化组织的凝聚力 3.加强企业内部宣传教育活动来突出企业或项目特征,如业务培训、礼仪(包括服务态度、应对技巧、电话礼貌、体态语言等)、服饰、福利待遇、工作场所、环保观念及产品研发等
对外应用	1.市场调查 2.广告活动 3.公关活动 4.公益文化活动 5.促销活动 6.竞争策略 7.与各类公众的关系等

导入行为系统的目的就是调整、完善企业的所有活动使其规范化,充分体现企业或项目的开发理念。

6.3.4 视觉识别系统

在房地产形象策划中,理念识别系统(MI)作为理念精神,是抽象和难以具体显示的;行为识别系统(BI)则侧重于房地产项目的行为化过程,缺乏视觉表达功能。心理学实验表明,人接受的外界信息中 83% 来自视觉,可见企业或项目的形象外观对人的作用巨大,所以视觉识别系统(VI)受到开发商的特别重视。

视觉识别是通过可视化的符号,经由全面、统一的识别设计,传达企业的开发理念和楼盘信息,塑造项目独特的形象,达到视觉表现的一系列过程。视觉识别系统(VI)是 CIS 的视觉传递形式,在企业识别系统中最具传播力和感染力,能够充分、明确、一目了然地传达项目理念、精神等内涵。

项目 VI 设计是一项系统的工程,包括项目名称、标志、标准字、标准色等核心要素和办公事务用品、广告、销售环境等应用要素,具体见表 6-2。

表 6-2　房地产项目 VI 设计

核心要素	1.项目标志
	2.标准色
	3.标志延展
	4.标识/标准字体组合等
应用要素	1.公司环境视觉识别的应用:办公间装修装饰风格、名片、工作人员胸卡、请柬/请柬封套、车体运用、物业管理等
	2.售楼部室内视觉识别的应用:销售人员服装、保安员服装、售楼部形象墙、售楼部展板、样板房标识、台面标牌、销售进度表等
	3.售楼部室外视觉识别的应用:售楼部指示牌、欢迎牌、销售现场导识、工地围板、彩旗/持旗、小区名称标牌、工地路牌广告等
	4.销售资料宣传品等视觉识别的应用:手提袋、售楼书、海报等

阅读材料 6-2

远洋地产的产品形象和项目标识①

远洋·万和城(北京)

远洋城(天津)

---

① 远洋地产有限公司.2009-09.

远洋·沁山水（北京）

远洋·红星海世界观（大连）

通过深入发掘楼盘内在品质和内涵，以及精心的视觉识别系统（VI）设计，可以将小区规划、建筑设计、人居环境以及建造理念等直观地展示出来，体现特定的居住氛围、生活气息和文化品位。显然，视觉识别系统（VI）设计成为楼盘与目标消费者之间最好的沟通桥梁。

可以看出，理念识别系统、行为识别系统和视觉识别系统三者是构成 CIS 的有机组成部分，缺一不可。然而不少企业用视觉识别系统（VI）代替 CIS，这是一个极大的误区。事实上，理念识别系统是基础，行为识别系统是主体，视觉识别系统是桥梁，而理念识别系统应该是最基本的、最重要的。

6.4 房地产项目形象策划的实践

➤ 6.4.1 房地产项目案名设计

一个优秀的案名是项目推广成功的开始，案名效应是吸引目标客户群体、刺激其购买欲望的重要途径之一，同时案名设计也是体现开发理念的一种途径。

1. 案名设计的要点

（1）名实相符，个性突出。楼盘案名设计应与项目所处的地段、人文氛围、产品定位以及客户需求特征等内容相结合，体现出楼盘的特色，同时考虑项目的大小、定位、品位，暗喻物业的风格和档次。不能独出心裁而脱离楼盘的形象，造成"名不副实"、"表里不一"，反而引起顾客的反感，不利于项目的形象和销售。

楼盘命名要体现项目的差异性、富有时代气息、突出个性，才能富有创意而不落俗套，不拘泥于"××花园"、"××广场"、"××中心"等楼盘命名惯例，避免案名雷同和模仿，如曾在很多城市出现的"香榭里花园"。案名设计同时要考虑物业名称是否具有较强的人情亲和力、更具地方特色、更个性化。

（2）巧借历史，渗透文化。楼盘命名结合项目所处地域历史文化背景，可以增加项目内涵，提升产品品位。如西安曲江"金地·尚林苑"是以巧借古代皇家上林苑的名称而来，又如西安大雁塔附近某楼盘以"乾唐雁月"命名，极富诗意。

但是，有些项目命名缺乏严谨的市场调研和分析，片面追求潮流和个性，给项目取一些空泛而毫无内涵支撑的名字，如"地中海花园"、"巴黎小镇"等。这种看似潮流和优雅的名字，却很难给消费者留下深刻的印象和良好的形象。

（3）朗朗上口，易于记忆。楼盘命名可以充分发挥人们的想象力和灵感，但命名应始终把握项目内涵，要从名称的音、形、义上进行多方面审视，让人读起来朗朗上口，令人遐想，发音响亮，书写美观，符合人们的审美习惯，且平仄适当，避免拗口，利于传播，易于记忆。

2. 案名设计的参考思路

案名设计有很多思路，归纳起来，有以下可以作为案名设计的参考：

（1）强调楼盘区位，如"竺山湖小镇"、"静安河滨花园"。

（2）强调人文积淀，如"乾唐雁月"、"大唐芙蓉园"。

（3）强调自然环境，如"三江·鸣翠蓝湾"、"蔚蓝海岸"。

（4）强调品牌形象，如"万科·城市花园"、"保利·康桥"、"金地·格林春晓"。

（5）强调项目定位，如"奥林匹克花园"（功能定位）、"兰乔圣菲"（风格定位）、"中海国际社区"（目标市场定位——高收入阶层）、"万家灯火"（目标市场定位——普通收入阶层）。

（6）强调时尚创意，如"巧克力公寓"、"自由自宅"、"流星花园"等。

▷ 6.4.2 工地现场形象包装

工地现场包装可以美化施工现场环境，同时也可以提升项目品牌和知名度，起到广告宣传作用，主要包括工地围墙、楼体、交通指示标志、道旗、景观绿化、现场办公室、工棚等方面的包装。

　　工地围墙其实是最佳的广告包装位置,称得上是最大的户外看板。宜选择人流量或景观视野较好的位置实施工地围墙的重点包装,一般采用砖墙或工地围板。围墙广告内容丰富,卖点均可以展示,可侧重人居环境、开发理念、物业特点、施工质量及工期、企业品牌、文化内涵、销售热线等,严格按照视觉识别系统(VI)设计内容制作完成,注意体现项目的形象差异性。同时也要注明投资商、开发商、代理商、设计单位、承建单位、物业管理公司、销售推广单位的名称及标识。

　　除了注重工地围墙包装外,还有销售现场绿化、营销线路、工地立柱广告牌制作、工地公共标牌制作、挂旗制作、路灯安装等工作。应优先做好工地围墙沿线、样板房参观路线以及绿化工程施工,施工现场内外环境必须按照文明与安全施工要求进行包装。

　　道旗的设计与布置也是值得开发商注重的,在楼盘旁边的主要道路两旁、通往售楼部的道路旁设置道旗,内容主要为楼盘名称及楼盘标志,道旗的设计应体现CIS思想。

　　工地气氛的营造中,可以利用彩旗、气球等宣传物品,吸引人们的注意力,营造整洁、有序的施工现场。

▷ 6.4.3　售楼部形象包装

　　售楼部是向客户介绍楼盘和展示楼盘形象的重要场所,客户对其包装设计的直观感受将直接影响其对项目的评价和购房行为,因此,售楼部的包装尤为重要。售楼部总体要求宽敞、明亮、典雅气派、个性突出。

　　1. 售楼部位置选择

　　(1) 迎着主干道(或主要人流)方向。

　　(2) 设在人车都能方便到达,且有一定停车位的位置。

　　(3) 设在能方便到达样板房的位置。

　　(4) 设在与施工场地容易隔离、现场安全性较高的位置。

　　(5) 设在环境和视线较好的位置。

（6）可以结合小区会所等公建设施进行安排。

2. 售楼部的设计与布置

（1）功能分区明确，一般设有门前广场、停车场、接待区、洽谈区、模型展示区、音像区、客户休息区、办公区、儿童游戏区、卫生间、储藏室、更衣室等。

（2）进入销售中心前要有明确的导示，如挂旗、灯杆旗、彩旗、指示牌灯等。

（3）入口广场上要有渲染氛围的彩旗、花篮、气球、绿化等，在空间够大时，还可以布置水体、假山石、花架、休闲椅等。

（4）销售中心的内外空间要尽可能通透。

（5）接待区要布置在离入口处较近，且方便业务员看到来往客户的位置。

（6）在接待区要通过背景板营造视觉焦点，背景板、形象墙可以展示楼盘的 LOGO（标志）、名称，也可以用图片展示一种氛围；接待区的灯光要经特别处理，做到整体和局部的结合，天花板的造型要特别。

（7）室内灯光要明亮，重点的地方要有灯光配合作为强调，如展板、灯箱、背景板等。

（8）要配合楼盘性质营造氛围，如普通住宅的温馨、高档住宅的尊贵豪华、写字楼的庄重等。

（9）主卖点要有明确的展示，如展板、图片及实体展示。

（10）展示区要与洽谈区相临或融为一体。

（11）内部空间要尽可能通透，其净高度一般不得低于 3.6 米，如果整体空间的尺度较小，或有特殊要求时，高度可另外考虑。

（12）在必要的地方布置小饰品和绿植。

阅读材料 6-3

美的海岸花园[①]

在距美的海岸花园发售前 5 个月，一座面积超过 2000 平方米、高三层、全面演绎地中海风情的售楼部在美的海岸花园东大门落成。明快的色调、经典的造型、优良的品质，先声夺人地树立起了良好的口碑。售楼部内的装饰更能给人亲切、清新的感觉，从座椅围台、展板、喷画墙、围幔、沙盘模型、超大屏幕彩电、触摸屏系统，到

① 祖立厂.房地产营销策划［M］.北京:机械工业出版社,2005.

接待台资料摆放,处处体现专业地产开发商的精品意识和品牌形象,激发着看楼顾客的购买欲望。

▶ 6.4.4 样板房现场包装

样板房可以给予购房者直观的感性认识,现在的人们已习惯于买楼时参观样板房。在香港,样板房出现于20世纪70年代,长江实业开发北角半山豪宅赛西湖大厦时首先使用了样板房以吸引参观顾客,自此样板房的作用开始显现。

1. 看楼通道

看楼通道是连接售楼处和样板房(或现场实景单位)之间的交通通道。看楼通道注意以下几点:

(1)看楼通道的选择以保证线路尽可能短和安全通畅为原则。

(2)要保证通道充足的采光或照明。

(3)最好要有利于施工组织,尽可能不要形成地盘分割。

(4)对于转折的地方或不符合人的行为功能的地方要有提示,如高低不平、顶梁过低等地方。

(5)在通道较长的情况下,要做到移步移景,丰富而不单调,如可以应在墙面上悬挂精美的样板房照片、规划设计图片等。

2. 样板房

样板房在于向每个意向客户展示一个未来的家,装修到位的样板房对客户有极大的暗示和诱导作用,能刺激顾客的购买欲望。户型较多的住宅楼盘不用每种户型都做样板房,从成本上考虑,做几个主力户型的样板房就可以了。

(1)样板房的选择。

①选择主力户型、主推户型。

②样板房应设在朝向、视野和环境较好的位置。

③样板房应设在可方便由售楼处到达的位置。

④多层期房尽可能设在一楼或低楼层。

⑤高层现房一般设在较高楼层。

⑥高层期房一般布置在4~6层。如果小区环境已做好,或周边景观好,也可以利用临时电梯作垂直交通工具,布置在尽可能高的楼层。

⑦条件不够时,也可以把样板房与施工现场隔离出来,如在售楼部内也可以做

样板房,同样会收到很好的效果。

（2）样板房的装修原则。

①装修应充分展示户型空间的优势。

②有统一的标识系统（如门前户型说明、所送家私电器的标识）。

③针对空间的使用要给客户进行引导（特别是难点户型和大面积户型）。

④装修风格和档次要符合项目定位和目标客户定位。如经济型用房要着力展示空间的实际使用功能即展示空间的实用性,小户型住宅可从空间的有效性和生活的情调两方面展示,高档物业着力表现其尊贵豪华和突出品位。并且内部展示的电器、家私、小饰品都应协调,但装修风格也可新潮别致,风格独特。

⑤色彩明快温馨,能吸引眼球。

⑥家私的整体风格要统一,不可零乱。

⑦做工要精细,光线要充足。

⑧对于周边有安全网的样板房,其窗、阳台与围板间保留约 30 厘米的间隔,用以绿化。

⑨样板房门前要设置鞋架或发放鞋套,最好可以让客户直接进入。

⑩在样板房上两层阳台等入口处设挡板,以防施工掉物,给客户造成安全性不强的印象。

本章案例

浙江象山——"东方不老岛,海山仙子国"的形象定位[①]

一、象山的形象

1.形象提炼的重要性。形象是资源配置的凝聚点,是产品制作的创意点,是市场营销的兴奋点,是主题阐述的出发点,是项目收拢的归宿点。形象概括差之毫厘,项目建设偏以千里。好的形象提炼,应该是放得开,收得拢。撒出去,围绕主题千条线;收回来,凝聚起来一句话。衡量一个形象主题的好坏,常常用反推法:如果没有形象提炼,所有的项目"收不拢",就成了"无主题音乐";如果形象概括外延很窄、很偏,将来的产品要么很单薄,要么与市场需求不能对接,成了"白花钱、白费

劲"的项目;如果形象概括很玄、很空,话说得很大,操作起来不能细化,经过前期炒作,就成了"气泡"。而"气泡"破灭以后,后面的文章就无法做了。这种种后果,国内不乏先例,必须力戒之。

2.形象的提炼方法。主题形象的提炼方法很多,常用的有领先定位法、比附定位法、逆向定位法。作者创造的办法是本质优势提炼法。是否"比附",是否"逆向",这不重要,关键的是把代表自己的本质优势抓出来。这就是所谓的"创造差异"、"独特卖点"。只要做到这一点,才能为策划客体"定位"、"定性",在"定位"、"定性"的基础上,为客体"定向"。

3.象山形象的提炼。关于象山形象的由来听到了几种说法:有的从滨水形象出发如东方威尼斯、南方北戴河;有的从半岛地形如大象出发;有的从文天祥的诗句出发等,各有千秋,自成一理。但前两个用比附定位表述的两个形象,自身的特点不鲜明,使象山的个性淹没而缺乏吸引力;地形特征即使十分逼真,"象山"作为地名在全国有多处,没有唯一性;"海山仙子国"用了名人之诗,意境也美,但总觉得"虚幻",缺乏现代意识,市场运作少接口。相比之下,倾向于用"中国象山——东方不老岛,海山仙子国"的形象定位。以"不老岛"概括形象可以把古今优势都综合起来。理由如下:

(1)从历史上看,象山"不老文化"底蕴深厚。据《象山县志》记载:早在秦代,方士徐福为秦始皇求长生不老之药,曾留居县城北蓬莱山。从秦汉到清代,帝王寻求长生不老,炼丹术是这种文化的一个产物,象山是我国最早的炼丹发源地之一。早在唐朝以前,南朝梁陶弘景在西山炼丹,县城雅称"丹城"。"象山县城,自立县(唐神龙二年——公元 706 年)迄今,除抗战沦陷与宁、象合治时外,均为丹城镇。"炼丹术及其文化,是中国古人追求长生不老的美好愿望。这是"不老岛"的文化底蕴。

(2)青山绿水、特质泥沙等生态资源,是"不老岛"建设的物质基础和优势条件。由国家发改委旅游投资研究中心马志福博士组织专家,通过对当地地质、泥沙、植物和 40 年生态环境、气象资料的考察,这里的温度、湿度、降雨等生存环境比 40 年前更好,得益于以发展渔业为主,没有搞工业建设。这与全球、全国 40 年来环境普遍恶化的趋势形成了鲜明对比。这里的大气负氧离子达到了每平方厘米 15 000 个的标准。泥沙中含有氨基酸、钙、镁、钠等元素,微量元素中含有一定的氡,这样的泥沙质量做泥疗最好。通过考察,这里还有丰富的地热资源,开发温泉浴场对康体健身十分有利。

(3)与世界最佳疗养胜地处于同一黄金气候生态带上,是四"点"统一的绝佳产品。近日,作者分析地理,发现了一个规律。佛罗里达、墨西哥湾为什么成为美国银发族养老的胜地?张学良等世界名流为什么选中夏威夷去养老?有一定地理知识的人都知道,南北纬20~40度为亚热带;而南北回归线到南北纬30度是亚热带中两条黄金气候生态带。佛罗里达、墨西哥湾、夏威夷和象山,四点一线,正好排列在北纬25～30度线之间的黄金带上。往北嫌冷,往南嫌热;冷了不利休闲,热了不利长寿。这里有山有海,环境优美,气候宜人。只有这个气候带的个别风景"富矿区",才是人们休闲养老的最佳去处。这样的地理位置和优势,是别人学不走、偷不去的,不可拷贝、复制、剪接、粘贴,这就叫做"核心竞争力"。这是象山的"卖点"、"宣传点"(或称"炒作点")和产品进入市场的"启动点"。这四"点"统一的产品世上罕见,是象山的不对称优势,即绝对优势。加之我们的特殊文化底蕴,就可打造成旅游绝品。

(4)这里的人们健康、年轻,是中国"不老岛"的实证。我们随便在街上就能看到,人们体型匀称,无过胖者;虽然80%的男人吸烟,但岛上无肺病患者,医院因此取消了哮喘科,这说明此处的绝佳空气质量;人们看上去年轻,40多岁的人实际上已经60多岁了等。这是不老岛的环境造就的。其中隐藏着许多神秘,谜底就是引力。将来,我们在做媒体宣传的时候,就评选当地的形象大使,做猜年纪游戏,最能说服受众:要健康、年轻、漂亮吗?请到"东方不老岛"来。

(5)文天祥的诗句为不老岛形象添"魂"。在"东方不老岛"之后,加一句"海山仙子国",既发挥了名人效应,便于市场准入,同时,采用这一美好意境,在产品建设上,把传统与现代、实景与意境相结合,一个极具吸引力、具有休闲度假、养老健身的"仙子国"便呼之欲出了。

综上所述,从文化底蕴、科考数据、地理位置等各个角度考察,"东方不老岛,海山仙子国"作为象山的旅游形象,都是立得住、驳不倒的。

二、市场分析

休闲度假和养老健身是21世纪两个世界性课题,建设"东方不老岛",是把这两大主题有机结合的一个杰作,因而具有广阔的市场发展前景。

(1)休闲度假被称为席卷全球的"第四次浪潮"。在西方,许多未来学家对新世纪发展前景做了不少描述,一个共同的特点,就是强调休闲娱乐业。美国学者甘哈曼的《第四次浪潮》宣告:21世纪进入"第四次浪潮",这次浪潮以休闲活动为中心。有的经济学家还断言,到2015年,美国的国民生产总值的50%出自休闲娱乐业。

甘哈曼在书中还列举了"第四次浪潮"的13种活动:仪式性和艺术性活动日益大众化;观光、游戏、竞技、仪式性行事、展览会、公演;美食主义者盛行;狩猎、钓鱼、郊游、露营、泛舟(远足、探险、极限运动——自己加注)受到欢迎;旨在改变情绪、扩大经验的度假成为生活中的有机组成部分。上述这些活动大量的是文化活动。从参与者角度来说,被称为"体验经济";从经营者角度来说,被称为"服务经济";从劳作的对立面角度来说,叫做"休闲经济"。这种经济再不是负面的,而是能够创造巨大效益的一种经济形式。

从旅游产品建设角度来看,休闲产品是目前产品的更新换代。这种产品除了文化特质外,生态条件也十分重要。这是新时代旅游业的一种"立基产品"。不老岛建设正好符合这个"立基产品"的要求。上海2010年举办世博会;省会杭州正在全力打造"休闲之都"形象,并于2006年举办世界休闲大会,这都是天赐良机。象山建设"休闲之岛",这"会"—"城"—"岛"—"市"—"湖"—"海",正好优势互补、相得益彰。届时推出,可令世人一震,而从此行销大顺。

(2)21世纪另一个世界性主题就是康体养老问题。国际上许多学者认为,世界已经进入了"健康长寿时代"。国际上成立了各国政府间对人口问题进行咨询的最高组织机构——联合国人口委员会。"愿长寿者颐养天年"是联合国的老年人原则,"科学要为健康的老龄化服务"是现代健康文化的宗旨。"建立一个不分年龄、人人共享的社会",是联合国确定的1999国际老年人年涵盖一切的主题。联合国《维也纳老龄问题国际行动计划》自1982年通过以来,老龄问题已正式提到各国政府的议事日程。许多国际性组织先后成立和开展工作,推动了全球老龄问题的学术研究和许多实际问题的解决。例如,美国的《职业养老金计划》是美国养老保险体系的三根支柱之一;日本从"退职一次金"制度到"企业年金制度"使养老问题有了财政保障;中国颁布的《中华人民共和国老年人权益保障法》提出:"老有所养,老有所医,老有所为,老有所学,老有所乐",概括得明确、具体,且有法律效应。

尊老爱老已是检验社会文明的一把尺子,许多国家都有老人节。美国的"祖父祖母节"是每年9月的第一个星期日,法国的"祖母节"是每年3月的第一个星期日,日本"尊老日"为每年9月15日,加拿大"老龄日"(亦称"笑节")是每年的6月21日,智利的"老人节"是每年10月15日,韩国的"敬老节"是每年5月8日,中非的"老人节"是每年5月20日,希腊的"老人节"也是在9月。这些"老人节"都是法定的,有的是"老人周",连续多日举办各种庆祝活动,体现社会的祥和文明。

联合国确定,65岁以上老人占人口总数的7%,60岁以上老年人占人口总数10%就视为进入老龄社会。我国1999年,60岁以上老人就达到1.32亿,已达我国人口总数的11%,大大超过国际老龄社会的标准。2040年,我国人口达到16亿。2050年,中国60岁以上人口将达到4亿,老年人占当时全国人口的四分之一。解决好老年人健康养老问题,是我们的国策之一,也是值得各级政府、各行各业为之尽力的光荣事业。

世界进入老龄社会,在发达国家,如日本老人、美国老人中都有拿着退休金到风景优美、适宜养老的国度、地区养老的人群,如美国的退休老人到佛罗里达、夏威夷、墨西哥海滨购房长住,安度晚年。而据美国最近一次人口普查数字公布,在美华人——包括所有登记在册的美籍华人、有绿卡的华人及有工作签证和学生签证的华人共计240万。这些人中,许多人的父母在国内,他们很想找一处适于养老的地方安置老人;他们有的自己到了退休年龄,如果国内有具备条件适合养老的地方,将会有相当一部分人怀着叶落归根的想法拿着退休金回国养老。

目前,我国已有一部分中产阶层先富起来,企业的老板们整天忙于工作,他们也很想找一处养老的地方,安置父母。据统计,我国民企已达 172.5 万家,这些企业老板的父母,其中许多人就是"不老岛"的潜在顾客。

丁克家庭(双收入、无子女——dobule income no kids)的出现和兴起。这样的家庭不要孩子,为了追求高质量的生活,大都从 35 岁就开始积蓄养老金。这无疑也是未来老年市场的客源。

长三角城市圈是中国人口众多、经济最为发达的地区之一。特别是上海,城区寸土寸金,置房不易,而且人多嘈杂,不宜养老。大桥建成后,上海到象山仅 3 小时车程。所以,"象山不老"实在是长三角的"后花园"。上海目前老年人口达 264 万,占总人口的 18%。仅长江三角洲城市群老年人口就是一个巨大的可靠的目标市场,将为象山不老岛提供稳定的客源支持。

中国目前成熟的供中老年人养老健身、休闲度假的场所十分缺乏。全国 1.32 亿老年人,只有 100 万人生活在国有养老院中,大约 2.4 万人生活在 1 100 个私人养老院中。两数之和还不足老年人总数的一个零头。那种地区开发、大规模、高标准的健身养老中心还没浮出水面。如果先将不老岛建成,然后以分时度假为思路,在全国建设多处这样的场所,进行连锁经营,是很有市场前景的。象山有条件牵这个头,如果以"东方不老岛"作龙头,然后向全国乃至海外发展,这条产业链在时间上正当其时,在空间上也会越做越大。这些是我们建设不老岛的宏观背景、市场现状、指导原则和政策基础。

(3)国内已有先行案例可供参考。目前,中国老年康体健身养老的产品已引起各地重视,个别产品已经上市。北京小汤山养老公寓,温泉入室,社区内有医院和健身场所,有酒店和会议中心,环境幽雅,有城市轻轨、公路直通市区。对这个名曰"太阳城"的地方,作者专门去做了考察。"太阳城"提出"0~100 岁全龄关照,以人为本"的理念,首创"60 岁以上老人免费独享 9 项 33 款社区医疗、生活贴心服务",与传统养老院相比,有四大创新:一是让市场机制与社会福利事业衔接;二是将社会化养老与家庭养老相融合;三是把中华五千年孝道文化与当代文明相结合;四是素来独立的房地产业与老年人福利事业作为一种社会化公益产品延伸产业来构建。话说到这里,应该说不老岛已有雏形可鉴。这还告诉我们:市场前景有识之士都看到了。机不可失,事不宜迟,象山——该是行动的时候了。

三、"不老岛"的形象如何实现

明确了形象和市场问题,就要找准接口和抓手,调动各方力量,打造出一个具有独特竞争力的产品,把形象这个"灵魂"构建于产品这个"躯壳"之中。

(1)市场运作找接口。用市场细分理论分析,从客源市场—主要客源市场—目标市场—目标客源层的分析应层层剥离,只有找出客源层,市场分析才能到位。目前搞规划做市场分析的,以客源地为圆心,以一定距离为半径画几个同心圆,然后分出一级、二级市场和机会市场。作者认为,这样做偏于简单。距离是客源的重要因素,但消费心理和消费水平也是重要因素。市场分析只有分析到客源层,才算到了位,才算使产品到市场有了接口。"不老岛"针对的客源层十分明确,那就是以关心健康和养老问题的所有中老年市场为主。当然,旅游休闲与健身养老,不只是老年人的事,其他人群也应适度关注。

(2)产品建设有抓手。从不老岛这个主题出发,文章是做不尽的,如挖掘不老文化内涵,建设一批骨干景区。把与丹城有关的人物、事件、掌故、遗存进行整理展示,如对丹炉、丹井、丹台等进行古迹复原;建成丹、丸、膏、散中药一条街,并延请名医坐台,医治疑难杂症;出版历代名流咏颂、描绘象山风物的诗、画、美文;恢复"红木槲诗社"(建于清咸丰十年,即公元 1860 年)、"乐群学会"(建于 1925 年,党领导的学习、宣传革命理论的组织)并推动开展高雅、健康的大众文化活动。

以诗、词、歌、赋、戏剧、影视等文艺形式活化历史,就如无锡"三国城"、"水浒城"、开封"清明上河园"那样,几分钟的表演,让观众兴奋不已,甚至泪雨滂沱。这就是"活化历史"所发挥的巨大作用。

搜尽天下之奇,用与长生不老文化有关的植物、动物布景造景。比如松柏常青,历来代表长寿,可广植松柏,并在路口栽迎客松,点缀环境;碧桃可资祝寿,丹桂月宫移来,赵构《题丹桂图》和俞士吉(明)《丹山十咏》称赞此地花树可供授引;兰菊梅竹代表群子之风,灵芝人参素为长寿之草,成片栽种,正好可彰显"不老岛"主题。再对当地水资源和各类物产加以研究,选择对康体有益的矿物质、微生物、微量元素制造药品、饮品。至于与健康长寿有关的动物,就更多了。人们可以看到鹤翔低空,龟游深水,鹿鸣林圃,处处动静咸宜,天人合一。

设计大批主题岛:松兰山度假村,乱礁洋"海山仙子国"、"星宿岛"(类如悉尼鳄鱼岛)等。开发东海泥疗项目和地热温泉疗养项目。开发石浦渔文化与休闲、康健旅游,把与渔民"出海一日游"、"开鱼节"等旅游项目办成金招牌。这就使不老岛成为了"长寿之乡"、"诗话之国"和四季有花、四季有果的"生态之园"。

(3)拉起强势产业链。旅游休闲、生物制药和房地产业是当今发展势头强劲的三大产业,正好在健康长寿这个(主题)平台上,强强联手,优势互补,铸造出一条"不老产业链"。以旅游休闲为龙头,拉动相关行业全面发展,这才是市领导重视发展旅游业的初衷和本意。要做到这一点,抓住旅游业与其他行业的链接点搞好策划十分重要。

旅游休闲成为 21 世纪的"第四次浪潮",发展趋势前面已经述及。生物制药是传统与当代高科技相结合的产业,有着非常广阔的发展前景。不老岛地域广阔,如辟出开发区搞生物制药、健康药品、饮品、美容化妆品和技术含量高的医疗器械生产,也是紧紧扣住了不老岛的主题。

值得注意的是,打造这条产业链,必须每一步都要用心做到位,才能成为拉动象山、宁波经济的引擎,以发挥旅游休闲产业为动力产业、新的经济增长点这一拉动功能。

(4)文明社区成样板。我们学习"三个代表"重要思想,必须注重解决社会难题。解决中国的老龄化问题是一个牵动社会各个层面的大事,也是关系到文明程度和社会安定的大事。孟子说:"老吾老以及人之老,幼吾幼以及人之幼,天下可运于掌。"如果我们把当代文明和传统孝道、文化底蕴和现代科学相结合,通过市场化运作,以政府、社会和企业的合力建成一处老年人的乐园,真正解决好"老有所养,老有所医,老有所为,老有所学,老有所乐"的问题,就会在全国树立起一个小城镇和文明社区建设的样板。国家和国际的传媒力量就会使这里的知名度迅速提高,全球的眼球都会被吸引过来,"不老岛"就会不胫而走。这对于产品的市场占有率十分重要。这就是政治经济学,这就是无心功利而得功利的辩证法。

最近,由国家发改委旅游投资研究中心编制的《象山旅游业发展总体规划》通过了评审,专家们对"东方不老岛,海山仙子国"的形象策划给予高度评价。同时,作者获悉,这一主体形象发挥了巨大吸引力。半年时间,象山招商引资已超80亿元。

思考与练习

1. 房地产项目形象策划的含义是什么?

2. 房地产项目形象策划有哪些内容?

3. 什么是房地产项目形象定位?试分析形象定位和客户定位、产品定位之间的联系。

4. 房地产项目形象定位的策划要点有哪些?

5. 根据形象识别内容,寻找一个房地产项目,试分析其理念识别系统、行为识别系统和视觉识别系统是如何设计的?

6. 房地产项目案名设计的要点是什么?试举例说明。

7. 根据工地现场形象包装、售楼部形象包装和样板房形象包装要点,结合身边某实际房地产项目进行相关分析。

8. ××项目为城市近郊区居住项目,北面靠山,南边临湖,风景优美。产品为别墅、Townhouse 和多层住宅,面积为 150~480 平方米。针对的主要客户为年龄在 35~50 岁之间的高收入群体。目标客户讲究身份和地位,性格上成熟稳重,喜欢安静舒适的居住环境。职业为企业高层管理人员、级别较高的公务员和个体经营者等。试根据项目的产品结构和客户特征,对项目拟采取的形象定位谈谈自己的看法。

第7章 房地产项目投融资策划

本章学习要求

1. 掌握房地产开发项目投资与收入估算,财务评价的基本概念和指标体系,主要技术经济指标,财务评价报表的编制,房地产项目的融资渠道

2. 熟悉房地产项目投资决策的概念,房地产项目投资时机选择,房地产项目开发方案选择与比较

3. 了解房地产项目资金成本分析,项目融资决策的步骤

7.1 房地产项目投资决策

7.1.1 房地产项目投资决策分析的概念与注意事项

1. 房地产开发项目投资决策的概念

投资决策就是在综合分析项目建设可行性的基础上,做出的是否可以投资的决定和安排。投资决策行为是由开发商做出的,一般参考项目的可行性研究报告,但是可行性研究报告并不能代替投资决策,只是作为投资决策分析的依据之一而起到重要的作用。

在项目的可行性研究中,由于政策法规比较透明,建筑技术方法等比较成熟,因而市场分析和项目的财务评价是最为重要的两部分工作,这也是项目投资决策分析的基础。

2. 房地产开发项目投资决策分析的注意事项

从我国房地产开发的工作实践来看,对房地产开发项目进行财务评估的方法已经比较成熟,但人们对至关重要的市场研究却重视不够,市场研究方法也比较简单。应当注意到,市场研究对于选择投资方向、初步确定开发目标与方案、选择和

开发产品定位等,均起着举足轻重的作用,它往往关系到一个项目的成败①。

应当引起注意的是,虽然市场分析研究了市场区域内销售额、租金、空置率和吸纳量的数据走势,并预测了这些数值,但开发实践工作中,定性分析正变得越来越重要。诸如消费者的需求心理,什么样的设计可以吸引购房者等定性特征,正在越来越多地为开发商所关注,并用调查、心理分析、聚焦群体研究和聚类分析等方法进行研究。由于房地产市场越来越细化、越来越专业化,依赖于大量数据的传统统计模型和公式往往不能对市场作出准确的解释,而定性分析显得越来越重要②。

7.1.2 房地产项目投资时机选择

本书是从开发商的角度出发,论述房地产项目的投资时机选择。这是指开发商在市场调研的基础上,综合分析国家和区域的宏观经济状况、房地产周期、房地产市场需求以及当地房地产价格等因素,决定何时进入房地产市场,进行房地产项目的开发。

一般来说,进行房地产投资时机的选择主要从以下几个方面考虑:

1. 经济复苏时期

经济运行一般都存在着由萧条、复苏、高涨和衰退四个阶段所组成的经济周期。经济萧条是一种系统风险,经济萧条时期人们的购买力普遍下降,从而将减少对房地产的需求,房地产价格持续下降。当经济复苏后,随着人们购买力的上升,市场需求持续增加,房地产价格也步入上升通道。

一般来说,很难判断经济何时刚好处于底部,因此,很多开发商往往选择在经济开始复苏时投资房地产,此时市场土地交易和开工量显著上升。例如,对于开发期1~3年的住宅、开发期2~3年的商厦、写字楼等大型物业,如能在经济复苏时期内进行开发建设,此时风险较小。

2. 通货膨胀来临前期

通货膨胀通常引起物价上涨、货币贬值,人们为了避免损失,往往将手中的资金进行房地产投资以达到保值增值的目的,加之通货膨胀明显具有促使大宗商品上涨的作用,房地产价格会上升到较高的水平,此时,房地产市场需求会显著增加。例如,自2009年以来,由于存在通胀预期,大部分一、二线城市的房地产市场销售状况明显好转,价格持续攀升。

因此,开发商应对经济形势有比较全面的了解,在通货膨胀到来之前或具有通

① 刘洪玉.房地产开发经营与管理[M].北京:中国建筑工业出版社,2007.
② 阿德里安娜施米茨、德博拉·L·布雷特.房地产市场分析案例研究方法[M].北京:中信出版社,2003.

胀预期的时候进行房地产投资,以期取得较好的投资效果。

3. 房地产周期低谷时期

房地产市场是存在周期性波动的,如果在房地产市场低潮时进入,可供选择的项目多,竞争对手少,取得开发场地的成本低,但开发完成后往往迎接的是市场回暖;而在房地产市场高潮时进入,则恰恰相反。

例如,我国经历了自 2004 年至 2007 年上半年以来的房地产市场高涨后,于 2007 年下半年陆续进入调整时期,期间加之金融危机的影响,2008 年房地产市场较为平淡,土地交易量骤减,交易价格明显下降,但是进入 2009 年市场交易明显回暖,期间新的"地王"不断涌现,如能在市场回暖前进行土地交易,则将显著降低开发成本。但是作为开发商来说,很难预料什么时间是经济的底部,也很难作出投资时机的判断。

本书第 2 章的 2008 年深圳市土地流拍和 2009 年南京市土地拍卖案例便很好地说明了这一点。

以上是从三个大的经济环境来选择房地产投资的最佳时机,实际上,房地产企业有时在选择投资时机时,往往从一些主要的因素来判断入市时机。例如,在房地产价格跌到较低的时候来选择投资时机,在国家取消实物福利分房、进行住房货币分配政策改革的时候来选择投资时机,在房地产市场出现供小于求的时候来选择投资时机等。因为从这些局部的、个别的、微观的因素,也可以反映出全部的、整体的、宏观的层面。由于选择投资时机受到诸多因素的牵制,项目策划者需长期耐心地进行广泛而全面的市场情况收集,并作系统整理和分析,才能较好地把握房地产投资的最佳时机。

7.2 房地产开发项目投资与收入估算

7.2.1 房地产开发项目投资估算

根据房地产开发项目开发地点不同、项目类型不同、经营方式不同等,其费用构成存在一定的差异,主要包括:

1. 土地费用

房地产项目土地费用是指为取得房地产项目用地而发生的费用。房地产开发项目取得土地的方式不同,所发生的费用也各不相同。

(1)划拨用地的土地费用。通过划拨形式取得的土地费用,不包含土地使用权出让金,但是土地使用者需缴纳土地征用、拆迁补偿安置等费用以及视开发程度而定的土地开发成本(城市基础设施建设费);又分为"生地"划拨和"熟地"划拨两种主要形式。

"生地"的划拨需要支付农村土地征用拆迁安置补偿费,主要包括:土地补偿费、青苗补偿费、地上附着物补偿费、安置补助费、新菜地开发建设基金、征地管理费、耕地占用税、拆迁费、其他费用等。

"熟地"的划拨需要支付城镇土地拆迁安置补偿费和视开发程度而定的土地开发成本,主要包括:地上建筑物、构筑物、附着物补偿费,搬家费,临时搬迁安置费,周转房摊销以及对于原用地单位停产、停业补偿费,拆迁管理费和拆迁服务费,以及先期投入的土地开发成本(城市基础设施建设费)等。

(2)出让用地的土地费用。出让用地的土地费用主要包括向政府缴付的土地使用权出让金和根据土地原有开发状况需要支付的拆迁安置补偿费、城市基础设施建设费或征地费等。

例如:以出让方式取得城市熟地土地使用权,土地出让地价款由土地出让金、拆迁安置补偿费和城市基础设施建设费构成。

以出让方式获得城市毛地使用权时,土地出让地价款由土地使用权出让金和城市基础设施建设费构成,该方式中开发商需要进行后续的房屋拆迁安置补偿工作,并支付相关费用。

(3)转让用地的土地费用。土地转让费是指土地受让方向土地转让方支付土地使用权的转让费。通过转让形式取得的土地费用,主要采用市场价格,实践中常常采用市场比较法、假设开发法、收益法等方法进行土地估价。目前,通过土地转让来获得房地产开发用地的方式较为常见。

(4)合作用地的土地费用。通过土地合作开发,可以有效地解决资金不足、降低投资风险等问题。这种方式主要通过土地作价入股来合作开发,其土地费用估算也主要参考市场价格,需要对土地价格进行评估。

2. 前期工程费与城建费用

前期工程费主要包括项目策划、可行性研究、规划设计、水文地质勘查以及"三通一平"或"七通一平"等土地开发工程费用。

(1)项目策划、可行性研究、规划设计等费用。虽然项目策划已经成为房地产项目开发中经常遇到甚至是规范性的一项工作内容,但是工程实践中,其费用标准并不确定,往往是双方根据项目的建设内容、实施难度以及市场因素等进行商谈并确定,如按所策划的建筑面积乘以费用指标即××元/平方米进行计算。需要注意的是,实践操作中也有人把项目策划和可行性研究视为等同,这是不科学、不正确的做法。

可行性研究费可按照国家发展与改革委员会颁布的《建设项目前期工作咨询收费暂行规定》(计价格[1999]1283号)的规定来计算,但是实践中一般会考虑市场调节因素。

规划设计费可依据国家计委、建设部发布的《工程勘察设计收费管理规定》(计价格[2002]10号)的有关规定取费,但是实践中会参考市场因素。常见的是以建筑面积乘以费用指标即××元/平方米进行计算。例如,某市建筑设计市场中一些甲级设计院的高层框剪住宅设计费在 25 元/平方米~32 元/平方米之间。

水文、地质勘探费用可根据估算工程量,参照有关计价指标或结合类似工程经验进行估算。

(2)"三通一平"等土地前期开发费用。为满足施工需要,在施工建设前,应当对项目用地进行"三通一平"等土地前期开发,费用主要包括临时道路、临时给排水、临时用电、项目用地原有建筑物及构筑物的拆除、场地平整和临时办公用房等费用。这些费用的估算,可根据估算工程量,参照有关计价指标或结合类似工程经验进行估算。

(3)城建费用。房地产开发项目均需要向当地城市缴纳城建费用,主要包括城市基础设施建设配套费、人防工程易地建设费、工程定额测定费、工程质量监督费、劳保统筹基金、新型墙体材料专项费用、散装水泥专项资金、工程勘察设计资格审查发证费等内容。

其中,城市基础设施建设配套费是城市政府对市区各类基础设施进行配套建设的财政性资金,专项用于城市规划区、小区以及单体建设项目规划红线以外的城市道路、桥涵、供水、排水(排污、排洪)、公共交通、道路照明、环卫绿化、垃圾处理、消防设施及天然气、集中供热等市政公用设施建设。各地在城建费用中的项目名目和收费标准方面有一定的差异,费用交纳参照项目所在地的有关标准执行。

阅读材料 7-1

西安市建设项目城建费用统一征收标准

收费项目	单位	收费标准	收费依据
1.城市基础设施配套费	平方米	150 元/平方米	市政办发[2005]159 号
2.人防工程易地建设费		依照规划平面图审批意见	陕价费调发(2000)07 号
3.工程定额测定费	建安总造价	1.3‰	陕价费调发(2001)113 号

续表

4.工程质量监督费	平方米	1.4 元(砖混结构)	陕价行发(2005)208 号
		1.8 元(框架结构,8 层以下)	
		2.0 元(框架结构,8 层及 8 层以上)	
	备注:1.不宜以面积计收的建设工程按建安工作量(不含设备)的 1.4‰ 收取。2.单位工程的质量监督费低于 400 元的,按 400 元收取。		
5.劳保统筹基金	建安总造价	3.55%	陕建政发(1993)483 号 陕建政发(1995)389 号
6.新型墙体材料专项费用	平方米	6 元/平方米	陕政发(1998)60 号 陕政办发(2003)74 号
7.散装水泥专项资金	平方米	1.5 元/平方米	市政办发(2003)6 号
8.工程勘察设计资格审查发证费	元/次	甲乙级 300;丙丁级 250; 申报费 20	国家物价局、财政部价费字[1992]641 号

资料来源:西安市城乡建设委员会官方网站,2007 年 12 月 10 日。

3.基础设施建设费

基础设施建设费也称室外工程费,是指建筑物 2 米以外和项目用地规划红线以内的工程管线建设费用、市政设施的接口费用以及其他室外工程费用等,主要包括:

(1)供水、中水、排污、燃气、热力等基础设施管线的工程建设费用。可按估算工程量参照有关计价指标或结合类似工程经验进行估算。

(2)上述设施与市政管网的接口费用。市政接口费用一般要根据项目自身规模所需要的负荷以及项目所在地的具体情况,与当地供水、供热、燃气等部门进行专门的协商。

(3)道路、绿化、供电(如变压器、高压柜、低压柜、发电机、电缆等)、路灯、围墙、环卫、安防等设施的工程建设费用。上述费用一般可按估算工程量参照有关计价指标或结合类似工程经验进行估算。目前,一些城市(如西安等)还发生电力间隔费,作为用电户需要专线供电时从变电站(或开闭所)引接电源,占用专用间隔所缴纳的费用,而一些省市如海南省等已经将其取消。

(4)基础设施建设费中应当考虑项目建成后是否需要开闭所、换热站等投资,其与项目规模、负荷、周边相关设施情况等有关,可参考有关计价指标或结合类似工程经验进行估算。

4. 建筑安装工程费

建筑安装工程费是指建造房屋建筑物所发生的建筑工程费用、设备购置费用和安装工程(给排水、电气照明及设备安装、空调通风、弱电设备及安装、电梯及安装、其他设备及安装等)费用。在可行性研究阶段,建筑安装工程费用估算可以采用单元估算法、单位指标估算法、工程量近似匡算法、概算指标估算法、概预算定额法①,也可以根据类似工程经验进行估算。具体估算方法的选择应视基础资料的可取性和费用支出的情况而定。

(1) 单元估算法:以基本建设单元的综合投资乘以单元数得到项目或单项工程的总投资。如宾馆的投资估算可以按每间客房的综合投资乘以总客房数量;一家医院的投资估算可以按每张病床的综合投资乘以病床数等。

(2) 单位指标估算法:以单位工程量的综合投资乘以工程量得到项目或单项(单位)工程的总投资。比如可以按照每平方米综合造价乘以总建筑面积得到住宅项目的总投资;土石方工程的单位投资乘以土方量得到土石方工程投资等。

(3) 工程量近似匡算法:类似于工程概预算的方法,先近似匡算工程量,配以相应的概预算定额单价以及取费标准,近似计算项目投资;或者近似匡算工程量清单中的工程量乘以综合单价计算建筑安装工程费。

(4) 概算指标估算法:以建筑面积或体积为基本计量单位,采取概算指标进行估算。

(5) 概预算定额法:又称扩大单价法,首先根据概算定额,编制成扩大单位估价表,再将扩大分部分项工程的工程量乘以扩大单位估价进行计算。当初步预计达到一定深度时可采用此方法编制建筑工程概算。

5. 公共配套设施建设费(附属工程费)

公共配套设施建设费是指居住小区内为居民服务配套建设的各种非营利性的公共配套设施(又称公建设施)的建设费用。其主要包括居委会、派出所、托儿所、幼儿园、公共厕所、停车场等,可根据估算工程量参照有关计价指标进行估算,或按规划指标根据类似工程经验进行估算。

6. 开发间接费用

开发间接费用是指房地产开发企业所属独立核算单位在开发现场组织管理所发生的各项费用。其主要包括工资、福利费、折旧费、修理费、办公费、水电费、劳动保护费、周转房摊销和其他费用等。可按估算工作量或按开发企业管理费的一个百分比进行估算。

---

① 中华人民共和国建设部.房地产开发项目经济评价方法[M].北京:中国计划出版社,2000.

当开发企业不设立现场机构,由开发企业定期或不定期派人到开发现场组织开发建设活动时,所发生的费用可直接计入开发企业的管理费用。

7. 管理费

管理费用是指房地产开发企业的管理部门为组织和管理房地产项目的开发经营活动而发生的各项费用。其主要包括:人员工资、员工福利费、办公费、差旅费、折旧费、修理费、开办费摊销、业务招待费、工会经费、职工教育经费、劳动保险费、待业保险费、董事会费、法律咨询费、审计费、诉讼费、排污费、绿化费、房地产税、车船使用税、土地使用税、技术转让费、技术开发费、无形资产摊销等。

管理费一般按照项目投资的一个百分比进行估算,根据项目类型和特点不同而不同。调研统计数据表明,单独项目开发的管理费基本维持在 2%～4% 之间。如果一个房地产开发企业同时开发几个房地产项目,管理费用应在各个项目间合理分摊,其管理费也相应有所下降。

8. 销售费用

销售费用是指房地产开发企业在销售房地产产品过程中发生的各项费用,以及专设销售机构或委托销售代理的各项费用。其主要包括:销售人员工资、福利费、广告宣传费、销售现场以及样板房装修、销售人员培训费用、差旅费、销售机构的折旧费、修理费、物料消耗费以及销售许可证申领费等。

值得注意的是,上述费用中不包含常见的开发商自行销售时的销售提成或委托代理销售时的销售代理费(也称销售佣金)。销售提成或销售代理费的产生是基于销售收入的实现,只有实现销售收入的情况下才支付该笔费用,而开发商不必为此支出筹措资金,因此不计入项目总投资,而在销售税费环节予以扣除,财务评价时在辅助报表中的销售收入与税金及附加计算表中体现。

在开发项目的销售费用估算中,应当特别关注广告宣传费、销售现场以及样板房装修等费用,上述费用占项目销售支出的比重较大,具体估算视项目情况而定。根据房地产开发项目统计数据表明,目前房地产公司销售费用基本维持在销售收入的 3%～5% 左右,视公司与项目具体情况而不同。

9. 不可预见费

不可预见费也即预备费中的基本预备费,根据房地产项目的复杂程度和前述各项费用估算的准确程度而有所不同。一般类型房地产项目的建筑设计与施工技术都比较成熟,根据近期工程实践统计数据,不可预见费可按上述各项费用之和的 2%～5% 进行估算。

而对于预备费中的涨价预备费可结合当地物价上涨指数进行估算,一般在建筑安装工程费用中通过合同价款予以考虑,在建设投资估算中就不再重复估算。

10. 税费

房地产项目投资估算应考虑开发过程中所必须负担的各种税金以及向其他部门规定交纳的费用。如固定资产投资方向调节税、城镇土地使用税、土地购置契税、房产税、所得税、土地增值税等。各项税费应根据国家有关规定进行估算,目前房地产项目的固定资产投资方向调节税暂按零税率计征。财务评价时,土地购置契税一般计入土地费用中。

关于土地增值税目前采取预征方式,即按销售收入乘以预征率,例如从 2008 年 1 月 1 日起,广州市开始实行新的土地增值税预征率标准,房地产开发项目土地增值税预征率调整为:普通住宅 1‰;其他商品房为 2‰;经济适用住房(含解困房)和限价商品住宅不实行预征。因此,财务评价时土地增值税可在销售收入和销售税金及附加表中予以考虑。

11. 其他费用

其他费用主要包括施工图设计审查费、工程交易服务费、各项检测费用、施工噪声及排污费、工程监理费、工程保险费、施工执照申领费等。个别项目由于施工场地不够,还会发生临时用地费和临时建设费等。

上述费用中,一些属于规费,例如工程交易服务费、施工噪声及排污费、施工执照申领费等,其估算参照项目所在地有关部门规定执行。

而一些费用具有一定的市场特性,应当结合市场因素进行估算。如工程监理费可按所监理工程(如建安工程、室外工程、附属工程)费用之和的一个百分比估算,一般要考虑市场调节因素。工程保险费要根据项目特点和与保险公司谈判等情况而定。施工图设计审查主要由具有审查资质的设计机构承担,费用向其交纳,应结合各地有关规定并结合市场因素进行估算。检测费用主要由具有检测资质的机构承担,根据所检测项目的内容和性质,参考市场因素进行估算。

一些城市曾经单独收取的消防设施、集中供热等设施建设费用都已包含在前面所述的城市基础设施建设配套费中,不再另行计取。

12. 建设期利息

建设期利息是指筹措债务资金时在建设期内发生并计入项目总投资的利息,包括银行借款和其他债务资金的利息以及其他融资费用。其他融资费用是指某些债务融资中发生的手续费、承诺费、管理费、信贷保险费等融资费用,一般情况下应将其单独计算并计入建设期利息[①],在 2000 出版的《房地产开发项目经济评价方法》中上述并称为财务费用。

---

① 建设项目经济评价方法与参数(第三版),国家发改委与建设部发布,2006.

建设期利息等计入项目总投资；而建设期外即经营期发生的利息等计入项目开发总成本[①]。

计算建设期利息时应根据融资不同情况选择名义年利率或有效年利率，采用复利计算时参照本书第 7 章 7.3.2 节利息计算方法。融资中间费用视具体项目融资情况而定。

➢ 7.2.2　房地产开发项目租售方案的制订

市场分析与预测的目的除了明确项目的市场前景外，还有一个重要的目的就是研究项目的租售方案、租金价格水平和租售收入计划，这些都是关系到项目财务可行性的重要基础数据。

租售方案的制订中，一般应包括以下几个方面的内容：

1. 确定租售方式

开发商首先需要对出租、出售还是租售并举作出选择，包括出售面积、出租面积数量及其在建筑物中的具体位置。对于住宅项目，开发商大多选择出售方式；对商用房地产项目，开发商可选择出租或租售并举。

2. 确定可租售面积及可分摊建筑面积

租售方式确定下来后，就要计算可出售面积数量、占总建筑面积比例，或可出租面积数量、占总建筑面积的比例，确定分摊面积数量及其占总建筑面积比例。

3. 安排租售进度

租售进度包括安排出售（出租）的时间进度，确定各时间段内出售（出租）面积的数量与比例。

租售进度的安排，要考虑与工程建设进度、资金投入进度、市场推广策略以及预测的市场吸纳速度等因素相协调。为此，开发商应当准备一个租售进度计划控制表，以利于租售工作按预定的计划进行。租售进度计划，应该根据市场租售实际状况，进行定期调整。

4. 确定售价（租金）水平

房地产价格的影响因素很多，因此价格是市场营销组合中十分敏感而又难以控制的因素。对开发商而言，价格直接关系到市场对房地产产品的接受程度，影响着市场需求和利润水平，涉及到开发商、购买者及代理商等各方面的利益。

房地产项目价格的制定，可以采用市场比较法、成本法、收益法等方法进行估价，实践中多采用市场比较法进行，根据竞争楼盘的价格特征，结合所开发项目的

[①]　建设项目经济评价方法与参数(第三版)，国家发改委与建设部发布，2006.

特点进行相关因素修正得来。

5. **编制租售计划表**

租售计划表的主要内容包括销售(出租)面积实现计划与销售(出租)收入实现计划。租售计划表的编制没有一个固定的格式,可以根据实际情况进行调整。对于出售型的房地产项目收入估算内容较为简便,如表7-1所示。但是,出租型房地产项目的收入估算中涉及的因素较多,如表7-2所示。

表7-1 房地产开发项目销售面积实现计划及销售收入实现计划表

序号	项目 \ 年度	计算期						合计
		1	2	3	⋯	$n-1$	n	
1	销售比例							
2	可售面积(平方米)							
3	售价(元/平方米)							
4	销售收入(万元)							

注:期间可结合项目具体情况,按年、半年、季度或月份划分。

表7-2 房地产开发项目出租面积实现计划及出租收入实现计划表

序号	项目 \ 年度	计算期						合计
		1	2	3	⋯	$n-1$	n	
1	可出租建筑面积(平方米)							
2	单位租金(元/平方米)							
3	潜在毛租金收入(万元)							
4	空置及收租损失(%)							
5	其他收入(万元)							
6	有效毛租金收入(万元)							
7	经营费用(万元)							
8	净经营收入							

注:期间可结合项目具体情况,按年、半年、季度或月份划分。

表7-2中:潜在毛租金收入-空置和收租损失+其他收入=有效毛收入

有效毛收入-经营费用=净经营收入

经营费用一般考虑人员费用、物业共用部位共用设施设备日常运行和维护费用、绿化养护费用、清洁卫生费用、秩序维护费用、物业共用部位共用设施设备及公众责任的保险费用、办公费用以及房产税和法律费用等。

7.3　房地产开发项目财务评价

➤ 7.3.1　财务评价的基本概念和指标体系

财务评价是根据国家现行财税制度和价格体系,分析、计算项目直接发生的财务效益和费用,编制财务报表,计算评价指标,考察项目的盈利能力、清偿能力以及外汇平衡等财务状况,据以判别项目的财务可行性。

房地产开发项目的财务状况是通过一系列财务评价指标反映出来的。财务评价指标有不同的分类方式,如可分为价值型指标(如财务净现值 FNPV 等)、比率型指标(如财务内部收益率 FIRR 等)、时间型指标(如投资回收期等),又可以分为盈利能力指标、清偿能力指标等。但是最常用的分类方式是静态评价指标(不考虑资金的时间价值)和动态评价指标(考虑资金的时间价值)。

➤ 7.3.2　财务评价的主要技术经济指标

1. 静态经济评价指标

(1) 静态投资回收期。静态投资回收期(P_t)是指当不考虑现金流折现时,用项目各年的净收入抵偿全部投资所需的时间。

偿还投资的来源包括净收益和折旧之和。静态投资回收期一般以年表示,如有小数可以折算到月。对房地产投资项目来说,静态投资回收期自投资起始点算起。计算公式为:

$$\sum_{t=0}^{P_t}(CI-CO)_t = 0$$

式中:P_t——静态投资回收期;

$(CI-CO)_t$——第 t 年的净现金流量。

静态投资回收期可以根据财务现金流量表中累计净现金流量求得,详细计算公式为:

$$P_t = [累计净现金流量开始出现正值期数 -1] + \frac{上期累计现金流量的绝对值}{当期净现金流量}$$

判别准则:设基准投资回收期为 P_c,$P_t \leq P_c$ 时,项目可以考虑接受,反之则应拒绝。

【例7-1】 某房地产公司投资一写字楼,总投资为1 000万元,投资建设期2年,假设投资为均匀投入,项目经营期为8年,每年的净利润为200万元,项目折旧为每年125万元,试确定该项目的投资回收期。如果该类型项目的投资回收期一般为8年,试对该项目的投资效果进行评价。

【解】

首先确定该项目建设期和经营期内的净现金流量:

净现金流量=净利润+折旧=200+125=325(万元)

该投资项目的净现金流量以及累计净现金流量如下表所示。

项目净现金流量表 单位:万元

投资阶段	投资建设期		项目经营期							
时间	1	2	3	4	5	6	7	8	9	10
净现金流量	-500	-500	325	325	325	325	325	325	325	325
累计净现金流量	-500	-1 000	-675	-350	-25	300	625	950	1 275	1 600

$$P_t = 6 - 1 + \frac{|-25|}{325} = 5.077 \text{(年)}$$

该项目的静态投资回收期为5.077年,小于基准投资回收期,因此,该项目的投资效果比较好。

(2)成本利润率。成本利润率(RPC),指开发利润占总开发成本的比率,是初步判断房地产开发项目财务可行性的一个经济评价指标。成本利润率的计算公式为:

$$RPC = \frac{GDV - TDC}{TDC} \times 100\% = \frac{DP}{TDC} \times 100\%$$

式中:RPC——成本利润率;

GDV——项目总开发价值;

TDC——项目总开发成本;

DP——开发商利润。

在计算项目总开发价值时,如果项目全部销售,则等于扣除销售税金后的净销售收入;当项目用于出租时,为项目在整个持有期内所有净经营收入的现值累计之和[1];项目总开发成本,是房地产开发项目在开发经营期内实际支出的成本,一般包括项目总投资与建设期之外的财务费用。

---

[1] 刘洪玉.房地产开发经营与管理[M].北京:中国建筑工业出版社,2007.

判别准则：成本利润率超过目标利润率时，认为项目在经济上是可以接受的。

【例 7-2】　某房地产开发商以 330 万元/亩的价格获得了一宗占地面积为 4.5 亩的土地，拟建一栋商住混合楼，容积率为 3.5，建筑覆盖率为 55%，楼高 16 层，1 至 3 层为商铺（建筑面积均相等），4 至 16 层为住宅（均为标准层），建造成本为 2 000 元/平方米，专业人员费用为建造成本的 5.0%，行政性收费等其他费用为 300 万元，管理费按土地成本、建造成本、专业人员费用和其他费用之和的 3.0% 计取，市场推广费、销售代理费和销售税费分别为销售收入的 1.0%、2.0% 和 6.5%，预计建成后销售均价 6 800 元/平方米。项目开发期为 3 年，建造期为 2 年，地价于开始时一次性投入，建造成本、专业人员费用、其他费用和管理费用在建造期内均匀投入；年贷款率为 8%，按季度计息，融资费用为贷款利息的 10%。试计算项目的总建筑面积、标准层每层建筑面积和开发商成本利润率。

【解】

1. 项目总开发价值

(1) 项目总建筑面积：$4.5 \times 666.67 \times 3.5 = 10\ 500.05$（平方米）

(2) 标准层每层建筑面积：

$(10\ 500.05 - 4.5 \times 666.67 \times 55\% \times 3)/13 = 426.93$（平方米）

(3) 项目总销售收入：$10\ 500.05 \times 6\ 800 = 7\ 140.03$（万元）

(4) 销售税费：$7\ 140.03 \times 6.5\% = 464.10$（万元）

(5) 项目总开发价值：$7\ 140.03 - 464.10 = 6\ 675.93$（万元）

2. 项目总开发成本

(1) 土地成本：$330 \times 4.5 = 1\ 485.00$（万元）

(2) 建造成本：$10\ 500.05 \times 2\ 000 = 2\ 100.01$（万元）

(3) 专业人员费用（建筑师，结构、造价、机电、监理工程师等费用）：

$2\ 100.01 \times 5.0\% = 105.00$（万元）

(4) 其他费用：300.00 万元

(5) 管理费：

$(1\ 485.00 + 2\ 100.01 + 105.00 + 300.00) \times 3.0\% = 119.70$（万元）

(6) 财务费用：

①土地费用利息：$1\ 485.00 \times [(1 + 8\%/4)^{3 \times 4} - 1] = 398.34$（万元）

②建造费用、专业人员费用、其他费用、管理费用利息：

$(2\ 100.01 + 105.00 + 300.00 + 119.70) \times [(1 + 8\%/4)^{(2/2) \times 4} - 1]$

$= 216.36$（万元）

③融资费用：$(398.34 + 216.36) \times 10\% = 61.47$（万元）

财务费用总计：$398.34 + 216.36 + 61.47 = 676.17$（万元）

（7）市场推广及销售代理费用：

　　　7 140.03×(1.0％＋2.0％)＝214.20(万元)

（8）项目开发成本总计：

　　　1 485.00＋2100.01＋105.00＋300.00＋119.70＋676.17＋214.20

　　　＝5 000.08(万元)

3. 开发商利润：6 675.93－5 000.08＝1 675.85(万元)

4. 开发商成本利润率：(1 675.85/5 000.08)×100％＝33.52％

（3）投资利润率。投资利润率又称为投资收益率或投资效果系数，是指项目经营期内一个正常年份的年利润总额与项目总投资的比率，它是考察项目单位投资盈利能力的静态指标。对于出租经营性房地产项目的评价，特别是对经营期内各年的利润变化幅度较大的项目，应计算经营期内年平均利润总额与项目总投资的比率，计算公式为：

$$投资利润率 = \frac{年利润总额或年平均利润总额}{项目总投资} \times 100\%$$

年利润总额＝经营收入(含销售、出租、自营)－经营成本－运营费用－销售税金

销售税金＝营业税＋城市维护建设费＋教育费附加。

　　判别准则：投资利润率≥行业平均投资利润率时，认为项目在经济上是可以接受的。

　　投资利润率易于理解，使用简单、方便，并且考虑了投资寿命期内所有年份内的收益。但其没有考虑时间价值，不能真实反映投资报酬的高低。

　　在房地产开发的具体实践中，往往对开发销售型的项目也计算投资利润率，采用：投资利润率＝利润总额/项目总投资，实践中常常这样计算。但是严格上讲，这样的理解应该说是不正确的。该指标适用于开发后用于经营的项目，例如酒店等。

　　【例7-3】　某房地产公司投资一写字楼，总投资为1 000万元，投资建设期2年，项目经营期为15年，每年的净利润为200万元，试确定该项目的投资利润率。

　　【解】

　　投资利润率＝200÷1 000×100％＝20％

　　即该项目的投资利润率为20％。

2. 动态经济评价指标

（1）财务内部收益率。财务内部收益率(FIRR)是指项目在整个计算期内，各年净现金流量现值累计之和等于0时的折现率。FIRR是评价项目盈利性的基本指标。这里的计算期，对房地产开发项目而言是指从购买土地使用权开始到项目全部售出为止的时间。FIRR的计算公式为：

$$\sum_{t=0}^{n} (CI - CO)_t (1 + FIRR)^{-t} = 0$$

式中:CI——现金流入量;

　　CO——现金流出量;

　　$(CI-CO)_t$——项目在第 t 年的净现金流量;

　　$t=0$——项目开始进行的时间点;

　　n——计算期,即项目的开发经营周期(年、半年、季度或月)。

在一般情形下,求解上述公式需要解高阶的方程,求解过程比较复杂,并且,当项目的现金流量的符号出现变化时,内部收益率可能不止一个。在实际工作中,求解内部收益率可以通过一些简化方法来进行。具体计算中,财务内部收益率可以通过内插法求得,内插法公式为:

$$FIRR = i_1 + \frac{|NPV_1| (i_2 - i_1)}{|NPV_1| + |NPV_2|}$$

式中:i_1——当净现值为接近零的正值时的折现率;

　　i_2——当净现值为接近零的负值时的折现率;

　　NPV_1——采用低折现率时的净现值的正值;

　　NPV_2——采用高折现率时的净现值的负值。

为了使 i_1 所对应的 NPV_1、i_2 所对应的 NPV_2 之间的连线接近于线性关系,避免求得的内部收益率失真,一般要求上式中 i_1 与 i_2 之差不超过 2%,如图 7 - 1 所示。内部收益率表明了项目投资所能支付的最高贷款利率,如果贷款利率高于内部收益率,项目投资就会面临亏损。

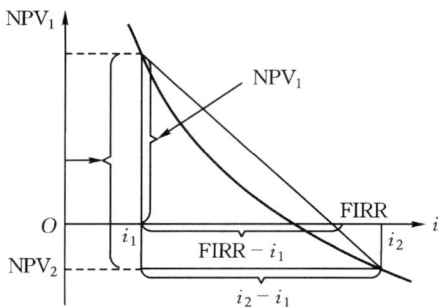

图 7 - 1　计算 FIRR 的试算内插法图示

判别准则:将所求出的内部收益率与行业基准收益率或目标收益率 i_c 比较,当 $FIRR \geqslant i_c$ 时,则认为项目在财务上是可以接受的。如 $FIRR < i_c$,则项目不可以接受。

内部收益率指标考虑了资金的时间价值,并且内部收益率不需要首先确定所要求的报酬率,该指标还可以表示投资项目的内在收益率,从而反映投资效率的高低。但是,内部收益率不能直观地显示项目投资获利数额的大小,相对计算较为复杂,并且当现金流量不是常规模式时,一个投资项目可能有多个内部收益率。

(2)财务净现值。财务净现值(NPV)是指按设定的折现率(行业的基准收益率或设定的目标收益率),将项目寿命期内每年发生的现金流量折现到建设期初的现值之和,这是房地产开发项目进行动态经济评价的重要指标之一。

基准折现率是经济评价中最重要的参数之一,是投资者对资金时间价值的最低期望值。它不仅取决于资金来源的构成,而且还取决于项目未来风险的大小和通货膨胀率的高低。

财务净现值的计算公式为:

$$\text{FNPV} = \sum_{t=0}^{n} (CI - CO)_t (1 + i_c)^{-t}$$

式中:FNPV ——项目在起始时间点的财务净现值;

i_c ——基准收益率或设定的目标收益率。

判别准则:如果 FNPV≥0,说明项目的获利能力超过或达到基准收益率的要求,财务上是可以接受的;如果 FNPV<0,则项目不可接受。

在对不同的项目进行比较时,对于初始投资相等的不同投资项目,选择FNPV最大的为最优,当不同方案的初始投资不同时,FNPV 最大不能成为决策选优的依据。

【例 7-4】 已知某投资项目的净现金流量如下表所示。如果投资者目标收益率为 12%,求该投资项目的财务净现值。

某投资项目的净现金流量表　　　　　　　　单位:万元

年份	0	1	2	3	4	5
现金流入量		500	500	500	500	500
现金流出量	1 500					
净现金流量	−1 500	500	500	500	500	500

【解】 因为 $i_c = 12\%$,利用公式

$$\text{FNPV} = \sum_{t=0}^{n} (CI - CO)_t (1 + i_c)^{-t}$$

则该项目的财务净现值为:

$$\text{FNPV} = -1500 + \frac{500}{(1+12\%)^1} + \frac{500}{(1+12\%)^2} + \frac{500}{(1+12\%)^3} +$$

$$\frac{500}{(1+12\%)^4} + \frac{500}{(1+12\%)^5}$$

$$= 302.39(万元)$$

(3) 动态投资回收期。动态投资回收期(P_t'),是指当考虑资金的时间价值即现金流折现时,项目以净收益抵偿全部投资所需的时间。对房地产投资项目来说,动态投资回收期自投资起始点算起,累计净现值等于零或出现正值的年份即为投资回收终止年份,其计算公式为:

$$\sum_{t=0}^{P'_t} (CI-CO)_t (1+i_c)^{-t} = 0$$

动态投资回收期更为实用的计算公式为：

$$P'_t = （累计贴现值开始出现正值的年数 -1）$$
$$+ (\frac{上期累计净现金流量现值的绝对值}{当期净现金流量现值})$$

判别准则：在项目财务评价中，动态投资回收期 P'_t 与基准回收期 P_c 相比较，如果 $P'_t \leqslant P_c$，则开发项目在财务上是可以接受的。

动态投资回收期指标一般用于评价开发完成后用来出租或自营的房地产开发项目，也可用来评价置业投资项目。

【例 7-5】　已知某投资项目的净现金流量如下表所示，求该投资项目的财务内部收益率；如果投资者目标收益率为 12%，求该投资项目的动态投资回收期。

某投资项目的净现金流量表　　　　　　　　　单位：万元

年份	0	1	2	3	4	5
现金流入量		400	400	500	350	300
现金流出量	1 100					
净现金流量	-1 100	400	400	500	350	300

【解】

某投资项目的净现金流量计算表

年份		0	1	2	3	4	5
现金流入量			400.00	400.00	500.00	350.00	300.00
现金流出量		1 100.00					
净现金流量		-1 100.00	400.00	400.00	500.00	350.00	300.00
NPV_1 ($i_1=23\%$)	折现值	-1 100.00	325.20	264.39	268.69	152.91	106.56
	累计折现值	-1 100.00	-774.80	-510.40	-241.71	-88.80	17.76
NPV_2 ($i_2=24\%$)	折现值	-1 100.00	322.58	260.15	262.24	148.04	102.33
	累计折现值	-1 100.00	-777.42	-517.27	-255.03	-106.99	-4.66
NPV ($i_c=12\%$)	折现值	-1 100.00	357.14	318.88	355.89	222.43	170.23
	累计折现值	-1 100.00	-742.86	-423.98	-68.09	154.34	324.57

(1) 当 $i_1=23\%$ 时，$NPV_1=17.76$（万元）

(2) 当 $i_2=24\%$ 时，$NPV_2=-4.66$（万元）

（3）所以，$\text{FIRR} = i_1 + \dfrac{|\text{NPV}_1| \times (i_2 - i_1)}{|\text{NPV}_1| + |\text{NPV}_2|}$

$= 23\% + [17.76 / (17.76 + 4.66)] \times 1\%$

$= 23.79\%$

（4）因为项目在第 4 年累计净现金流量现值出现正值，所以：

$P'_t =$（累计净现金流量现值开始出现正值期数－1）×

（上期累计净现金流量现值的绝对值/当期净现金流量现值）

$= (4-1) + 68.09 / 222.43$

$= 3.31$（年）

3. 清偿能力分析

清偿能力分析主要考虑计算期内各年财务状况及偿还能力。

（1）利息计算。按年计算时，为简化计算，假定借款发生当年均在年中支用，按半年计息，其后年份按全年计息；还款当年按年末偿还，按全年计息。每年应计利息的近似计算公式为：

$$\text{每年应计利息} = \left(\text{年初借款本息累计} + \frac{\text{本年借款额}}{2}\right) \times \text{贷款利率}$$

在房地产开发融资实践中，常采用的还本付息方式有：

①利息照付，余额还本：分期归还应计累计利息，本金视付息后的还本付息资金余额而归还。

②等额还本，利息照付：规定期限内分期归还等额本金和各期应计利息。

③等额还本付息：在规定期限内分期等额摊还本金和利息。

此外，还可以采用其他一些计算方法，如一次还本利息照付法，即借款期间每期仅支付当期利息而不归还本金，最后一期归还全部本金并支付当期利息；期末一次性偿付法，即借款期末一次偿付全部本金和利息；任意法，即借款期内任意偿还本息，到期末全部还清。

【例 7-6】 某房地产项目，建设期为 3 年，在建设期第一年贷款 3 000 万元，第二年贷款 4 000 万元，第三年贷款 3 000 万元，年利率为 7%，计算该项目建设期贷款利息。

【解】

建设期各年利息计算如下：

第一年借款额：3 000 万元

第一年贷款利息：$\dfrac{3\ 000}{2} \times 7\% = 105.00$（万元）

第二年贷款利息：$\left(3\ 105 + \dfrac{4\ 000}{2}\right) \times 7\% = 357.35$（万元）

第三年贷款利息：$(7\ 462.35+\dfrac{3\ 000}{2})\times 7\%=627.36$（万元）

建设期末累计贷款利息为 1 089.71 万元。

（2）借款偿还期。固定资产投资国内借款偿还期（简称为借款偿还期），是指在国家财政规定及项目具体财务条件下，以项目可用于还款的资金来偿还固定资产投资国内借款本金和建设期利息所需用时间。其中资金来源包括项目经营期内可用于还款的利润、折旧、摊销及其他还款资金等。

借款偿还期指标适用于那些不预先给定借款偿还期限，且按最大偿还能力计算还本付息的项目，它不适用于那些预先给定借款偿还期的项目，因此本指标适用于开发后用于出租经营的项目评价。

借款偿还期＝借款偿还后开始出现盈余年份数－开始借款年份＋

当年偿还借款额/当年可用于还款金额

当借款偿还期满足借款机构的要求期限时，即认为项目具有清偿能力。

【例 7-7】 某房地产开发项目在第 2 年投资时开始运用银行贷款，第 8 年时开始出现借款偿还盈余，贷款利率为 8%，各年还款情况如下表所示，假设银行要求的还款期限为 8 年，试计算项目的借款偿还期并判断其清偿能力。

某项目借款还本付息计算表　　　　　　　　　单位：万元

序号	年度 项目	计算期							
		1	2	3	4	5	6	7	8
1	借款还本付息								
1.1	年初本息余额		0	520	1 186	1 904	2 889	2 320	1 506
1.2	本年借款	500	600	600	800	0	0	0	
1.3	本年应付利息	20	66	119	184	231	186	120	
1.4	本年还本利息						800	1 000	1 626
1.4.1	本年本金偿还						180	814	1 506
1.4.2	本年利息支付						620	186	120
2	还本资金来源						800	1 000	2 000
2.1	利润						800	1 000	2 000
3	偿还本金后余额								374

【解】

借款偿还期＝借款偿还后开始出现盈余年份数－开始借款年份＋

当年偿还借款额/当年可用于还款金额

$$=8-2+1\ 626/2\ 000$$
$$=6.81(年)$$

因为 6.81<8 年,故就该指标来看,项目清偿能力满足要求。

▷ 7.3.3 房地产开发项目财务评价报表的编制

1. 财务评价基本程序

房地产开发项目财务评价是在市场调查和项目开发方案的基础上,通过测算财务基础数据,编制财务基本报表,计算财务评价指标,考察和分析项目的盈利能力和清偿能力,据此判断项目的财务可行性,为投资决策、融资决策以及银行审贷提供依据。财务评价报表分为辅助财务报表和基本财务报表,其基本程序如下:

(1) 测算财务基础数据,编制辅助财务报表。根据项目市场调查和分析、当地房地产价格体系及财税制度,并结合项目开发方案,估算项目总投资额、租售收入及税金等一系列基础数据,并将得到的基础数据编制成辅助财务报表,如总投资估算表、资金筹措与使用计划表、销售收入与税金及附加估算表、借款还本付息计算表等。在财务评价中,辅助报表是编制基本报表的基础。

(2) 编制基本财务报表。根据基本财务报表和辅助财务报表之间存在着的内在对应关系,可通过辅助财务报表编制基本财务报表,如资金来源与运用表、损益表、项目现金流量表和资本金现金流量表等。

(3) 财务评价指标的计算与评价。根据基本财务报表,计算项目的盈利和清偿能力评价指标,并分别与对应的经济评价参数进行比较,对各项财务指标作出评价并得出结论。

(4) 不确定性与风险分析。项目经济评价所采用的数据大部分来自预测和估算,具有一定程度的不确定性,为分析不确定性因素变化对经济评价指标的影响,估计项目可能承担的风险,应进行风险与不确定性分析,提出项目风险的预警、预报和相应的对策,为投资决策服务。不确定性分析主要包括盈亏平衡分析和敏感性分析,风险分析主要运用概率分析法等进行分析,以此计算项目的盈亏平衡点、敏感性因素以及项目影响因素发生风险的可能性。

2. 财务评价辅助报表的编制

财务评价报表是进行开发项目动态和静态计算、分析和评价的必要报表。下面以开发销售型的房地产项目为例,对辅助财务报表的编制进行介绍。

(1) 总投资估算表。项目总投资包括开发建设投资、建设期利息、流动资金[①]。

---

① 国家发改委和建设部发布,建设项目评价方法与参数(第三版),中国计划出版社,2006.

其中,开发建设投资主要包括土地费用、前期工程费与城建费用、小区基础设施建设费、建筑安装工程费、公共设施配套费用、开发间接费用、管理费、销售费用、其他费用、开发税费、不可预见费用等;建设期利息是指筹措债务资金时在建设期内发生并计入项目总投资的利息;流动资金是指运营期内长期占用并周转使用的营运资金。对于开发销售模式下的房地产开发项目,所投入的开发建设资金本质上属于流动资金性质,不用再另行估算流动资金。而开发后用于出租或自营的项目,其流动资金与一般的工业项目概念相同。

开发销售型的房地产开发项目总投资估算如表7-3所示。

表 7-3　总投资估算表　　　　　单位:万元

序号	项目	金额
1	土地费用	
2	前期工程费与城建费用	
3	基础设施建设费	
4	建筑安装工程费用	
5	公共设施配套费用	
6	开发间接费用	
7	管理费	
8	销售费用	
9	其他费用	
10	开发税费	
11	不可预见费用	
12	建设期利息	
13	总投资	

(2)销售收入和销售税金及附加表。销售收入和销售税金及附加表反映了项目实现销售收入的状况。在该表中,销售收入减去各种税金后即可得到净销售收入,各种税金包括销售税金及附加(包括营业税、城市维护建设税、教育费附加)、土地增值税等税金。

如本书第7章7.2.1节所述,财务评价中,对于自行销售中的销售提成或委托代理时的销售代理费(以下统称销售佣金)的处置原则:上述费用的产生是基于销售收入的实现,只有实现销售收入的情况下才支付该笔费用,开发商不必为此支出筹措资金,因此不将其计入项目总投资,而在销售税费环节予以扣除,计算时可以在表7-4中体现。

表 7 - 4 销售收入和销售税金及附加表 单位:万元

序号	项目 \ 年度	计算期						合计
		1	2	3	...	$n-1$	n	
1	销售收入							
2	销售税金及附加							
2.1	营业税							
2.2	城市维护建设税							
2.3	教育费附加							
3	土地增值税等							
4	销售佣金							
5	净销售收入							

(3) 投资计划与资金筹措表。在总投资估算表的基础上,根据项目的实施进度、各期需要的投资额、资金筹措方案和资金使用计划,可编制投资计划与资金筹措表,如表 7 - 5 所示。该表反映了项目的动态投资过程和各期的融资状况。表 7 - 5 中有两大项,分别为总投资和资金筹措,其中资金筹措渠道一般为资本金、银行借款和净销售收入再投入。净销售收入再投入是项目预售收入扣除各种税金后,作为开发商自有资金,投入到开发建设中,是项目融资的一个重要途径。编制该表时应注意各期资金筹措数额应等于各期投资额。

表 7 - 5 投资计划与资金筹措表 单位:万元

序号	项目 \ 年度	计算期						合计
		1	2	3	...	$n-1$	n	
1	总投资							
1.1	建设投资							
1.2	建设期利息							
2	资金筹措							
2.1	资本金							
2.2	净销售收入再投入							
2.3	银行借款							
2.4	建设期利息							

(4) 借款还本付息计算表。项目融资若使用有银行借款,就应编制借款还本付息计算表,如表 7 - 6 所示。该表综合反映了项目在各期的借款额、各期的借款

利息以及各期还款资金来源与方式,通过该表可计算项目的借款偿还期等指标,是判断项目偿债能力的依据之一。

表 7-6　借款还本付息计算表　　　　　　单位:万元

序号	年度 项目	计算期						合计
		1	2	3	…	$n-1$	n	
1	借款还本付息							
1.1	年初本息余额							
1.2	本年借款							
1.3	本年应付利息							
1.4	本年还本利息							
1.4.1	本年本金偿还							
1.4.2	本年利息支付							
2	还本付息资金来源							
2.1	未分配利润							
3	偿还本金后余额							

按照现行财务制度规定,还本付息资金来源主要有:未分配利润、折旧和摊销等。在开发销售型房地产项目计算中,采用的是未分配利润;而对于开发后用于出租或自营的项目,投资形成固定资产,还款资金来源中还包含折旧和摊销等。

3. 财务评价基本报表的编制

通过财务评价基本报表,可以计算反映项目盈利能力的主要财务评价指标,如财务净现值(FNPV)、财务内部收益率(FIRR)等。下面以开发销售型的房地产项目为例,对辅助财务报表的编制进行介绍。

(1) 现金流量表。现金流量表是根据项目在计算期内各年的现金流入和现金流出,计算各年净现金流量的财务报表,通过现金流量表可以计算财务内部收益率、财务净现值以及投资回收期等指标,分析项目财务盈利能力。现金流量表分为项目投资现金流量表和项目资本金现金流量表。

①项目投资现金流量表。项目投资现金流量表是从项目自身角度出发,不分资金来源,以项目的全部设定全部投资均为自有资金,以此计算全部投资所得税前及所得税后财务内部收益率(FIRR)、财务净现值(FNPV)及投资回收期(P_t)等指标,评价项目全部投资的盈利能力,如表 7-7 所示。

为了方便读者理解,保持表内信息传递的完整性,在本表及以下计算表中将销售收入与税金及附加计算表所包含的内容也体现出来。

表7-7 项目投资现金流量表　　　　　　　　单位:万元

序号	年度＼项目	计算期						合计
		1	2	3	…	$n-1$	n	
1	现金流入							
1.1	销售收入							
2	现金流出							
2.1	建设投资							
2.2	销售税金及附加							
2.3	土地增值税等							
2.4	销售佣金							
2.5	所得税							
3	所得税前净现金流量							
4	所得税前累计净现金流量							

　　房地产项目运用金融机构贷款,所产生的利息和每年的偿还贷款金额在项目现金流量表中被视为项目自有资金,并不被当成现金流出,因此,项目的现金流出为建设投资(不含建设期利息)、销售税金及附加、土地增值税、销售代理佣金和所得税等,现金流入为销售收入等,每年的现金流入减去现金流出即可得到相应的净现金流量。

　　②项目资本金现金流量表。该表从投资者角度出发,以投资者的出资额作为计算基础,把借款本金偿还和利息支付视为现金流出,用以计算项目资本金财务内部收益率、财务净现值等评价指标,考察项目自有资金的盈利能力,如表7-8所示。

表7-8 项目资本金现金流量表　　　　　　　　单位:万元

序号	年度＼项目	计算期						合计
		1	2	3	…	$n-1$	n	
1	现金流入							
1.1	销售收入							
2	现金流出							
2.1	资本金							
2.2	销售收入再投入							
2.3	销售税金及附加							
2.4	土地增值税等							
2.5	销售佣金							
2.6	借款本金偿还							

续表 7 - 8

序号	年度 项目	计算期						合计
		1	2	3	…	$n-1$	n	
2.7	建设期利息							
2.8	所得税							
3	净现金流量							

  站在投资者的角度时,投资者关心的是将资本金投入项目后所能获得的收益多少,因此,在资本金现金流量表中,把资本金、销售收入再投入、借款本金偿还和利息支付都作为现金流出,除此之外还有销售税金及附加、销售代理佣金、所得税等,现金流入为销售收入,每年的现金流入减去现金流出即可得到相应的净现金流量。

  (2)损益表。损益表用来反映项目计算期内各年的利润总额、所得税及税后利润的分配情况,以此计算投资利润率、投资利税率和资本金利润率等指标。损益表应结合资金筹措与使用计划表、借款还本付息表等进行编制。损益表中包括销售收入、总投资、销售税金及附加、销售佣金、利润总额、所得税、税后利润、盈余公积、应付利润和未分配利润等项目,如表 7 - 9 所示。

表 7 - 9 损益表   单位:万元

序号	年度 项目	计算期						合计
		1	2	3	…	$n-1$	n	
1	销售收入							
2	建设投资							
3	建设期利息							
4	销售税金及附加							
5	土地增值税等							
6	销售佣金							
7	利润总额							
8	累计利润							
9	所得税							
10	税后利润							
11	累计税后利润							
12	可供分配利润							
12.1	盈余公积							
12.2	应付利润							
12.3	未分配利润							
13	累计未分配利润							

①利润总额的计算。

净销售收入＝销售收入－销售税金及附加－土地增值税等－销售佣金

其中：销售税金及附加＝营业税＋城市维护建设税＋教育费附加

　　　销售佣金＝销售收入×佣金比率

　　　利润总额＝净销售收入－总投资

②弥补亏损。房地产开发企业发生的年度亏损，可以用下一年度的所得税前利润弥补，下一年度税前利润不足弥补的，可以在五年内延续弥补；五年内不足弥补的，用税后利润弥补。

③利润分配。税后利润等于利润总额减所得税，亦即可供分配利润，可供分配利润用于盈余公积、应付利润和未分配利润。

关于盈余公积的提取：法定盈余公积金按照税后利润扣除前项后的 10％提取，法定公积金已达到注册资本的 50％时可不再提取；任意盈余公积金的提取比例按公司章程或股东大会确定的比例计算；提取法定公益金按税后利润的 5％至 10％提取，专门用于企业职工的集体福利设施建设，如兴建职工住房、理发室、浴池、托儿所等。

应付利润即为按规定应付给投资者的利润，包括对国家投资分配利润、对其他单位投资分配利润、对个人投资分配利润等。

未分配利润即为可供分配利润减盈余公积和应付利润后的余额。

（3）资金来源与运用表。资金来源与运用表根据项目的资金来源与资金运用情况以及国家有关财税规定，反映项目计算期内各年的资金盈余或短缺情况，可以用于选择资金筹措方案，判定适宜的借款及偿还计划，还可用于计算借款偿还期。资金来源与运用表分为三大项，即资金来源、资金运用和盈余资金，它们之间的关系式为：盈余资金＝资金来源－资金运用，如表 7－10 所示。

表 7－10　资金来源与运用表　　　　　单位：万元

| 序号 | 年度
项目 | 计算期 | | | | | | 合计 |
		1	2	3	…	$n-1$	n	
1	资金来源							
1.1	销售收入							
1.2	资本金							
1.3	借款本金							
1.4	建设期利息							
2	资金运用							
2.1	建设投资							
2.2	建设期利息							

序号	年度 项目	计算期						合计
		1	2	3	…	n−1	n	
2.3	销售税金及附加							
2.4	销售佣金							
2.5	所得税							
2.6	借款本金偿还							
2.7	借款利息支付							
2.8	盈余公积金							
3	盈余资金							
4	累计盈余资金							

4. 财务分析及评价指标的对应关系

开发项目财务评价指标是判断项目在财务上是否具有可行性的重要依据,是衡量项目财务经济效果的尺度。根据是否考虑资金时间价值分类,可分为静态评价指标和动态评价指标。根据财务评价指标和财务基本报表,可以看出它们之间存在着一定的对应关系,如表 7 - 11 所示。

表 7 - 11　财务评价指标和财务基本报表之间的对应关系表

财务分析	基本报表	财务评价指标	
		静态指标	动态指标
财务盈利 能力分析	项目投资现 金流量表	投资回收期	投资回收期 财务净现值 财务内部收益率
	项目资本金现 金流量表		投资回收期 财务净现值 财务内部收益率
	损益表	投资利润率 投资利税率 资本金利润率	
清偿能力分析	资金来源与运用表	借款偿还期	

▷ 7.3.4　房地产项目开发方案的经济比选

1. 方案经济比选的含义

房地产项目开发方案的经济比选是寻求合理方案的必要手段。对于房地产项目策划中提出的各种可供选择的开发经营方案,要进行经济定量分析,从中筛选出满足最低可接受收益率要求的可供比较方案,并对这些方案进行比选。

2. 方案经济比选的类型

在房地产开发项目各种可能方案中,主要有三种关系,即独立关系、互斥关系和相关关系。

(1)独立关系一般指方案间互不干扰,一个方案的执行不影响另一方案的执行,如开发商同时面临几个地块的开发选择,如果公司资金充裕的话,可以同时开发几个项目,选择其中一种方案,并不影响其他方案的实施。

(2)互斥关系是指在若干方案中,选择其中一个方案,其他方案必然被排斥,如开发商拟在某一宗用地上进行房地产开发,现有多种规划方案进行选择,受用地条件和企业资金等因素影响,只能选择其中一种方案执行。

(3)相关关系指不同方案之间的现金流量是相互影响的。其中一个方案的实施可能会影响另外一个方案的实际现金流量,如开发商同时开发多个项目,受企业资金影响,如果加大某一项目投资,必然影响到其他项目的建设投资。

房地产开发实践中常见的方案比选,是互斥关系和可转化为互斥关系的多方案比选,因此,以下主要针对互斥关系的房地产项目多方案比选问题进行介绍。

3. 方案经济比选的分析方法

互斥方案评价中使用的评价指标有净现值、内部收益率、等额年值、费用现值和等额年费用等。

(1)净现值法。在投资者不存在资金约束时,其进行方案比选时,可以选择净现值最大的方案作为最优的方案。计算公式如下:

$$NPV = \sum_{t=1}^{n} (CI - CO)_t (1 + i)^{-t}$$

【例 7-8】 某开发公司,拟开发某地块,现有三种方案可供选择,见下表,经过市场调查和预测,这三个方案的现金流量如下表所示,基准内部收益率为 10%,试用净现值法选择最佳方案。

投资方案的现金流量 单位:万元

投资方案	0	1	2	3	4	5	6	7	8
A	−500	171	171	171	171	171	171	171	171
B	−850	228	228	228	228	228	228	228	228
C	−400	150	150	150	150	150	150	150	150

【解】 分别计算三个方案的净现值,结果如下表所示,可以看出,方案 A 的净

现值最大,因此选择方案 A 作为最优方案。

投资方案的现金流量　　　　　　　　单位:万元

投资方案	0	1	2	3	4	5	6	7	8	净现值
A	−500	171	171	171	171	171	171	171	171	412.27
B	−850	228	228	228	228	228	228	228	228	366.36
C	−400	150	150	150	150	150	150	150	150	400.24

(2) 差额投资内部收益率法。差额投资内部收益率是两个方案各期净现金流量差额的现值之和等于 0 时的折现率。其表达式为:

$$\sum_{t=1}^{n}\left[(CI-CO)'_t-(CI-CO)''_t\right](1+\Delta IRR)^{-t}=0$$

式中:$(CI-CO)'_t$——投资大的方案第 t 期净现金流;

$(CI-CO)''_t$——投资小的方案第 t 期净现金流量;

n——开发经营期。

在进行方案比选时,可将上述求得的差额投资内部收益率与投资者的最低可接受收益率(MARR)进行比较,当 $\Delta IRR \geq MARR$ 时,以投资大的方案为优选方案;反之,以投资小的方案为优选方案。当多个方案比选时,首先按投资由小到大排序,再依次就相邻方案两两比选,从中确定优选方案。

【例 7 - 9】　仍以上题为例,运用内部收益率方法进行比较选择,首先按照投资大小对方案进行排序,并计算差额内部收益率,见下表。

【解】

方案比较与差额现金流量和差额内部收益率

方案比较	0	1	2	3	4	5	6	7	8	差额内部收益率
C−0	−400	150	150	150	150	150	150	150	150	33.9%
A−C	−100	21	21	21	21	21	21	21	21	13.2%
B−A	−350	57	57	57	57	57	57	57	57	6.3%

从上表可以看出,C 方案投资最小,A 方案次之,B 方案投资最大。将 C 方案与 0 方案(无投资也无收益)进行比较,可以得到其内部收益率为 33.9%,大于基准收益率,因而是可行的;同时,再将 A 与 C 求差额现金流量,得到相应的差额内部收益率为 13.2%,也是大于基准收益率的,因此选择投资比较大的方案,即选择 A 方案。再将 B 与 A 求差额现金流量并计算差额内部收益率为 6.3%,小于 10%,即增加投资的收益低于基准收益率,因此不应该增加投资,方案 B 不如方案 A,最

终选择方案 A 作为最优开发方案。

（3）等额年值法。当不同开发经营方案的经营期不同时，应将不同方案的财务净现值换算为年值，通过计算各备选方案的等额年值，以等额年值大的方案为优选方案。

等额年值（AW）计算公式为：

$$AW = \text{NPV} \frac{i_c(1+i_c)^n}{(1+i_c)^n - 1}$$

【例 7-10】 同上例，假定基准内部收益率为 10%，分别计算三个方案的净年值，结果如下表所示，可以看出，方案 A 的净年值最大，因此选择方案 A 作为最优方案。

【解】

投资方案的现金流量 单位：万元

投资方案	0	1	2	3	4	5	6	7	8	净年值
A	−500	171	171	171	171	171	171	171	171	77.28
B	−850	228	228	228	228	228	228	228	228	68.67
C	−400	150	150	150	150	150	150	150	150	75.02

（4）费用现值法和等额年费用法。对效益相同或基本相同的房地产项目开发方案进行比选时，为简化计算，可采用费用现值指标和等额年费用指标直接进行项目方案费用部分的比选。

①费用现值（PC）指标。

$$PC = \sum_{t=1}^{n} (C-B)_t (1+i_c)^{-t}$$

式中：C——第 t 期投入总额；

B——期末余值回收。

在进行方案比选时，以费用现值小的方案为优选方案。

②等额年费用（AC）指标。

$$AC = PC \frac{i_c(1+i_c)^n}{(1+i_c)^n - 1}$$

在进行方案比选时，以等额年费用小的方案为优选方案。

【例 7-11】 已知两种方案具有相同的年净现金流量，其各年现金流入及现金流出如下表所示，假定基准内部收益率为 10%，试进行方案优选。

【解】 计算两种方案的费用现值分别为：

$PC_1 = 432.68$ 万元　　$PC_2 = 494.77$ 万元

计算两种方案的等额年费用分别为：

$AC_1 = 99.35$ 万元 $AC_2 = 113.60$ 万元

因此,从费用现值和等额年费用计算结果方面考虑,方案一优于方案二。

投资方案的现金流量   单位:万元

投资方案		0	1	2	3	4	5
一	现金流入	0	95	95	95	95	95
	现金流出	300	35	35	35	35	35
	净现金流量	−300	60	60	60	60	60
二	现金流入	0	85	85	85	85	85
	现金流出	400	25	25	25	25	25
	净现金流量	−400	60	60	60	60	60

(5)其他经济比选方法。房地产开发实践中,一些项目可直接采用利润总额、开发(成本/销售)利润率等静态指标进行方案比选,但一般都是对于开发经营期较短的出售型房地产项目。

4. 房地产项目开发方案经济比选的方法选择

(1)当可供比较方案的开发经营期相同时,可直接选用差额投资内部收益率、净现值或等额年值指标进行方案比选。

(2)当可供比较方案的开发经营期不同时,一般宜采用等额年值指标进行比选,如果要采用差额投资内部收益率指标或净现值指标进行方案比选,须对各可供比较方案的开发经营期和计算方法按有关规定作适当处理,然后再进行比选。

(3)当可供比较方案的效益相同或基本相同时,可采用费用现值法和等额年费用法。

7.4　房地产项目融资策划

➤ 7.4.1　房地产项目融资渠道

1. 房地产项目融资的分类

房地产开发项目融资的分类方式很多,主要有以下方式。

(1)从融资主体看,房地产项目融资分为房地产企业融资和房地产项目融资。

①房地产企业融资。房地产企业融资,是指利用企业自身的经济实力进行的融资,它与其他生产经营性企业融资一样,具有一般性特点。其资金募集的方式很

多,诸如股票融资、债券融资、信贷融资、信托融资等方式。外部资金拥有者决定是否进行投资或是否贷款时,主要是将房地产企业作为一个整体,全盘审核资产负债及利润情况,并结合房地产企业的项目综合考虑,但并不限定资金用于哪些具体的房地产开发项目。

②房地产项目融资。房地产项目融资主要是针对具体房地产开发项目的融资方式,根据项目自身的现金流状况,通过选择房地产项目测算现金流融资成本,设计合理的融资结构,以达到满足房地产开发商具体项目的融资需求。目前中小房地产公司常常采用项目融资模式。

(2)从融资渠道上看,房地产项目融资分为直接筹资和间接筹资。

①直接筹资。所谓直接筹资,就是指不通过金融中介机构,而由投资者直接面向社会进行的筹资。房地产公司直接筹资所采用的方式主要是发行股票和债券。发行股票和债券可以有两种方式:一是委托有关证券公司办理相关发行手续,在资本市场上发行股票和(或)债券;另一种是企业在内部筹集资金。一般情况下,当企业的资金需求量较小时,多采用内部直接筹资方式。

②间接筹资。所谓间接筹资,是指由金融机构直接参与的筹资活动。在间接筹资方式下,金融机构不仅仅是"代办者",而更主要是"参与者"。金融机构参与项目的筹资活动,其目的是为了自身盈利的需要。它一般是由证券公司、信托投资公司(以上两类公司主要从事投资银行业务)、银行和保险公司等广泛地向社会各界融通资金,然后有选择地贷放给或投资于项目,满足工程项目的资金需要。

直接筹资与间接筹资的比较如表 7 - 12 所示。

表 7 - 12　直接筹资与间接筹资方式的比较

筹资中涉及的主体	直接筹资	间接筹资
项目筹资者	手续简便,筹资范围和金额直接受到项目筹资者信誉影响	手续复杂,可不受筹资金额大小的影响
金融中介机构	不承担任何风险,收益很小	收益较高,但风险较大
社会投资者或储蓄者	收益较高,但风险较大	收益稳定,收益和风险相对较小

(3)从资金偿还特性上看,房地产项目融资分为权益筹资和债务筹资。

①权益筹资。权益筹资是指项目为了获取可供长期或永久使用的资金而采取的资金融通方式。这种方式所筹集的资金直接构成了项目的资本金,其性质是项目的自有资金。权益筹资通常采用直接筹资的方式,如筹资者通过对外发行股票、直接吸引投资者参与项目的合资与合作以及企业内部的资金积累等方式筹集资金。

②债务筹资。债务筹资是指项目投资者通过信用方式取得资金,并按预先规

定的利率支付报酬的一种资金融通方式。就其性质而言,债务筹资是不发生所有权变化的单方面资金使用权的临时让渡,筹资者必须在规定的期限内使用资金,同时要按期支付利息。从理论上讲,债务筹资形式一般不受时间、地点、范围的限制,甚至不受资本的限制。只要筹资者有足够的资信水平,就可以获得超过资本金数倍的资金。债务筹资往往采用间接筹资与直接筹资相结合的方式,如银行贷款、发行企业债券、利用商业信用等。

权益筹资和债务筹资的比较如表 7 - 13 所示。

表 7 - 13　权益筹资和债务筹资方式的比较

筹资中涉及的主体	权益筹资	债务筹资
项目投资者	筹资风险小,筹资成本高。权益筹资比例过大会影响自有资金的投资回报率。可降低负债比率	要求项目的投资报酬率大于贷款利率,因而筹资风险较大。可减少项目筹资成本,控制股权,提高产权资本收益率

(4) 其他分类方式。房产地项目融资还有很多融资分类方式,例如从融资来源国别的不同可以划分为国内融资和国际融资;从融资币种不同,可以划分为本币融资和外汇融资;从期限长短可以划分为长期融资、中期融资以及短期融资;从融资来源是否具有政策性,可以划分为政策性融资和商业性融资等。

2. 房地产开发项目融资方式

由于房地产开发资金需求量特别大,房地产开发商的自有资金一般不可能完全满足需要,通过合理的渠道落实资金就成为房地产开发商必须解决的一个重要问题。随着我国房地产市场的逐步完善,房地产金融业的逐步发展,房地产开发资金的筹集渠道也越来越多。目前,房地产开发商的资金筹集渠道主要有自有资金、预收房款以及银行贷款等方式。

(1) 自有资金筹集。

①资本金筹集。资本金作为项目投资中由投资者提供的资金,是获得债务资金的基础。为了保障和促进房地产业的持续健康发展,防止房地产开发项目盲目投资和低水平重复建设现象的出现,根据国务院《关于调整部分行业固定资产投资项目资本金比例的通知》(国发[2004]3 号文)精神,房地产开发项目(不含经济适用房项目)资本金比例由 20% 及以上提高到 35% 及以上。

这里所说的资本金是包含所有者权益在内的自有资金,包括注册资本金、资本公积、盈余公积和未分配利润四个部分。

资本金出资形态可以是现金,也可以是实物、土地使用权等。实物出资必须经过有资格的资产评估机构评估作价,并在资本金中不能超过一定比例。投资者投入的自有资金,可能全部作为资本金,也可能部分作为资本金。一般情况下,投资者投入的自有资金全部作为资本金。如果资金充裕,投资者投入的资金可以大于资本金。

②股票筹资。发行股票,是房地产公司有效筹资的重要渠道之一。其发行主体限于房地产股份有限公司,包括已经成立的房地产股份有限公司和经批准拟成立的房地产股份有限公司。所谓的股票是指股份公司发给股东作为已投资入股的证书和索取股息的凭证。它是可作为买卖对象或抵押品的有价证券。

房地产股份有限公司可以通过增发新股,为特定的房地产开发投资项目筹措资本金。例如 2007 年 7 月,金地集团定向增发 1.73 亿 A 股,成功募资 45 亿元。2007 年 8 月,万科 A 股增发募集资金 100 亿元,创下我国股市增发史上单次募资的最高记录。资本市场上地产股表现良好,给上市房地产公司通过资本市场融资创造了机会,据不完全统计,2007 年以来上市房地产公司通过增发、配股等方式,已合计融资超过 1 000 亿元[①]。

(2) 商品房预售。商品房预售就是指在商品房未建成前就将其预售出去,用获得的预售资金建设该房地产。通过预售商品房,可以获得后续开发建设所需要的资金,是开发商筹集资金的重要途径。我国对房地产预售有严格的规定:

①已交付全部土地使用权出让金,取得土地使用权证书。

②持有建设用地规划许可证建设工程规划许可证和施工许可证。

③按提供预售的商品房计算,投入开发建设的资金达到工程建设总投资的 25% 以上,并已经确定施工进度和竣工交付日期。

④开发商向城市、县人民政府房产管理部门办理预售登记,取得《商品房预售许可证》。

2001 年 6 月 19 日,中国人民银行发出了《关于规范住房金融业务的通知》,规定银行发放贷款时,多层建筑要求主体结构封顶、高层主体达到 2/3 时,才可以发放个人住房抵押贷款(俗称按揭),这对房地产公司的资金筹集有着较大的影响。这是因为在项目预售阶段,购房者申请的个人住房抵押贷款是项目预售收入的重要组成部分,上述规定实质上推迟了开发商获得商品房全部预售收入的时间,在降低购房者风险的同时,也加大了开发商通过预售筹集资金的难度。

(3) 债务资金筹集。

①债券筹资。

[①] 西安晚报,2007 - 11 - 28.

A. 企业债券。企业债券是指从事生产、贸易、运输等经济活动的企业发行的债券。在西方国家,由于只有股份公司才能发行企业债券,所以在西方国家,企业债券即公司债券。在中国,企业债券泛指各种所有制企业发行的债券。

企业债券依照法定程序发行,约定在一定期限内还本付息。企业债券代表着发债企业和投资者之间的一种债权债务关系。债券持有人是企业的债权人,不是所有者,无权参与或干涉企业经营管理,但债券持有人有权按期收回本息。企业债券和股票一样,同属有价证券,可以自由转让。由于企业主要以本身的经营利润作为还本付息的保证,因此企业债券风险与企业本身的经营情况直接相关,是一种风险较大的债券。所以,在企业发行债券时,一般要对发债企业进行严格的资格审查或要求发行企业有财产抵押,以保护投资者利益,也正是由于企业债券具有较大的风险,利率通常也高于国债和地方政府债券。

房地产开发商一直试图通过各种形式的直接融资方式解决资金问题,但是目前我国发行企业债券的限制条件多、审批程序严格,所以一般的房地产公司较难做到发行企业债券。目前,公司债在我国已经启动,下面单独对其进行介绍。

B. 公司债。尽管公司债在美国等国家已成为成熟的融资工具,但在国内资本市场尚属新鲜事物。2007 年 8 月 14 日,中国证监会正式颁布实施《公司债券发行试点办法》(以下简称《试点办法》)。公司债券发行试点将从上市公司入手,初期,试点公司范围仅限于沪深证券交易所上市的公司及发行境外上市外资股的境内股份有限公司,这为我国的上市房地产公司提供了很好的融资渠道。

根据《试点办法》,申请发行债券的公司最近 3 个会计年度实现的年均可分配利润不少于公司债券一年的利息,且本次发行后累计公司债券余额不超过最近一期末净资产额的 40%。《试点办法》还确立了若干市场化改革内容:不强制要求提供担保;募集资金用途不再与固定资产投资项目挂钩,包括可以用于偿还银行贷款、改善财务结构等股东大会核准的用途;公司债券发行价格由发行人与保荐人通过市场询价确定;允许上市公司一次核准,分次发行等。

公司债券的推出对上市房地产公司来说开辟了从资本市场筹措资金的新渠道,可以大大降低企业的融资成本。上市房地产公司,尤其是大型房地产公司的资金成本将下降。同时,企业的资产负债结构也更容易调整,从而形成更优的资产负债比率。目前,一些上市房地产公司开始发行公司债进行融资,例如,2007 年 9 月 30 日,万科集团发布公告,将在中国境内发行本金总额不超过 59 亿元的公司债券,万科也成为证监会 2007 年 8 月 14 日发布《公司债发行试点办法》以来第二家公告发债的房地产开发企业,而一周前金地集团刚刚获准发行公司债。万科证券事务部有关人士认为"发行公司债程序简单,发行门槛低,降低了上市公司的融资成本和经营成本,可以很好地推动公司业绩发展"①。

②信贷资金筹集。银行贷款是我国房地产企业主要的资金来源之一,贷款银行主要集中在商业银行和股份制银行。目前,国家开发银行也开始对具有社会保障性质的经济适用房和廉租房进行贷款,但是贷款对象集中在政府性项目。使用信贷资金进行房地产开发时,金融机构为了防范风险,一般都会要求开发商提供抵押物,据此作为风险一旦发生时弥补损失的手段。

A. 房地产抵押贷款。房地产抵押贷款,是指借款人(抵押人)以其合法拥有的房地产,在不转移占有方式的前提下,向贷款人(抵押权人)提供债务履行担保,从而获得贷款的行为。债务人不履行债务时,债权人有权依法以抵押的房地产拍卖所得的价款优先受偿。目前不允许针对单纯的土地购置发放贷款,土地开发贷款也很难实现,因此,房地产抵押贷款主要集中在商用房地产抵押贷款和在建工程抵押贷款上。

商用房地产抵押贷款,是指购买商用房地产的机构或个人,以所购买房地产作为抵押担保,向金融机构申请贷款的行为。在建工程抵押,是指抵押人为取得在建工程后续建造资金的贷款,以其合法方式取得的土地使用权连同在建工程的投入资产,以不转移占有的方式抵押给贷款银行作为偿还贷款履行担保的行为。

B. 房地产信用贷款。信用贷款是与抵押贷款平行存在的两种贷款形式。信用贷款是借款人单凭自身信誉,无需提供物质保证而从银行取得的贷款。这种贷款方式对放款人(银行)而言风险较大,往往只对一些实力很强、信誉很好的大型房地产公司提供。目前,一些大型房地产公司特别是绩优上市公司,例如万科、保利地产等公司被银行授信就是这种融资方式。

(4) 房地产金融创新。随着房地产开发投资的不断扩大,房地产企业对于资金的需求也越来越多,目前国内房地产开发业的资金来源主要还是以银行贷款为主,较少涉及金融产品的创新。而在西方发达国家,住房抵押贷款证券化、投资信托基金等方式早已直接或间接成为房地产开发资金的重要来源,很好地化解了金融风险。对于我国房地产开发过度依赖银行贷款的情况,急需通过住房抵押贷款证券化、房地产投资信托等金融创新工具,拓宽房地产融资渠道。

①住房抵押贷款证券化。

A. 住房抵押贷款证券化的涵义。住房抵押贷款证券化,就是把金融机构发放的住房抵押贷款转化为抵押贷款证券(主要是债券),然后通过在资本市场上出售这些证券给市场投资者,以融通资金,并使住房贷款风险分散为由众多投资者承担。

---

① http://bj.house.sina.com.cn/index.shtml.

从本质上讲,发行住房抵押贷款证券是发放住房抵押贷款机构的一种债权转让行为,即贷款发放人把对住房贷款借款人的所有权利转让给证券投资者。住房抵押贷款证券是一种抵押担保证券(mortgage-backed security,简称 MBS),借款人每月的还款现金流,是该证券的收益来源。

B.住房抵押贷款证券化与房地产项目资金筹集之间的关系。住房抵押贷款证券化分散了金融机构发放住房抵押贷款的风险,扩大了金融机构向购房者发放住房抵押贷款的资金来源,也扩大了金融机构向房地产开发商发放抵押贷款的资金来源,间接为房地产开发项目的资金筹集提供了更为广阔的渠道。

②房地产投资信托。

A.房地产投资信托的概念。房地产投资信托(real estate investment trusts,简称 REIT)应当被视为一种特殊的房地产产业投资基金,是指信托公司与投资者(委托人)签订信托投资合同,通过发行信托受益凭证或股票等方式受托投资者的资金,用于房地产投资或房地产抵押贷款投资,委托或聘请专业机构和专业人员实施经营管理,并按照信托计划支付投资者收益的一种资金信托投资方式。

REIT 主要投资于房地产存量市场,可以投资于不同的项目类型,如酒店、商业中心、写字楼、零售中心、工业物业以及抵押房地产资产等;可以细分为权益型REIT、抵押型 REIT 和混合型 REIT,目前市场中占主导地位的是权益型 REIT,权益型 REIT 直接投资并拥有房地产,靠经营房地产项目来获得收入[1]。

B.房地产投资信托与房地产项目资金筹集之间的关系。在房地产投资信托中,投资者通过专家理财获得投资收益,同时信托机构集合大众资金对房地产项目进行投资,间接拓宽了房地产开发项目的融资渠道。

(5)其他方式。在房地产开发活动中,也出现一些其他的融资方式,例如承包商垫资或入股、内部认购行为等,这些方式在一定程度上解决了开发建设中的资金短缺问题。

①内部认购。目前,很多开发商通过内部认购方式来筹集建设资金,通过内部认购往往可以获得部分预售收入,但是内部认购时一般没有申领到商品房预售许可证,其行为不受法律保护。

②承包商垫资。在建筑市场竞争比较激烈的情况下,房地产企业作为发包方,在招投标时有时会要求施工单位垫付部分或全部工程款,再按照工程进度付款,变相向建筑施工企业融资。

---

① 吴景,张红.房地产投资信托的概念辨析及发展.北京税务律师网,2007-01-16.

▷7.4.2 房地产项目资金成本分析

资金成本是指公司为筹措并使用资金而支付的费用,是企业财务管理中的重要概念。对于企业融资来讲,资金成本是选择资金来源、确定融资方案的重要依据,企业要选择资金成本最低的融资方式。对于企业投资来讲,资金成本是评价投资项目、决定投资取舍的重要标准,投资项目只有在其投资收益率高于资金成本时才是可接受的,否则将无利可图。资金成本还可作为衡量企业经营成果的尺度,即经营利润率应高于资金成本,否则表明经营不利,业绩欠佳。

通常资金成本率由于筹资方式的不同而不同,进行资金成本研究的目的,是为选择融资方案,进行融资决策。以下将对资金成本的影响因素、资金成本的度量加以分析。

1. 影响资金成本的因素分析

影响资金成本的因素主要包括:①使用资金所支付的费用,即资本占用费;②融资过程中资金与人力等耗费,即融资费用;③特定条件下的机会成本,指房地产投资者从企业内部融资所形成的机会成本。

资本占用费与融资额度、融资期限有直接关系,因此,它属于融资成本中的变动费用;融资费用则一般与融资额度、融资期限无直接关联,因而可以看做是融资成本中的固定费用。

在计算中,对于较小的固定费用可以忽略不计,对于较大的固定费用可以按固定费用占资本总额的比例计算。所以,在本书中以讨论变动费用即资本占用费为主,那么,影响资金成本的因素主要有:融资的资本结构、资金的时间价值、出资者所考虑的风险报酬和资金的供求关系等。

2. 资金成本的度量

资金成本既可以用绝对数表示,也可以使用相对数表示。绝对数表示方法是指为筹集和使用资本到底发生了多少费用。相对数表示方法则是通过资本成本率指标来表示的。通常情况下人们更习惯于后一种表示方法。资本成本率简称资本成本,在不考虑时间价值的情况下,它指资金的使用费用占筹资净额的比率。其公式为:

$$资本成本 = \frac{资金使用费用}{筹资总额 \times (1 - 筹资费用率)}$$

在考虑时间价值的情况下,资本成本是指公司取得资金的净额的现值与各期支付的使用费用现值相等时的折现率。可表示如下:

$$P_0(1-f) = \frac{CF_1}{1+K} + \frac{CF_2}{(1+K)^2} + \frac{CF_3}{(1+K)^3} + \cdots + \frac{CF_n}{(1+K)^n}$$

式中:P_0——$t=0$ 时公司取得的资金;

$\qquad f$——借款手续费;

$\qquad CF_1$、$CF_2\cdots CF_n$——项目寿命期内支付的借款利息和本金税后现金流出;

$\qquad K$——资本成本。

上述公式之所以用资本净额,其原因在于公司的筹资总额并不是公司真正可使用的资金。公司取得筹资总额后,应将先期支付的筹资费用进行补偿性扣除,其剩余部分才是公司可使用的资金数额。筹资费用一般情况下属于一次性支出,它和经常性的资金使用费用的支出有着本质的不同。以资本净额计算资本成本,从另一个方面证明了资本成本与利息率和股息率在内涵和数量方面的不同。

(1) 各融资方式的资金成本率。

①银行借款的资金成本率。影响银行借款资金成本率的主要因素有借款利息、抵减金额和所得税率。其中抵减金额率是由两部分构成的,一部分是筹资费率,即筹集资金的成本占筹资额的比率;另一部分是相称存款余额占筹资额的比率。所谓相称存款余额,是指借款中按规定留出一定额度的存款存在借款银行中,以此保证借款银行最低限度权益的存款。计算公式为:

$$B_n = \sum_{t=1}^{n} \frac{i(1-T_r)}{(1+K_b)^t} + \frac{B_n}{(1+K_b)^n}$$

式中:B_n——房地产投资者借入的贷款额;

$\qquad f$——筹资费用与筹资总额的比率;

$\qquad i$——每年需支付的利息;

$\qquad T_r$——房地产投资者所得税税率;

$\qquad n$——贷款期限;

$\qquad K_b$——银行贷款的筹资成本率。

【例 7-12】 某房地产公司从银行借入长期借款 100 万元,期限 5 年,年利率为 10%,利息于每年年末支付,到期时一次还本,借款手续费为借款额的 1%,公司所得税税率为 40%,则该公司银行借款的资本成本为:

$$100 \times (1-1\%) = \sum_{t=1}^{5} \frac{100 \times 10\% \times (1-40\%)}{(1-K_b)^t} + \frac{100}{(1+K_b)^5}$$

$$99 = 6 \times (P/A, K_b, 5) + 100 \times (P/F, K_b, 5)$$

运用插值法逐步逼近测试可得银行贷款的筹资本成率为:

$$K_b = 6.25\%$$

②债券筹资的资金成本率。影响债券筹资的资金成本率的主要因素有债券利息、债券发行额、(现行市场价)抵减金额率和所得税率。这里的抵减金额率是指发行债券的费用(或相称存款余额)占债券发行额的比率。债券筹资的资金成本率按

下式计算：

$$P(1-f) = \sum_{t=1}^{n} \frac{i(1-T_r)}{(1+K_L)^t} + \frac{P_n}{(1+K_L)^n}$$

式中：K_L——债券的筹资成本率；

$\quad i$——每年支付的利息；

$\quad T_r$——企业所得税率；

$\quad P_n$——第 n 年末偿还债券的本金，即债券面值；

$\quad f$——债券的筹资费用与债券市场价格的比率；

$\quad P$——债券的发行价格。

【例 7-13】 某房地产公司发行面值 1000 元，票面利率为 8%，每年付息，五年后一次还本的公司债券，债券筹资费率为 4%，公司所得税税率为 40%，则该债券的资本成本计算过程为：

$$1000 \times (1-4\%) = \sum_{t=1}^{5} \frac{1000 \times 8\% \times (1-40\%)}{(1+K_L)^t} + \frac{1000}{(1+K_L)^5}$$

整理得：

$$960 = 48 \times (P/A, K_L, 5) + 1000 \times (P/F, K_L, 5)$$

采用插值法逐步测试求得：

$$K_L = 5.748\%$$

如果债券是溢（折）价发行，为准确计算资本成本，则发行时的现金流量应作相应调整。

仍以上题为例，若该公司债券发行价格为 1050 元，其他条件不变，则该债券的成本就应利用下式求得：

$$1050 \times (1-4\%) = \sum_{t=1}^{5} \frac{1000 \times 8\% \times (1-40\%)}{(1+K_L)^t} + \frac{1000}{(1+K_L)^5}$$

③普通股筹资的资金成本率。影响普通股筹资成本率的因素有普通股发行总额、普通股的年分配股利以及用来描述普通股股票发行费用占普通股发行总额比率的所谓抵减金额率。由于普通股的股利波动较大，难以固定，普通股股息率将随着项目经营状况而变化，发行普通股也需较高的筹资费，所以普通股筹资成本率很高，普通股的筹资成本率可以用以下方法计算。

方法一，折现现金流量法。

这种方法以普通股股票投资收益率不断提高为假定前提来计算普通股资本成本。公司发行普通股时，所筹集的资金额是按股票发行价格扣除筹资费用后确定的。如果普通股股利以固定的增长率 g 递增，则发行普通股的资本成本为：

$$K_s = \frac{D_1}{P_0(1-f)} + g$$

式中：K_s——普通股资本成本；

D_1——预期年股利额；

P_0——按发行价格确定的普通股筹资数额；

f——筹资费率；

g——普通股股利年增长率。

【例7-14】　某房地产公司发行普通股筹资，每股面值10元，发行价格16元，筹资费率为3%，预计第一年每股股利为2元，以后每年按5%递增，则普通股资本成本为：

$$K_s = \frac{2}{16 \times (1-3\%)} + 5\% = 17.89\%$$

按折现现金流量法估计普通股资本成本最困难的是对股利增长率的确定。一般可采用以下两种方法确定：

A.如果公司收益和股利的增长率较为稳定，投资者对该增长率的期望也未改变，那么，可用公司过去的增长率代替未来的增长率。

B.采用公式计算。其计算公式为：

股利增长率＝期望留存收益比率×期望股本收益率

此方法计算股利增长率需具备四个条件：期望的留存收益比率不变；普通股股本收益率不变；公司不再发行新股，若发行，只能平价发行；未来的投资项目具有与公司现有资产同等的风险。

方法二，资本资产定价模型。

采用现金流量法是假定普通股年股利增长率是固定不变的。事实上，许多公司未来股利增长率是不确定的。因此，可采用资本资产定价模式，通过风险因素加以调整，确定普通股资本成本。

资本资产定价模式的计算公式是：

$$K_s = R_f + \beta(R_m - R_f)$$

式中：R_f——无风险投资报酬率；

R_m——证券市场上组合证券的平均期望报酬率；

β——发行股票公司所在行业的风险系数。

这个计算公式表明的内容是普通股资本成本等于无风险投资报酬率加上风险系数调整后的风险溢酬。风险系数越大，资本成本就越高。公式中尤以β系数较难确定，一般以公司历史的风险收益为基础或预测的风险收益为基础加以确定。在国外，一些大公司股票的β系数一般由专职的公司计算并加以公布。

【例7-15】 某房地产公司普通股股票的 β 系数为1.2,政府发行的国库券年利息率为8%,证券市场普通股平均报酬率为12%,则普通股资本成本为:

$$K_s = 8\% + 1.2 \times (12\% - 8\%) = 12.8\%$$

方法三,债券收益加风险收益率法。

此方法是根据"风险和收益相配合"的原理来确定普通股资本成本的。由于普通股股本投资风险大于债券投资者的投资风险,可在债券投资收益率的基础上加上一定的风险报酬,具体计算公式为:

$$K_s = K_b + RP_c$$

式中:RP_c——普通股股本承担更大风险所要求的风险报酬率;

  K_b——债券成本。

该公式的难点在于风险报酬率的计算。通常风险报酬率可凭经验估计,一般认为,某公司普通股的风险报酬率要高于本公司发行债券利息率4%~6%。风险报酬率受资本市场利率的影响,市场利率较高时,风险报酬率较低;反之,则较高。

④优先股筹资的资金成本率。与普通股相比,优先股股票的特点是每年的股利支出是固定的,因而其筹资的资金成本率的计算也简单得多,即为:

$$K_p = \frac{D}{P(1-f)}$$

式中:K_p——优先股筹资成本率;

  D——优先股年股利;

  P——优先股发行价格。

【例7-16】 某房地产公司发行面值10元的优先股,筹资费率为4%,年股息率为10%,优先股按面值发行,则优先股的资本成本为:

$$K_s = \frac{10 \times 10\%}{10 \times (1 - 4\%)} = 10.42\%$$

如果公司发行优先股是折价或溢价发行,则计算公式的分母部分应按溢价或折价的比率作相应调整,以准确计算公司的筹资额。

仍用上例,若公司以高出面值10%的价格发行优先股股票,则优先股资本成本为:

$$K_p = \frac{10 \times 10\%}{10 \times (1 - 4\%) \times (1 + 10\%)} = 9.47\%$$

⑤留存收益成本率。留存收益是指公司累积的用于扩大再生产的净利减去分配的余额。从表面看,公司使用这部分资金没有发生什么支出,似乎可以无代价地使用,实际不是这样。这部分资本是股东留在公司未进行分配的收益,股东放弃股利是以期今后获得更多的收益,否则他就会将资金转移到其他能获取收益的项目

上。因此,公司使用这部分资金的成本是机会成本,它应该等同于股东在其他相同风险的投资上所能获得的收益。假定对股息不征税,公司使用留存收益的最低成本和普通股资本成本大体相同,不同之处在于留存收益属内部资金,不必花费筹资费用。其计算公式为:

$$K_e = \frac{D_1}{P_0} + g$$

式中:K_e——留存收益资本成本;

D_1——预期年股利额;

P_0——普通股市价;

g——普通股利年增长率。

【例 7-17】 某房地产公司普通股每股市价为 16 元,预计第一年年末每股收益 2 元,每股发放 1 元股利,股利年增长率为 5%,则留存收益资本成本为:

$$K_e = \frac{1}{16} + 5\% = 11.25\%$$

该公司的普通股股东之所以把 1 元的股利留在公司,是因为期望公司能取得高于 11.25% 的投资收益。如果公司投资收益率低于 11.25%,则会引起公司股票价格下跌;若高于 11.25%,则会引起公司股票价格上涨。这也进一步验证了资本成本是评价公司经营成果的尺度这一论断。

(2) 加权资本成本率。在实际操作中,房地产企业的融资渠道并不是单一的,开发商无法做到从某种筹资成本率较低的来源渠道筹措全部资金。相反,从多种渠道筹集资金的可能性较大,而且有时多渠道组合筹资对房地产开发企业更为有利。为了综合地评价筹资方案,为了优化公司的资本结构,就需要计算全部资金来源的综合资金成本,由于这种资金成本率指标是通过加权平均法计算出来的,因此又称其为加权资本成本率,其计算公式为

$$K = \sum_{i=1}^{n} K_i \cdot W_i$$

式中:K——综合资金成本率(加权资本成本率);

W_i——各资金来源占筹资总额之比;

K_i——各单项筹资的资金成本率。

从上式可以看出,计算加权平均资本成本除了要计算个别资本成本外,还需要确定各种筹资方式筹集的资本占全部资本的比重,即权数。权数的具体确定方法有三种:

①账面价值法。此法依据公司的账面价值来确定权数。其账面数据来自于账簿和资产负债表。

【例 7－18】 某公司 2002 年 12 月 31 日资产负债表中长期借款 200 万元,长期债券 400 万元,普通股 800 万元,留存收益 200 万元,长期借款年利息率为 10%,借款手续费忽略不计。长期债券年债息率为 12.8%,筹资费率为 4%;普通股下年每股股利 0.2 元,每股面值 8 元,筹资费率为 5%,股利年增长率为 7.87%。公司所得税税率为 40%。则该公司加权平均资本成本计算如下:

$$K_b = 10\% \times (1 - 40\%) = 6\%$$

$$K_L = \frac{12.8\% \times (1 - 40\%)}{1 - 4\%} = 8\%$$

$$K_s = \frac{0.2}{8 \times (1 - 5\%)} + 7.87\% = 10.5\%$$

$$K_e = \frac{0.2}{8} + 7.87\% = 10.37\%$$

$$K_w = \frac{200}{1600} \times 6\% + \frac{400}{1600} \times 8\% + \frac{800}{1600} \times 16.5\% + \frac{200}{1600} \times 10.37\% = 9.296\%$$

此方法确定权数的优点是数据的取得较容易,且计算结果相对稳定,适合分析过去的筹资成本。缺点是如果债券和股票的市场价格脱离其账面价值,计算出的加权平均资本成本就会脱离实际,不利于进行正确的筹资决策。

②市场价值法。这种方法以债券、股票的现行市场价值为依据来确定权数。其计算数据来自于证券市场中债券和股票的交易价格。

【例 7－19】 仍按上例,若该公司长期债券市场价格比账面价格上涨了 5%,普通股市场价格比账面价格上涨了 10%,其他条件不变,则该公司加权平均资本成本计算如下:

资本总额 $= 200 + 400 \times (1 + 5\%) + 800 \times (1 + 10\%) + 200 = 1700$(万元)

$$K_b = 6\%$$

$$K_L = \frac{400 \times 12.8\% \times (1 - 40\%)}{400 \times (1 + 5\%) \times (1 - 4\%)} = 7.62\%$$

$$K_s = \frac{0.2}{8 \times (1 + 10\%) \times (1 - 5\%)} + 7.87\% = 10.26\%$$

$$K_e = \frac{0.2}{8 \times (1 + 10\%)} + 7.87\% = 10.14\%$$

$$K_w = \frac{200}{1700} \times 6\% + \frac{400 \times (1 - 5\%)}{1700} \times 7.62\% + \frac{800 \times (1 + 10\%)}{1700} \times 10.26\% +$$

$$\frac{200}{1700} \times 10.14\% = 9.09\%$$

此方法计算的加权平均资本成本反映了当前实际的资本成本水平,有利于公司现实的筹资决策。但由于证券市场变动不定,计算所需数据不易取得,且取得的数据也已是过去的价格水平,对今后指导意义不大。

③目标价值法。这种方法是以债券、股票的预计目标市场价值为权数来计算加权平均资本成本。其数据是由有关财务人员根据公司未来筹资的要求和公司债券、股票在证券市场上的变动趋势预测得出的。

【例7-20】 仍按【例7-18】公司预计在现有1 600万元长期资金的基础上将长期资金增至2 000万元,新增资金由发行长期债券方式筹集400万元,筹资费率为2%,预计增发债券的年债息率将达到14%。追加筹资后,原债券市场价值将跌至面值的80%,股票市场价值将升至面值的110%,其他条件预计不变,则该公司加权平均资本成本计算如下:

$$K_b = 10\% \times (1 - 40\%) = 6\%$$

$$K_L = \frac{400 \times 12.8\% \times (1 - 40\%)}{400 \times (1 - 20\%) \times (1 - 4\%)} = 10\%$$

$$K_s = \frac{0.2}{8 \times (1 + 10\%) \times (1 - 5\%)} + 7.87\% = 10.26\%$$

$$K_e = \frac{0.2}{8 \times (1 + 10\%)} + 7.87\% = 10.14\%$$

$$K_w = \frac{200}{2000} \times 6\% + \frac{400 \times 0.8}{2000} \times 10\% + \frac{400}{2000} \times 8.57\% + \frac{800 \times 1.1}{2000} \times 10.26\% +$$

$$\frac{200}{2000} \times 10.14\% = 9.44\%$$

此方法计算的加权平均资本成本适用于公司今后筹集新资金的需要,它能按公司期望的资本结构反映资本成本,有利于公司决策者对筹资方案作出决策。但用以确定证券目标价值的证券市价变动趋势较难预测,尤其是在证券市场不成熟、不规范的条件下,其市价的走势更加难以预测。

(3)边际资金成本率。企业在追加融资的时候,新筹集资金的成本就是边际资金成本,用边际资金成本率衡量。由于随着时间的推移和融资条件的变化,个别资金成本会随之变化,加权资本成本也会发生变动。因此,企业在未来追加融资时,不仅要考虑目前使用的资金成本,还要考虑边际资金成本。

此外,由于企业追加融资时,融资数额大,往往不能只采取一种融资方式,或在资本结构既定的情况下,都需要通过多种融资方式的组合来达到目标,这时边际资金成本需要按加权平均法来计算。

➤ 7.4.3　房地产项目融资决策的步骤

在房地产企业项目融资的时候,各种渠道融资资金的增加是不可能按比例,也不可能完全按照原有资本结构各种资金所占的比例进行同比例融资。企业的融资成本因时因地而不同,所以在不同的融资环境下,企业的融资决策也应适时改变。在实际操作中,房地产开发企业从多种融资方案中选择的方案,资金筹措决策大致按以下几个步骤进行:

(1) 根据项目的实际情况,编制项目开发投资的资金使用计划表。

(2) 根据投资的资金使用计划表,并结合公司的现有资金情况,选择若干可能的筹资方案。一般情况下,开发项目的资金使用会按照如下次序进行:

①先使用资本金,如在购买土地时一般都是使用项目资本金。

②之后考虑使用预租售收入的再投入,如资本金使用完后,可以通过预售收入的再投入来安排工程建设。

③如果预售收入的再投入安排之后仍然有资金缺口时,可安排使用借贷资金。

可以看出,如果预售收入实现的时间比较迟的话,就会给开发商带来较大的资金压力,而银行也往往通过预售收入实现的时间来判断项目所面临的风险程度。

(3) 编制资金筹措计划表。房地产项目应根据可能的建设进度和将会发生的实际付款时间与金额编制资金使用计划表。在房地产项目策划阶段,计算期可取年、半年、季为单位。

编制资金使用计划应考虑各种投资款项的付款特点,要考虑预收款、欠付款、预付定金以及按工程进度中间结算付款等方式对编制资金使用计划的影响。可以资金使用计划和销售收入计划为基础,确定资金投入及销售收入的时点和数量,通过编制资金筹措计划表来合理安排资金。

(4) 计算各种筹资方案的资金结构、资金成本率。

(5) 选择平均资金成本率比较低的筹资方案,作为待选方案。

(6) 计算不同资金结构下各方案的收益率。

(7) 计算各案的财务相关指标,判断各个方案的资本结构风险程度。

(8) 对收益率和财务指标综合比较,对待选方案进行可行性分析,选择一个资金成本率低,又通过财务风险可行性研究的筹资方案。

本章案例

西安××项目投资估算及财务评价[①]

一、项目概况

1. 项目位置与规模

项目位于西安市,东临丈八四路,西至丈八五路,南抵锦业路,北接丈八东路。

_____

① 兰峰,西安××项目可行性研究报告,2008.

临近交通主干道南三环路、西三环路和绕城高速。周边基础设施齐全,人文、科技环境良好,是理想的居住、商业用地。项目规划总用地面积 178 亩,规划净用地面积 150 亩。项目的建筑技术经济指标如下表所示。

项目建筑技术经济指标

序号	指标	单位	数量
1	规划用地面积	平方米	99 898
2	总建筑面积	平方米	487 854
2.1	住宅建筑总面积	平方米	175 272
2.2	公寓建筑总面积	平方米	136 200
2.3	商业建筑面积	平方米	13 020
2.4	写字楼建筑面积	平方米	75 200
2.5	酒店建筑面积	平方米	12 600
2.6	幼儿园建筑面积	平方米	833
2.7	地下建筑面积	平方米	73 767
2.8	其他建筑面积	平方米	962
3	容积率		4.15%
4	绿化率		44.07%
5	建筑密度		25.32%

2. 项目周边环境

(1) 交通。本项目所在地的交通网络完善,与丈八五路、丈八东路相接,毗邻锦业路与丈八四路。目前,通往项目所在地有 261 路、906 路和 608 路等公交线路。

(2) 生活配套。项目周边有以绿地笔克、假日酒店为代表的酒店会展服务业和以麦当劳、得来速餐厅、饕界为核心的风尚餐饮圈,人居环境彰显。为弥补现状不足,在本项目内规划有配套商业设施。

(3) 周边物业。项目周边有绿地世纪城、创新商务公寓、高新二中住宅小区等项目,居住氛围较好。

(4) 教育设施。项目周边北侧有建设中的西安市高新第二中学,东侧为建成投入使用的绿地世纪城小学,周边分布有西北大学、西安外事学院、西安欧亚学院等高校,另外本项目亦规划有幼儿园,教育基础设施完善,满足购房者需求。

(5) 医疗设施。项目周边分布有陕西省妇幼保健中心、高新医院、电子医院、521 医院、天健医院和丈八沟医院等医疗机构,就医较方便。

（6）科技氛围。项目周边也分布有航天恒星、海天天线、福宇精机、广缘电气等高科技单位，科技氛围环境较好。

（7）市政设施。项目周边市政设施完善，具备项目开发的供电、供水和排污等条件。

总体情况来看，项目周边交通状况良好，具备完善的市政基础设施，居住环境成熟，周边人文科技环境良好，适合进行住宅及商业类项目开发。

3. 物业类型定位

项目定位于高新区中高档精品居住社区。

二、总投资估算

1. 土地费用的确定

项目用地面积为 150 亩，其中住宅用地 80 亩，取得成本为 287 万元/亩，综合用地 70 亩，取得成本为 172 万元/亩，则：

土地费用：$80 \times 287 + 70 \times 172 = 35\,000$（万元）

契税：$35000 \times 3\% = 1\,050$（万元）

土地费用共计：36 050 万元

2. 工程前期费用和城建费用

该项费用包括规划设计费、施工图设计费、可行性研究费、勘察费、"三通一平"费和城建费用等。

根据国家计委（现国家发展与改革委员会）与建设部于 2002 年 3 月 1 日发布的《工程勘察设计收费管理规定》及《工程勘察收费标准和工程设计收费标准》，以及国家发改委制定的《建设项目前期工作咨询收费暂行规定》的有关规定，并结合西安市建筑设计收费市场行情，本项目的综合规划设计费以 50 元/平方米估算，施工图设计费参考西安市建筑设计市场行情按 28 元/平方米估算，可行性研究费为 5 万元，勘察费按 3 元/平方米估算，"三通一平"费按 12 元/平方米估算，则：

（1）规划设计费：$487\,854 \times 50 = 2\,439$（万元）

（2）施工图设计费：$487\,854 \times 28 = 1\,366$（万元）

（3）可行性研究费：5 万元

（4）勘察费：$487\,854 \times 3 = 146$（万元）

（5）"三通一平"费：$99\,898 \times 12 = 120$（万元）

（6）城建费用

根据西安市建委发布的城建费用统一征收标准，并结合《西安市人民政府关于恢复房地产业发展的若干意见》等相关文件，估算项目城建费用为 11 023 万元，具体如下表所示。

城建费用表

项目名称	收费标准	费用(万元)	收费依据
1.城市基础设施配套费	115元/平方米(1号地)	2 475.42	市政办发[2005]159号 市政发[2008]87号
	150元/平方米(2号地)	4 089	
2.工程定额测定编制费	建安总投资的1.3‰	141.13	陕价费调发(2001)113号
3.工程质量监督费	2元/平方米	97.57	陕价行发(2005)208号
4.劳保统筹基金	建安总投资的3.55%	3 853.80	陕建政发(1993)483号 陕建政发(1995)389号
5.新型墙体材料专项费用	6元/平方米	292.71	陕政发(1998)60号 陕政办发(2003)74号
6.散装水泥专项资金	1.5元/平方米	73.18	市政办发(2003)6号
7.工程勘察设计资格审查发证费	元/次	0.032	国家物价局、财政部 价费字[1992]641号
合计		11 022.80	

项目前期工程费合计为15 099万元。

3.基础设施建设费

基础设施(室外工程)包括项目规划用地范围内道路、绿化、照明、自来水、中水、雨水、污水、煤气、热力、供电、电信、围墙、环卫、公共设施、安防设施等红线内基础设施的建设费用以及管线接口费用等,参考有关计价指标及类似工程经验数据,本项目基础设施建设费按260元/平方米考虑,共计12 684万元。

4.建安工程费用

本项目建筑形式有住宅(底层为商业)、公寓、写字楼、酒店及地下建筑等,根据《陕西省建筑工程综合概预算定额(1999)》,结合市场调查和西安市类似工程的实际造价,分别估算如下表所示。

建安工程费估算表

1	地上建筑建安费用	面积(平方米)	单价(元/平方米)	合计
1.1	住宅建筑建安费用	175 272	2 000	35 054
1.2	商业建筑建安费用	13 020	1 800	2 344
1.3	公寓建筑建安费用	136 200	2 000	27 240
1.4	写字楼建筑建安费用	75 200	2 500	18 800

1	地上建筑建安费用	面积(平方米)	单价(元/平方米)	合计
1.4	酒店建筑建安费用	12 600	1 800	2 268
1.5	酒店建筑装修费用	3 500	4 410	
2	地下	73 767	2 500	18 442
合计				108 558

5. 公共配套设施建设费

本项目拟规划有幼儿园等公共配套设施,结合市场调查和西安市类似工程的实际造价,确定本项目建安费用为 493 万元,详见下表所示。

公共配套设施建设费

序号	项目	面积(平方米)	单价(元/平方米)	合计
1	幼儿园	833	4 190	349
2	其他	962	1 500	144.3
合计				493

6. 建设监理费

建设监理费按基础设施建设费、建安工程费及公共配套设施建设费之和的 0.8% 估算,共计为 974 万元。

7. 管理费

建设单位管理费取前期工程费、基础设施建设费、建安工程费、公共配套设施建设费和建设监理费之和的 1.5% 估算,共计为 1 902 万元。

8. 市场推广费用

项目的市场推广费用是指市场宣传、广告、活动推广等费用,参考同类工程项目数据,并结合建设单位以往项目经验,本项目的市场推广费用按销售收入的 2% 计取,总计 4 746 万元。

9. 不可预见费

根据本项目的复杂程度,预备费按前 2~6 项之和的 3% 计取,共计 4 330 万元。

10. 建设期利息

本项目建设期利息为 2 501 万元。

11. 项目总投资

综合前面 1 至 10 项的费用,总计 187 336 万元。

三、酒店经营成本估算

根据西安市类似酒店运营状况,对本项目酒店年经营成本按照其经营收入的60%估算。

四、资金筹措计划

项目总投资的资金筹措安排如下表所示。

资金筹措安排计划

资金筹措		金额(万元)	占总投资比例(%)
自筹资金	资本金	63 067	35.00
	建设期利息	2 501	
销售收入再投入		57 769	30.84
银行贷款		64 000	34.16
总计		187 336	100

此外,从2010年第四季度至2011年底所产生的借款利息转为财务费用,共计3 492万元,以当年利润偿还。

五、财务评价

1. 编制财务评价报表(略)

2. 财务盈利能力分析

根据项目现金流量表计算的评价指标有所得税前、税后的财务内部收益率、财务净现值和投资回收期。其中所得税后的财务内部收益率为11.02%,税后财务净现值为1 919万元;所得税前的财务内部收益率为13.11%,税前财务净现值为8 668万元,税前的动态投资回收期为4.94年。

根据资本金现金流量表计算的税后年内部收益率为14.83%,税后财务净现值为12 377万元。

3. 清偿能力分析

通过对借款还本付息计算表和资金来源与运用表的计算,考察项目计算期内各季度财务状况,在2.69年(从建设期开始起)可全部还清借款本息。

4. 盈亏平衡分析

各种不确定性因素的变化会影响投资方案的经济效果,当这些因素的变化达到某一临界值时,就会使方案的损益情况产生质变。进行盈亏平衡分析,目的是找出该临界值,以判断投资方案对不确定性因素变化的承受能力,旨在为决策提供依据。

计算本项目销售收入的盈亏平衡点(计算过程略),得$Q=67.71\%$,故当销售收入实现率$Q=67.71\%$为项目的盈亏平衡点,即当销售收入实现67.71%时,项目即可保本。低于这个比率,项目将会出现亏损;高于这个比率,项目将出现盈利。从项目的盈亏平衡点指标值,结合目前西安市场的实际情况,本项目抗风险能力较强。

5. 敏感性分析

敏感性是指影响方案的因素中一个或几个估计值发生变化时,引起方案经济效果的相应变化,以及变化的敏感程度。

本项目主要进行价格以及工程建设总投资对内部收益率的双因素敏感性分析,年基准内部收益率为10%。敏感性分析结果见下表,下划线以及斜杠所标注的区域是不可行的:

价格、总投资对内部收益率的敏感性分析

价格变化 投资变化	−10%	−5%	0	5%	10%	销售价格变动临界点
−10%	10.99%	14.00%	17.06%	20.11%	23.15%	
−5%	8.20%	11.00%	13.88%	16.78%	19.68%	
0	5.74%	8.33%	11.02%	13.76%	16.53%	−1.90%
5%	/	5.96%	8.46%	11.03%	13.66%	
10%	/	/	6.16%	8.57%	11.05%	
投资变动临界点			1.99%			

依据上表数据,在投资不变的情况下,采用插入法计算销售价格变动的动态临界点,销售价格允许变动的幅度为$(-1.90\%, +\infty)$;在销售价格不变的情况下,采用插入法计投资变动的动态临界点,投资允许变动的幅度为$(-\infty, +1.99\%)$。

从以上计算结果看出,项目收益对于建设投资和销售收入的变动都较为敏感,因此需要加强对销售收入的实现以及对建设投资的控制。

6. 项目财务评价结论

从项目的盈利能力分析、清偿能力分析、盈亏平衡分析、敏感性分析、静态评价指标等五个方面的分析结果,认为项目在财务上可行。

思考与练习

1. 房地产项目投资决策分析的概念是什么?有哪些注意事项?

2. 进行房地产投资时机的选择主要从哪几个方面考虑?试就我国2008及2009年所处经济形势和房地产投资之间的关联谈谈自己的看法。

3. 某开发商欲在城市郊区进行房地产项目开发,土地现状为农业用地,且地表尚有农作物,试分析开发商在投资估算时,土地费用应包括哪些内容?

4. 试上网查阅比较北京、上海和深圳的城建费用有哪些不同?试进一步查找分析其不同的原因。

5. 房地产项目的销售费用和销售佣金是否相同?在投资估算时应如何处理?

6. 不可预见费、基本预备费和涨价预备费之间有哪些区别和联系?

7. 财务评价中有哪些主要技术经济指标?

8. 房地产项目开发方案经济比选的分析方法有哪些?

9. 某开发项目初始投资为 8 000 万元,预计此后每年净现金流量为 1 800 元,若 $i = 12\%$,则其静态投资回收期和动态投资回收期分别为多少年?假如项目的寿命期为 8 年,则该项目的财务净现值为多少?

10. 已知某投资项目的净现金流量如下表所示。求该投资项目的财务内部收益率。如果投资者目标收益率为 12%,求该投资项目的财务内部收益率。

序号	项目 ＼ 年份	1	2	3	4	5	合计
1	现金流入	0	1 000	3 000	4 000	2 000	10 000
1.1	销售收入		1 000	3 000	4 000	2 000	10 000
2	现金流出	2 000	4 585	255	860	430	8 130
2.1	建设投资	2 000	4 500				6 500
2.2	销售税金及附加	0	55	165	220	110	550
2.3	土地增值税等	0	10	30	40	20	100
2.4	销售佣金	0	20	60	80	40	200
2.5	所得税	0			520	260	780
3	净现金流量	−2 000	−3 585	2 745	3 140	1 570	1 870

11. 房地产开发项目有哪些融资方式?

12. 房地产项目资金成本分析的含义是什么?

第8章　房地产项目价格策划

本章学习要求

1. 掌握房地产项目定价的方法
2. 熟悉房地产项目定价策略和价格调整

8.1　房地产项目定价方法

定价方法是指企业为了在目标市场上实现定价目标,而给产品制定一个基本价格或浮动范围的方法。虽然影响房地产产品价格的因素很多,但是企业在制定价格时主要考虑产品的成本、市场需求和竞争情况。产品成本规定了价格的最低基数,而竞争者的价格和替代品的价格则提供了企业在制定其价格时必须考虑的参照系。在实际定价过程中,企业往往侧重于对价格产生重要影响的一个或几个因素来选定定价方法。房地产企业的定价方法通常有成本导向定价、购买者导向定价和竞争者导向定价三类。

8.1.1　成本导向定价法

成本导向定价是以成本为中心,是一种按卖方意图定价的方法。其基本思路是:在定价时,首先考虑收回企业在生产经营中投入的全部成本,然后加上一定的利润。成本导向定价主要由成本加成定价法、目标利率定价法和售价加成定价法三种方法构成。

1. 成本加成定价方法

这是一种最简单的定价方法,实践中应用也较多,其原理就是在单位产品成本的基础上,加上一定比例的预期利润作为产品的售价。售价与成本之间的差额即为利润。这里所指的成本包含了税金。由于利润的多少是按成本的一定比例计算的,习惯上将这种比例称为"几成",因此这种方法被称为成本加成定价法。它的计算公式为：

$$单位产品价格＝单位产品成本×（1＋加成率）$$

其中：加成率为预期利润占产品成本的百分比。

例如：某房地产企业开发某一楼盘，每平方米的开发成本为 2 000 元，加成率为 15％，则该楼盘：每平方米售价＝2 000×（1＋15％）＝2 300（元）。

这种方法的优点是计算方便，因为确定成本要比确定需求容易得多，定价时着眼于成本，企业可以简化定价工作，也不必经常依据需求情况而作调整。在市场环境诸因素基本稳定的情况下，采用这种方法可保证房地产企业获得正常的利润，从而可以保障企业经营的正常进行。

2. 目标收益定价法

这种方法又称为目标利润定价法，或投资收益率定价法。它是在成本的基础上，按照目标收益率的高低计算售价的方法。其计算步骤如下：

（1）确定目标收益率。目标收益率可表现为投资收益率、成本利润率、销售利润率、资金利润率等多种不同的形式。

（2）确定目标利润。由于目标收益率的表现形式的多样性，目标利润的计算也不同，其计算公式有：

$$目标利润＝总投资额×目标投资利润率$$
$$目标利润＝总成本×目标成本利润率$$
$$目标利润＝销售收入×目标销售利润率$$
$$目标利润＝资金平均占用额×目标资金利润率$$

（3）计算售价。其计算公式为：

$$售价＝（总成本＋目标利润）/预计销售量$$

【例 8-1】 某房地产企业开发一个总建筑面积为 20 万平方米的小区，估计未来在市场上可实现销售 16 万平方米，其总开发成本为 4 亿元，企业的目标收益率为成本利润率的 15％，问该小区的每平方米售价是多少？

【解】 目标利润＝总成本×成本利润率
$$＝4×15％$$
$$＝0.6（亿元）$$

售价＝（总成本＋目标利润）/预计销售量
$$＝（4＋0.6）/160 000$$
$$＝2 875（元/平方米）$$

因此，该企业的定价为每平方米 2 875 元。

目标收益率定价法的优点是可以保证企业既定目标利润的实现。这种方法一般适用于在市场上具有一定影响力的企业及市场占有率较高或具有垄断性质的企业。

3. 售价加成定价法

这是一种以产品的最后销售价为基数,按销售价的一定比率来计算加成率,最后得出产品的售价。其计算公式为:

$$单位产品售价＝单位产品总成本/(1－加成率)$$

例如:某楼盘的开发成本为每平方米 2 500 元,加成率为 20％,则该楼盘的售价为 2 500/(1－20％)＝3 125(元/平方米)。

这种定价方法的优点是对于销售者来说,容易计算出商品销售的毛利率;而对于消费者来说,在售价相同的情况下,用这种方法计算出来的加成率较低,更容易接受。

以上几种成本定价方法的共同点是:均以产品成本为制定价格的基础,在成本的基础上加一定的利润来定价。所不同的是它们对利润的确定方法略有差异。虽然都较容易计算,但它们也存在共同的缺点,即没有考虑市场需求和市场竞争情况。

▷ 8.1.2 购买者导向定价法

1. 价值定价法

价值定价法要求价格对于消费者来说,代表着"较低的价格,相同的质量"或"相同的价格,更高的质量",即"物美价廉"。价值定价法不仅使制定的产品价格比竞争对手低,而且是对公司整体经营的重新设计,促进公司接近大众、关怀民生的良好形象,同时也能使公司成为真正的低成本开发商,做到"薄利多销"或"中利多销"。

2. 认知价值定价法

这是房地产商根据购买者对物业的认知价值来制定价格的一种方法,代表着一种"高价格,高价值"的定价哲学,用这种方法定价的房地产商认为定价的关键是顾客对物业价值的认知,而不是生产者或销售者的成本。认知价值定价法的关键在于准确地评价顾客对公司物业价值的认识。在使用认知价值定价法时,公司更重要的是通过广告及其他舆论工具做好物业的市场推广工作或是公司形象宣传,提高公司及其物业在消费者心中的地位,从而制定较高的价格。

3. 需求差异定价法

这种方法是根据顾客对需求程度的不同制定不同的价格。使用需求差异定价法时可以根据顾客在时间、地点、对象的不同,采取相应的定价策略。

(1)因产品而异。对同一产品按需求强度差异制定不同的价格,这时价格与产品成本没有直接关系。只是因为顾客往往有着比对其他同类产品更为强烈的需求,因而价格也可相应提高。如 1994 年初北京万科城市花园一期推出时,有清水红砖墙和混水墙两种建筑风格的产品,容积率、户型及建安造价基本相同,清水墙住宅基价 3 980 元/平方米,混水墙住宅基价 3 600 元/平方米,价差约为 10％,清水房的销售速度比混水房略快。至 1997 年,两种不同风格的住宅的价位形成明显的差距,清水墙住宅的一期房上升至 4 780 元/平方米而告售罄,而一期混水墙基价仍然保持在 3 600 元/平方米且略有库存。

（2）因时间而异。当需求随着时间的变化而发生变化时,对同一种产品在不同的时间应制定不同的价格。例如同一楼盘的房子,作为期房刚开盘时售价为 4 500 元/平方米,但随着工程形象进度的推进以及销售趋好,以现房出售,则价格调整至 5 500 元/平方米。

（3）因地点而异。同样房型的房屋因坐落地点不同,出售时存在不同的需求强度,可以分别制定不同的价格。例如一个小区内同样的户型,在环境景观好位置的套型,就会比环境差一些的价格高。

（4）因顾客而异。根据顾客不同的需求特点,制定不同的价格。例如:同一楼盘出售给团购客户或个人消费者,一般有着不同的价格。还可按照顾客的付款方式的不同,给予顾客相应的价格优惠。

采用需求差异定价法应具备以下条件:第一,市场可根据需求强度的不同进行细分。第二,各细分市场在一定时期内相互独立,互不干扰。第三,高价市场中没有低价竞争者。第四,价格差异适度,不会引起顾客的反感,并能促进产品销售。

▷ 8.1.3　竞争者导向定价法

房地产市场由于其异质性,与其他行业相比,房地产商有较大的自由度决定其价格。房地产商品的差异化也使得购买者对价格差异不是十分敏感。在激烈的市场竞争中,公司相对于竞争者总要确定自己在行业中的适当位置,或充当市场领导者、或充当市场挑战者、或充当市场补缺者。相应的公司在定价方面也要尽量与其整体市场营销策略相适应,或充当高价角色、或充当中价角色、或充当低价角色,以应付竞争者的价格竞争。

（1）领导定价法。领导定价法实际上是一种定价策略,处于市场领导者地位的房地产开发商可以采用领导定价法。通常情况下,如果某公司在房地产业或同类物业开发中居龙头老大地位,实力雄厚,声望极佳,就具备了采用领导定价法的条件,使其制定的价格在同类物业中居较高的价位。

（2）竞争导向定价法。竞争导向定价法以市场上同类竞争品的价格为定价依据,但这并不意味着和竞争品价格相同。在一定条件下,企业可以制定出高于或低于竞争品的价格,以提高产品的竞争能力,实现盈利增加,提高市场占有率。如果公司具有向市场领导者挑战的实力,或者是其成本较低,或者是其资金雄厚,则房地产商可以采用竞争价格定价法。

（3）随行就市定价法。随行就市定价法指房地产商按照房地产市场中同类物业的平均现行价格水平定价的方法。市场追随者在以下情况下往往采用这种定价方法：①难以估算成本；②公司打算与同行和平共处；③如果另行定价，很难了解购买者和竞争者对本公司价格的反应。

实践中，采用随行就市定价法，往往通过房地产估价中的市场比较法进行，公司在很大程度上就是以竞争对手的价格为定价基础的，而不太注重本公司产品的成本或需求。

8.2 房地产项目定价策略

▷ 8.2.1 心理定价策略

用户心理定价策略，是根据用户求廉、求吉等购房心理，微调销售价格，以加速销售或取得更大效益的定价策略，常用的有以下几种：

(1) 整数定价策略。对于一些高档公寓、别墅或外销房，其消费对象多是高收入者和上流社会人士，他们往往更关注楼盘的档次是否符合自己的心理需求，这类消费者购买高档商品房的目的除了自我享用以外，还有一个重要的心理因素，就是显示自己的财富或地位，而对其单价并不十分关心。所以，对于这类商品房，采取整数定价更为合适，如一些装修豪华、外观别致、气派不凡的高档别墅开价往往都是一套 300 万元、800 万元等。

(2) 尾数定价策略。尾数定价策略也称为非整数定价，主要包括奇数定价、小数定价等。这种定价策略是根据消费者求廉的购房心理来制定的。商品房由于价值量巨大，其价格要比普通商品高得多，所以一般不会精确到小数点后面的位数，但有的可能会精确到个位数。消费者之所以会接受这样的价格，原因主要有两点：一是个位数是奇数的定价会给人价格便宜的感觉，比如每平方米售价 2 333 元等。二是有些消费者会认为整数定价是概略性的定价，不够准确，非整数定价会让消费者产生开发商定价认真、一丝不苟的感觉，使消费者在心理上产生对经营者的信任感。

(3) 吉祥数字定价策略。吉祥数字定价策略就是根据某些消费者对数字的习惯心理制定商品房的价格。例如房地产价格比较流行使用吉利数字，如每平方米 5 888 元、8 888 元等，这可能会满足客户求吉利的心理；又如采用尾数是 6、8、9 等数字来定价也是如此。

(4) 声望定价。声望定价是指房地产商利用消费者仰慕名牌物业或开发商的声望所产生的某种心理来制定物业的价格。这种定价一般往往较高，用以彰显楼盘的档次。

(5) 招徕定价。房地产商利用部分顾客求廉的心理，特意将某些物业或其中的某些单元的价格定得较低以吸引顾客。例如,经常可以看到"××元/平方米起"的房地产广告价格,虽然起价较低对消费者有较大吸引力,但实际上物业的平均价格可能并不低。因为该起价可能是一个小区内位置最不好的楼宇中,层次和朝向最不好的物业单元价格,而其他单元的价格则比该起价会有较大的上升。起价不能代表楼盘的真实价格。招徕定价有很多种类型,房地产商要注意选择有效且不违背社会公德的方式来定价。

➤ 8.2.2　折扣定价策略

折扣定价策略是在原定价基础上减收一定比例货款的定价策略。

(1)现金折扣。这是对按约定付款的购房者给予一定折扣,对提前付款者的购房者给予更大折扣,以鼓励消费者提前付款。如购房人一次预付全部价款,则给予5%的折扣就属于现金折扣。典型的折扣条件是"5/10,30天",表示付款期限30天,若客户能在10天内付清,则给予5%的折扣。现金折扣的目的在于鼓励顾客提早付清,以降低公司收账成本。这种折扣方式能加强卖方的收现能力,降低信用成本并阻止呆账的发生。在我国,一些房地产开发商也采用这种方法,如"现金一次性付清购房款,九五折优惠"等。现金折扣又可分为一次性付款折扣和分期付款折扣,显然一次性付款折扣率要高于分期付款折扣率。

(2)数量折扣。视购房者购买数量不同而给予不同价格优惠的策略,称为数量折扣策略,或称批量销售折扣策略。为刺激客户大量购买而给予一定折扣,购买量越大,给予的折扣率越高。数量折扣可以按每次购买量计算,也可按一定时间内的累积购买量计算。由于房地产商品的价值量较大,个人批量购买毕竟是少数,因此,当有单位或团体购买商品房时多用这种策略。

(3)季节折扣。这是对在非消费旺季购买商品房的消费者提供的价格优惠,多见于旅游房地产项目,因为旅游季节对该类项目的销售会产生影响,例如海边的住宅和别墅。

(4)推广折扣。这是向为物业进行广告宣传、展销等促销活动的房地产代理商提供的价格优惠。

➤ 8.2.3　新产品定价策略

(1)撇脂定价策略。撇脂定价策略又称"撇奶油"定价策略,是在一种新型的商品房刚进入市场的阶段,采用高价策略,在短期内赚取最大利润。

(2)渗透定价策略。这是一种低价投放策略,即在一种新型商品房面市时,将价格定得很低,以低价获利,提高市场占有率。本定价策略针对的消费者对其价格比较敏感,购买行为往往受求廉心理支配,因而低价容易拓展销路,能有效地排斥竞争对手进入市场,从而使企业长期占领市场。但本策略应避免价格太低,以免投资回收期较长。而且新型商品房若采取本策略低价出售,会引起消费者对物业质量的怀疑,影响新产品的公众形象。

8.2.4 过程定价策略

在实际销售中,市场销售环境可能相当复杂多变,房地产企业往往需要在确定总体定价策略后,根据实际情况确定其销售过程定价策略。过程定价策略一般有以下几种:

(1) 低开高走定价策略。低开高走定价策略就是随建筑物的成形和不断接近竣工,根据销售进展情况,每到一个调价时点,按预先确定的幅度调高一次售价的策略,也就是价格有计划定期提高的定价策略。这是一种较常见的定价策略,多用于期房销售。

调价频率的关键是吸引需求。每次调价后若能不断吸引客户购买,这就说明调价频率是正确的。没有市场客户积累基础的主观调价,不仅会影响购买人气,而且会直接影响市场成交量。调价幅度的关键是:小幅递增,一般每次调价涨幅在3%～5%之间,如每平方米 5 000 元左右的,每次调价幅度在 150～250 元之间较为合适。调价后的几天,可配以适当折扣策略,作为价格局部过渡,有新生客源时,再撤销折扣。

阅读材料 8-1

广州"锦城花园"价格调整案例①

广州锦城花园通过项目设计、社区环境配套、物业管理等大量工作,项目综合素质得到广大消费者的认可。销售上采用低开高走的价格策略。低开的目的是吸引市场视线,其路线是提升价格。开盘时市场对锦城花园的心理价位也在 10 000 元/平方米左右,但发展商却以 7 500 元/平方米的价位推出,相差近 3 000 元/平方米的幅度形成了巨大的价格势能,引来滚滚的买家潮,在当时低迷的市场条件下取得了良好的销售效果。在接着的二期开发中,锦城花园利用一期产生的口碑和销售惯性,尽管价格提高了 15%,但依然是购买踊跃。这种低开高走的策略,经过几次提价之后,开发商的利益已经得到很好的保证,销售速度和由此形成的口碑效应,是对锦城花园使用定价策略的成功肯定。

(2) 高开低走定价策略。这种定价策略类似"撇脂定价策略",正如将一锅牛

---

① 叶剑平,梁兴安.房地产经纪实务[M].北京:中国建筑工业出版社,2005.

奶中的油脂(精华)部分一下撤走的做法,其目的是开发商在新开发的上市初期,以高价开盘销售,迅速从市场上获取丰厚的营销利润,然后降价销售,力求尽快将投资全部收回。

这种策略一般适用于以下情况:一是一些高档商品房,市场竞争趋于平缓,开发商在以高价开盘取得成功,基本完成了预期的营销目标后,希望通过降价将剩余部分迅速售出,以回笼资金;二是小区销售处于宏观经济的衰退阶段,或者由于竞争过度,高价开盘并未达到预期效果,开发商不得不调低售价,以推动市场吸纳物业,尽早收回投资。

(3) 稳定价格策略。这种价格策略是指在整个营销期间,售价始终保持相对稳定,既不大幅度提价,也不大幅度降价。这种策略一般适用于房地产市场状况稳定的区域内的销售,或是在房地产开发项目销售量小,项目销售期短时采用。例如,利用稳定价格策略销售几个大客户购买物业后剩下的小量部分物业。

价格对于营销的重要性无需赘述,因此不管决定选择哪种策略,重要的是对市场有清醒的认识、对楼盘有客观的分析,对策略执行有细密周详的计划,对价格与其他营销措施的配合有充足的准备,而且在市场营销中应不断进行对价格曲线的维护,这样才能达到整合营销的效果。

8.3　房地产项目的价格调整

➤ 8.3.1　房地产项目基价的调整

基价调整就是对一栋楼的计算价格进行上调或下降。因为,基价是制定所有单元的计算基础,基价的调整意味着所有单元的价格都一起参与调整,所以基价的调整应当慎重。这样的调整,每套单元的调整方向和调整幅度都是一致的,是产品对市场总体趋势的统一应对。

➤ 8.3.2　房地产项目差价调整

楼宇定价时每套单元因为产品的差异而制定不同的差价,差价主要包括楼位差、层差和朝向差。

(1) 楼位差。楼位差指在住宅小区中,由于楼宇的位置、座向、临街状况、楼间距、外观、每个梯间的户数、与小区花园及配套公共服务设施的距离等方面的差异,而导致的价格差。一般来讲,南北座向、临街、较大的楼间距、临近配套设施、外立面美观、每个梯间户数少、进出楼宇方便等的楼盘价格较高;反之,则价格较低。

(2) 层差。层差指由于单元所处的层数、所享受的视野与景观等因素的不同而产生的价格差。如果是多层住宅,一般是一楼和顶楼较便宜,中间的楼层较贵;如果是高层公寓,一般是越高越贵。

(3)朝向差。朝向差指由于单元的朝向、通风、采光、视野、景观、平面布局等因素的不同,而产生的价格差。一般来讲,正面朝南、视野开阔、景观秀丽的单元价格较贵。

阅读材料8-2

某项目的价格试算表①

下表是某项目的价格表,该项目共分为6层,为一梯四户型,3、4号为大户型,1、2号为小户型。同楼层3、4号户型由于所处的景观和通风等方面的因素影响,单价比1、2号户型高出700元左右。1、2号单价一样,3、4号的单价有100元左右的差异。同号户型的不同楼层也存在价格差异,1层价格最低,越往上每高1层多160元。

某项目的价格试算表

楼层差	栋号房号	A01	A02	A03	A04
	面积(平方米)	51.32	51.31	124.99	122.71
1	单价(元/平方米)	5 360	5 360	6 020	6 120
	总价(元)	275 075	275 075	752 440	750 985
2	单价(元/平方米)	5 520	5 520	6 180	6 280
	总价(元)	283 286	283 286	772 438	770 619
3	单价(元/平方米)	5 680	5 680	6 340	6 440
	总价(元)	291 498	291 498	792 437	790 252
4	单价(元/平方米)	5 840	5 840	6 500	6 600
	总价(元)	299 709	299 709	812 435	809 886
5	单价(元/平方米)	6 000	6 000	6 660	6 760
	总价(元)	307 920	307 920	832 433	829 520
6	单价(元/平方米)	6 160	6 160	6 820	6 920
	总价(元)	316 131	316 131	852 432	849 153

① 廖志宇.房地产调研执行手册[M].北京:中国电力出版社,2008.

▶ 8.3.3 房地产项目的调价时机

一般来说,销售期两个月左右即有调价的必要。同时调价的时机还要结合销售率来确定,当销售率达到三成时即可调价。比如当销售期仅三四周时间即达到30%的销售率时,就有了调价的必要。若三成的销售率经过了很长的时间才达到,此时调价危险性较高。应分析消费者的接受程度,如果销售缓慢的原因在于价格,则维持价格是较优选择。除非希望制造热销的假象,引发消费者的逆反心理。

如1998年深圳好景豪园即成功地运用了此策略。当时正是在1997年深圳房地产大热过后的调整期,市场价量齐跌,多数开发商都在寻思如何体面的降价或多送几份大礼以吸引人气。好景豪园在充足的市场调查后,确认由国外著名景观设计专家精心设计并营造的小区环境和其永无遮挡的海景对目标客户有着极大的吸引力,于是决定逆市而动,调高价格3%,并调动所有媒体强势传播"逆市飘红"这一惊人的"好景豪园现象",结果一举创出了价格越高销售越旺的奇迹。当然,这种方法开发商要承担相对较大的营销风险。

此外,对于期房来说,工程进度也是确定调价时机的一个标准,随着工程的不断推进,成本不断发生,价格的调整就显得很有必要。从销售策略上讲,楼花销售期的安排一般以工程进度为标准,因此,工程进度与销售期可以联动考虑。

本章案例

深圳某房地产开发项目的楼盘定价过程①

1. 楼盘及环境简况

决定楼盘价值的高低主要取决两个方面,即地段和价格。抛开价格,先确定地段,经权衡决定将片区确定为东起爱国路、西至布吉路和文锦北路、北至下围岭和石鼓岭(松泉山)、南至田贝四路和东贝路这样一个15平方公里左右的区域。

本花园所在片区为大头岭森林公园以北的住宅和加工型工业混杂的区域,近几年来,随着人口的不断增多,工业功能逐渐淡出该区,松泉山庄、百仕达花园、新港鸿花园随之崛起。但由于先天规划不足,改造的步伐并非一步到位,造成街区功能整体感零乱。

如果不考虑街区功能整体感,单纯从本区的自然地理环境来分析,北倚松泉山,东西分列有深圳水库、洪湖两"水脉"雄踞,南望大头岭森林公园,是一块绝好的居家宝地。设想再过4~5年,当整个区域都改造完毕,将成为罗湖区最好的住宅区。

---

① 潘蜀键,陈琳.房地产市场营销[M].北京:中国建筑工业出版社,2005.

当前整个区域处在走下坡路的阶段，经济大气候不佳，深圳经济西移，本片区在近1～2年内难有复苏。

2. 楼盘影响因素、指标及权重确定

我们总共列出18个定级因素，分别为位置、价格、配套、物业管理、建筑质量、交通、城市规划、楼盘规模、朝向、外观、室内装饰、环保、开发商信誉、付款方式、户型设计、销售情况、广告、停车位数量。此18个因素，共分5个等级，每个等级均制定出相应指标，并且对应分值1、2、3、4、5分。分值越大，表示等次越高。具体见下表定级因素、指标与分值。

定级因素、指标与分值

定级因素	指标	分值
位置	A. 距所在片区中心区的远近；B. 商业为临街或背街；C. 写字楼为临街或背街；D. 住宅区距所在片区中心区的远近	A. 最差(远)1；B. 很差(远)2；C. 一般3；D. 很好(近)4；E. 最好(近)5
价格	A. 百元以上为等级划分基础；B. 商铺、写字楼、豪宅、普通住宅等级依次减少；C. 价格是否有优势	A. 最高1；B. 很高2；C. 一般3；D. 很低4；E. 最低5
配套	A. 城镇基础设施：供水、排水、供汽、供电；B. 社会服务设施：文化教育、医疗卫生、文娱体育、邮电、公用绿地	A. 最不完善1；B. 不完善2；C. 一般3；D. 很完善4；E. 最完善5
物业管理	A. 保安；B. 清洁卫生；C. 机电；D. 绿化率及养护状况；E. 物业管理费(元/月)；F. 是否人车分流；G. 物业管理商资质	A. 最差1；B. 很差2；C. 一般3；D. 很好4；E. 最好5
建筑质量	A. 是否漏雨、漏水；B. 门窗封闭情况；C. 内墙；D. 地板；E. 排水管道	A. 最差1；B. 很差2；C. 一般3；D. 很好4；E. 最好5
交通	A. 大中小巴士数量；B. 距公交站远近；C. 站点数量；D. 大中小巴舒适程度	A. 最少(远)1；B. 很少(远)2；C. 一般3；D. 很多(近)4；E. 最多(近)5
城市规划	A. 规划期限(远中近期)；B. 规划完善程度；C. 规划所在区域重要性程度；D. 规划现状	A. 最不完善1；B. 不完善2；C. 一般3；D. 很完善4；E. 最完善5

定级因素	指标	分值
楼盘规模	A.总建筑面积(在建及未建);B.总占地面积;C.户数	A.最小1;B.很小2;C.一般3;D.很大4;E.最大
朝向	A.按方向;B.按山景;C.按海景;D.按视野	A.西(西北、西南)1;B.东(东南、东北)2;C.北(东北、西北)3;D.南(东南、西南)4
外观	A.是否醒目;B.是否新颖;C.是否高档;D.感官舒服程度	A.最差1;B.很差2;C.一般3;D.很好4;E.最好5
室内装饰	A.高档;B.实用;C.功能;D.质量	A.最差(远)1;B.很差(远)2;C.一般3;D.很好(近)4;E.最好(近)5
环保	A.空气;B.噪声;C.废物;D.废水	A.最差1;B.很差2;C.一般3;D.很好4;E.最好5
开发商实力及信誉	A.资产及资质;B.开发楼盘多少;C.楼盘质量;D.品牌	A.最差1;B.很差2;C.一般3;D.很好4;E.最好5
付款方式	A.一次性付款;B.分期付款;C.按揭付款;D.其他	A.最差1;B.很差2;C.一般3;D.很好4;E.最好5
户型设计	A.客厅和卧室的结构关系;B.厨房和厕所的结构关系;C.是否有暗房;D.实用率大小	A.最差1;B.很差2;C.一般3;D.很好4;E.最好5
销售情况	A.销售进度;B.销售率;C.尾盘现状	A.最差1;B.很差2;C.一般3;D.很好4;E.最好5
广告	A.版面大小;B.广告频率;C.广告创意	A.最差(小)1;B.很差(小)2;C.一般3;D.很好(大)4;E.最好(大)5
停车位数量	A.停车位数量;B.住户方便程度	A.最差(少)1;B.很差(少)2;C.一般3;D.很好(多)4;E.最好(多)5

3. 楼盘分值判定与计算

可比楼盘综合因素量化统计表(一)

因素及权重 \ 项目名称	序号	大地花园	松泉山庄	百仕达	东湖大厦	景园大厦	景竹园	鹿鸣园	泰宁大厦	备注
位置 0.5	1	4	4	4	4	4	4	4	4	
价格 0.5	2	3	4	5	4	4	5	4	5	
配套 0.4	3	3	4	5	4	3	5	4	4	
物业管理 0.3	4	3	4	5	3	3	4	4	4	
建筑质量 0.3	5	3	4	4	4	4	4	4	4	
交通 0.3	6	4	4	4	4	4	4	4	4	
城市规划 0.3	7	3	4	4	4	4	4	4	4	
楼盘规模 0.3	8	2	4	5	4	3	5	4	4	
朝向 0.3	9	4	4	4	3	4	4	4	4	
外观 0.1	10	3	4	5	4	4	5	4	5	
室内装饰 0.2	11	2	4	4	4	4	5	4	4	
环保 0.2	12	2	5	4	3	4	3	3	4	
开发商信誉 0.1	13	4	4	5	4	4	5	4	5	
付款方式 0.2	14	4	4	4	4	4	4	4	4	
户型设计 0.1	15	3	4	5	4	4	5	4	4	
销售情况 0.1	16	4	4	3	4	4	3	3	4	
广告 0.1	17	1	3	5	3	3	5	3	4	
停车位数量 0.1	18	1	4	5	3	3	4	3	4	

可比楼盘综合因素量化统计表(二)

项目名称 因素及权重	序号	新丰大厦	碧瑰园	翡翠园	鸿业花园	万事达名苑	柏丽花园	鸿园居	备注
位置 0.5	1	4	4	2	5	4	5	4	翡翠园位于特区界线
价格 0.5	2	4	5	2	5	4	4	3	翡翠园均价 低于 4 000 元/平方米
配套 0.4	3	3	5	3	4	4	4	3	
物业管理 0.3	4	3	4	3	5	4	4	4	鸿业花园为智能系统
建筑质量 0.3	5	4	4	3	4	4	4	4	
交通 0.3	6	4	4	2	5	4	4	4	鸿业花园处商业旺地
城市规划 0.3	7	4	4	3	5	4	4	3	
楼盘规模 0.3	8	3	5	4	4	4	4	3	
朝向 0.3	9	3	4	4	5	4	4	4	
外观 0.1	10	3	4	3	4	4	4	4	
室内装饰 0.2	11	0	4	4	4	4	5	4	新丰大厦不包括装修
环保 0.2	12	4	4	3	4	4	4	4	
开发商信誉 0.1	13	4	4	3	4	4	0	3	
付款方式 0.2	14	4	4	4	4	4	4	4	
户型设计 0.1	15	3	5	3	4	4	4	2	新丰大厦部分"半暗房"
销售情况 0.1	16	2	3	5	5	3	5	3	
广告 0.1	17	3	5	3	5	3	4	4	
停车位数量 0.1	18	3	4	3	4	4	4	4	

4. 可比楼盘分值汇总

为本项目制定一个合理的价格,选取 15 个楼盘中的 10 个有可比意义的楼盘按上述的量化方法,将每个项目的各种因素的得分乘以各自的权重再求和,计算出每个项目的得分。

①鸿业花园 20.0 分;②百仕达花园 19.5 分;③景竹园 19.2 分;④翡翠园 13.0

分;⑤碧瑰园 18.4 分;⑥松泉山庄 17.4 分;⑦鹿鸣园 17.1 分;⑧东湖大厦 16.6 分;⑨景园大厦 16.0 分;⑩新丰大厦 14.7 分。

5. 楼价与分值相关分析

计算表

原始数据				计算栏		
序号	楼盘名称	楼盘得分(X)	楼价(Y)	XX	YY	XY
1	松泉山庄	17.4	6 800	302.76	46 240 000	118 320
2	百仕达	19.5	9 000	380.25	81 000 000	175 500
3	景园大厦	16	6 100	256	37 210 000	97 600
4	景竹园	19.1	7 800	364.81	60 840 000	148 980
5	鹿鸣园	14.7	7 500	216.09	56 250 000	110 250
6	东湖大厦	16.6	5 500	275.56	30 250 000	91 300
7	新丰大厦	14.7	7 700	216.09	59 290 000	113 190
8	碧瑰园	18.4	7 800	338.56	60 840 000	143 520
9	翡翠园	13	4 200	169	17 640 000	54 600
10	鸿业花园	20	7 900	400	62 410 000	158 000
	合计	169.4	70 300	2 919.12	511 970 000	1 211 260

注:表中楼价为均价(元/平方米)

据上表给出的原始数据,大致可判断楼价与楼盘得分因素分值之间近似呈直线相关。故将所要建立的回归方程设置为:

$$Y = a + bX$$

解上式中的参数 a 和 b,得:

$$Y = 50.72 + 411.8X$$

式中:Y——楼盘均价;

X——楼盘得分。

6. 楼盘定价

本花园的楼盘得分为假设条件下的得分,经测算,得分为 15.1,将得分带入公式:

$$Y = 50.72 + 411.8X$$

本花园的楼价平均为 6 268.9 元/平方米(此价格为一次性装修后的价格)。此价格与实施调查的估计结果十分相近,估计有 10% 左右的误差。

思考与练习

1. 房地产项目有哪些定价方法？分别是如何定价的？

2. 房地产项目有哪些定价策略？各种策略又可细分为哪几种？

3. 在锦城花园开卖之前，业内人士纷纷猜测锦城花园要卖到每平方米 1 万元以上，但开发商却以每平方米 7 500 元的低价位抛出，使当时全市的注意力都集中在锦城花园身上，造成了强大的市场冲击波。首期发售，锦城花园三日内销量便愈九成。到二期发售，楼价提升 15％，买家仍深感物有所值。十分有趣的是，据调查分析，在锦城花园二期发售的买家当中，首期业主竟占 30％，其余更多的是锦城业主的亲朋好友。同时，大众媒介对锦城花园产生的锦城现象的大肆炒作，提高了楼盘的知名度，也使中国海外公司形成了良好的品牌形象。请问锦城花园的开发商采用的是什么价格策略？是如何运用的？

4. 试分析单价、均价和基价之间的联系和区别。

5. 影响楼位差的因素有哪些？一般来说，在哪些情况下，楼盘价格较高？

6. 层差是指什么？在多层和高层住宅中，楼层价位有哪些规律？

7. 什么是朝向差？一般哪些情况下，单元价格较高？

8. 项目在销售中，调价时机是如何确定的？

第9章　房地产项目市场推广策划

1. 掌握房地产项目卖点挖掘,提炼推广主题

2. 熟悉房地产项目市场推广的主要渠道,人员推广,活动推广与公共关系,客户关系管理,房地产项目营销分期、销售准备

3. 了解房地产市场推广渠道的分类,市场推广的主要渠道,制定推广计划,房地产项目销售控制

9.1　房地产项目市场推广渠道安排

▶ 9.1.1　房地产市场推广渠道的分类

房地产市场推广渠道是将房地产产品交给最终消费者的途径,可以有以下的分类方式:

1. 零级渠道、一级渠道、二级渠道和三级渠道

按照中间环节的多少,可以将营销渠道分为零级渠道、一级渠道、二级渠道和三级渠道。

(1)零级渠道。零级渠道又称直接渠道,是指没有中间商的参与,由房地产开发商自己直接将房地产销售或租赁给消费者的渠道类型。这种渠道适合于房地产开发商的直接营销方式,主要是房地产开发商自设销售部。

(2)一级渠道。一级渠道包括一级中间商。在房地产市场,这个中间商通常是房地产开发商委托销售代理的房地产经纪公司。

(3)二级渠道和三级渠道。二级渠道包括两级中间商。消费品二级渠道的典型模式是经由批发商和零售商两级转手经销。在工业品市场则是由代理商和批发商组成。三级渠道包括三级中间商。一般消费面比较广的日用品经常采用三级渠

道,如副食品、啤酒等。二级渠道和三级渠道通常不适合房地产项目。

2. 直接渠道和间接渠道

根据分销渠道的层级结构,房地产市场推广渠道可以分为直接渠道和间接渠道。直接渠道是指没有中间商参与,由房地产开发商自己直接将房地产销售或租赁给消费者的渠道类型,即零级渠道。间接渠道是指通过一级或多级中间商参与,将房地产销售或租赁给消费者的渠道类型。一级、二级和三级渠道都是间接渠道。

3. 宽渠道和窄渠道

根据每一层级渠道使用同一种类型中间商的多少,可以划分渠道的宽度。其中,选择中间商较多的渠道被称为宽渠道,选择中间商较少的渠道被称为窄渠道。例如,房地产独家代理可以称为窄渠道,而联合代理数量较多时,可以认为是宽渠道。

▷ 9.1.2　房地产项目市场推广的主要渠道

1. 开发商自行销售

房地产开发商自行销售的特点是通过与消费者的直接接触,有利于收集消费者对产品的意见,改进企业的工作,建立企业的良好形象,从而提高企业的市场竞争力。一般在下述情况下,开发企业愿意自行租售。

(1) 大型房地产开发公司。大型房地产开发公司内部一般设有专门的销售部门或销售公司,往往有自己成熟的销售网络和较高的业务水平,提供的自我服务有时比代理中间商更为有效,此时开发商愿意自行销售。这种方式要求房地产开发商拥有一个既懂房地产营销又懂相关专业知识的高素质营销队伍。

(2) 处于卖方市场。当市场为卖方市场时,楼盘供不应求,开发商往往不需要聘请代理机构就可以获得丰厚的利润,特别是对于那些品质优良、市场反应良好的项目。

(3) 定向开发。有些项目在投资决策或前期工作阶段就已经确定了销售对象,定向为某些业主开发,这种情况下一般就无需委托代理了。

(4) 节约成本。委托租售代理要支付相当于售价 1% ~ 3% 的佣金,从节约成本的角度考虑,有时开发商更愿意自行销售。

2. 委托代理

房地产开发的市场推广活动中,很多开发商借助于租售代理机构的帮助,利用代理机构所拥有的优势,这也是未来的发展趋势,是社会分工更加精细化的结果。这是因为优秀的房地产代理机构往往有熟悉市场情况、具备丰富的租售知识和经验的专业人员,对其所擅长的市场领域有充分的认识,对市场当前和未来的供求关系非常熟悉,或就某类房地产的销售有专门的知识和经验。

对于那些专业的房地产代理公司,并不是简单的销售介入,而是在项目的前期就已经介入,帮助房地产开发商进行项目策划和市场定位等,因为房地产代理公司和房地产经纪人的丰富经验是开发商所需要的。物业代理的营销形式是通过代理合同确定的。传统的代理形式主要有如下几类:

(1) 联合代理与独家代理。联合代理是指开发商委托两家或两家以上的物业代理商从事同一项目的营销业务。通过联合代理合约,规定各代理商的职责范围和佣金分配;独家代理是指开发商仅委托一家代理商从事某一项目的营销业务。

(2) 买方代理、卖方代理和双重代理。买方代理是指买方委托收购物业的营销代理;卖方代理是指受卖方委托,销售物业的营销活动;双重代理是指同时受买卖双方委托的营销代理活动。一般而言,代理佣金向委托方收取。

(3) 首席代理和分代理。对于大型项目,开发商也可能会委托一家代理商作为项目营销首席代理,全面负责该项目的代理业务。再由首席代理商去委托分代理,分工负责某些部位或某些地域的代理业务。

9.2 房地产项目卖点挖掘

9.2.1 卖点的含义

卖点是产品所具有、不易被竞争对手抄袭的,同时又是可以展示和能够得到目标客户认同的特点。一个房地产项目要成功地推向市场,就应充分将其美好的、独特的、吸引人的卖点表现出来。

9.2.2 卖点具备的条件

从上述定义可以看出,卖点必须具备三个条件:

(1) 卖点是楼盘自身的优势,是不易被竞争对手抄袭的个性化特点。

(2) 卖点必须具有能够展示,能够表现出来的特点。

(3) 卖点必须是能够得到目标客户认同的特点。

需要强调的是,卖点的建立并非静止不变的。例如由于项目定位与项目销售之间有一定的时间间隔,在这段时间里,市场情况往往会发生某些变化,在定位阶段确定的个性化特点有时到了销售阶段已无法发挥,必须重新挖掘。再如一些项目到了销售后期,前期建立的卖点已经无法发挥原有的效应,那么销售后期应当重新挖掘卖点,因此卖点的挖掘应当坚持动态的观点。

![阅读材料图标] **阅读材料 9 – 1**

保利·林海山庄的五大卖点①

保利·林海山庄位于广州天河华南植物园对面、海拔 100 米之上,是广州最高的半山洋房。同时,保利·林海山庄位于绿肺"植物园板块"中心,被华南植物园、龙眼洞森林公园、广州市树木公园、火炉山森林公园四大名园所环抱,是广州城市规划重点保护的绿色生态区域。每天 4 000 万吨的纯氧负离子更是呵护每一个保利·林海湾业主的健康。居住在这里,满足现代人"在城市中修行,在山水中养生"的生活追求,盛情开启都市人的黄金生活。

保利·林海山庄具有五大卖点优势:

1. 黄金距离价值:一刻钟往返森林与都市

一刻钟的距离,满足都市人"在城市中修行、在山水中养生"的居住理念。保利·林海山庄,矗立于天河之北植物园板块的中心,紧依繁华的天河城市中心,为居者构建完美的黄金距离尺度:一刻钟往返森林与都市。8 路公车可快捷到达天河、东山等中心区域。未来地铁三号线设站"天河客运站",6 号线也即将开工,将站点设在华南植物园,加上广汕路、内环路、华南快速干线、京珠高速公路,交通更加便捷。保利·林海山庄位于城市黄金分割点,一刻钟往返于森林与都市,成就都市人的居住梦想。

2. 黄金环境价值:360 度林海环绕,4000 吨纯氧负离子呵护

保利·林海山庄位于植物园板块中心,被四大生态名园:华南植物园、龙眼洞森林公园、广州市树木公园、火炉山森林公园所环抱,优越的自然生态环境和优美的自然景观为居者构筑完美的黄金环境价值。满山的树林每天产生 4000 万吨的纯氧负离子更是呵护每一个保利·林海山庄业主的健康。

3. 黄金建筑价值:0.7 的舒适林海,0.3 的精致建筑

保利·林海山庄依山而建,70% 的舒适林海和 30% 地中海建筑构筑和谐舒适黄金建筑价值。7 万平方米的林海构筑了一个多层次的黄金绿化建筑体系。整体

---
① 搜房网,2009 – 08.

建筑借势建园,房屋建在顶部,向下形成多层台地,以多级瀑布、叠水、壁泉、水池等灵动水景层层点缀;而两侧天然的树木、植篱及花卉,效法天然。精致清雅的园林和丰富的景观系统使现代都市人深深地体味自然的美丽和感怀纯净的珍惜。

4. 黄金生活价值:"7+7"健康生活

现代的都市财智阶层积极乐观,注重生活质量。物质的繁荣,他们需要;健康的需求,他们坚持。保利·林海山庄打破传统的都市"5 天都市+2 天度假"生活模式,赋予都市人 7 天"都市+自然"黄金健康生活。让都市人在轻松掌握都市万变商机的同时,更能怡然享受山水意境,动静皆宜、工作与健康双丰收的理想生活状态。

5. 黄金心情价值:工作的时候,激情 100;休闲的时候,松弛 100

现代都市人性格内敛而沉稳,不纯粹追求物质与奢华,而讲求生活的品味和内涵。他们工作拼搏、热爱生活,善于把握工作与生活、繁华与宁静的天平。保利·林海山庄踞于半山,使居者拥有无可比拟的山水景致和广博视野,赋予都市白领黄金心情价值:白天,他们在都市中拼搏,享受 100%快节奏的工作激情;夜晚,他们远离都市喧嚣,享受 100%松弛心情。

9.3 房地产项目市场推广主题

在项目卖点挖掘完成之后,企业还应将其加以提炼,形成具体的宣传重点,以便在随后进行的广告推广中加以运用。

将项目的卖点精炼为一两句话就形成项目的推广主题。主要解决"是什么样的物业""卖给什么人""能达到什么效果或有什么好处"三个问题。具体可以从产品定位、客户定位和形象定位三个方面来寻找。

➤ 9.3.1 提炼物业主题

从产品定位中寻找物业主题,首先要让消费者明确该项目是什么物业,要熟悉物业的基本构成,如交通状况、绿化、建筑设计特点、装修标准等。

1. 产品定位的意义

以房地产开发商或土地使用者的立场为出发点,满足其利益为目的;以目标市场潜在的客户需要为导向,满足其产品期望;以土地特性及环境条件为基础,创造产品附加值;以同时满足规划、市场、财务三者的可行性为原则,设计供求有效的产品。

2. 产品定位的内容

产品定位包含小区规划、建筑风格、小区环境、户型设计、功能定位、物业名称、物业管理等内容。将这些内容提炼为具体的主题,即形成物业主题,如表 9-1 所示。

表 9-1　产品定位内容与推广主题内容

序号	产品定位内容		推广主题内容
1	位置及规模		交通条件、周边配套、总占地面积、总建筑面积、总套数
2	建筑风格		描述该种风格的独立面特点
3	小区环境	具体化为	楼间距、绿化率、容积率、绿化面积、各项配套
4	户型设计		户型种类、面积、室内布局、实用率及细部介绍
5	功能定位		社区智能化程度介绍及装修标准
6	物业名称		诠释楼盘名称的内涵、外延
7	物业管理		物业管理公司名称、服务内容、收费标准、配套设施

9.3.2　提炼市场主题

从客户定位中寻找市场主题,准确的项目定位可以锁定项目的目标市场和目标消费者,在项目有了明确的市场定位之后,该项目所面向的消费者一般来说就很明确了:这类消费群体是怎样的一些人,他们的职业、收入、年龄、性别、文化层次、喜好及未来需要是怎样的,以及由此而引起的消费倾向等。

市场主题即从客户定位中找出符合其需要及能力的要素,并对这些要素加以描述,突出"卖给什么人、供什么人享用"。

9.3.3　提炼广告主题

从形象定位中寻找广告主题,广告主题是广告所要表达的重点和中心思想,是通过一两句精炼的广告语来体现的,提高消费者对该项目的期望值,使其产生许多美好的联想和希望。例如,深圳招商地产海月花园的主打广告语"海风一路吹回家",让人不仅明白交通的便捷,更体验到了海边生活的幸福和温馨。

应当注意的是,广告主题作为信息的焦点,在一个广告中不能有太多的诉求主题,而应根据不同的情况进行筛选。

阅读材料 9-2

奥林匹克花园的"运动"主题[①]

始创于 1999 年的广州奥林匹克花园,历时发展,已经初步得到消费者、投资者

---

　① 中体奥林匹克花园集团公司.

的认同和接受。奥林匹克花园品牌坚持"复合地产"的理论,提出并实施"奥龙计划",初步形成了品牌连锁的格局,成功树立了房地产市场中具有先进理念和良好形象的品牌。

古老的奥林匹克精神和理念为广大中国民众广泛接受和欢迎,而奥林匹克花园品牌的文化和价值观都贴近了消费者对奥林匹克理念的期望,因而奥林匹克花园项目目前的产品模式得到市场认可,并为许多未发展的城市所欢迎,许多投资者比较踊跃加入到奥林匹克花园连锁项目行列中来,发展的动力和需求相当旺盛。

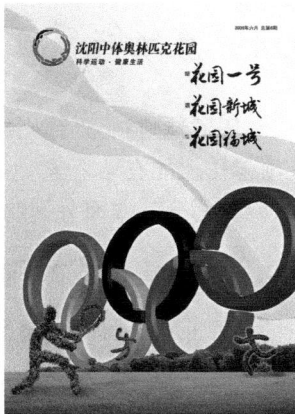

目前奥林匹克花园在全国已覆盖了 21 个省、4 个直辖市,共计 56 个项目。到目前为止,已建和在建的奥林匹克花园达到 41 个,另外还有 15 个项目在筹备当中。

在未来的 2 到 5 年内,奥林匹克花园将覆盖长江三角洲、珠江三角洲、环渤海经济区的百万人口以上的中等城市,发展到 60~80 个奥林匹克花园;未来的 5 到 10 年内,发展到 100~120 个奥林匹克花园。

▷ 9.3.4 各阶段的推广主题

市场推广过程是阶段性的,是与销售过程相呼应的。在不同的销售阶段,市场推广的目标、任务和具体活动都有所不同。根据销售过程中的主要分期——预热期、强销期、持销期、尾盘期的阶段性划分,项目市场推广过程也可以相应的分为四个阶段,针对各阶段销售任务的不同制定不同推广计划。

在预热期,市场推广以突出项目物业主题为主,展示楼盘的基本情况。

在强销期,以突出市场主题为主,吸引大量的目标客户群关注,使其产生共鸣。

在持销期,以突出广告主题为主,给人以丰富联想空间,在人气集聚的配合下会产生很好的效果。

在尾盘期,以朴素的宣传为重点,突出项目功能性特点。此种搭配只是作为参考,在实际推广过程中,往往是多种手段综合运用,但切忌"宁滥勿缺"的做法。

从市场推广的具体内容看,包括广告推广、活动推广、品牌推广等。在不同市场阶段,市场推广的内容也不相同。例如在项目预热期,可能就以广告推广为主,辅之以产品推广等形式,而不是以直接的促销宣传形式出现,因而可以引起公众的高度信赖和注意,消除公众的戒备。所以,公关促销现在日益引起房地产企业的重视,各企业都想通过公关活动进行促销宣传。但公关促销往往不是针对房地产本身的促销,因而促销的针对性较弱,并且房地产企业常难以对这种方式进行有效促销。

9.4 房地产项目市场推广费用

"凡事预则立,不预则废"。必须先制定一个系统合理的市场推广计划,随后的各项工作才能有条不紊地进行。根据不同的侧重点,可以针对推广费用、组织模式、阶段划分三方面分别制订相应的计划。

➤ 9.4.1 营销成本构成

企业年度财务计划控制要求在保证公司实现销售目标的同时,尽量减少支出,这就要求在推广实施之前对推广费用进行合理计划,使其能得到有效的控制。

房地产项目营销涉及从策划、组织到推广实施等一系列环节,成本主要由以下几方面组成:

(1)资料、模型费。资料、模型费是指房地产项目在销售前应做的一些准备工作所需的费用,主要包括:设计制作售楼书(或称宣传册);设计制作录像带或光盘;设计制作展示板,通常有户型平面、小区规划、地理位置、环境及生活配套、立体效果、项目简介、装修标准等;设计制作模型,主要有小区总体规划布局模型、建筑物单体模型、分户平面模型等;以及设计制作手提资料袋、宣传品、礼品等。上述内容费用安排都是旨在树立开发商和项目形象,扩大项目的社会影响力。

(2)样板房费用。样板房费用包括样板房的设计、建造及装修装饰费用等。这里的建造费用是指在房地产项目施工现场外如售楼部内模拟产品实景搭建样板房时所发生的费用,而在产品施工现场内的毛坯房用于样板房时,仅计算设计和装修装饰费用等。

(3)广告费。广告费是指市场推广时用于产品形象宣传所需的设计、制作与发布费用,主要包括:新闻媒体(报刊、广播、电视)广告,户外广告、路牌广告、地盘围墙广告、公交车体广告,展销会参展,通过邮寄方式发布的广告,公众信息网络广告等。

(4)销售管理费。销售管理费包括:销售人员工资及福利费,地盘专车费用,租用场地租金,工作人员差旅费,业务应酬费用等。

(5)中介服务费。中介服务费是指委托中介服务机构进行的市场调研、价格评估、营销策划、销售代理等所支付的费用。

➤ 9.4.2 推广预算安排

推广费用在制定过程中有很大的难度,但是"少花钱多办事"是每个企业的追求,企业应如何制定推广预算、推广费用安排多少才能为企业带来预期收益及社会影响力,这是每个开发商都应认真考虑的问题。推广预算的确定要求市场营销部门与财务部门等一起确定预算总投资,进而进行具体项目的预算分配,以下是常见的市场推广预算安排方法:

(1) 量力而行法。即企业根据自身的经济承受能力来确定市场推广预算,将推广预算设定在公司所能负担的水平上,房地产企业由于项目前期开发建设投入资金量大,在进行市场推广之前,资金状况往往比较紧张,于是多采用这种方法。

此方法简单易行,但是严格说来,量力而行法存在着一定的片面性。因为企业进行推广的根本目的在于促进销售,因此,企业做推广预算时要考虑企业需要花多少费用才能完成销售指标,而不是根据量入为出的观念来进行市场推广的投放,这样会导致推广支出超量或支出不足的情况。

(2) 销售百分比法。即以特定(当期或预测期)销售额的百分比或售价的一定比率决定推广预算,目前在房地产开发实践中,这种方法应用比较广泛。

假设市场推广费用为 A,销售额为 S,推广费用占销售额的比例为 r,则推广费用计算公式为:

$$A = S \times r$$

式中,S 通常以上一年度或上一项目的销售额为依据,同时考虑当年或当前项目的具体情况,给予一定的增长率或减少率;r 则根据本企业的具体情况,一般采用行业的平均水平。

此法有以下优点:①考虑了企业的负担能力,就财务而言合理可行;②综合考虑到推广成本、产品售价与企业利润之间的关系。

这种计算方法虽然简单,但是也存在着很大的缺陷,即销售与推广的因果关系倒置,把市场推广的支出看成销售收入的"果"而不是"因",其实销售额的增长在一定程度上是由推广活动引起的。此外这种方法还有不足之处:推广预算随着销售额不停波动,如果销售量下降,推广费用安排随之下降,但这时往往正是应该加大推广力度的时候。

(3) 竞争对等法。这是比照竞争对手的市场推广费用来安排本企业的推广支出,即通过留意竞争对手的推广活动并估计其推广费用,然后以行业平均水平来制定预算,主要有以下两种计算方法:

推广预算=竞争对手预算支出/竞争对手市场占有率×本企业预计市场占有率

推广预算=本企业上年市场推广预算费×(1+竞争对手市场推广费的增减率)

采用这种方法,必须先了解竞争对手预算安排的可靠性,并且尽量维持竞争均势。这种方法存在着很大的盲目性,没有考虑到竞争对手的推广费用是否合理,也有可能引发竞争升级,从而导致企业之间的广告大战。

(4) 目标任务法。较之前几种方法,比较科学的程序步骤应是:明确指定目标—确定实现这些目标所应执行的任务—估计执行这些任务的成本—制定推广预算。这种确定推广预算的方法就是目标任务法。但是在实际操作上,本方法有一定的难度,因为无法准确地估计要达到既定的目标到底需花费多少。因此,本方法最具备逻辑性,但是实践中也是最缺乏可操作性的。

9.5　房地产项目市场推广方式

➢ 9.5.1　广告推广

在现代信息传播条件下,广告被认为是一种信息传播的有效途径。从目前的实际操作情况来看,房地产项目推广以广告宣传为主,广告效果的好坏直接影响到整个推广过程的成败。目前,房地产广告宣传的主要媒体有报纸、杂志、广播、电视、户外广告、售点广告、直邮广告、传单海报广告和互联网传媒广告等。

广告推广在房地产市场推广中占据重要的地位,本书将广告策划有关内容单列出来,详见第 10 章介绍。

➢ 9.5.2　人员推广

1. 人员推广的含义

人员推广又称人员推销,是最古老的促销方式,是房地产销售人员通过主动与消费者进行接触和洽谈,向消费者宣传介绍该房地产商品,达到促进房地产销售的目的。其原理如图 9-1 所示。

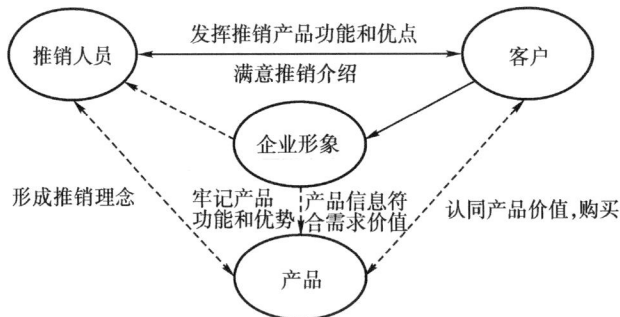

图 9-1　人员推广原理图

2. 推广人员策划

推广人员策划包括销售团队设计、人员招聘、人员培训、业绩评价和人员激励五个方面。

（1）销售团队设计。销售团队设计包括确定销售团队目标，确定销售团队组织形式和规模等。销售团队目标包括：确定销售进度、销售面积和销售额，构建客户关系和项目推介等。

销售团队规模的确定经常采用的是工作量法，以一个项目销售为例，步骤为：①确定项目总销售量；②确定单位产品需要对客户进行访问的次数；③确定总的需要访问次数；④确定每个销售人员可以进行访问的次数；⑤根据年总访问次数和每个销售人员的年访问次数确定销售人员数量。

（2）人员招聘。销售能否取得成功与营销人员的工作密不可分，销售人员应具备诚实可信、业务能力强、知识面广、诚恳待人、强烈的使命感等优秀品质以及较好的礼仪素养等。目前房地产企业招聘推销人员的途径主要有：销售人员推荐、广告招聘、在有兴趣的大学生中挑选以及在企业内部人员中挑选等。

（3）人员培训。一般情况下，销售人员进入新公司或者开始新项目销售前，都要进行有关培训，这对即使是一个自认为有经验的销售人员也是必要的。人员培训的主要内容包括：

①企业情况：公司背景、公众形象、公司目标、企业文化。

②项目情况：项目定位、楼盘基本情况，如项目规模、周边环境与公共设施、交通条件、发展潜力、小区景观、容积率、绿化率等规划设计特点。

③销售技能：销售技巧、签订买卖合同的程序、物业管理服务内容及收费标准等。

④综合素质：必要时也可以进行销售人员的礼仪培训，建筑学的基本知识、财务相关制度等方面的培训等。

（4）业绩评价与激励。销售人员业绩评价可以采用标准对照法和比较法等对销售业绩作出综合评判。其中，标准对照法是指企业建立一套科学完善的销售业绩评价指标体系，将销售人员的实际完成情况与指标体系标准进行比较来反映业绩效果。

比较法是将销售人员的业绩与其他销售人员业绩进行比较，来反映其业绩效果。比较法包括横向比较和纵向比较，横向比较是指在同一个业绩评价期间内不同的销售人员业绩之间的对照比较，实践中，常常采用横向比较，在销售人员业绩的横向比较中，往往存在末尾淘汰现象；纵向比较是将考察期间销售人员的业绩与其前期业绩进行比较。

恰当有效的激励机制会调动销售人员的积极性，显著提高销售效果，一般来说，激励措施越明显，销售人员就会越努力。房地产开发营销中针对销售人员的激励制度主要包括佣金回报、旅游参观、外出培训、荣誉称号以及实物奖励等。

➣ 9.5.3　活动推广与公共关系

1. 活动推广与公共关系的概念

活动推广是指企业整合本身的资源(企业及楼盘的优势和机会点),通过具有创意性的活动或事件,使之成为大众关心的话题,吸引媒体报道与消费者参与,进而达到提升企业及楼盘形象,以及促进销售的目的。

在活动推广中,往往需要引入公共关系管理。公共关系管理是通过组织一系列的活动,运用传播手段使企业与公众之间形成双向交流,促进公众对企业或项目的认识、好感及支持,达到树立良好的企业或项目形象,促进产品销售的目的。公共关系对于构建企业与公众的和谐关系、树立企业或项目形象的重要性已逐渐得到大多数开发商的认同。

2. 活动推广与公共关系时机策划

在活动推广与公共关系处理中,与新闻媒介的合作尤其重要。精明的推广策划人员常将项目的有关理念和重大信息及时通报有关新闻单位,以新闻报道的方式介绍并对项目状况作出评价,这比单纯的商业广告宣传更具吸引力和可信度,对树立房地产企业形象,提高企业知名度、增加房地产租售量具有明显的作用,效果更好。图9-2为企业活动推广时机示意图。

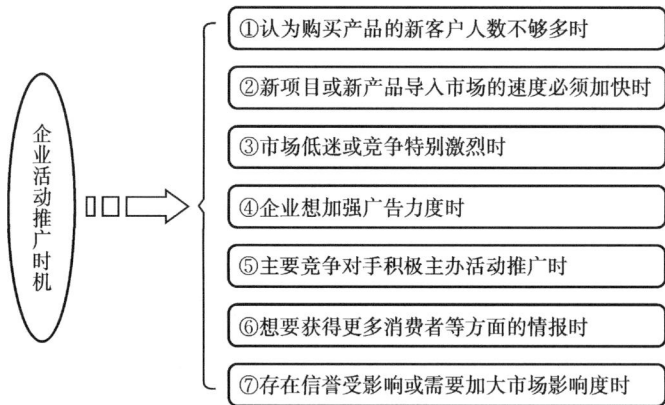

图9-2　企业活动推广时机图

3. 活动推广与公共关系策划的类型

房地产的活动推广与公共关系策划有以下几种方式:

(1)策划媒体事件。新闻在企业中是经常存在的,房地产企业发生的各种事件,如企业或楼盘庆典仪式、土地资源新储备、新项目开工、新产品推出、新合作方引入、确定形象代言人等,都可以作为新闻事件通过媒体加以宣传。例如中国代表团在 1996 年亚特兰大奥运会上取得佳绩之后举国欢庆,某楼盘(以体育概念为主)及时抓住这一可利用的局势,特聘多名奥运金牌获得者为其做形象宣传,收到了非常好的效果。开发商善用一些重大时事来制造机会,这可以起到借力使力、顺势推舟的效果,同样也可以造就一个楼盘项目的成功形象。

阅读材料 9-3

星河国际,"百万爱心大捐赠"①

当今的房地产营销手法令人眼花缭乱。星河国际的"百万爱心大捐赠"活动一下子激起了消费者的"善心",更令星河国际一度成为人们关注的焦点。

据介绍,自"中华骨髓库深圳分库"成立以来,已经完成六例骨髓成功移植的手术,为血液病患者带来了生机。但对入库的骨髓进行血型检测配型的费用庞大,需要通过社会力量来募集建骨髓库的费用。为此,深圳市红十字会和深圳星河房地产开发有限公司签订了捐赠意向协议书,为救助中国血液病患者献上一份爱心,该公司将旗下"星河国际"物业六套商品房捐赠给红十字会,用于发展"中华骨髓库深圳分库"。

另外,星河地产还联手深圳市红十字会推出"献爱心捐百元,善心善举住豪宅"的抽奖活动,由深圳市红十字会组织大型的募捐,发动社会力量来支持骨髓库的建设。凡捐赠 100 元以上的爱心人士将获赠爱心卡,持卡者都有可能获赠"星河国际"商品房。活动推出之后,得到了社会各界的积极响应,一个多月的时间,全市共销售爱心卡 15 670 张,收到捐款 156.7 万元,成为深圳红十字会成立以来接受的最大一笔捐赠。

(2) 举办社会活动。房地产企业还可以自己"创造"新闻,常通过发起举办或参加一些社会影响大的活动,以强化与各有关公众之间的信息交流和情感联络,给社会留下良好的企业形象。

①社会公益活动。凡凭借艺术、音乐、文化、体育、环境保护或社会责任之名从事的公益活动,都具有非商业性及提升生活素质的功能,较容易受到大众传媒的重视而成为有新闻价值的话题。房地产企业参加社会公益活动,常见的主要有向福利机构、体育、艺术活动提供赞助,在高校设置企业奖学金等。企业从事社会公益活动,能充分体现企业积极承担社会责任的精神,为企业赢得政府及相关公众的支持,塑造卓越的企业形象,同时还可增强消费者信心,可谓一举两得。

②体育文化活动。以举办并播报业主参加的各项大型活动来展示小区的文化

---

① 叶剑平,梁兴安.房地产经纪实务[M].北京:中国建筑工业出版社,2007.

内涵,通过间接的方式来引导消费者的购买行为,现已成为常见的一种推广手段。其活动安排常选择在各种节假日,如元宵节灯谜晚会、重阳节敬老活动、"六一"儿童运动会、周末业主体育赛事、圣诞狂欢夜等,旨在增加社区人气的同时可以起到吸引市场目光的作用。

开发商也常通过小区内图书馆、幼儿园、中小学等教育配套设施的落成或开学典礼等时机,针对消费者举办教育性质的活动,提升项目文化内涵,吸引消费者的关注。

③有奖销售、打折促销活动。以"让利于民"的手段在短时间内聚集大量的人气,从而增加项目的知名度,并直接增加销售量,此活动有易组织、见效快的特点,但不宜经常举行,会让人产生"低廉"和"抛售"的感觉,导致消费者产生对楼盘品质的怀疑而得不偿失。

④社会调研活动。企业可以通过积极开展社会调研活动来达到构建公共关系的目的,通过民意调查等多种方式来收集企业内部与外部环境的变化信息。可定期举行企业经营信息披露、房地产市场走势分析、产品倡导的生活理念讨论等方面的专家论坛活动并积极吸引消费者参与,了解消费者对企业及对房地产的价格、质量、功能、房型等诸方面的意见和建议,并及时将改进后的情况告知消费者以跟踪消费者的需求趋势,尽力满足消费者的要求,这实质上是在消费者中开展公共关系活动。

阅读材料 9-4

以 21 世纪健康生活方式为主题的房地产营销主题策划①
——雅居乐健康生活方式演讲会

目前休闲、健康已是社会消费的热点和主题,拥有了房子、车子后,提高生活质量、注重健康生活将是最大的消费愿望和趋势。以广州为中心的珠江三角洲地区,不光经济发展先于全国,健康消费的理念和需求也必然先于国内其他地区。为此,有必要尽早抓住这个需求,以这个需求为中心,制定雅居乐地产的品牌战略和服务方向。

雅居乐地产于 2003 年在广州中山纪念堂举办了一次健康风暴讲座"雅居乐健康生活方式演讲会"。由雅居乐健康生活方式顾问洪昭光教授、胡大一教授、向红丁教授分别演讲。聆听演讲的 3 000 余听众,来自于省市各部门领导、机关、雅居乐业主、雅居乐准业主、各新闻媒介等,将雅居乐健康生活方式空投给所有受众,一步到位地将雅居乐全部卖点诉求讲得清楚、明了,诠释了雅居乐品牌的核心"21 世纪健康生活方式",随后,雅居乐品牌随着健康风暴席卷珠江三角洲。

(3)企业文化宣传。房地产企业可以通过发行企业自办刊物宣传企业文化、

---

① 构造雅居乐战略性营销体系.中国房地产图书网,2004-09-01.

企业产品,或通过设计企业独特的标志、品牌,定做员工制服,印刷专用信笺、台历等建立企业形象识别系统,塑造出企业独特而美好的形象,以加深公众的印象,培养潜在目标客户的偏好。

(4)对外联络协调。房地产企业要建立同政府、媒体、银行、行业协会等各方面稳定的沟通关系,定期或经常性地向这些公众介绍有关企业或项目信息,征求其意见与建议,争取理解与支持,这样既可避免因误解而造成不必要的麻烦,又可使企业一旦陷入困境而易于挽救,顺利解决危机。

(5)产品服务咨询。房地产企业可以通过针对开发项目开展的售后服务、咨询服务等方式,以行动证实企业对公众的诚意,这类公共关系活动更容易获得公众的理解和好感。

此外,基于关系营销理论基础上的房地产客户关系管理也是公共关系营销的重要组成部分,利用客户关系进行市场推广,也日渐成为房地产市场营销中越来越重视的手段,本书将其单列出来,详见下面章节的分析和介绍。

▷ 9.5.4 客户关系管理

对于大多数房地产企业而言,目前还停留于交易营销的阶段,房地产关系营销相对于传统的交易营销而言,是一种企业与客户共同创造价值的全新的营销理念,关系营销理论主张以消费者为导向,强调企业与消费者进行双向沟通,从而建立长久的稳定的互赢关系,为企业在市场竞争中建立品牌优势。

在交易营销观念看来,是房地产企业创造了价值,认为房地产企业就是买地、打桩、盖房、卖房,产品价值的实现在销售之前就已经完成了,营销职能的体现,仅仅只是将这些价值通过销售手段经由客户完成向货币的转化而已。房地产关系营销与其相比却得到极大的进化和精深,认为"客户与企业所维持的关系"最终创造价值,企业的关注点,已经超越产品本身,扩大至针对于客户的价值生成过程,即客户所创造出的可感知的价值的过程,并涉及企业的各个环节、各个职能。

对客户关系的管理,将影响到客户的直接再次购买和间接购买(客户推荐购买)。房地产,少则几十万,多则上百万,乃至更高的价格,客户推荐产生的购买占据重要的比例。2002 年底,万科委托盖洛普调查公司对万科所在城市的 42000 多户客户进行了一次满意度调查。从调查结果看,万科成功地将员工满意度转化成客户满意度。老业主的整体满意度为 78%,忠诚度为 56%;新业主的整体满意度为 77%,忠诚度为 50%。其中有 63%的客户愿意再次购买二次产品,有 75%的业主愿意叫他的亲朋好友来购买万科的产品。

1. **房地产客户关系管理的概念**
客户关系管理(customer relationship management,简称 CRM)可以从以下三

个层面来理解。

一是从战略和理念层面进行界定。客户关系管理是指遵循客户导向的战略，对客户进行系统化地研究，通过改进对客户的服务水平，提高客户的满意度，拓展客户群；同时，以强大的信息处理能力和技术力量确保企业业务行为的实施。

二是从企业管理模式、经营机制的层面进行定义。客户关系管理是指通过对企业的市场营销、销售、服务等业务流程的全面管理，来优化企业的资源配置，降低成本。

三是从应用层面上进行定义。客户关系管理是指通过技术投资，建立能搜集、跟踪和分析客户信息的系统，增加客户联系渠道、客户互动及信息整合。

房地产客户关系管理是指借助信息技术和新型的管理模式，以客户为导向，建立收集、挖掘、跟踪、分析客户信息的系统，对开发企业的市场营销、销售服务等业务流程进行全面管理，从而实现对市场的有效把握，发掘最大价值客户群，优化开发企业资源配置，提高企业竞争力。应用房地产客户关系管理目的在于建立一个使企业在客户服务、市场竞争、销售、支持等方面形成彼此协调的关系实体。

2. 房地产客户关系管理的作用

当产品品质以及市场发展日趋成熟时，房地产企业开始重视客户关系管理与服务工作，将其与产品开发、销售、物业管理摆到同等重要的位置，这些企业都意识到：房地产品牌建设与营销推广不再局限于物业本身，客户关系管理与服务同等重要。

(1) 房地产关系营销关注的是如何保持客户，追求利润最大化，客户关系管理则为其提供客户资源信息。根据美国营销学者赖克海德和萨瑟的理论，一个公司如果将其客户流失率降低 5％，利润就能增加 25％ 至 85％。房地产企业已经认识到保持现有顾客的重要性，一套完善的客户关系管理体系，包括建立房地产客户数据库，并有效地运用所储存的资料，能通过研究客户、开发客户、与客户沟通，有效留住客户，赢得客户的信赖与拥护。

(2) 房地产关系营销高度重视顾客服务，以及发展与顾客的长期、稳定关系，客户关系管理即由服务手段所培养的客户满意度与忠诚度为其提供支持。当今的客户已经具备了住宅梯度消费的特征，这些购房者完全有可能成为一个品牌房产商的忠诚顾客。客户关系管理基于对客户的置业咨询、业主联谊、物业管理、商业结盟等手段，强化在客户心目中的美誉度和忠诚度。如对已预售别墅或高标准住宅，邀请业主共同参与监理，保证楼盘高质量地建设，使客户感受到企业是在设身处地为自己着想。

(3) 房地产关系营销强调充分的客户承诺，客户关系管理为其提供保证。由于住宅商品价值大、消费周期长、使用效果后验性强、涉及知识面广等特性，房产商的口碑在消费者心目中占据重要位置，许多消费者在作出购买决策时很注意听取老客户的评价和购买建议。因此，房地产商对客户长期负责的态度必须郑重其事。

比如,别墅等高档住宅的购买者和写字楼、底铺等物业的租赁方,具有与房地产企业进行广泛合作和多次合作的可能性,把握这些客户关系的营销潜力,将远远超出一次性交易所能获得的利益。

（4）房地产关系营销认为所有部门都应关心质量问题,客户关系管理全程沟通化解客户抱怨。如今的房地产企业大多具备多元经营的特征,从房地产价值链所涉及的动迁拆迁、规划设计、建筑施工、建材生产与采购、房屋装潢、园林绿化、房屋租售、中介咨询等领域选择若干项目从事经营。建筑质量是否优良、房屋面积的测定标准是否合理、交楼是否按时、物业管理水平优劣等都成为其各方面的“质量”问题。在这里,保持与客户的沟通至关重要。根据美国营销协会的研究数据表明,只有三分之一的顾客是因为产品或服务有毛病而不满,其余三分之二的问题都出在沟通不良上。

3. 房地产客户关系管理的实践

房地产市场中单纯的产品买卖时代已经面临终结,未来房地产品牌竞争的趋势,正逐渐过渡到客户信息库、客户满意度、客户服务手段的竞争层面,以客户为本的客户服务观念将贯彻房地产开发、策划、销售、服务的全过程,因此对房地产企业在客户关系管理上的要求越来越高。在今天,我们看到许多知名房地产企业如万科地产、保利地产、金地地产、中海地产等,都在强调客户服务主题,以提升产品和企业形象。

在一些大型房地产公司中,“客户服务年”、“客户会”等活动的开展正是对房地产客户关系管理理论的具体实践。一般而言,只有大企业,而且必须是在经过长期发展、前期成功的不断积累、拥有成千上万名客户以后,才谈得上创建客户会。如深圳万科的“万客会”、广州合生创建的“合生会”、深圳金地公司的“金地会”、华侨城地产的“侨城会”、中海地产的“海都会”等。客户会不仅仅是一个创新理念,一种升级服务,更是一种升级财富。例如,“万客会”的会员很多是万科的忠实拥趸者,他们中很多人都是万科项目的二次、三次,甚至多次的购买者。

9.6　房地产项目销售策划

▶9.6.1　营销分期

1. 营销分期的划分

房地产项目销售周期一般由几个递进阶段构成,根据市场销售规律、工程进度、营销目标等因素综合考虑,通常划分为预热期(市场引导或培育期)、内部认购期、开盘期、强销期、持续销售期、尾盘期(清盘期)。

表 9-2 为某楼盘的销售计划。

表 9-2　销售阶段时间及销售量安排

阶段	时间	累计销售量
预热期	开盘前 6~12 个月	
内部认购期	开盘前 6 个月内	5%~20%
开盘	1 个月	30%~50%
强销期	开盘后 1~2 个月	60%~70%
持续期	开盘后 3~6 个月	80%~90%
尾盘期	开盘后 7~9 个月	90%~98%

2. 各营销分期的工作要点

(1) 预热期主要是在项目正式进入市场前的亮相。虽然不具备销售条件,但需提前发布将要销售的信息,让销售区域内都知道该项目存在,通过媒体宣传和相关活动引起目标客户和潜在客户的注意;同时,面对激烈竞争对手,也可以分流竞争对手的部分客户;预热期又可以对本项目的目标客户进行测试,为开盘时销售策略执行和调整提供依据。该阶段工作特点是温而不火,为后续工作打下良好的基础。

(2) 内部认购期现已发展成营销商检验市场和聚合控制人气的重要手段。内部认购时一般不定价格,只告诉购房者大致的价格,这样即可吸引更多人支付定金,又可试探市场上到底如何反应,为开盘、营销计划、价格策略提供大量真实的市场依据。

(3) 开盘即项目正式销售的开始。前期的大量准备工作都是为项目的开盘服务的,必须做好充分的准备,形成和积蓄足够的销售势能,保证开盘的成功。开盘要集中人力、物力、财力,调动多种宣传媒体、整合各种可利用资源形成有效和强劲的促销势头,确保开盘成功及开盘期销售目标的实现。注意推出量控制,把一般性楼盘尽量放在前面,保证后续阶段持续销售。

(4) 强销期是开盘正式销售 1~2 个月后。该阶段一般会投入大量的广告宣传和推广费用,还配有各种促销活动。此时的销售数量和需求量较高,因此要掌握销售势头,保持充足供应房源,注意卖点储备;价格调整控制幅度,采用小步慢跑方式;控制销售现场气氛,改变不同促销方式,强化促销,以保持热销场面;关键是建立项目的市场形象,提高项目市场认同感,为持续期销售奠定基础。

(5) 持续销售期是当项目通过开盘和强销期后逐渐进入平稳销售状态,该阶段即为持续期。此时广告和各种促销活动趋于平缓,上门看房、购房的客户趋于稳定,大部分房源逐步售出。持续期要根据剩余房源特征不断地挖掘新的卖点、突出个性,有针对性地进行广告宣传和促销活动,促使楼盘持续交易。

(6) 尾盘期是项目的尾楼在该阶段销售速度下降十分明显,一般剩余房源本身存在一定的缺陷,销售困难,但尾楼销售额又是开发商的利润,因此尾楼常采用降价寻求新营销方式和重新定义市场、改进产品等方法处理。

▶ 9.6.2 销售准备

房地产项目销售准备的主要工作有:审批资料准备、销售资料准备、销售人员准备和销售现场准备等。

1.审批资料准备

在房地产市场销售中,常见的是商品房的预售行为。需要准备如下资料:建设用地规划许可证、国有土地使用权证、建设工程规划许可证、建筑工程施工许可证、商品房预售许可证,俗称"五证"。

符合法律规定可以进入市场销售的项目,开发商可以委托代理销售公司进行销售。房地产销售代理公司必须具有承担该业务的合法资格,并与委托方签署正式委托销售合同。

2.销售资料准备

销售资料主要有售楼书和销售文件等。

(1)售楼书。售楼书是开发商对所售物业印制的、面向市场进行楼盘宣传介绍的文本。一套完整的售楼书应包括开发商名称、楼盘地点、特色、交通条件、配套设施、小区规划、户型、建筑结构、建筑设备、装饰装修等情况的介绍。售楼书又可以细分为形象楼书、功能楼书、折页、置业锦囊、单张等。售楼书一般制作印刷精美,具有较强的观赏性。

阅读材料 9-5

楼书设计要点[①]

楼书设计一定要注意以下几个方面:

(1)楼书整体要厚重,可给予客户稳重及信心的感觉,而且楼书需表现大气。若楼书页数不够,封面可采用质量比较好的纸张。一般楼书页数在 28~40 页之间,硬性楼书页数不宜过多。楼书尺寸不宜过大,因为携带不方便,若要做大型楼书,可考虑有点特色,例如长条形(约 20×40 厘米)或封面加绒布。

---

① 祖立厂.房地产营销策划[M].北京:机械工业出版社,2005.

若楼书尺寸较小（约 15×15 厘米），可将页数增加。

（2）楼书内容必须准确、翔实。楼书的内容尤其是户型图、数据必须仔细核对，不能出现任何差错。

（3）楼书的基本介绍信息和通讯信息必不可少。楼书上必须注明售楼地址、电话号码、发展商名称、策划公司名称及物业服务企业名称。如有其他著名合作单位也要注明，譬如建筑公司、园林设计公司等。并注明"上述一切材料，均以政府最后批准之图则及法律文件为依据"。

（4）楼书设计切忌"缺斤少两"。常见的"缺斤少两"有：规划图缺乏坐标；整体规划上没有座名及房号；平面图上间隔出错，例如实心墙及非实心墙没有区分；平面图缺乏刻度尺及刻度尺数字出错；家具摆设不合情理；浴缸及冷气机错标；文字出错，前言和后文不符；漏印代理商地址及电话；平面图及规划图方向不协调。

（2）折页。折页内容一般包括以下：

①案名、LOGO、宣传语。

②位置图，显示其道路、街道名称、坐标、绿化带、周边配套位置及以文字说明。

③小区规划图（如一、二、三期，要注明，或用颜色填在该楼位置区）及坐标。

④会所效果图及部分会所设施的图片，最好能落实会所的内部规划并有效果图。

⑤户型图（选择性）及坐标，景观及园林介绍。

⑥物业管理（如属高档、外销楼盘）；外立面图、小区效果图；车库，设计师介绍。

⑦周边物业售、租价比较（选择性）。

（3）平面图（户型图）。平面图（户型图）应包括的内容有：

①户型号或名称及所在楼号。

②楼盘名称、LOGO、宣传语。

③户型局部的不同（如上、下层户型一样但阳台面积不一样，可分开注明）。

④户型销售面积，户型进深及面宽尺寸（如户型尺寸过长，可分开注明），户型套内面积（选择性，如使用率很高的楼盘可以注明），户型内需设有家具摆放。

⑤规划图，以标明该户型所在位置。

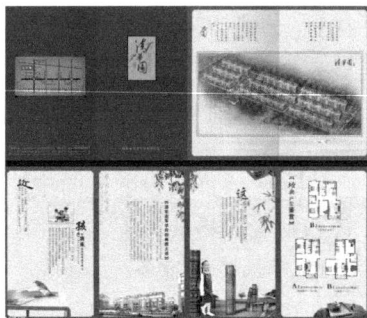

⑥坐标,以指示户型的方向。

⑦户型的优点或其景观指引说明(选择性)。

⑧所有插座、电源及空调的开关设置的位置(如是带指定装修交房,必须注明),户型的承重墙、非承重墙、窗户、门的位置都必须明确表达。

⑨平面图最底部应注明管道层的层数。

⑩该户型的管道位置。

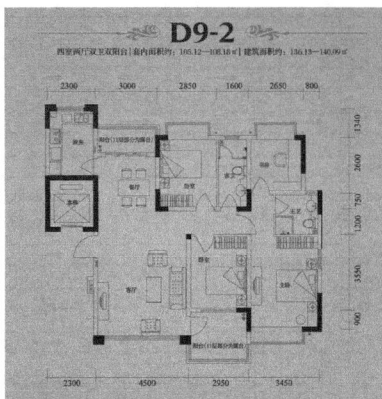

平面图(户型图)在设计时应注意:于最底部注明"一切图文均以政府最后批准为准";印刷前需得到发展商签名确认;平面图的尺寸最好比楼书或折页小,以方便夹在楼书或折页内;设计风格及色调必须与项目整体风格相配合。

(4)销售文件。销售文件一般包括以下内容:

①认购合同。在房地产销售过程中,当购房者选中自己认购的房屋,需缴纳定金来确认对该房的认购权,此时还没有签订正式的房地产买卖合同,需要签订认购合同保证双方的合法权利。

②购楼须知。为使购房者明确购买程序,方便销售,事先制订书面购楼须知,其主要内容包括项目介绍、认购程序等。

③价目表。价格策略制定完成后,依据水平和垂直价差来制定价目表,价目表按每套房的单价和总价同时编制。

④房地产买卖合同。当地房地产主管部门制定的标准合同文本,这是交易正式签订的合同文本。

3. 销售人员准备

房地产营销方案的实施及营销质量的高低,在很大程度上与销售人员素质与能力有关。优秀销售人员应具备良好的礼仪素养,丰富的专业知识、坚忍不拔的敬业精神和优良的职业道德,因此,销售人员的选择非常重要。

4. 销售现场准备

销售现场直接面对市场客户,所以一般开发商都很重视销售现场的准备工作。销售现场的工作内容主要包括销售中心、样板房、项目模型以及导示牌、旗帜等,详见本书第 6 章 6.4 节内容。

(1)销售中心。销售中心也称售楼处,是开发商向购房者介绍和展示楼盘形象的地方,同时也是购房者作出购买决定并进行交易和办理相关手续的地方。因此,开发商十分重视销售中心的建设,不惜花费巨资对其选址、平面布置、装修风格进行精心设计和安排。同时做好售楼处的功能分区、内外空间设计以及现场气氛的渲染等工作。

（2）样板房。样板房是开发商向购房者展示户型的一种实物展示，样板房已成为房地产"体验营销"的有效方式，因此开发商也非常重视样板房的装修，以求达到刺激销售的目的。

（3）项目模型。项目模型的目的是体现楼盘整体形象，让购房者直观了解项目全貌，同时也是与购房者交流、沟通的重要手段。项目模型反映了项目整体规划，主体房屋、内部交通道路、配套设施、景观绿化等，能够全面直观地突出项目特色。

（4）其他。销售中心前要有明确的导示，如挂旗、灯杆旗、彩旗、指示牌灯等，入口广场上要有渲染氛围的彩旗、花篮、气球、绿化等。

阅读材料 9－6

售楼处项目模型设计①

售楼处模型一般包括规划模型、户型模型、楼座模型、园林规划模型四种。售楼处模型设计时其尺寸必须与售楼书的面积及洽谈处相配。若小区太大，可采用两个模型，一个是整区域的布局模型，一个是正在推销区域的精致大模型。

1. 规划模型设计

（1）高地不能超过视高，即大约为 1.7 米（低密度住宅会更低一些）。

（2）如密度太高，楼间距可以稍微放大，楼体占地面积按模型稍微缩小。

（3）如项目的主要卖点为园林绿化（尤其别墅模型），可将模型高度调低，最好为人站在模型边，眼睛向下约 45 度～50 度角看到模型的中央位置，沙盘高度约 60～70 厘米，模型越大，高度可再调低。如其他楼的外立面视线受阻，可考虑最南面的楼用透明塑料，但不涂上其外里面的颜色甚至除去部分楼座，只在沙盘上显示占地位置即可。如有必要，可另外设置区内园林模型。

（4）如项目有一、二期，而其他规划有待落实，但又不想影响整个小区效果，可参看"朝阳无限"的模型设计。

（5）规划模型一般摆放于售楼处的中央位置，以保证模型四周都可让客户观看到。

---

① 廖志宇.房地产推广操盘手册[M].北京:中国电力出版社,2008.

（6）除长圆形设计模型沙盘外，模型沙盘四个角位必须修圆，以免小朋友碰到而受伤。

（7）模型底部可充分利用，设计为推拉柜，尤其带往展会时，便可将杂物放于其底部，可减少物件堆放在展位内，影响其形象。

（8）规划模式最好设有灯光。

（9）如有需要，可增加区外配套指示，例如地铁站、公园等。

（10）楼座顶部必须有楼号指示牌。

（11）模型必须有坐标、案名、模型比例值。

2．户型模型设计

（1）不建议设置整层模型，因为面积太大，难于参看，而且容易造成大量客户集中看此模型，所以把户型模型分开做，有利于售楼处分散人流及对客户的介绍更有针对性。

（2）户型模型一般比例为 1∶30，视面积而定（但不能小于 1∶50）。

（3）由于户型模型应突出其内部分布，所以一般地盘的高度为 80～90 厘米，以方便观看，内部必须有家具配备及装修，以显示居住的适用性，增强其真实感。

（4）别墅的户型模型建议侧面有一面不装墙，以便能看清内部格局，而且每层需拉开其距离，距离为 10～15 厘米。别墅的底层花园、阳台或空中花园等必须配有精致的绿化带，而且需要有人物。

（5）需要用透明塑料盖着。

3．楼座模型的设计

（1）楼座模型为突出其外立面及出入楼大堂的装潢，所以比例可以较大及可做高些，以突出其气派。

（2）除别墅模型外，其他类别的模型的高度最高可为 1.8 米，地盘高度控制约为 90 厘米，比例约为 1∶100（塔楼/小高层），1∶50（多层/别墅类）。

（3）别墅等模型的地盘可调至 1 米。

（4）最好设有灯光。

（5）需要用透明塑料盖着。

（6）园林设计部分做得较为夸张。

4. 园林规划模型的设计

（1）目前客户一般比较注重小区绿化，要注意模型制作公司对绿化处理的水平。

（2）如售楼处面积够大，方可单独设置园林规划模型。

（3）比例一般为 1∶50。

（4）一般设楼体，但要显示各楼座占地位置及面积。

（5）园林布局可以较为夸张，例如采用真的流水，不同颜色的灯光搭配。

（6）可适当增加周边环境的配套设施的位置。

➤ 9.6.3　营销控制

通常营销计划的控制内容主要有销售控制、成本控制、盈利控制和消费者反馈控制四个方面。

（1）销售控制。销售控制是对每个营销点（渠道）的销售额、市场份额和销售投入（人员、广告、促销）、销售进度等指标的分析控制。在市场份额发生变化时，控制的目的在于寻找和分析造成这种变化的主要影响因素。如顾客数量、用户意见、销售服务、性能价格比或其他因素。

（2）成本控制。项目营销计划的成本一般通过预算指标、费用比率两类方法进行分析与控制。

①预算指标。营销计划中预算成本是营销活动成本控制的依据。常规的控制程序依据每月的财务报表将实际成本发生额与预算额进行比较。超差不超过预算额，认为执行正常；若超差超过预算额，则寻找引起差异的主要因素，分析其原因，并采取必要的措施。

②费用比率。通过销售费用比率、广告率等费用比率来定期检查和评估营销计划的实施状况。

（3）盈利控制。项目营销计划中盈利控制主要是通过营销收入与营销成本费用的比较分析，对营销过程盈利状况进行控制。管理者一旦发现某销售点的盈利水平不理想，甚至出现亏损状态，就要进一步分析原因，采取必要的扭亏措施。

（4）消费者反馈控制。消费者反馈控制主要是针对购房者及潜在客户反馈信息进行的控制性分析，包括对本项目的认知程度、认知渠道、对本项目的卖点的欢迎程度、认可程度，对本项目规划设计、建筑质量、配套设施、景观环境的满意程度以及消费者反映的其他信息。这些反馈信息经过整理、分析，作为调整项目营销计划、营销渠道、促销手段、营销目标、竞争策略的重要依据。

本章案例
上海××房地产项目营销策划方案(节选)①

一、市场定位

(一)项目形象定位——"东方味、世界观"

(二)目标市场定位

1. 创造目标市场——全市范围内成长中的中产阶层

2. 中产阶层概念阐述

(1)中产阶层的阶段划分

按照中产阶层转变阶段点划分三个层面:

- 现实中产阶层家庭月收入:20 000及以上(或年收入在25万元以上);
- 2~4年内的潜在中产阶层家庭月收入:10 000~20 000元;
- 5~8年内的潜在中产阶层月收入:8 000~10 000元。

(2)中产阶层的特征

财富特征	职业特征	地位特征	消费水平特征	生活特征	居住特征
年收入20~25万元,拥有私家车与一套或两套住所	企业家、高级公务员、高级专业性人才、私营业主、演艺界明星、艺术家、自由职业者	在社会上享有一定的地位与声望,受人尊敬	热爱旅游、喜欢运动,在教育中投入较多	追求时尚、品位的生活,在事业上积极向上,家庭稳定	在市中心拥有一套住所,在郊区选择一套生态性佳、环境优美、产品优秀的别墅作为自己的第二寓所

二、营销主题定位

(一)营销主题

——中产阶级的生活方向

诠释:

- 广告口号诉求清晰;
- 引发对"中产阶层"生活方式的讨论,吸引业界及理论界的眼球
- 引导成长中的中产阶级关注未来的生活方向

生活方向诠释:

city and town　　　城市里的小镇

---

① 根据××房地产有限公司提供资料整理而成,2004.

history and future	尊重历史　创造未来
private and public	自由与朋友兼得
he and she	家庭生活幸福的源泉
west and east	中西合璧的居住概念
sky and earth	有天有地的居住方式
fashion and nature	时尚与自然共享的家园
in and out	内外通透的居住空间

1. 营销阶段广告语方向

(1) 软文标题素材

　　A. ××项目生活宣言——中产阶级未来生活在哪里？

　　B. ××项目生活宣言——中产阶级未来和谁生活在一起？

　　C. ××项目,定义中产阶级生活

　　D. 美丽新上海,卓越惊现

　　E. 在上海找到未来

　　F. 在××项目找回自己

　　G. 世界风情小镇,中产者生活第一城

(2) 硬广告文案素材

第一组:

　　小镇生活、中产生活、世界生活

第二组:

　　她的城市,他的小镇;

　　谁在古漪园漫步,谁在世界公园运动;

　　家内收藏阳光,家外珍藏友谊;

　　这里生态无限,这里时尚万千。

第三组:

　　××项目第一道风景线。

第四组:

　　别墅要有别样的味道——创造无限空间体验的森林庭院;

　　别墅要在别样的地方——古韵豪情,森林庭院;

　　别墅要有别样的空间——每一种空间,每一种生活体验;

　　别墅要有别样的人生——中产阶级的生活方向。

第五组:

　　竹风溪韵,森林庭院。

第六组:

　　新贵阶级,新生活美学。

三、营销推广策略

(一)三大运动

1. 运动一:××项目的运动

时间:6月1日—8月1日

目的:预热

(1)营销策略一

· 《新闻晨报》专版:

主题:××项目生活宣言——中产阶级未来生活在哪里?

目的:为中产阶级生活氛围划一定的板块,宣传西北新兴板块的崛起

媒介通路:新闻晨报四期半版

· 软新闻:

主题:区域+品牌+生活方式

目的:为开盘造势

媒介通路:新闻晨报、新民晚报、解放日报

(2)营销策略二:大型路牌

主题:××公司及××项目品牌

标题:(400平方米广告牌语)××公司—××项目案名

(3)营销策略三:开工典礼

主题:新兴板块崛起

目的:利用开工告知××公司—××项目施工动态,吸引购房者关注

媒介通路:上海电视台、东方电视台、新闻晨报、新民晚报、解放日报、房地产时报、上海楼市、上海楼市周刊、搜房网

2. 运动二:××公司家天下,××客户会的运动

时间:8月1日—10月1日

目的:蓄水

(1)营销策略一:中产阶级生活大调查

主题:中产阶级生活方式调查

目的:通过调查热播,引起客户对自身身份的认同感,积蓄××项目会员

媒介通路:解放日报或新闻晨报

(2)营销策略二:《新闻晨报》专题探讨

主题:中产阶级和谁生活在一起

目的:为中产阶级划定身份象征

媒介通路:新闻晨报四期半版

(3)营销策略三:情报搜集,客户资料归档

主题:中产阶级生活档案

目的：××公司家天下,××会客户资源储备,积蓄××会会员

媒介通路：直邮方式、信用卡账单、汽车车会、高尔夫球会、台商会等

（4）营销策略四：叶蓉《财富人生》论坛

主题：西北低密度健康居住区规划论坛

目的：通过财富人生,直接接触中产阶级客源,通过榜样性客户,与其所影响的群体组织网球赛、羽毛球赛等活动,积蓄××会会员

媒介通路：上海电视台财经频道

（5）营销策略五：巡展

主题：大众汽车城展示

目的：直击潜在客源,积蓄××会会员

媒介通路：大众汽车城

（6）营销策略六：员工联谊活动

主题：高层管理人员及技术人员间的网球赛、足球赛、联谊酒会

目的：进行潜在客户挖掘,积蓄××会会员

媒介通路：大众高层领导

（7）营销策略七：生活指南手册

主题：中产阶级生活大揭秘

目的：推行中产阶级生活方式

媒介通路：设计制作生活指南手册

3. 运动三：××项目生活秀运动

时间：10月1日—12月1日

目的：引爆

（1）营销策略一：生活秀

主题：售楼中心、商业内街、样板房构成的中产生活"秀"全貌

目的：用中产阶级生活场景激起客户购买欲望

媒介通路：新闻晨报、新民晚报、解放日报、移居上海、大公报、东航杂志、上航杂志、上海楼市

（2）营销策略二：房展会

主题：××项目风情展

目的：将××项目产品直面上海全市,展示楼盘面貌

媒介通路："十一"房展会

（3）营销策略三：大量软文

主题：品牌、产品宣传

目的：形成更深层次的产品互动

媒介通路：新闻晨报、新民晚报、解放日报

（4）营销策略四：开盘典礼（10 月 28 日）

　　主题：东方风情节上演××项目

　　目的：在上海市内形成一定文化营销策略，打开××项目品牌宣传

　　媒介通路：新闻晨报、新民晚报、解放日报、移居上海、大公报、东航杂志、
上航杂志

（5）营销策略五：路牌广告开盘公告（10 月 18 日）

　　主题：××项目开盘公告

　　目的：引起路人注意

　　媒介通路：户外大型展板

（6）营销策略六：网上开盘直播（10 月 28 日）

　　主题：东方风情节上演××项目

　　目的：以新兴传媒共同造成热闹

　　媒介通路：搜房网

（7）营销策略七：业主联谊会（11 月中旬）

　　主题：××项目准客户深圳游

　　目的：让客户更深层次地了解××公司楼盘，了解××公司品牌文化

　　媒介通路：新闻晨报、新民晚报、解放日报

（8）营销策略八：社区巴士（10 月上旬）

　　主题：社区巴士通中山公园

　　目的：让客户更加快捷到达市中心

　　媒介通路：中山公园—南翔

4. 开盘持续期

　　时间：（12 月 1 日—1 月 1 日）

（1）营销策略一：温州促销

　　主题：温州房展会

　　目的：吸引温州客投资性购房

　　媒介通路：温州

（2）营销策略二：硬广告

　　主题：建筑、房型卖点展示

　　目的：强化社区主旨，形成市场新一轮的攻势

　　媒介通路：主流媒介、杂志等

（二）三大展示

1. 展示一：××项目的生活环境展示

　　时间：（1 月 1 日—4 月 1 日）

　　目的：展示一个中产阶层的真实环境图景

营销策略：

- 庭院空间

    主题：庭院深深几许

    目的：构出庭院生活图景

    媒介通路：新闻晨报、新民晚报、移居上海、东方航空、上海航空

- 竹林空间

    主题：竹林纵森，郁郁葱葱

    目的：强调竹林景观的优势

    媒介通路：新闻晨报、新民晚报、移居上海、东方航空、上海航空

- 森林空间

    主题：森情似海

    目的：以对自然的生活状态的追求表现中产阶级的生活观

    媒介通路：新闻晨报、新民晚报、移居上海、东方航空、上海航空

(2)营销策略二：社区 DIY

    主题：业主亲自参与命名社区景观，酝酿美好生活

    目的：贴近业主，形成楼盘传播美誉度

    媒介通路：新闻晨报、解放日报、新民晚报

2. 展示二：××项目的生活配套展示

    时间：(4 月 1 日—7 月 1 日)

    目的：展示一个中产阶层的真实环境图景

营销策略：

- 7000 平方米商业会馆

    主题：7000 平方米中产阶级生活乐园

    目的：通过会馆的介绍，提升社区设施氛围

    媒介通路：新闻晨报、新民晚报、移居上海、东方航空、上海航空

- 社区商业街

    主题：邂逅午后的浪漫

    目的：提升商业街氛围

    媒介通路：新闻晨报、新民晚报、移居上海、东方航空、上海航空

(2)营销策略二：社区商业配套、会馆落成典礼

    主题：××理念生活正式诞生

    目的：炒作社区配套

    媒介通路：新闻晨报、新民晚报、解放日报

3. 展示三：××项目的真实生活展示

    时间：(7 月 1 日—10 月 1 日)

目的:展示一个中产阶层的真实环境图景

营销策略:

- 证言式广告

    主题:幸福生活,在××项目

    目的:通过业主的感受,带动××项目品牌宣传

    媒介通路:新闻晨报、新民晚报、移居上海、东方航空

- ××项目展馆

    主题:××项目,你我共同的生活

    目的:以××项目模型展示,借机炒作

    媒介通路:新闻晨报、新民晚报、解放日报

四、营销预算

(一)2003 年度整体营销预算

以下广告费用含上述费用的有:××项目路牌四块 200 万,品牌推广 100 万,板块与品牌炒作的 SP 活动、论坛、专题论坛等活动计 200 万元整,共计 500 万元,该费用属于××项目广告费用,不计入××项目推广费中。

分类	用途	2003 年(单位:万元)							
		6 月份	7 月份	8 月份	9 月份	10 月份	11 月份	12 月份	小计
媒体投放	报纸广告		45	55	40	155	75	60	430
	杂志			25		60	35	40	160
	电视电台				60				60
	路牌	100	100			5			205
	网络					5			5
售点包装	门头灯箱	10							10
	工地、楼顶看板	50							50
	室内展板	1							1
	室内灯箱	5							5
	LOGO 墙	2							2
	围墙、路引牌	6							6
引导系统	特色灯箱	10	10						20
	迎风旗					2	2	1	5
销售道具	宣传印刷品		5						5
	多媒体		25						25
	模型、效果图		20						20
	VI 制作、服装		6.5						6.5

公关SP	SP活动		10	22	15	20		5	72
	房展会					20			20
	礼品		2						2
小计:			184	223.5	102	115	267	112	106	1109.5
品牌、板块推广费									500
项目广告费用计									609.5
不可预见				10		10		10	30
项目营销费用总计									639.5

(二)2004年度营销预算

分类	用途	2004年(单位:万元)			
		第一季度	第二季度	第三季度	小计
媒体投放	报纸广告	75	65	30	170
	杂志	50	40	25	115
	电视电台				
	路牌				
	网络				
公关SP	SP活动	5	5	20	30
	房展会				
	礼品				
小计:		130	110	75	315
策划代理费					120
销售人员费用					100
不可预见		10	10	10	30
项目总计					565

项目总体广告费用:565＋639.5＝1 104.5(万元)

五、产品及价格组合策略

(一)基本情况

· 推案量:214套

· 目标均价:4600元/平方米

· 总面积:41656平方米,目标完成总面积的70%,计3万平方米

· 总销金额:19161万元,目标完成销售金额1.38亿元,占总销金额的72%

· 销售速度:需在10月28日—12月28日两个月期间完成3万平方米的销售任务,则销售77套/月,销售2.56套/天

(二)竞争动态分析

通过对"美墅"及"爱里舍"销售动态调研,本项目价格虽然在所在区域为领先价格,但和全市同类产品价格相比,仍具有一定的竞争力,认为对本项目销售 77 套/月,销售 2.56 套/天的推量具有较强的信心。

(三)销售产品组合及价格策略

• 户型配比表

户型	编号	套数	比例	房型面积(m²)	面积小计(m²)	房型	均价
叠拼	E1	16	7.48%	186.37	2 981.92	四房二厅三卫	
	E2	26	12.15%	178.88	4 650.88	三房二厅三卫	
	E3	16	7.48%	155.31	2 484.96	三房二厅三卫	
	E4	26	12.15%	160.30	4 167.80	四房二厅三卫	
	小计	84	39.25%		14 285.56		
叠拼成交总金额:6 143 万元							
联排	A1−1	29	13.55%	195.88	5 680.52	四房二厅三卫	
	A1−2′	10	4.67%	201.08	2 010.80	四房二厅三卫	
	A2	12	5.61%	184.01	2 208.12	四房二厅三卫	
	B1−1	15	7.01%	213.70	3 205.50	四房二厅三卫	
	B1−2	10	4.67%	219.69	2 196.90	四房二厅三卫	4 686
	B2−1	8	3.74%	191.17	1 529.90	三房二厅三卫	
	B2−2	4	1.87%	195.39	781.56	三房二厅三卫	
	B3	6	2.8%	195.95	1 175.70	三房三厅三卫	
	小计	94	43.93%		18 788.46		
联排成交总金额:9 018 万元							
C 型	C1−1	10	4.67%	243.96	2 439.6	五房二厅三卫	
	C1−2	4	1.87%	242.94	971.76	五房二厅三卫	
	C2−1	3	1.4%	230.50	691.50	五房二厅三卫	
	C2−2	6	2.8%	227.84	1 367.04	五房二厅三卫	
	C2−3	6	2.8%	227.84	1 367.04	五房二厅三卫	
	C2−4	3	1.4%	228.56	685.68	五房二厅三卫	
	小计	32	14.95%		7 522.62		
C 型成交总金额:3 912 万元							
双拼	D	4	1.87%	265.06	1 060.24	四房二厅三卫	
叠拼成交总金额:6 361 440 元							
合计		214	100%		41 656.88		
总成交金额:2 亿							

• 产品组合推案策略

通过以上比较分析,推测叠拼住宅销售难度较大,联排次之,C、D两种房型预期较好销售。

1. 组合价格:

叠拼	联排	C 型	双拼	均价
4 300	4 800	5 200	6 000	4 686

2. 产品组合:

(1) 第一波:于 10 月 18 日内部签约。利用前期蓄水客户,于 10 月 18 日进行内部认购签约。组合如下:

类型	叠拼	联排	C 型	双拼	合计
数量	30	40	12	0	82

在这一波,前期有大量蓄水客户,考虑蓄水客户对好房型的需求,故拿出部分联排、C、D 房型满足蓄水客户的需要,少量叠拼供应,以 C、D 两种预期较受欢迎的房型吸引,造热市场。预计实现销售 70%,计 80 套左右,剩余房源 34 套,实现均价 4 600 元/平方米。

(2) 第二波:于 10 月 28 日正式开盘,产品组合为第二波产品＋第一波尾盘。

叠拼	联排	C 型	双拼	合计
30	30	10	2	72

利用叠拼价格低的优势感染区域客户,以 C、D 两种房型的价格高压迫叠拼和联排的销售,同时暗示客户应及时购买,以免价格上涨错过良机,为价格的上升做准备。利用叠拼和联排样板房的良好效果来推动成交。

(3) 第三波:于 11 月 28 日推出,产品组合为第三波产品＋第二波尾盘。

叠拼	联排	C 型	双拼	合计
24	24	10	2	60

思考与练习

1. 房地产项目市场推广有哪几种渠道?能否举出几个国内知名的租售代理机构?

2. 什么是房地产项目卖点?试结合卖点的条件,分析身边某房地产项目是否具有卖点？如果有,是什么？

3. 可以从哪些方面提炼房地产项目市场推广主题？在房地产项目销售的各个阶段,推广主题的侧重点应该是什么？

4. 房地产项目营销成本有哪些？

5. 常见的市场推广预算安排方法有哪几种？

6. 房地产项目市场推广方式有哪些？

7. 怎样理解房地产客户关系管理的概念？客户关系有什么作用？

8. 房地产项目销售周期一般分为几个阶段？各阶段工作重点是什么？

9. 房地产项目营销前准备阶段的工作有哪些？

10. 试收集身边某房地产项目的楼书、折页,并对其设计要点进行分析。

11. 房地产项目营销计划的控制内容有哪几方面？

12. 案例分析题

东莞××项目

本项目地处厚街康乐南商业圈延伸地段,属镇政府规划的未来居住文化区域,综合配套环境指日可待。东面的世纪新城正在紧锣密鼓进行前期建设,南环路商业圈凸显,无论投资还是置业,升值空间大,经济辐射能力强。纵观镇中心区由于用地狭小,交通阻塞,不能提供相应的发展空间。本地块北为南环路,南为厚沙路,西为吉祥路,交通通畅快捷,厚街汽车站近在咫尺,居家出行便利。

近距离娱乐设施有创世纪娱乐中心、珊瑚大酒店、清沐休闲中心,餐饮有和景大酒店、美丽华大酒店等,美容有曼丝调理等。加上本项目引入品牌主力店与多家特色商铺,让业主足不出户就可享受消费时代生活成本最低化。厚街可供市民休闲的绿地不多,相当一部分消费者对现在居住环境条件感到不满意,尤其是绿色生态环境。本项目通过立体化的园林布局,打造厚街罕有的特色园林,营造健康与和谐的现代社区。关注教育,已成为厚街人购房最重要的动机之一。本项目西北面400米处的新园学校与西面的菊新幼儿园(为厚街最大、配套最齐全的幼儿园之一),可充分保证未来小区的孩子得到更优越的人文教育。

本项目未来小区设计精致典雅日式会所,加之本项目西北面(约60米处)的阳光体育娱乐中心(设有室内游泳池、羽毛球场、高尔夫练习场、高档咖啡馆)配套,给业主独一无二的贵族享受。发展商实力雄厚,聘请国外或国内著名的建筑规划公司、园林设计公司、建筑公司、物业管理公司、营销策划公司等专业公司通力协作,精心打造项目整体品质。结合厚街本地人文典故,在项目的营销推广中引入"海月岩"传说,兴建"盛和·海月"文化广场,营造浓郁的人文社区氛围。本项目三房、四房及复式户型设计上均引入"阳光花房",让业主与大自然零距离亲近。

本项目规模适宜运作精装修房,而竞争楼盘"东逸翠苑"由于规模过大,运作精装修房有很大难度。因此本项目部分推出精装修房,不但能争取这部分市场份额,而且能引领东莞潮流。

试问:该项目有几大优势卖点? 分别是什么?

第10章　房地产项目广告策划

本章学习要求

1. 掌握房地产项目广告基本要素构成

2. 熟悉房地产项目广告的常见类型,媒体发布计划,房地产项目广告创意和文案创作

3. 了解房地产项目广告策划原则,房地产广告市场分析、广告目标确定、广告预算安排和广告效果测评

10.1　房地产项目广告策划概述

▷ 10.1.1　房地产项目广告策划的原则

开发商可根据营销战略的需要,将几种广告类型结合起来考虑,组合运用。在进行广告策划时,应遵循以下原则:

(1) 时代性。时代性是指房地产广告策划的观念应具有超前意识,符合当今及一定时期内社会变革和人们居住需求变化的需要。

(2) 创新性。创新性是指房地产广告策划应富有创意,不拘一格,不落俗套,能够塑造楼盘的独特风格,体现"把握特色,创造特色,发挥特色"的策划技巧。

(3) 实用性。房地产广告策划应符合营销战略的总体要求,符合房地产市场和开发商的实际情况,具有成本低、见效快和可操作的特点。

(4) 阶段性。房地产广告策划要围绕房地产营销的全过程有计划、有步骤地展开,并保持广告的相对稳定性、连续性和一贯性。

(5) 全局性。广告、人员推销、活动推广、关系推广是房地产开发商促销组合的四种手段,广告策划需兼顾全局,考虑四种方法的综合效果。

➤ 10.1.2 房地产项目广告的常见类型

房地产企业会根据企业的战略需要投放不同类型的房地产广告,这些广告除了常见的新盘促销广告外,还包括加强企业品牌形象广告、公关广告,以及看似无关却又能有效传递企业品牌和产品价值的观念广告。

(1)促销广告。大多数的房地产广告属于此类型,广告的主要目的是传达所销售楼盘的有关信息,吸引客户前来购买。

(2)形象广告。以树立开发商、楼盘的品牌形象并期望给人留下整体、长久印象为广告目的所在。

(3)观念广告。以倡导全新生活方式和居住时尚为广告目的。例如"广州后花园"概念盘就是传播一种在繁忙紧张工作之余,去郊外居所里享受轻松生活的新观念。

(4)公关广告。通过以软性广告的形式出现,如在大众媒介上发布的开发理念专访、入伙、联谊通知,各类祝贺辞、答谢辞等。

具体采用什么样的广告模式,制定什么样的广告策略,这需要制定一个缜密的广告投放和制作计划,这样才能保持促销的持续性、稳定性和互补性。

➤ 10.1.3 房地产项目广告基本要素构成

房地产项目广告中有很多的信息可表达出来,视发展商、项目及市场的需要而定,一则广告应注意基本要素的构建,明确传递项目的基本信息,回答客户想了解的基本问题。但是广告实践中,这些信息有时候不一定要在同一条广告中体现出来,要根据广告目标而定。房地产项目广告的基本要素包括以下几点。

1. 楼盘名称

一般来说,房地产项目广告应在醒目位置标明项目名称及标识,一个设计新颖的项目名称和标识能够迅速吸引人们的注意,并且能在脑海里留下较为深刻的印象,引导人们继续关注项目的其他信息。

2. 广告标题

广告标题也称主打广告语,帮助消费者了解广告的中心思想,起到揭示产品主题策划思想的作用,又起到吸引消费者的关注、美化视觉效果的作用。好的广告标题能积累企业或楼盘的无形资产,如"运动就在家门口"、"给你一个五星级的家"、"海风一路吹回家"等都是脍炙人口的广告主打语。

3. 地理位置

项目位置是房地产广告应具备的重要内容,是消费者关注的一个重要信息点。一般除了利用简略地图标明其确切位置外,还可能会标注周边标志性建筑,主要商业、教育等配套设施以及便捷的交通设施等等。

4．项目卖点

项目卖点即项目所特有的，或最具特色、最能吸引客户的地方，如区位优势、交通便捷、文化内涵、规划布局、建筑风格、户型设计、绿化景观、价格优惠、新技术新材料、装饰装修、配套设施、物业服务等，应挑选出最突出的项目特征表达给客户。

5．价格

广告中的价格，有的体现是均价，而有的体现是起价。关于起价往往都是选择一个楼盘中位置、户型、朝向最差一个单位的价格来进行渲染，这样的广告多见于中低档楼盘，以起价来吸引那些关注价格的消费者，并且加上"首付只需×万元"的语句，以此表达项目合理的性价比，但是起价往往不具备实际购买意义，也容易让消费者去销售现场后产生不愉快心理。而高档楼盘客户对于价格的敏感性不强，因而均价的运用更多一些。

6．开发商、代理商、规划设计、建筑施工、物业服务机构名称及售楼电话

这些信息都属于广告文案的附文，但是对加强买家信心、提升项目市场知名度和美誉度具有不可估量的作用，是客户了解广告正文内容后的重要信息组成。往往开发实力强、品牌度和美誉度高的发展商、代理商、规划设计、建筑施工、物业服务务企业会成为吸引购房者的一大因素。

房地产项目广告的主要任务是使消费者看过广告后产生购买兴趣，进而致电售楼部或到售楼部现场进一步咨询，因此，广告所包含的内容不可能将消费者所希望获得信息全部包含，那样客户可能不会打电话咨询，而是关注另一个房地产项目，所以，房地产项目广告所包含内容应突出重点、简洁明了。

10.2　房地产项目广告策划的主要工作

在进行深入的市场分析后，才有可能形成一套完整的广告策划书。一套完整的广告策划书主要包括广告目标确定、媒体发布计划、广告创意（广告诉求、广告表现等）与广告文案、广告费用预算、广告效果测评等内容。在形成书面的广告策划书时要注意提案的技巧、文字的风格和格式的赏心悦目。

广告创意与广告文案工作是房地产项目广告策划中的重点内容之一，占据重要的地位，相关内容在本书第 10 章 10.3 节单列出来进行详细介绍。

➤ 10.2.1　市场分析

房地产广告策划的市场分析主要包括营销环境分析、客户分析、个案分析和竞争对手分析等。若开发商在营销策划时已将宏观和微观营销环境分析得透彻、准

确,则可将重点放在下面几项上。

1. 客户分析——主要分析客户的来源、需求特征和购买动机

分析客户成交的因素:开发商品牌、产品保值增值、楼盘设计合理、地段较好、价位合适等;同时也要分析客户可能拒绝的原因,如附近有更合适的楼盘、交通不便、购房投资信心不足等。

2. 个案分析——主要分析开发商及产品情况

个案分析主要分析:开发商的实力、业绩、品牌知名度、市场声誉,楼盘规划设计特色,主要设备和装修情况,配套设施情况以及楼盘面积、户型、朝向、价位等方面的情况。

3. 竞争对手分析——主要关注竞争对手的各种动向

进行竞争对手分析时,除了要分析竞争对手实力和竞争楼盘的情况,还要分析竞争对手的广告活动,包括广告发布的时机、投放量、特色等,以吸取有益和可借鉴之处,扬长避短。

▶ 10.2.2 广告目标的确定

根据企业的营销策略和目标消费者的情况,房地产广告目标主要分为通知、说服、提醒三类。

(1) 通知性广告是通过广告活动向目标消费者提供种种信息,主要用于楼盘的市场开拓阶段,促发初级需求。比如为了让消费者购买即将推出的楼盘,企业首先要向目标消费者介绍新楼盘的有关信息,比如楼盘何时开盘、有哪些特点、开盘优惠价是多少等。房地产领域通知性广告一般在新楼盘推出时或在楼盘状况(如建设进度)、营销方式等方面发生变化时经常使用。

(2) 说服性广告在竞争阶段十分重要,主要是为了加深消费者对物业的认知深度,提高本企业房地产项目的竞争力,诱导说服消费者购买本企业房地产商品,所以又叫诱导性广告。这种广告的目的是使目标消费者的偏好从竞争对手的楼盘转到本企业的楼盘或者增加潜在消费者对本企业楼盘的偏好性。企业为了达到说服消费者的目的,需要在广告中将本企业产品的优势予以突出,增强消费者的认知深度。

（3）提醒性广告较常用于房地产销售的中后期，或用于新旧楼盘开发的间隙期，以提醒消费者对该楼盘的记忆，加深消费者的印象。

10.2.3　媒体发布计划

1. 广告媒体选择

房地产广告推广渠道分为传统媒体和网络两种形式。传统媒体包括报纸、电台、电视台、杂志、信函、车身、户外广告、路牌等。对于房地产广告来说，根据楼盘不同的特征，在运用广告媒体上各有侧重。

①报纸。目前，报纸是房地产广告最常用的主流媒体。中国市场与媒体研究2000（简称 CMMS2000）调查的 20 个城市居民总体中，通过报纸获取房地产信息的人占 60.2%，并且 49.9% 的人经常阅读报纸及杂志中的广告。报纸由于覆盖面广、时效性强、信息量大，制作灵活，费用相对较低，符合房地产广告信息传递的特点要求，因而成为房地产信息发布的主要载体。但其缺点是时效短。

②杂志。杂志作为视觉媒体，也是房地产广告采用的方式之一。其优点是杂志的目标针对性强，特别是专业性杂志；杂志印刷精致，图文并茂，对读者较有吸引力。其缺点是杂志广告周期长，时效性差，缺乏灵活性。

③广播。广播是传播信息迅速、及时，不受时空限制，费用低廉，所以也是房地产广告的载体之一。其局限性主要是信息保留性较差，缺乏视觉冲击力。

④电视。电视媒体具有视听双重功能的特性，覆盖面广，收视率高，具有很强的吸引力和视觉冲击力，现在各大中城市电视台基本都有专门的房地产栏目。其缺点主要是费用高昂、诉求重点不明确。企业在选择做电视广告时，要做细致的市场调查，选择合适的电视台和时间段，加强对目标受众的捕捉，提高广告的效果。

⑤户外广告。房地产户外广告也是很多大型房地产项目采用的主要推广手段之一。其主要包括路牌、霓虹灯、招贴、灯箱、宣传条幅以及车厢广告等，多布置于城市的主要交通路口、人群汇集地、产品所在地等处。户外广告的展示时间长，表

现手段灵活,不太受竞争对手干扰。经调查了解,在房屋预购总体中,34.1%的预购者经常注意户外广告,这说明户外广告对有购房倾向的人群有较好的广告效果。

⑥售点广告。房地产售点广告主要指房地产销售处或楼盘销售现场的广告。其可分为室外售点广告和室内售点广告。室外售点广告包括:广告牌、灯箱以及售楼处和楼盘上悬挂的横幅、条幅等;室内售点广告包括:售楼处内的楼盘、小区模型、照片以及电子显示屏等。

售点广告能有效引导和促进消费者对本楼盘特色的认识,树立售点及楼盘的形象,加深消费者印象,是重要的广告促销媒体之一。

阅读材料 10-1

房地产车身广告①

老师:"我国哪里人口密度最大?"

学生:"公共汽车上。"

这是一个既有趣又无奈的回答,由此联想到我国的一些发达城市,人口密度问题是何等严重。据 2002 年的统计数据,仅在上海 670 平方公里的中心城区里,就有 911 万人口,平均人口密度 1.36 万人/平方公里。个别行政区,如黄浦区,人口密度甚至高达 5.5 万人/平方公里,平均每人拥有 18 平方米的城市活动空间,拥挤程度可想而知。

到 2002 年止,上海共有公交线路 1 107 条,车辆总数为 17 412 辆,其中能用于刊登广告的约 14 000 辆左右。如果以每辆车 40 平方米的上画面积计算,全市就有 56 万平方米的车身面积可供发布广告,另外,如果以每辆每年 10 万元的广告发布费来算,全市就有 14 亿元的车身广告发布规模。

据 CMMS2003 统计显示,在全国 30 个城市普通居民的媒体接触习惯中,过去一周看过电视的比例有 93%,过去一周看过车身广告的有 66%,过去一周看过报纸的有 57%,过去一周听过收音机的有 24%,也就是说,车身广告是普通消费者除电视以外接触最多的广告媒体。

消费者在过去一周接触过的所有户外广告形式中,以车身广告位最多,为 66%;其次是候车亭 50%,楼顶大牌广告 44%。

除了步行以外,74%的消费者过去一个月外出最主要的代步交通工具是公交车,其次是自行车,占 47%。同时,消费者乘公交车的频率很高,平均每月 20 次 16 个小时。

---

① 余源鹏.房地产包装推广策划［M］.北京:中国建筑工业出版社,2007.

　　在生活态度方面,在看电视碰到插播广告时,46%的消费者会换台,这样就浪费了开发商大量的广告费。另外,有42%的消费者很留意户外广告。

　　⑦直邮广告。房地产直邮广告也称为直投广告、DM广告,指通过邮寄方式发放楼盘介绍书、房源说明书、宣传小册子等广告。直邮广告传播对象的针对性较强,广告内容灵活,制作简便、费用较低。在设计上,应当注意从信封到内部的印刷品均应做到准确、形象、美观、有鲜明的个性,以减少目标消费者对此类广告的排斥心理。在

国外,这种邮寄广告较为常见,在我国,适合于有比较大的客户群的项目或企业,例如一些大型开发商建立的客户会会员就是邮寄广告很好的对象。

　　⑧传单海报广告。房地产传单海报广告主要指通过人员散发关于企业或楼盘介绍的印刷品,散发地点常根据房地产目标消费者层次的不同,可选择闹市街头、商店门口、办公楼聚集地以及住宅区等地。传单广告费用低廉、广告触及面较广,对加强宣传印象有一定的效力。但传单广告往往不为人重视,多见于市场影响力不强的项目。

　　⑨互联网传媒广告。互联网传媒广告指通过发送电子邮件以及在电脑网络上设立网站主页来发布房地产的相关信息。互联网传媒广告的时效性强,时刻都可以发送最新信息;不受地域限制,广告成本低廉,声、像、色、图齐全,表现手段灵活。但是目前看来,接受新事物还需一定的过程,有关统计表明,目前房地产营销实绩中,互联网传媒广告的贡献并不大。

2. 媒体发布时间

　　一般来说,在项目销售的尾盘期,开发商做大幅度广告投资的动力很小,因此,房地产广告发布主要集中在预热期(市场引导或培育期)、内部认购期、开盘期、强

销期、持续销售期等阶段。而不同阶段发布的广告目标也是有差别的,可以参见表 10 - 1所示。

表 10 - 1   各销售阶段的广告目标

销售阶段	广告目标
预热期与内部认购期	预告新项目上市,唤起潜在客户注意 建立项目品牌知名度 唤起购房者对项目的需求,进而激发购买行为
开盘及强销期	说明产品特点,介绍产品功能、效益、用途、增值性 说明项目比其他竞争个案优越的条件及特色 加速意向客户的购买行动 指导购买者挑选产品,作最后的选择
持续销售期	宣布促销活动 排除销售障碍 加速较难出售产品的销售

在具体的媒体发布时间上,应视项目开发与销售进度、市场状况、公司发展战略以及项目特征等因素而定。以考虑项目特征来安排媒体发布时间为例,当一个新类型项目进入市场时,一般会提前进行新概念的引入和宣传,可在报纸上安排软文广告等,介绍新产品、新技术带来的生活理念,促进市场关注,为项目后续营销营造一个良好的市场氛围。

阅读材料 10 - 2

上海××项目媒体发布时间与宣传主题

活动组成	广告项目	时间	规格	主题
硬广告	新闻晨报		整版	主题:"生活秀"公开 文案:中产阶级"生活秀"魅力登场
	新民晚报		整版	
	解放日报		整版	
	移居上海	10.10.18	整版	
	东方航空		整版	
	上海航空		整版	
	生活速递		整版	

活动组成	广告项目	时间	规格	主题
硬广告	新闻晨报	10.10.25	整版	主题:开盘 文案:××项目第一道风景线 正式公开
	新闻晨报		整版	
	新闻晨报		整版	
	新民晚报		整版	
	解放日报		整版	
	东方航空		整版	
	上海航空		整版	
	上海楼市		整版	
	上海楼市周刊		整版	
	房地产时报		整版	
	移居上海		整版	
硬广告	新闻晨报	10.11.20	整版	客户游深圳 文案:××项目业主,亲密接触××公司
	新民晚报		整版	
	解放日报		整版	
	东方航空		整版	
	上海航空		整版	
	移居上海		整版	
	上海楼市		整版	
	上海楼市周刊		整版	
	21世纪经济报道		整版	
	生活速递		整版	
软文	新闻晨报	10.10	半版	品牌宣传
	新民晚报		半版	
	解放日报		半版	

▷ 10.2.4 广告预算安排

房地产广告预算,是指房地产开发企业在一定时期内为了实现广告目标而投入广告活动的费用计划。它规定了广告活动期间广告所需费用总额以及使用范围。

1. 广告预算的主要内容

(1)广告调查费用:包括广告前期市场研究,广告效果调查,广告咨询费用、媒体调查费用、广告商调查费用等。

(2)广告制作费用:包括照相、制板、印刷、录音、录像、摄影、文案创作、美术设计、广告礼品等直接制作费用。

（3）广告媒体费用：包括购买报纸和杂志版面、电视和电台播出频道和时段、租用户外看板、灯箱、路牌、车身、网络等媒体的费用。

（4）其他相关费用：指与广告有关的公共活动等费用。

2．确定广告预算的方法

广告目标决定后，企业即可制定广告预算。广告预算的确定要求广告部门与企业营销部门、财务部门一起来确定，进而对广告费用进行具体的预算分配。一般来讲，企业确定广告预算的主要方法有量力而行法、销售百分比法、竞争对等法和目标任务法四种。关于这四种方法的具体内容前面章节已经做过介绍，在此不再累述。

然而，在开发实践中，广告预算的编制往往是和全部市场推广费用的编制结合在一起的，这样利于总体费用计划的安排和落实。

阅读材料 10－3

上海××项目报纸广告预算与宣传主题

活动组成	广告项目	时间	规格	费用(万元)	主题
硬广告	新闻晨报	04.1	半版	5	庭院深深，醉意无限
	新民晚报	04.1	半版	10	
	东方航空	04.1	整版	10	
	新民晚报	04.2	半版	10	约会，××项目案名
	新闻晨报	04.2	整版	10	
	新民晚报	04.3	半版	10	竹林纵森，郁郁葱葱
	新闻晨报	04.3	整版	10	
	移居上海	04.3	整版	5	
	上海航空	04.3	整版	10	
	东方航空	04.3	整版	10	
	新闻晨报	04.4	整版	10	森情似海
	新民晚报	04.4	半版	10	
	东方航空	04.4	整版	10	
	移居上海	04.4	整版	5	
SP 活动	社区 DIY 景观命名	04.4		5	酝酿未来生活
共计				130	

➤ 10.2.5 广告效果测评

广告效果的测评通常是在广告发布后测定的,然而对于房地产项目来说,仅仅进行事后的广告测定存在很大的风险,一旦广告效果不佳则开发商会陷入两难的境地。

因此,较为明智的做法是在广告发布前就进行预测和评价,先邀请目标客户群中的一些代表对广告的内容和媒介的选择发表见解,通过分析反馈意见再结合专业人士的建议,反复调整,以期达到良好的市场效果。

广告发布之后,通过电话接线量、上门客户以及签约量等具体指标进行事后广告效果测定,对下一阶段的广告安排进行修正和调整,这样可使广告计划日趋完善,以期达到销售目标。

10.3 房地产项目广告创意与广告文案

➤ 10.3.1 房地产项目广告创意

广告创意主要包括广告诉求点的挖掘、提炼以及确定广告的表现方式,这是确立和表达广告主题的创造性思维活动,它对广告效果的影响是非常重要的。

广告创意的形成具有基本的逻辑过程,一般都存在熟悉项目及环境特点、分析客户需求特征、提炼项目卖点、确定广告诉求点、确定意象组合方案、反复校正创意等环节。在一个好的创意形成过程中,策划人员的思维创新性是极其重要的,避免只是对现有市场创意进行重现或改良,因此头脑风暴法往往在创意形成中占据重要的地位。

1. 广告诉求点

能否打动消费者的关键之一看广告创意是否具有新意,能否将项目内涵和价值高度展示出来,能否打动客户心理,在受众脑海中留下深刻的印象,形成最大强度的心理突破效果,从而激发客户的购买欲望,这也是广告诉求点的挖掘和提炼过程。

广告诉求点应当聚焦,主要由广告主题和广告正文的细部解读体现出来。广告诉求点应体现项目的主题策划思想,与项目客户定位所提炼的需求特征相吻合,以深具吸引力、说服力及记忆点的主打广告语,将提炼升华后的项目内涵与价值传递给消费者,从而打动消费者,让消费者感到"这正是我所想要的";广告表现方面,在文案、色彩和构图等意象组合上要与产品定位和形象定位、广告主题相吻合,切勿"假、大、空,华而不实"。

2. 广告创意的表达形式与内容

房地产广告创意的表达可以从表述形式和内容等角度切入。从表述形式上看,往往伴随着特有的广告风格,主要有以下几种:

(1)直陈式。直陈式广告就是针对产品相关情况做比较客观具体的介绍,它很少借助华丽的表达技巧,语言风格简朴平实,在格调上比较正规、刻板。

一般直接针对购房者所关心的地理位置、周边环境以及户型等问题进行说明,如在介绍楼盘时,一般只从楼盘的地段、质量、价格、房型、服务和购房者可从中得到的好处与实惠等方面进行简要介绍,如:"××楼盘由××公司开发,精心设计,毗邻××街,交通便利,配套设施完善,房型多样实用(一室一厅至四室两厅等多种款式),优惠价位每平方米××元起,现场售楼处地址××,电话××",再配以项目区位图或户型图等。

这种风格的广告语言朴素简练,内容具体,信息比较翔实可信,增强了广告的可信度,并给人以亲近之感。缺点是缺乏创意、平铺直叙,难免平淡枯燥,也难突出产品形象和功能特点。这种广告如果反复出现,容易引起审美疲劳,因此,电视宣传上不宜做这类广告。

(2)计算式。这种形式的广告通常是以计算购房款的方式来突出房价的优惠。在我国,目前购房是多数家庭最大的一项支出,人们最关心的就是首付款及月供额是否能在承受得起的范围内,针对消费者最关心的这个焦点问题,有的开发商采取为消费者算账的方式进行广告创意,以刺激销售。

这种广告具有很强的针对性,它根

据目标客户中多数人的收入和购房支出情况,站在消费者的立场,从维护消费者经济利益的角度出发,给人一种亲和力。而且广告中大多以数字说明,更增加了广告语言的真实性,其效果会更好一些。

(3)图文式。图文并茂是目前房地产广告宣传中比较普遍运用的一种方式。广告表现中包含楼盘的立面效果、广告代言人、项目景观、交通示意以及楼盘平面图等图像示意,也包括广告正文等文案说明。图文并茂可以使消费者比较直观、全面地了解商品房的有关信息,这种广告风格有着强烈的视觉效果,具有审美感,如果广告诉求点和意象组合策划得当,并且配合体现项目内涵和客户需求的优美广告文案,则容易引起消费者的共鸣,并留下较为深刻的印象。

从表述内容上看,主要有以下几种:

(1)突出特色。图文式广告突出特色就是在广告宣传中,着重表达项目自身的特色优势,以期在消费者心目中留下较为深刻印象,诸如地理区域、周边环境、交通条件、教育资源、生活配套、规划设计、节能环保等方面的优势。广告突出的特色内容要结合目标客户的偏好,迎合目标市场的需求,这样有利于紧紧抓住消费者需求心理,促进项目销售。

例如,位于北京西山下的"雍景四季"具有较好的自然风光,以此为项目的特色之一,通过广告宣传,意在满足都市人群的休闲、健康需求。因此其广告语为"于城市之中,听山拥景;处西山脚下,造城赏园。聆听一座城的山居理想,和一座山的城市生活,完美理想,宜居生活,尽在雍景四季。"

(2)借时优惠。这种广告一般是借重大节日或市场调整之机,以价格优惠为广告宣传的主要内容,如"五一"假期、"十一"黄金周、项目开盘等时机。借时优惠相比平时优惠,更容易使消费者认为这是项目进行的促销活动,而不是因为项目某些质量问题或开发商对市场预期的悲观态度等原因而作出的调整,在心理上更容易接受,同时,借时优惠也对树立良好的企业形象具有积极的意义。

(3)报告进度。这种广告的特点是,开发商在项目开发之初便开始广告宣传

活动,以项目每阶段的进度情况作为每期广告的主要内容,通过广告来告知消费者做到心中有数。这样的宣传方式对提前交款的消费者而言,分明已将其作为房屋的主人,定期通过广告的方式向其汇报工程进展情况。而对于那些尚未决定购买的消费者来说,也增添了他们作出购房决定的信心。看似枯燥的文字、简单的进度表,有时却能收到意想不到的效果。

3. 房地产广告创意的误区

房地产广告的目的不仅仅是要吸引消费者的注意,引起潜在客户的共鸣,更重要的是激发客户采取购买行为。虽然很多开发商、策划人员、广告商都为此绞尽脑汁,但是从目前看来,不少房地产项目广告仍然存在明显的误区,而"重平面表现而轻广告诉求"是目前很多地产广告比较突出的问题。

广告从视觉效果上吸引受众的注意力,这只是达到第一层面的效果——引起注意(基础效果),但没有鲜明的广告诉求点,那么终极目标很难达到——引起消费者的行为(深层效果)。房地产项目广告的终极目的是打动消费者,认同广告信息带来的利益并产生购买行为,因此广告创意上应有着个性鲜明的诉求点,符合目标客户群体的心理需求,这样才容易被受众接受。

然而,我们经常可以看到一些楼盘广告与产品定位脱节,漠视客户心理需求,甚至一味盲目地模仿或复制其他成功楼盘的广告模式,虽然色彩鲜艳、图案组合精美,但广告所表达的内涵不知所云,针对性很差,虽投入也非常大,收效却不理想。

此外,还有一些广告存在华而不实、缺乏卖点、表现夸张、玩弄技巧等误区。如大肆宣扬楼盘起价,客户来到销售现场后感觉却很不好;有的项目强调豪华精品时尚,但没有内在产品品质作为支撑,显然存在虚假之嫌;而个别项目的广告表现仿佛是一幅朦胧抽象的现代派作品,但是忽略了房地产广告诉求的对象是物业的目标客户,而不是艺术展的参观者。

➤ 10.3.2　房地产项目广告文案创作

1. 房地产项目广告文案创作的一般原则

(1) 广告文案应简洁精练,主题构思明确。

(2) 广告标题意境以及广告诉求点与项目定位及客群需求相吻合。

(3) 广告文案应语境优美,文案从头至尾要自然流畅、相互呼应,对顾客的行为具有强大的感召力。

2. 房地产项目广告文案的主要内容

广告文案通常包括标题、正文和附文三部分内容。我们以常见的报纸广告等平面媒体广告为例,介绍房地产项目广告文案的创作。

(1) 房地产项目广告标题。广告标题也称主打广告语,它是广告文案的精髓。其作用是概括和提示广告内容,帮助消费者了解广告的中心思想,起到揭示产品主题策划思想的作用,又起到吸引消费者的关注、美化视觉效果的作用。好的广告标题能积累企业或楼盘的无形资产,如听到"运动就在家门口"、"给你一个五星级的家"等广告语使人们会想到奥林匹克花园和广州碧桂园。房地产项目的广告标题构思上要掌握以下几点要求。

①与项目内涵、特征相符。广告标题意境要体现项目内涵和特征,从主打广告语中体现项目所处的环境与人文特点。如深圳招商"海月花园"的主打广告语"海风一路吹回家",昭示着从市区到项目的滨海大道交通环境的无比便捷,更让人体验沿着深圳湾,海风微拂伴你回家的幸福和温馨,也让客户期待着海边居住的惬意生活与浪漫情调。

②与主题策划思想相符。主打广告语的创作要体现项目的主题策划思想,如广州"光大花园"的主打广告语——"大榕树下,健康人家",就很好地体现了项目的休闲健康生活主题思想,大榕树下的一幅健康人家的风景画呈现在人们面前,激发人们强烈的购买欲望;而"丽江花园"的主打广告语"一方水土一方人,美善相随丽江人",则寓意着"丽江花园"购买者的与人友善以及优美的人居环境,这些都是广告主打语的典范之作。

③简洁精练,画龙点睛。主打广告语应简洁、精练,尽管标题只有几个字,但是要给人以丰富的联想、深邃的意境。如深圳"怡乐花园"的"远看山有色,人来鸟不惊",以如诗如画的生活美景吸引购房者的注意,激发购买欲望。有专家认为超过12 个字的标题,读者的记忆力会降低。

④与客户需求相符。主打广告语要隐含为客户所能带来的物质与精神利益,迎合客户需求,达到"这正是我所想要的"效果。

⑤引领生活潮流。建筑新技术、新工艺、新材料的应用和推广,新生活理念的引入在不断影响着项目开发理念,提升项目品质,如能在广告主打语中加以体现也可以起到引领市场的作用。如"波托菲诺生活格调"创新性地倡导了一种中产阶层生活方式,"错层,创意来自美国山地别墅",则着重宣传错层新房型的推出,这些都

极大地引起了市场的注意。

（2）房地产项目广告正文。广告正文的主要功能是解释或说明广告主题，对广告文案所要表达的广告内容进行详细的介绍，对目标消费者展开项目的细部说明，从而使受众群体了解到较为全面的项目信息，并产生信任、兴趣和购买欲望，促进购买行为的产生。

广告正文主要表现项目卖点或特色之处，也是对广告主打语的进一步解读。主要是指项目最具特色、最能吸引客户的地方，如区位优势、交通便捷、文化内涵、规划布局、建筑风格、户型设计、绿化景观、价格优惠、新技术新材料、装饰装修、配套设施、物业服务等，正文中对项目特点的宣传不宜过多，应挑选出最突出的特征表达给客户。

在正文创作中，应遵循前述广告文案创作的一般原则，特别是由于正文字数一般较多，对要表达信息的高度概括和提炼以及深厚的文字功底就显得尤为重要。正文创作一般没有固定的格式，要结合不同阶段的广告目标进行阐述。

阅读材料 10-4

万科花园新城(沈阳)——最佳反向诉求创意①

万科花园新城(沈阳)"这是一个万科花园新城的广告，假如到目前为止，你还没听说过它的名字……"六款系列广告是金奖广告作品获得者。画面简洁、现代，诉求不随流俗，是出奇制胜的奇葩。六款广告原文如下：

（1）这是一个万科花园新城的广告

假如你还不知道它在哪里

假如你还需要在广告的右下角看到第一位置示意图

那么，翻过这一页吧，朋友

第二期 105～200 平方米，起价 3 100 元　T:24223355　24223365

（2）这是一个万科花园新城的广告

假如到目前为止，你还没听说过它的名字，虽然是你的朋友数量有限

假如到目前为止，还没有一个朋友向你提起过它，那你显然不在恰当的社交圈里活动。那么，翻过这一页吧，朋友

第二期 105～200 平方米，起价 3 100 元　T:24223 355　24223365

（3）这是一个万科花园新城的广告

假如在第一眼我们还不能深刻地打动你

假如在你到达我们这里的 5 秒钟之内，你还不能产生拥有它的欲望

---

①　廖志宇.房地产推广操盘手册[M].北京:中国电力出版社,2008.

那么,翻过这一页吧,朋友

第二期 105～200 平方米,起价 3 100 元　T:24223355　24223365

(4)假如第一眼你还不能认出这是哪里

假如你还需要看到更多的图片和文字说明

那么,翻过这一页吧

第二期 105～200 平方米,起价 3 100 元　T:24223355　24223365

(5)这是一个万科花园新城的广告

假如看到这张取自现场实景的照片,你还想象不到它里面住着什么样的人,假如透过这扇门,你还不能想象里面的客厅以及卫生间有多大

那么,翻过这一页吧,朋友

第二期 105～200 平方米,起价 3 100 元　T:24223355　24223365

(6)这是一个万科花园新城的广告

如果你以为这是一个高手制作的效果图,显然你很久没有去过那儿了

如果你以为这是一幅国外某住宅的照片,显然你还不知道它在哪儿

那么,翻过这一页吧,朋友

第二期 105～200 平方米,起价 3 100 元　T:24223355 24223365

(3) 房地产项目广告附文。广告附文是在广告正文之后向受众群体传达企业名称、项目位置、服务方式的附加性文字。因为是附加性文字,它在广告中的位置一般居于正文之后,也称随文、尾文。

房地产项目广告附文的作用主要体现在促进销售行为的实施。当主打广告语、正文和广告表现等要素已经使目标客户产生较浓厚的消费兴趣时,广告附文中表现的产品购买途径等信息便能够使消费者以直接的方式、在较短的时间内与房地产产品销售者取得联系,从而促进消费行为的实施。

房地产项目广告附文的具体内容大致如下:楼盘地址、网站、开发团队(开发商、规划设计、全程策划、建筑施工、营销推广、金融支持、物业管理等机构)名称、售楼部地址与电话、交通路线等购买产品或获得服务的途径和方式以及其他信息等。

3. **房地产项目广告软文创作**

目前,软性推广方式在房地产项目中占据越来越重要的位置,例如当项目倡导一种全新的生活方式时,往往借助媒体进行新闻宣传,这是一种软性广告,对公众会产生较好的引导作用。开发商也可以针对企业发展理念和业绩等进行新闻报道宣传,以提高社会声誉。

如某地产公司开发的楼盘具备丰富的节能环保概念,采用了天棚柔和辐射采暖制冷系统、卫生间同层排水系统、Low－E 中空玻璃等先进技术,开盘前开发商在媒体上采用专家访谈的方式整版报道这种节能环保概念,以及给居住生活带来

的高舒适度,结果开盘时带来了很多崇尚该生活方式的客户,销售取得巨大成功。

本章案例

福州捷扬闽江高尔夫球场首期房地产项目广告策划方案[①]

一、策划说明

中国经济的飞速发展,为房地产业的繁荣奠定了雄厚的物质基础,外商投资者皆看好中国的房地产市场。但国内房地产业,并非一帆风顺,尤其是近年来房地产业波动幅度较大,在政府宏观经济调控、行业结构调整、规范市场行为等政策干预下,急速发展的房地产业得到遏制,一批经营不佳的房地产公司下马。随着1995年国家住房销售政策的出台,经过宏观调控后的房地产业,将重新焕发出诱人的发展前景。

福州捷扬闽江高尔夫球场首期房地产业具有其独特的吸引力,由于国家对建设高尔夫球场的严格限制,此类房地产业将独领风骚。它令置业者享受高尔夫的健康休闲,占尽最高投资回报率,领略新锐创意的世纪建筑典范,并高度融合生活交通之便利。这"一举四得"的房地产业,将吸引高层次有远见的购买商。

1995年下半年,捷扬闽江高尔夫球场将首期推出80套各种类型的公寓,其总销售额约为3200万元人民币。本营销目标经过周密策划,精心组织,有计划、有步骤的广告及促销推动后,相信是可以达到的。本策划创意案旨在抓住消费者之心理,抛出本房地产的独特销售主张,显示其"一举四得"的卓越创意,配合营销战略,使之取得优良的销售效果。

二、消费市场分析

1. 市场概况及分析

(1)本房地产是在全国房地产市场处于低潮时,特别是在高档房地产业大量积压的不利情况下推出的,因此要充分估计到大环境对本次房地产营销活动的影响。

(2)国家正在实行"安居工程",许多城市大力实施"解困房"政策,客观上对高档豪华型商用房地产会有一定程度的抑制。随着外商投资热的进一步高涨,这部分房地产业的销售将逐步回升。

(3)1995年国家出台的向职工售房政策,将在很大程度上推动社会购房热的兴起。"拥有自己的住房"将成为大多数人的追求,并由此改变人们的住房消费观念。

(4)中国内地现有的高尔夫球俱乐部12家,全国正在建的还有50余家,由于传统的乡村高尔夫球场占地过大且造价昂贵,国务院已于1993年宣布不再批建高

---

① 贾士军.房地产项目策划[M].北京:高等教育出版社,2004.

尔夫球场,使得这类房地产成为新的投资热点。

2. 目标地区选择

作为高档次的房地产项目,其所针对的地域、购买群体都较小,目标地区应在福建地区选择,并以福州、厦门为主要的目标地区。

3. 消费者分析

(1)主要消费对象。其消费者一般可定为海外、港澳台有经济实力的来闽投资者,有海外稳定经济来源的华侨家属,大陆私营企业家及某些企业的高级职员。

(2)消费者心态分析。本房地产消费群体从购买动机来说,一是出于生意上的需要,把购房既是作为一种身份和地位的象征,也是作为一种社交和商务活动的手段。二是在生活质量上追求高品质的生活及生存空间的欲望。此外,从商业的角度看,投资、盈利也是考虑的重要因素。

上述消费者群体在消费上一般采取谨慎的态度,属于理智型消费。面对全国目前高档房地产形势,许多购房者采取观望审视的心态,并不急于抛出手中资金,这可能也是某些房地产项目不能立见成效的重要原因之一。

针对以上因素和捷扬房地产的优势,本方案将捷扬房地产的优越地理位置、高品质形象和卓越的超前思想作为自己的独特销售卖点,以高尔夫球场特有的地理环境吸引消费者,激起购买的欲望。

4. 竞争对手分析

高档房地产营销竞争日趋激烈,从各种优惠条件、风格独特的设计到价格战、公关战、广告战等各种促销手段的运用,使竞争中出现了对峙的局面,而对峙的核心在于价格高而不降,这说明了发展商对此类房地产的前景持乐观态度。

福建省同类房地产市场竞争也已开始,主要竞争对手有东方福州、福清、厦门高尔夫球场高级别墅区,由于其开发在先,已略占优势。

三、产品分析

1. 竞争机会分析

(1)捷扬房地产个性突出、档次高尚,且依附于高尔夫球场,具有生活品质上的优势。其地理位置既能适用于本世纪,又可展望于下世纪。

(2)福州作为沿海的开放城市及福建省的省会,其经济发展总量大,投资升值快,回报率高。

(3)由于国家对于高尔夫球场发展的控制,目前高尔夫俱乐部会员的吸引力相对提高。根据最新统计,上海两家高尔夫球证已由最初的2万美元涨到4.5万和10万美元,深圳市高尔夫俱乐部的会员卡已由1986年的每张10万港币升至50万港币一张。本球场又属国内高水准的球场,在竞争中有自己的区位优势。

(4)本房地产目前的定价较适中,每套价格在人民币40万元左右,高收入阶层一般承受得起。就短期竞争看高档房地产的降价风对其冲击不会太大。

（5）首期推出的80套公寓设计多样，集建筑立体、空间美学于一体，享受开阔大视野，庭园景观与球场绿地一气呵成，对客户有较大的吸引力。

（6）离市区近，生活、交通极为方便。

2. 阻碍分析

（1）整个房地产业处于低潮回升期，市场不活跃。

（2）竞争对手的广告宣传及促销活动皆已展开，已经先入为主。

（3）由于档次较高，其销售对象相对狭窄。

（4）没有样板屋供参观。

3. 产品定位

以高尔夫球场的高级形象和高定位来提升房地产的价值，增加购买者的心理满足程度。通过连续性媒介广告宣传和具有较大社会影响的公共关系活动，创造较高的社会知名度和美誉度。面向外商，吸引国内人士，宣扬捷扬房地产带给消费者的高附加值。

四、销售策略

1. 定价策略

捷扬房地产作为高档房产，具备卓越的休闲空间，在定价上应争取适中偏高的价格。高价可显示高品位，又可追加附加值，并且比低价更易于树立品牌形象，刺激消费。如为了吸引购买，可采取多种优惠政策，这样既可体现高品位，又可有价格上的灵活性。

2. 营销渠道及人员促销建议

（1）在福州、厦门、泉州等地设立售楼处或委托售楼代理。

（2）委托香港等境外中介机构为售楼代理。

（3）售楼处推销人员集中培训。

（4）售楼处布置及宣传设置。

3. 优惠销售策略建议

面对目前市场状况及捷扬房地产欲要树立的高档卓越形象，在销售过程中建议不要采取明显降价的策略，否则，对自身形象和销售可能产生负面的影响。在保持自身形象的前提下，房地产业的确需要优惠条件的刺激，主要问题是采取何种方式作为优惠。捷扬房地产在制定自己的优惠政策时，可酌情考虑以下建议：

（1）优惠政策不应在总体上构成对高价策略的威胁。

（2）慎重选择抛出优惠的时机，可选择在重要的公共关系活动、有影响力的事件前后和重大节日期间。

（3）最大限度地给予打折优惠，在满足消费者的某种特定需求上下功夫。

（4）可组织投资者对闽地区投资环境及高尔夫球场开发区做短暂考察，补贴其部分考察费用等。这是一种较复杂的变相降价策略，既能维护自身形象并使其得以提高，又可避免产生不利于高价策略的影响，激发其购买欲。

（5）为部分消费者做内部装修与布置的免费设计。

（6）完善提高售后服务。

五、广告创作策略

1．广告目标

促进、保证首期 80 套公寓在一年内顺利销出，为公司今后的房地产营销打下良好的基础。

2．广告创意及诉求

以往大量的房地产广告在信息传达中缺乏统领性，宣传重点雷同，主题模糊，文字多是以感性的华丽词语堆砌。捷扬房地产要以通俗贴实之新径，以独特的广告主题统领整个广告活动，使以"一举四得"为总标题的口号成为一种理念深入消费者的心里。

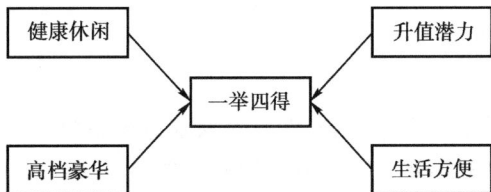

```
健康休闲 ──┐            ┌── 升值潜力
           ↘          ↗
            一举四得
           ↗          ↘
高档豪华 ──┘            └── 生活方便
```

广告创意可从"一举四得"的诉求入手，使宣传理念有别于其他房地产业，给人们惊奇与振奋，树立起"21 世纪住宅典范"的形象，将购置物业与消费者的事业联系起来，增加亲和力。广告诉求在前期以理性、感性相结合，中期加重理性诉求，后期侧重于感性。

3．广告口号

广告标题："捷扬房产，一举四得"，副标题："21 世纪住宅典范"或"缔造霸业高基点"。此口号强调了捷扬房地产的高档和与众不同之处，希望一下子能引起消费者的注意，以"短、平、快"的方式深入人心。

4．创作策略

（1）电视广告。采用理性、感性相结合的诉求策略，以"一举四得"、"21 世纪住宅典范"为主题，配合生活气息浓郁的、颇具情调的优美画面，以情感打动消费者，激起他们对品牌的注意和记忆。

（2）平面广告。以报纸广告、说明书及机票套的使用设计为主。这些平面广告的内容均应以统一设计的形象出现。所谓统一设计是指一系列围绕广告主题，在色彩、构图、标题、内容上相一致的系列广告,给受众一个统一完整、明确的品牌形象。

（3）礼品广告。这适合于在国际航班上散发的售楼礼品。

5. 广告实施阶段

（1）本策划案拟将广告活动分为三期

导入期（1995.12—1996.2）；

生长期（1996.3—1996.8）；

结尾期（1996.9—工程入伙）。

（2）导入期广告活动（1995.12—1996.2）。这一阶段为 3 个月,依据前述分析,提出"一举四得"的总销售宣传标题,副标题为"21 世纪住宅典范"或"缔造霸业高基点",以全面强烈的广告诉求,通过"广告信息密集轰炸"的方式,引起社会关注,提高知名度,挤入市场。

（3）生长期广告活动（1996.3—1996.8）。这一阶段为 6 个月,为广告活动缓冲持平期,调整广告信息,减少广告数量,缓和高密度信息量带给手中的压抑心理。这一期要策划几次出色的公共关系活动,巩固市场占有率,提高渗透率。

（4）结尾期（1996.9—工程入伙）。找出前期宣传的薄弱环节,以补充性方案最终全面占领市场,并进一步提高公司的良好形象。

六、媒介策略

应注意运用各种媒介进行组合,在引入期采用密集型信息传播,造成强大的攻势,给人留下强烈的印象,启发那些最先购买的客户。

1. 媒介的组合策略

以报纸、电视、说明书为主,机票套、路牌、广告礼品为辅。在重大活动和节假日期间,配合广告宣传在新闻媒介上做适当的报道,同时在售楼现场采用招贴、说明书、模型等广告形式。

2. 媒介的选择

（1）报纸。《福建日报》、《福州晚报》、《厦门日报》、《厦门商报》。

（2）电视。福建电视台、福州电视台及厦门电视台一、二套。此外,还可以通过福州、厦门民航班机上的电视广告或专题片。

（3）说明书。说明书广告是房地产广告的主要形式之一,因为房地产购买属于投资行为,投资者在决策时需要占有比较详尽的资料,说明书广告能供投资者做决策分析,研究参考。说明书应色彩鲜艳、图文并茂、内容翔实、印刷精美。

（4）机票套。这是新出现的一种广告媒介,其外形像信封,可装机票、身份证、零用钱之类,随机票附送,上下两面都可印刷广告,又为乘客提供了方便。建议在福建民航和厦航各包一年的机票套广告。

（5）路牌。在国际机场、火车站、码头上设立广告牌。

（6）广告礼品。设计精美的广告礼品在国际航班上或举行公共关系活动时赠送。

（7）样品屋。如能精心制作一套样品屋则效果最佳，样品屋的特点是具有真实性，顾客实地参观就可以透彻地了解房地产商品的真实面貌。对样品屋应给予精美的包装，包括对样品屋内的装修和为样品屋配置现代化的家具用具。

（8）售楼接待中心。接待中心是一种综合性的房地产广告媒介。首先，接待中心配有房地产商品的各种详细图表及说明，并有专职人员进行讲解。其次，接待中心通常放置房地产商品的模型，供来访者参观。其三，接待中心也是散发说明书广告的理想场所。其四，有专人详细回答来访者提出的问题，消除他们的疑虑。所以，接待中心的布置要舒适、气派，提供的信息要丰富，接待要热情大方，使客户感到得到了尊重，这将对说服顾客购买起到很大的作用。

3. 媒介费用预算（包括设计、制作、发布费用）

（1）报纸：60 万元；

（2）电视：30 万元；

（3）路牌：10 万元；

（4）其他：20 万元；

（5）总计：120 万元。

七、公共关系策略

公共关系活动的目的是让消费者更深入地了解捷扬及发展商的情况，传达即时信息，并且加深公众对广告宣传的理解，增强记忆。最好再配合新闻媒介来塑造自身形象，为捷扬创造一个"天时、地利、人和"的最佳经营环境，有利于今后长远的销售目标。

根据广告三个时期的不同情况，拟定以下公共关系活动的建议，可酌情配合使用。

1. 奠基典礼及新闻发布会

抓住房地产奠基的机遇，进行周密策划，从而利用这个机会推出公司的名称、标志及整体形象。因此，安排一个庄重而又热烈的奠基典礼是必要的，它可以为企业创造良好的形象，给公众留下美好的记忆，并希望通过新闻媒介扩大其影响。

2. 赞助元宵灯会

在 1996 年正月十五前后，赞助福州、厦门两地的元宵灯会。条件是在灯会的入口处设立立体灯光广告，并在现场进行针对捷扬房地产的有奖问答或抽奖活动，活跃节日气氛，散发广告信息，树立自身形象，这一活动的影响面较广。

3. 举办室内小型高尔夫球赛

在福州、厦门两地举办室内小型高尔夫球邀请赛，精选参赛对象，利用机会发布广告信息，散发说明书；还可组织在福州地区的参赛对象进行实地参观。

4. 女企业家联谊会

1996 年"三八"节假期,在福州、厦门两地举办女企业家联谊会,并发布广告信息。

5. 向贵族幼儿园或小学渗透

选择本省内的某些贵族幼儿园或小学,以儿歌游戏竞赛等赞助形式,寓广告信息于有益活动中,力求向他们的父母施加影响。

6. 其他一些具有亲和力的活动,如对有影响的社会公益活动的赞助等。

八、广告预算

根据首期推出 80 套房地产每套 40 万元人民币计,销售额为 3200 万元人民币。以销售总额 5%提取广告费,首期广告投入为 160 万元人民币。分配如下:

(1)媒介费用(含制作、发布):120 万元;

(2)公共关系促销活动费用:30 万元;

(3)机动费用:10 万元。

九、方案说明

此策划创意方案提供了本次推销活动的总体思路、意图及大体框架,许多细节部分还有待进一步充实完善,其中主要有:

(1) 电视、报纸、说明书等的创作设计;

(2) 公共关系专项活动策划方案;

(3) 各媒介投放广告的具体时间与版位;

(4) 广告预算的细目表;

(5) 各阶段广告与公共关系活动的协调与监控等。

思考与练习

1. 房地产项目广告策划的原则有哪些?

2. 房地产项目广告有哪些常见类型?

3. 房地产项目广告的基本要素是什么?

4. 房地产项目广告策划书一般主要包括哪些工作内容?

5. 房地产项目广告目标有哪几种?

6. 房地产项目广告媒体有哪些?

7. 简述房地产项目各销售阶段的广告目标。

8. 房地产项目广告预算的主要方法有哪些?

9. 提炼房地产项目广告诉求点应注意哪些?

10. 房地产项目广告创意的表达形式从表述形式方面分类有哪几种?从表述内容上又可分为哪几种?

参考文献

[1] 兰峰.房地产开发与经营[M].北京:中国建筑工业出版社,2008.

[2] 朱亚兵,兰峰.房地产开发经营与管理[M].上海:立信会计出版社,2007.

[3] 沈建忠.房地产基本制度与政策[M].北京:中国建筑工业出版社,2007.

[4] 贾士军.房地产项目策划[M].北京:高等教育出版社,2004.

[5] 黄福新,等.房地产策划师职业培训教程[M].北京:机械工业出版社,2009.

[6] 刘洪玉.房地产开发经营与管理[M].北京:中国建筑工业出版社,2007.

[7] 凌志华.房地产市场研究模式解构[M].北京:中国建筑工业出版社,2007.

[8] 梁世连,惠恩才.工程项目管理学[M].大连:东北财经大学出版社,2002.

[9] 张敏莉.房地产项目策划[M].北京:人民交通出版社,2007.

[10] 潘蜀健,陈琳.房地产市场营销[M].北京:中国建筑工业出版社,2005.

[11] 祖立厂.房地产营销策划[M].北京:机械工业出版社,2005.

[12] 叶剑平,梁兴安.房地产经纪实务[M].北京:中国建筑工业出版社,2007.

[13] 吴翔华,瞿富强,朱湘兰.房地产市场营销[M].南京:东南大学出版社,2005.

[14] 余源鹏.房地产包装推广策划[M].北京:中国建筑工业出版社,2007.

[15] 胡晓龙,等.房地产投资与分析[M].北京:中国电力出版社,2008.

[16] 刘鹏忠,苏萱.房地产市场营销[M].北京:人民交通出版社,2007.

[17] 搜房房地产网,www.soufun.com.

[18] 谷祺,刘淑莲.财务管理[M].大连:东北财经大学出版社,2006.

[19] 周晓华.城界消失·旅游地产[M].北京:机械工业出版社,2007.

[20] 廖志宇.房地产调研执行手册[M].北京:中国电力出版社,2008.

[21] 胥和生,沈蕙帼.房地产策划[M].上海:东华大学出版社,2006.

[22] 中华人民共和国城市房地产管理法,2007.

[23] 李其荣.城市规划与历史文化保护[M].南京:东南大学出版社,2003.

[24] 吴良镛.北京旧城与菊儿胡同[M].北京:中国建筑工业出版社,1994.

[25] 李晓莹.探求历史名城的可持续发展之路[J].城市开发,2005.

[26] 阿德里安娜施米茨,德博拉·L·布雷特.房地产市场分析案例研究方法[M].北京:中信出版社,2003.

［27］中华人民共和国国土资源部令第 39 号,《招标拍卖挂牌出让国有建设用地使用权规定》,2007 年 9 月 28 日.

［28］中华人民共和国国土资源部令第 21 号,《协议出让国有土地使用权规定》,2003 年 6 月 11 日.

［29］任智强.房地产项目全程策划及成功运营模式全集［M］.北京:企业管理出版社,2006.

［30］周俭.城市住宅区规划原理［M］.上海:同济大学出版社,2002.

［31］同济大学,西安建筑科技大学,东南大学,重庆建筑大学.房屋建筑学［M］.3 版.北京:中国建筑工业出版社,1997.

［32］中华人民共和国国家标准《住宅设计规范》GB 50096－1999(2003 年版).

［33］武六元,杜高潮.房屋建筑学［M］.北京:中国建筑工业出版社,2007.

［34］万威武,陈伟忠.可行性研究与项目评价［M］.西安:西安交通大学出版社,1998.

［35］刘晓君,等.技术经济学［M］.2 版.西安:西北大学出版社,2002.

［36］武献华,宋维佳,屈哲.工程经济学［M］.大连:东北财经大学出版社,2002.

［37］兰峰.全国房地产估价师执业资格考试复习指导与题集［M］.北京:中国建筑工业出版社,2006.

［38］国家发展改革委,建设部.建设项目经济评价方法与参数［M］.3 版.北京:中国计划出版社,2006.

［39］建设部.房地产开发项目经济评价方法［M］.北京:中国计划出版社,2000.

［40］王立国,王红岩,宋维佳.可行性研究与项目评估［M］.大连:东北财经大学出版社,2001.

［41］注册咨询工程师(投资)职业资格考试教材编写委员会.项目决策分析与评价［M］.北京:中国计划出版社,2003.

［42］胡纲.品牌即关系——房地产客户关系管理与营销［EB/OL］.［2004－11－12］.致信网,http://www.miel68.com/CRM/2004－11/89380.html